DESENVOLVIMENTO DE GAMES

TRADUÇÃO DA 2ª EDIÇÃO NORTE-AMERICANA

Jeannie Novak

Dados Internacionais de Catalogação na Publicação (CIP)
(Câmara Brasileira do Livro, SP, Brasil)

Novak, Jeannie

Desenvolvimento de games / Jeannie Novak ; tradução Pedro Cesar de Conti ; revisão técnica Paulo Marcos Figueiredo de Andrade. -- São Paulo : Cengage Learning, 2010.

Título original: Game development essentials.
2º ed. norte-americana.
ISBN 978-85-221-0632-5

1. Animação por computador 2. Jogos educativos 3. Jogos eletrônicos 4. Jogos por computador - Programação I. Andrade, Paulo Marcos Figueiredo de. II. Título.

10-02457 CDD-794.81526

Índices para catálogo sistemático:

1. Games : Desenvolvimento : Recreação 794.81526

DESENVOLVIMENTO DE GAMES

TRADUÇÃO DA 2ª EDIÇÃO NORTE-AMERICANA

Jeannie Novak

Tradução
Pedro Cesar de Conti

Revisão Técnica
Paulo Marcos Figueiredo de Andrade

CENGAGE Learning™

Austrália Brasil Japão Coreia México Cingapura Espanha Reino Unido Estados Unidos

CENGAGE Learning

Desenvolvimento de Games
Tradução da 2ª edição norte-americana
Jeannie Novak

Gerente Editorial: Patricia La Rosa

Editora de Desenvolvimento: Danielle Mendes Sales

Supervisora de Produção Editorial: Fabiana Albuquerque Alencar

Título original: Game Development Essentials — Second Edition
ISBN-10:1-4180-4208-0
ISBN-13: 978-1-4180-4208-0

Tradução: Pedro Cesar de Conti
Revisão técnica: Paulo Marcos Figueiredo de Andrade
Copidesque: Bete Abreu
Revisão: Maria Fernanda de Carvalho Bottallo
Daniele Fátima Oliveira
Diagramação: Casa de Ideias
Capa: Marcela Perroni (Ventura Design)

ISBN-13: 978-85-221-0632-5
ISBN-10: 85-221-0632-0

Cengage Learning
Condomínio E-Business Park
Rua Werner Siemens, 111 — Prédio 20 — Espaço 04
Lapa de Baixo — CEP 05069-900 — São Paulo — SP
Tel.: (11) 3665-9900 — Fax: (11) 3665-9901
SAC: 0800 11 19 39

Para suas soluções de curso e aprendizado, visite **www.cengage.com.br**

Impresso no Brasil.
Printed in Brazil.
1 2 3 4 5 15 14 13 12 11

SUMÁRIO

Capítulo 6 — Jogabilidade: Criando a Experiência 185

Capítulo 7 — Níveis: Criando o Mundo 213

Capítulo 11 — Produção e Administração: Desenvolvendo o Processo ... 339

Capítulo 12 — Marketing e Manutenção: Desenvolvendo a Comunidade ... 381

Introdução

Desenvolvimento de Games:

uma nova era no entretenimento — e na educação

Quando lhe perguntaram o que mudaria se pudesse alterar apenas um aspecto do setor de games, Richard "Lord British" Garriott respondeu: "A educação. Gostaria que as escolas realmente se atualizassem e apoiassem nosso setor ensinando mais aspectos do design interativo de games".

Este livro foi escrito para satisfazer um desejo que é compartilhado por muitos profissionais e educadores do setor de games: ajudar os estudantes a se prepararem melhor para diferentes carreiras no setor de games, fornecendo-lhes informações detalhadas sobre todos os aspectos do setor e sobre o processo de desenvolvimento e design interativo de games.

As receitas do setor de games, que segundo alguns cálculos ultrapassam 30 bilhões de dólares anuais em todo o mundo, já superaram as receitas do cinema e dos concertos musicais nos Estados Unidos, transformando os games no segmento de maior crescimento no mercado de entretenimento e em um excelente campo profissional. Segundo um estudo de impacto do setor conduzido pela Associação Internacional de Desenvolvedores de Games (IGDA) em vários países, as vendas de games constituem um dos principais itens da pauta de exportações e o setor de games emprega mundialmente mais de cem mil pessoas.

Em resposta a esse rápido crescimento, centenas de colégios e universidades dos Estados Unidos introduziram programas de certificação em desenvolvimento de games, o que estimulou substancialmente a demanda por livros didáticos que apoiassem esses programas. Escrevi este livro para atender à necessidade de um texto introdutório abrangente sobre desenvolvimento de games para os mercados educacional e empresarial. A primeira edição norte-americana também lançou a série com o mesmo nome, cujo objetivo é fornecer aos educadores uma sequência lógica de temas que podem ser ensinados em um currículo voltado para o desenvolvimento de games. A segunda edição contém novas informações sobre sistemas de console de última geração, games multijogador on-line, games sérios e ferramentas de desenvolvimento, bem como ilustrações atualizadas e novos perfis de profissionais do setor.

À medida que mais escolas continuem a criar programas voltados para games, este livro irá se tornar ainda mais essencial para a educação e as carreiras no setor de games. Esta obra não está limitada ao mercado da educação e também é apropriada para o mercado empresarial e para todos aqueles que tenham um interesse geral no setor de games.

Jeannie Novak

Santa Monica, Califórnia

Sobre *Desenvolvimento de Games*

Este livro introdutório fornece uma visão geral do processo de desenvolvimento de games, abordando, entre outros temas, os antecedentes históricos, as estratégias de criação de conteúdo, as técnicas de produção e as perspectivas futuras.

Este livro exibe as seguintes características únicas:

- Perguntas-chave claramente formuladas no início de cada capítulo.
- Cobertura abrangente de vários temas, como planejamento, produção, desenvolvimento de protótipos, testes de jogabilidade, marketing e gestão de comunidades de jogadores.
- Perguntas estimulantes de revisão e estudo no final de cada capítulo, adequadas tanto para estudantes como para profissionais, com o objetivo de promover o raciocínio crítico e desenvolver as habilidades de solução de problemas.
- Uma infinidade de estudos de casos, citações de profissionais proeminentes e perfis de desenvolvedores de games, com dicas concisas e exercícios de solução de problemas para ajudar o leitor a se concentrar em questões relacionadas especificamente ao desenvolvimento de games.
- Discussões que não se limitam aos tópicos gerais do desenvolvimento de games, abordando também áreas emergentes como o desenvolvimento de games para uso on-line e para dispositivos móveis, bem como de aplicativos sem fins de entretenimento para os setores de educação, empresas e governo.
- Grande quantidade de imagens coloridas para ajudar a ilustrar os conceitos e técnicas discutidos no livro.

Vários temas gerais relacionados ao assunto principal deste livro são discutidos em diferentes seções, como:

- Diferenças entre os games e outros meios de entretenimento (como o cinema).
- Usabilidade e controle pelo jogador como os aspectos principais do desenvolvimento de games.
- O "modo de jogar" como uma nova forma de narrativa.
- A expansão demográfica do mercado e do conteúdo dos games.
- O desaparecimento do estigma que associa os games ao "entretenimento violento".
- As características únicas das equipes de desenvolvimento de games.

A Quem Este Livro se Destina?

Este livro não está limitado ao mercado educacional. Se você o encontrou em uma livraria e o escolheu por curiosidade, ele também foi escrito para você! O público-alvo deste livro inclui estudantes, profissionais do setor e o mercado geral de consumidores interessados no assunto. Com estilo informal e acessível, abrangendo simultaneamente a teoria e a prática, ele é adequado tanto para estudantes como para profissionais.

Os estudantes que podem se beneficiar da leitura deste livro incluem:

- Alunos de cursos universitários voltados para desenvolvimento de games, design interativo, estudos de entretenimento, comunicações e tecnologias emergentes.
- Estudantes de arte, design e programação que frequentam cursos introdutórios ao desenvolvimento de games.
- Estudantes de graduação que estão cursando disciplinas genéricas sobre desenvolvimento de games.
- Alunos dos primeiros períodos de cursos universitários voltados para o desenvolvimento de games.

O público de profissionais a quem este livro pode ser útil inclui:

- Designers gráficos, animadores e desenvolvedores para Web que tenham interesse em atuar na área artística do desenvolvimento de games.
- Programadores e desenvolvedores para Web que tenham interesse em programar games.
- Compositores de música, designers de som e dubladores que tenham interesse em trabalhar no setor.
- Profissionais de outros setores de entretenimento — como cinema, televisão e música — que estejam interessados em usar suas qualificações no setor de desenvolvimento de games. Esses profissionais podem incluir redatores, produtores, ilustradores e designers.

Como o Livro Está Organizado?

Este livro consiste em três partes, voltadas, especificamente, para a história do setor de games, a criação de conteúdo e os ciclos de produção e comercialização.

Parte I — Preparação: Construindo os Alicerces — Descreve o contexto histórico e estrutural do desenvolvimento de games. Esta seção contém os seguintes capítulos:

- **Capítulo 1 — Elementos Históricos: Como Chegamos Até Aqui?** — história do desenvolvimento de jogos eletrônicos, da era dos fliperamas até os games multijogador on-line atuais
- **Capítulo 2 — Elementos do Jogador: Quem Joga e Por Quê?** — explora a motivação dos jogadores e suas características geográficas, demográficas e psicográficas
- **Capítulo 3 — Elementos do Game: Quais São as Possibilidades?** — examina os objetivos, plataformas e gêneros de games

Parte II — Enredos: A Criação de um Conteúdo Convincente — Discute como os desenvolvedores de games criam conteúdos envolventes. Esta seção contém os seguintes capítulos:

- **Capítulo 4 — Narrativa: Criando a História** — enfoca a estrutura narrativa, a história anterior, a sinopse, a ambientação, a narrativa não linear e a narrativa colaborativa
- **Capítulo 5 — Personagens: Criando a Identidade** — explora o desenvolvimento visual e verbal do personagem, o ponto de vista e os arquétipos
- **Capítulo 6 — Jogabilidade: Criando a Experiência** — introduz a teoria dos games, os desafios, as estratégias, os modos de interatividade, o equilíbrio e as economias
- **Capítulo 7 — Níveis: Criando o Mundo** — aborda a estrutura, o design do ambiente, a perspectiva, o estilo e as características temporais e espaciais
- **Capítulo 8 — Interface: Criando a Conexão** — discute o controle pelo jogador, o design de interfaces manuais e visuais e a usabilidade
- **Capítulo 9 — Áudio: Criando a Atmosfera** — explora a música, o design de som e a produção de diálogos

Parte III: Equipe de Estratégia — Processo e Comunidade — Enfoca a gestão de projetos e os ciclos de desenvolvimento e comercialização. Esta seção contém os seguintes capítulos:

- **Capítulo 10 — Funções e Responsabilidades: Desenvolvendo a Equipe** — salienta as funções e responsabilidades das empresas e dos membros da equipe de desenvolvimento, juntamente com as ferramentas associadas
- **Capítulo 11 — Produção e Administração: Desenvolvendo o Processo** — descreve as fases do ciclo de desenvolvimento de um game (planejamento, produção, montagem do protótipo e testes de jogabilidade), bem como a gestão do projeto e a documentação do game
- **Capítulo 12 — Marketing e Manutenção: Desenvolvendo a Comunidade** — enfoca o marketing, a publicidade, as relações públicas, as vendas e a promoção, além do papel das comunidades de jogadores (inclusive conteúdos produzidos pelos usuários, modificações e sites de fãs)

Este livro termina com **O Futuro: Para Onde Estamos Indo?**, que apresenta diferentes opiniões e previsões dos especialistas citados no texto sobre o futuro do setor de games, seguidas de uma seção de **Recursos Adicionais**, contendo uma lista de fontes de notícias, guias, listas, eventos, artigos e livros relacionados aos temas de desenvolvimento de games discutidos no texto.

Como Usar Este Texto

As seções a seguir descrevem os elementos encontrados no texto deste livro e como devem ser usados.

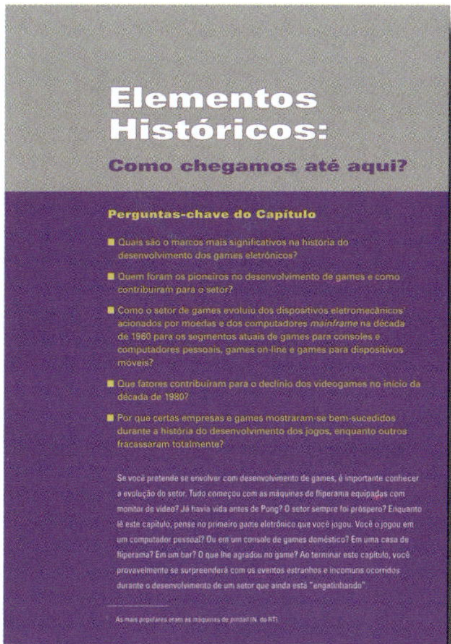
Elementos Históricos:
Como chegamos até aqui?

Perguntas-chave do Capítulo

- Quais são o marcos mais significativos na história do desenvolvimento dos games eletrônicos?
- Quem foram os pioneiros no desenvolvimento de games e como contribuíram para o setor?
- Como o setor de games evoluiu dos dispositivos eletromecânicos[1] acionados por moedas e dos computadores *mainframe* na década de 1960 para os segmentos atuais de games para consoles e computadores pessoais, games on-line e games para dispositivos móveis?
- Que fatores contribuíram para o declínio dos videogames no início da década de 1980?
- Por que certas empresas e games mostraram-se bem-sucedidos durante a história do desenvolvimento dos jogos, enquanto outros fracassaram totalmente?

Se você pretende se envolver com desenvolvimento de games, é importante conhecer a evolução do setor. Tudo começou com as máquinas de fliperama equipadas com monitor de vídeo? Já havia vida antes de Pong? O setor sempre foi próspero? Enquanto lê este capítulo, pense no primeiro game eletrônico que você jogou. Você o jogou em um computador pessoal? Ou em um console de games doméstico? Em uma casa de fliperama? Em um bar? O que lhe agradou no game? Ao terminar este capítulo, você provavelmente se surpreenderá com os eventos estranhos e incomuns ocorridos durante o desenvolvimento de um setor que ainda está "engatinhando".

[1] As mais populares eram as máquinas de pinball (N. do RT).

perguntas-chave do capítulo

As *perguntas-chave do capítulo* são objetivos de aprendizagem expostos na forma de perguntas gerais no início de cada capítulo. A leitura do material do capítulo deve permitir que os leitores respondam a essas perguntas.

Elementos Históricos: como chegamos até aqui? capítulo 1 5

Nem Todos São Videogames!

Em qual das cenas acima as crianças não estão jogando videogame? O termo *videogame* surgiu com o fliperama e passou para os console de games domésticos. Em PCs, os game são conhecidos para games computador e não videogames. O termo *game eletrônico* pode ser usado em ambos os casos.

Muitas empresas e desenvolvedores contribuíram significativamente para a criação de sistemas de games e do seu conteúdo. Talvez você reconheça várias empresas que se formaram nessa época e até tenha jogado alguns dos games desenvolvidos por elas. Que empresas fizeram uma diferença na evolução desse setor? Quem foram os primeiros projetistas, artistas, programadores e produtores responsáveis pelo aprimoramento de jogos atraentes que continuam a inspirar os desenvolvedores hoje em dia?

Algumas empresas estavam prontas para entrar em atividade tão logo o setor de games eletrônicos surgiu. Parte delas continuam a manter presença significativa no mercado. Você provavelmente se surpreenderá ao saber como elas começaram — e como continuaram a se desenvolver. Em princípio, algumas não tinham qualquer conexão com games, ou com entretenimento. Outras tentaram, sem sucesso, dominar todos os segmentos do setor de jogos. Muitas surgiram e desapareceram, e algumas poucas ainda continuam funcionando a pleno vapor. Algumas saíram de cena por algum tempo e voltaram com força redobrada durante a segunda "época de ouro" do setor. Ao examinar o fenômeno dos videogames, enfocaremos algumas dessas empresas e os games mais populares que desenvolveram.

O Fenômeno das Casas de Fliperama

O primeiro contato do público com os games eletrônicos não se deu com os consoles de jogos domésticos ou com os computadores pessoais, mas nas casas de games ou de eletrônicos ou de "fliperama". Antes do advento dos videogames, os games mais populares nesses locais de entretenimento eram as máquinas de *pinball* eletromecânicas. As casas de fliperama geralmente estavam localizadas em pequenos parques de diversões, atraindo crianças e adolescentes, que

barras laterais

As *barras laterais* oferecem informações mais detalhadas dos autores sobre tópicos específicos, acompanhadas de imagens ilustrativas.

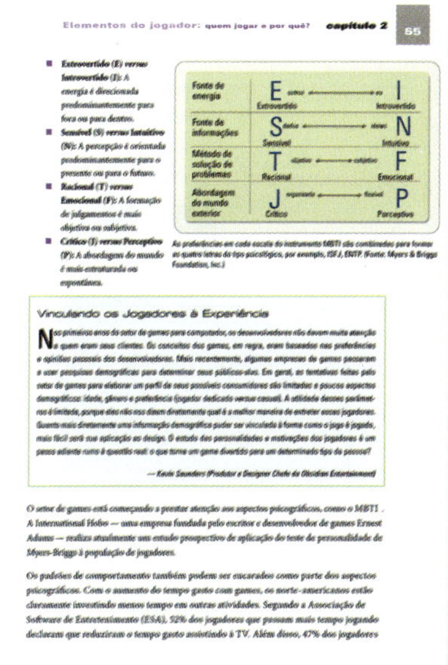
Elementos do jogador: quem jogar e por quê? capítulo 2 55

- **Extrovertido (E) versus Introvertido (I):** A energia é direcionada predominantemente para fora ou para dentro.
- **Sensível (S) versus Intuitivo (N):** A percepção é orientada predominantemente para o presente ou para o futuro.
- **Racional (T) versus Emocional (F):** A formação de julgamentos é mais objetiva ou subjetiva.
- **Crítico (J) versus Perceptivo (P):** A abordagem do mundo é mais estruturada ou espontânea.

Vinculando os Jogadores à Experiência

O setor de games está começando a prestar atenção aos aspectos psicográficos, como o MBTI. A International Hobo — uma empresa fundada pelo escritor e desenvolvedor de games Ernest Adams — realiza atualmente um estudo prospectivo de aplicação do teste de personalidade de Myers-Briggs à população de jogadores.

Os padrões de comportamento também podem ser encarados como parte dos aspectos psicográficos. Com o aumento do tempo gasto com games, os norte-americanos estão claramente investindo menos tempo em outras atividades. Segundo a Associação de Software de Entretenimento (ESA), 52% dos jogadores que passam mais tempo jogando declaram que reduziram o tempo gasto assistindo à TV. Além disso, 47% dos jogadores

dicas

As *dicas* contêm conselhos e orientações de profissionais do setor e educadores, bem como técnicas práticas e truques do ofício.

citações

As *citações* contêm frases breves e informativas de jogadores, estudantes e observadores do setor.

observações

As *observações* contêm ideias instigantes incluídas pelos autores para ajudar o leitor a raciocinar criticamente sobre os temas do livro.

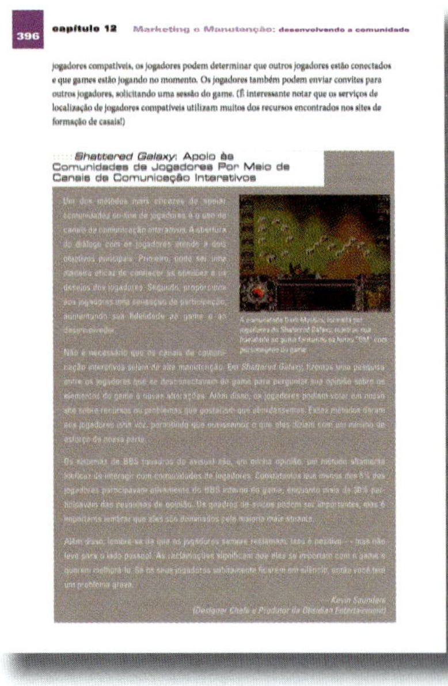

estudos de caso

Os *estudos de caso* contêm histórias típicas contadas por profissionais do setor (acompanhadas de ilustrações da tela dos games) sobre suas experiências no desenvolvimento de títulos específicos.

80 capítulo 3 Elementos do game: quais são as possibilidades?

objetivo é fazer os alunos ingressarem no ambiente do *Second Life* e serem "teletransportados" para a ilha Ai Pittsburgh, onde serão os novos funcionários de uma empresa fictícia. Durante o curso, com duração de cinco semanas e meia, os alunos (personagens controlados pelos jogadores) conhecerão o funcionamento interno da empresa por meio de cenários do mundo real. Descobrirão também como se comunicar com os outros funcionários (personagens não controlados pelos jogadores) no ambiente corporativo. Esse é um passo significativo rumo à integração dos games à educação. Em algum momento, a maioria dos cursos poderá ser ministrada como games. Assim como todos os games envolvem algum aprendizado subjacente, o contrário também pode ser verdade: todos os cursos podem, presumivelmente, envolver algum tipo de jogo! Isso poderia ser o início de uma revolução pedagógica. Em *http://www.simteach.com*, você encontrará fóruns que discutem o *Second Life* como ambiente pedagógico.

James Paul Gee Fala Sobre Games como Aprendizado *Real*:::

Embora formado em linguística teórica, James Paul Gee vem trabalhando em questões relacionadas à educação há duas décadas. Foi Professor de Linguística da Universidade da Califórnia do Sul, Professor de Educação Urbana na Universidade Clark e Professor de Leitura na Faculdade de Pedagogia da Universidade de Wisconsin-Madison; atualmente é Professor de Estudos de Alfabetização na Universidade do Estado do Arizona. James foi membro fundador do New London Group, um grupo internacional de acadêmicos que salienta a importância do design e do raciocínio sobre design para estudantes no mundo moderno. Possui várias obras publicadas sobre questões relacionadas à comunicação intercultural, alfabetização e aprendizado dentro e fora do ambiente escolar e profissional. Inspirado pelo filho de seis anos, começou a jogar e, subsequentemente, a pesquisar games para computador e videogames, tendo escrito artigos a respeito do tema para as revistas ***Wired*** e ***Game Developer***, bem como vários outros estudos acadêmicos. Seus livros incluem ***The Social Mind***, ***The New Work Order*** e, mais recentemente, ***What Video Games Have to Teach Us About Learning and Literacy*** e ***Why Video Games Are Good for Your Soul***.

James Paul Gee, PhD (Professor de Estudos de Alfabetização da Universidade do Estado do Arizona).

O aprendizado real não depende de "fatos", mas da aquisição de experiências tão profundas sobre o mundo (...) que os fatos passam a fazer parte do que é necessário para "jogar o jogo" ou assumir certa identidade. No aprendizado real, não basta que os aprendizes sejam capazes de descrever o que aprenderam; eles devem ser capazes de fazer algo com isso. Para avaliar o aprendizado real, deve-se perguntar como a experiência atual prepara o aprendiz para o aprendizado futuro. Se essa experiência melhora seu desempenho em uma tarefa de aprendizado posterior — talvez até mais importante que a atual —, o que importa saber quantos "fatos" ele acertou ou errou hoje?

perfis

Os *perfis* fornecem informações biográficas, fotos e comentários aprofundados de profissionais do setor e educadores.

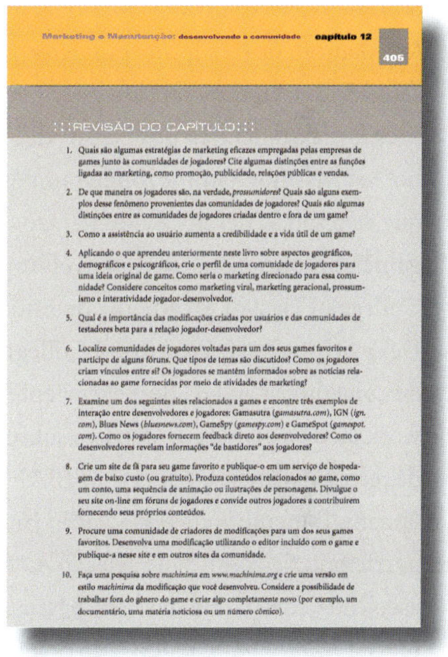

Marketing e Manutenção: desenvolvendo a comunidade capítulo 12 405

:::REVISÃO DO CAPÍTULO:::

1. Quais são algumas estratégias de marketing eficazes empregadas pelas empresas de games junto às comunidades de jogadores? Cite algumas distinções entre as funções ligadas ao marketing, como promoção, publicidade, relações públicas e vendas.
2. De que maneira os jogadores são, na verdade, *prossumidores*? Quais são alguns exemplos desse fenômeno provenientes das comunidades de jogadores? Quais são algumas distinções entre as comunidades de jogadores criadas dentro e fora de um game?
3. Como a assistência ao usuário aumenta a credibilidade e a vida útil de um game?
4. Aplicando o que aprendeu anteriormente neste livro sobre aspectos geográficos, demográficos e psicográficos, crie o perfil de uma comunidade de jogadores para uma ideia original de game. Como seria o marketing direcionado para essa comunidade? Considere conceitos como marketing viral, marketing geracional, prossumismo e interatividade jogador-desenvolvedor.
5. Qual é a importância das modificações criadas por usuários e das comunidades de testadores beta para a relação jogador-desenvolvedor?
6. Localize comunidades de jogadores voltadas para um dos seus games favoritos e participe de alguns fóruns. Que tipos de temas são discutidos? Como os jogadores criam vínculos entre si? Os jogadores se mantêm informados sobre as notícias relacionadas ao game fornecidas por meio de atividades de marketing?
7. Examine um dos seguintes sites relacionados a games e encontre três exemplos de interação entre desenvolvedores e jogadores: Gamasutra (*gamasutra.com*), IGN (*ign.com*), Blues News (*bluesnews.com*), GameSpy (*gamespy.com*) e GameSpot (*gamespot.com*). Como os jogadores fornecem feedback direto aos desenvolvedores? Como os desenvolvedores revelam informações "de bastidores" aos jogadores?
8. Crie um site de fã para seu game favorito e publique-o em um serviço de hospedagem de baixo custo (ou gratuito). Produza conteúdos relacionados ao game, como um conto, uma sequência de animação ou ilustrações de personagens. Divulgue o seu site on-line em fóruns de jogadores e convide outros jogadores a contribuírem fornecendo seus próprios conteúdos.
9. Procure uma comunidade de criadores de modificações para um dos seus games favoritos. Desenvolva uma modificação utilizando o editor incluído com o game e publique-a nesse site e em outros sites da comunidade.
10. Faça uma pesquisa sobre *machinima* em *www.machinima.org* e crie uma versão em estilo *machinima* da modificação que você desenvolveu. Considere a possibilidade de trabalhar fora do gênero do game e criar algo completamente novo (por exemplo, um documentário, uma matéria noticiosa ou um número cômico).

revisão do capítulo

A seção de *revisão* no final de cada capítulo contém uma combinação de perguntas e exercícios para que os leitores apliquem o que aprenderam.

Sobre a Autora

Foto: Luis Levy

Jeannie Novak é fundadora da Indiespace, uma das primeiras empresas de promoção e distribuição de entretenimento interativo on-line, prestando serviços de consultoria a profissionais de criação dos setores de música, cinema e televisão para ajudá-los a migrar para o setor de games. Além de ser autora titular e editora da série *Game Development Essentials* [*Fundamentos do Desenvolvimento de Games*], Jeannie foi coautora de três livros pioneiros no setor de entretenimento interativo, inclusive *Creating Internet Entertainment*. É diretora de programa acadêmico dos cursos de Arte e Design de Games e Arte e Animação de Mídia no Art Institute Online, onde também é produtora e designer chefe de um "game sério" que está sendo desenvolvido dentro do ambiente *Second Life*. Foi também instrutora de games e especialista em desenvolvimento de currículos na UCLA Extension, Art Center College of Design, Academia de Entretenimento e Tecnologia do Santa Monica College, DeVry University, Westwood College e ITT Technical Institute, além de prestar serviços de consultoria ao UC Berkeley Center for New Media. Desenvolveu ou participou de workshops e grupos de debates sobre games em associação com a Academia Britânica de Artes e Ciências Televisivas (BAFTA), Macworld, Digital Hollywood e iHollywood Forum. É membro da Associação Internacional de Desenvolvedores de Games (IGDA) e participou de comitês de seleção da Academia de Artes e Ciências Interativas (AIAS). Foi escolhida como uma das cem pessoas mais influentes no campo da alta tecnologia pela revista *MicroTimes*, tendo sido objeto de matérias da CNN, *Billboard Magazine*, Sundance Channel, *Daily Variety* e *Los Angeles Times*. Tem mestrado em Gestão da Comunicação pela Universidade da Califórnia do Sul (USC), onde pesquisou o uso de games no aprendizado on-line a distância. Formou-se em Comunicação de Massa pela Universidade da Califórnia em Los Angeles (UCLA), onde se graduou com as distinções Summa Cum Laude e Phi Beta Kappa. Quando não está escrevendo ou ensinando, Jeannie passa a maior parte do seu tempo gravando, tocando e compondo música. Mais informações sobre a autora podem ser encontradas em http://jeannie.com e http://indiespace.com.

Agradecimentos

Quero expressar meus agradecimentos às seguintes pessoas por seu trabalho dedicado e sua colaboração com este projeto:

Jim Gish (Diretor de Aquisições, Delmar), por transformar a série Game Developing Essentials em realidade.

Sharon Chambliss (Gerente de Produto, Delmar), por seu constante profissionalismo na gestão deste projeto.

Michael Tubbert (Gerente de Projeto de Conteúdo, Delmar), por suas observações sempre úteis e sua invariável receptividade durante a fase mais intensa da produção.

Ralph Lagnado e David Ladyman (Especialistas em Pesquisa de Imagens e Permissões), pela liberação das muitas imagens utilizadas neste livro.

Jason Bramble, por seus esforços na localização, captura e pesquisa de muitas das imagens utilizadas neste livro.

Sarah Timm (Assistente Editorial, Delmar), por sua ajuda durante a elaboração de toda a série.

Gina Dishman (Gerente de Projeto, GEX Publishing Services), por seu trabalho atento e sua disponibilidade durante a fase de diagramação e composição.

Christine Clark, por seu trabalho meticuloso e atento de revisão.

Per Olin, por seus diagramas organizados e esteticamente agradáveis.

David Koontz (Editor, Chilton), por começar tudo ao apresentar Jeannie Novak a Jim Gish.

Meus sinceros agradecimentos também às muitas pessoas que contribuíram com suas opiniões e ideias para este livro:

Aaron Marks (On Your Mark Music)
Aaron Nash
Adam Garner
Alex Brandon (Midway Studios)
Allen Varney
Arash John Sammander
Bill Amend
Bill Brown (Soundelux Music Group)
Bill Louden (Austin Community College)
Bob Bergen
Brenda Laurel (California College of the Arts)
Brian Fargo (InXile Entertainment)
Brian McCabe
Brian Reynolds (Big Huge Games)
Briar Lee Mitchell (Star Mountain Studios)
Carissa Reyes
Carly Staehlin (Carly Staehlin Design)
Chance Thomas (HUGEsound)
Chris Avellone (Obsidian Entertainment)
Chris Klug (Cheyenne Mountain Entertainment)
Chris Lenhart
Chris Swain (Universidade da Califórnia do Sul)
Chris Taylor (Gas Powered Games)
Christopher Bretz (Secret Level)
Christopher E. Williams
Daniel James (Three Rings Design)
Dave Dawson (Snowblind Studios)
David Brin
David Davis
David Javelosa (Santa Monica College)
David Perry (GameConsultants.com)
Denis Papp (TimeGate Studios)
Don Daglow (Stormfront Studios)
Drew Davidson (Universidade Carnegie Mellon)
Ed Del Castillo (Liquid Entertainment)
Ed Stark (Wizards of the Coast)
Edward Castronova (Universidade de Indiana)
Elizabeth Butler
Gordon Walton (BioWare Austin)

Graeme Bayless (Kush Games/2K Sports)
Grant Collier (Infinity Ward)
Greg Costikyan (Manifesto Games)
Greg O'Connor-Read (Music4Games, Inc/ Top Dollar Publicity Services)
Harvey Smith (Midway Studios)
Hope Levy
Hugh Hancock (Strange Company)
Ivo Gerscovich (Vivendi Universal Games)
Jacques Montemoino
James Paul Gee (Universidade Estadual do Arizona)
Jan McWilliams (Art Institute of California — Los Angeles)
Janet Wilcox
Jason Bramble (Deadman Games, Inc.)
Jason Kay (Flektor)
Jay Gawronek (Rainbow Studios)
Jed Smith (Betafish Music)
Jennifer Penton
Jessica Mulligan (Sunflowers GmbH)
John Ahlquist (Ahlquist Software)
John Comes (Gas Powered Games)
John Hight (Sony Computer Entertainment America)
Justin Mette (21-6 Productions)
Kathrine Courchaine
Katrina Ruban
Katrina Ruban Graniczny (ArtGrafx)
Kay S. Hymowitz (City Journal)
Kevin Saunders (Obsidian Entertainment)
KyungMin Bang (Nexon)
Lennie Moore
Lisa Hathaway
Louis Castle (Westwood Studios/Electronic Arts)
Luis Levy
Marc Taro Holmes (Ensemble Studios)
Marianne Krawczyk
Mark Overmars (YoYo Games)
Mark Precious
Mark Soderwall (LucasArts)
Mark Temple (Enemy Technology)
Mark Terrano (Hidden Path Entertainment)
Mason Batchelder
Matt MacLean (Obsidian Entertainment)
Matt Saia (Abandon Mobile)
Melissa Adkison
Michael Black (Torn Space)
Mike Yurchak
Patricia A. Pizer (4orty 2wo Entertainment)
Pete Markiewicz (Art Institute of California — Los Angeles)
Rade Stojsavljevic (Activision)
Rebecca Voss
Rich Ragsdale
Richard "Lord British" Garriott (NCsoft)
Richard Bartle (Universidade de Essex)
Richard Jacques
Richard Wainess (Universidade da Califórnia, Los Angeles)
Rob Cairns (Associated Production Music)
Robert Ferguson
Robert Florio
Ron Jones (Ron Jones Productions)
Russell Burt (Art Institute of California — Los Angeles)
Sara Borthwick
Scott Snyder (Edge of Reality)
Starr Long (NCsoft)
Stephanie Spong
Stephen Toth
Titus Levi
Tommy Tallarico (Tommy Tallarico Studios; Game Audio Network Guild)
Tracy Fullerton (Universidade da Califórnia do Sul)
Tracy Heilman
Troy Dunniway (Midway Studios)
Vincent Ramos
Warren Spector (Junction Point Studios)
William A Henderson (Fox Home Entertainment)

Meus agradecimentos às seguintes pessoas por sua valiosa ajuda com indicações e obtenção de permissões, imagens e versões de demonstração:

Aaron Grant (Activision)
Aggressive Game Designs
Ai Hasegawa e Hideki Yoshimoto (Namco Bandai Games America Inc.)
Alan de Lespinasse (Moo Job Inc.)
Alta Hartmann e Brian Jarrard (Bungie)
Andrew Junker (Brain Actuated Technologies)
Andrew Tepper (eGenesis)
Barrie Ellis (OneSwitch)
Brennan Reilly, Harvey Smith e Tim DaRosa (Midway)
Brian Hupp (Electronic Arts)
Briar Lee Mitchell (Star Mountain Studios)
Burger King Corporation
Casey Maloney
Cathy Campos (Lionhead)
Chris Brooks Chris Glover (Eidos)
Christine Kalb e Annie Belanger (Autodesk Media & Entertainment)
Christine Seddon (ESRB)
Courtney L. Walker Edelman (Edelman)
Danny Boyd (Apocalyptic Coders)
Dave Perry (Shiny Entertainment)
Dave Timoney, Marlene Williams, Todd Lubsen e Kim Aue (GasPowered Games)
David Greenspan e Lin Leng (THQ)
David Kwock e Gerilynn Okano (Blue Planet Software)
David Swofford (NCsoft)
Denis Bourdain (Load Inc)
Don McGowan (Microsoft Corporation)
Dr. Dimitris Grammenos (HCI Lab for FORTH)
Eliot Mizrahi e Christine Seddon (Comitê de Classificação de Software de Entretenimento, ESRB)
Emmanuel Olivier, Roch Roustan e Pierre Bédard (MC2)
Eric Fritz (GarageGames)
Eric Walker (Ominous Development)
Erick Einsiedel e Teresa Cotesta (BioWare)
Frederic Chesnais, Cecelia Hernandez, Kathryn Butters e Kristen Keller (Atari)
Gabe Newell, Doug Lombardi e Jason Holtman (Valve)
Gena Feist (Take 2 Games)
Grant Smith e Marc Franklin (Konami)
Greg Deutsch, Mike Mantarro, Kelvin Liu, John Rafacz e Guillaume de Fondaumiere (Quantic Dream)
Ian Bean (Priory Woods Schools)
Jake Rinaldi (Prestige Gaming)
Janet Braulio (Nintendo)
Jenny Soininen (Nokia)
JoAnn Bryden e Kathy Carpano (Hasbro)
John Tam (Red Octane)
Jonas Stewart (Silver Creek Entertainment)
Joon Hwang (Madcatz)
Jun Shimizu (Q Entertainment)
Kate Ross, Randy Buehler, Frank Gilson e Tim Mizrahi (Wizards of the Coast)
Kathryn A. Butters (Atari Interactive)
Ken Yankelevitz (KYE)
Kristen Keller (Atari, Inc.)
Kristin Hatcher (Stardock Entertainment)
Leigh Ann Frisina (TIME)
Leonardo Sala (Gomma Animedia)
Linden Lab
Lisa Campney, Jennifer Finley e Dave Haas (PopCap Games)
Liz Buckley (Majesco Entertainment)
Lorne Lanning e Matt Lee (Oddworld Inhabitants)
Marissa Gonzalez e Allison Guillen (GolinHarris)
Mark Beaumont, Estella Lemus, Tamela Craft-Molarahima e Michiko Morita (Capcom)
Mark Rein (Epic Games)
Mark Temple (Enemy Technology)
Mary Suggett e Raegan Carmona (Universal Press Syndicate)
Mathieu Rolland (Gameloft)

Michael Andersson (michi.nu)
Michael Black (Torn Space)
Michael Dornbrook (Harmonix Music Systems)
Newsweek, Inc
Paul Crockett (2K Games)
Paul W. Sams, Denise Lopez e Brie Messina (Blizzard)
Pug Fugly Games
Richard Van Tol (AudioGames)
Rod Rigole (Vivendi Universal Games)
Scott Rohde, Christian Phillips, Azucena Negrete, Kristi Olivas, Ninalei Morrison e Christina Cavallero (Sony Computer Entertainment America)
Simon Jeffery, Robert Leffler e Jana Rubenstein (Sega)
Sophie Jakubowicz e Jocelyn Portacio (Ubisoft)
Sophie Russell e Mark Overmars (YoYo Games)
Stephen Martin e Dennis Shirk (Firaxis)
Stephen Millard
Steve Biles (IBM)
Sue Carrol (Apple)
Suzi Schatz (Getty Images)
Taito Corporation
Thomas Westin (Pin Interactive)
Todd Hollenshead (id Software)
Tony Fryman (Cyan)
Valerie Massey (CCP Games)
Valerie Walls (lime, llc)
Wendy Zaas (Rogers & Cowan)
Zicel Maymudes (Mattel)

A Delmar Cengage Learning e eu gostaríamos também de agradecer aos seguintes revisores por suas valiosas sugestões e seus conhecimentos técnicos:

Brad Anderson
Chefe de Departamento
Kansas Wesleyan University
Salina, KS

Frank T. Gilson
Produtor Sênior
Wizards of the Coast
Renton, WA

Milan Petrovich
Diretor Acadêmico
Art Institute
Las Vegas, NV

Kevin Saunders
Produtor e Designer Chefe
Obsidian Entertainment
Santa Ana, CA

Gordon Walton
Diretor de Estúdio Adjunto
BioWare Austin
Austin, TX

Perguntas e Feedback

Suas perguntas e sugestões serão bem-vindas. Se tiver alguma ideia que acredite ser útil, entre em contato conosco e tentaremos incluí-la na próxima edição.

Para nos enviar suas perguntas ou dar opiniões, entre em contato com a editora no seguinte endereço:

Delmar Cengage Learning
Executive Woods
5 Maxwell Drive
Clifton Park, NY 12065
Att.: Graphic Arts Team
(800) 998-7498

Ou com a autora:

Jeannie Novak
Fundadora e Diretora-Presidente
INDIESPACE
P.O. Box 5458
Santa Monica, CA 90409
jeannie@indiespace.com

DEDICATÓRIA

Este livro é dedicado à minha família e a meus amigos, por seu apoio e compreensão; aos meus alunos, por seu entusiasmo e criatividade; e a Luis, por sempre me desafiar e me inspirar a explorar e inovar.

— *Jeannie Novak*

Parte I: Preparação

construindo os alicerces

CAPÍTULO 1

Elementos Históricos:

como chegamos até aqui?

Perguntas-chave do Capítulo

- Quais são o marcos mais significativos na história do desenvolvimento dos games eletrônicos?
- Quem foram os pioneiros no desenvolvimento de games e como contribuíram para o setor?
- Como o setor de games evoluiu dos dispositivos eletromecânicos[1] acionados por moedas e dos computadores *mainframe* na década de 1960 para os segmentos atuais de games para consoles e computadores pessoais, games on-line e games para dispositivos móveis?
- Que fatores contribuíram para o declínio dos videogames no início da década de 1980?
- Por que certas empresas e games mostraram-se bem-sucedidos durante a história do desenvolvimento dos jogos, enquanto outros fracassaram totalmente?

Se você pretende se envolver com desenvolvimento de games, é importante conhecer a evolução do setor. Tudo começou com as máquinas de fliperama equipadas com monitor de vídeo? Já havia vida antes de *Pong*? O setor sempre foi próspero? Enquanto lê este capítulo, pense no primeiro game eletrônico que você jogou. Você o jogou em um computador pessoal? Ou em um console de games doméstico? Em uma casa de fliperama? Em um bar? O que lhe agradou no game? Ao terminar este capítulo, você provavelmente se surpreenderá com os eventos estranhos e incomuns ocorridos durante o desenvolvimento de um setor que ainda está "engatinhando".

---

[1] As mais populares eram as máquinas de *pinball* (N.R.T.).

Antes do Fliperama

Os primeiros games eletrônicos não foram jogados em casa ou mesmo nas casas de fliperama. Em vez disso, os primeiros passos do setor foram dados em departamentos de pesquisa de universidades, laboratórios, instalações militares e por fornecedores de produtos de defesa. Nas bases militares, games eletromecânicos eram fornecidos aos recrutas para distraí-los dos rigores do treinamento básico. Enquanto isso, alguns estudantes, programadores, professores e pesquisadores de instituições acadêmicas e governamentais, insones e com excesso de trabalho, transformavam seus computadores *mainframe* em máquinas de jogos como uma maneira de relaxar de suas tarefas tradicionais de pesquisa, como a execução de cálculos matemáticos complexos para pesquisas. Trabalhando de madrugada, esses pioneiros deram início ao que se tornaria uma das formas de entretenimento mais irresistíveis da História.

Os primeiros games eletrônicos foram jogados em bases militares (à esquerda) e em universidade como o Instituto de Tecnologia de Massachusetts (à direita).

Dois segmentos distintos do setor de games eletrônicos desenvolveram-se em paralelo a partir da década de 1950. Um desses segmentos começou em 1951, quando Marty Bromley, que cuidava das salas de games em bases militares no Havaí, comprou máquinas eletromecânicas e lançou o SEGA (uma abreviação de SErvice GAmes, Jogos de Serviço). Esse segmento da indústria transformou-se no setor de máquinas de game operadas por moedas, que apresentou notável crescimento na década de 1970. Versões eletrônicas dos games de fliperama mais populares deram início ao que se transformaria na atual indústria de consoles de videogame.

O outro segmento do setor de games eletrônicos começou com os games para computadores de grande porte desenvolvidos por professores e alunos em universidades, seja para aprimorar suas habilidades de programação seja como forma de entretenimento durante as pausas nas longas horas que gastavam trabalhando em suas dissertações. Embora o *Spacewar!*, game originalmente executado em computadores de grande porte, tenha sido o primeiro a ser disponibilizado em máquinas de fliperama equipadas com vídeo nos Estados Unidos, a adaptação dos games de *mainframe* só tomou impulso com a revolução do computador pessoal. Foi então que a indústria dos games para computador nasceu.

:::: Nem Todos São Videogames!

Frank Siteman/Stone/Getty Images

Arthur Tilley/Stone/Getty Images

Pascal Crapet/Stone/Getty Images

Em qual das cenas acima as crianças não estão jogando videogame? O termo *videogame* surgiu com o fliperama e passou para os consoles de games domésticos. Em PCs, os games são conhecidos como games para computador e não videogames. O termo *game eletrônico* pode ser usado em ambos os casos.

Muitas empresas e desenvolvedores contribuíram significativamente para a criação de sistemas de games e do seu conteúdo. Talvez você reconheça várias empresas que se formaram nessa época e até tenha jogado alguns dos games desenvolvidos por elas. Que empresas fizeram uma diferença na evolução desse setor? Quem foram os primeiros projetistas, artistas, programadores e produtores responsáveis pelo aprimoramento de games atraentes que continuam a inspirar os desenvolvedores hoje em dia?

Algumas empresas estavam prontas para entrar em atividade tão logo o setor de games eletrônicos surgiu. Parte delas continuam a manter presença significativa no mercado. Você provavelmente se surpreenderá ao saber como elas começaram e como continuaram a se desenvolver. A princípio, algumas não tinham qualquer conexão com games, ou com entretenimento. Outras tentaram, sem sucesso, dominar todos os segmentos do setor de games. Muitas surgiram e desapareceram, e algumas poucas ainda continuam funcionando a pleno vapor. Algumas saíram de cena por algum tempo e voltaram com força redobrada durante a segunda "época de ouro" do setor. Ao examinar o fenômeno dos videogames, enfocaremos algumas dessas empresas e os games mais populares que desenvolveram.

O Fenômeno das Casas de Fliperama

O primeiro contato do público com os games eletrônicos não se deu com os consoles de games domésticos ou com os computadores pessoais, mas nas casas de games ou de eletrônicos ou de "fliperama". Antes do advento dos videogames, os games mais populares nesses locais de entretenimento eram as máquinas de *pinball* eletromecânicas. As casas de fliperama geralmente estavam localizadas em pequenos parques de diversões, atraindo crianças e adolescentes, que desafiam um aos outros a jogarem fliperama como um programa comum de final de semana. Com a popularização dos videogames, as casas de fliperama tornaram-se mais acessíveis. Convenientemente localizadas nas proximidades de escolas e áreas residenciais, elas ficavam repletas de adolescentes após as aulas. No auge dessa febre, os adolescentes passavam horas nas casas de fliperama, às vezes até a noite, esquecendo-se dos deveres escolares ou mesmo de se alimentar!

::::: Sega: Definindo o Padrão de 25 Centavos

Em 1956, apenas alguns anos depois que Marty Bromley inaugurou a SEGA, David Rosen, da Rosen Enterprises, começou a importar games eletromecânicos operados com moedas para o Japão, dando início ao negócio de máquinas de fliperama no país e tornando a SEGA a maior empresa japonesa no ramo do entretenimento. Em 1964, a Rosen Enterprises fundiu-se à SEGA para formar a empresa. Atuando como ponte entre os EUA e o Japão, a empresa lançou o *Periscope*, primeiro game exportado do Japão para os EUA. É interessante notar que foram os altos custos da exportação desse produto que levaram os proprietários de casas de games eletrônicos nos EUA a cobrar 25 centavos por game, definindo assim um padrão para futuros games eletrônicos. A Sega foi adquirida pela Gulf & Western em 1969, mas David Rosen e seu sócio Isao Okawa a compraram de volta em 1984. O preço: 38 milhões de dólares.

O *Computer Space*, primeiro game em vídeo de fliperama com uso de moedas, era uma adaptação do *Spacewar!* de Steve Russell.

Vários games são considerados marcos fundamentais dessa época. Embora limitados pela tecnologia disponível, esses games eram inovadores, inspirando novas tendências de conteúdo, gêneros e jogabilidade, bem como técnicas de desenvolvimento que jamais haviam sido consideradas. Alguns deles foram extremamente populares, atingindo com sucesso amplo mercado que ia muito além do estereótipo demográfico do "adolescente do sexo masculino". Eles já apontavam para um futuro em que os games eletrônicos seriam um meio de entretenimento de massa. Muitos desses games despertam tanta nostalgia nos jogadores dessa época que foram relançados em formato de consoles domésticos e de computador ou para celular para poderem ser experimentados novamente. Talvez você reconheça alguns deles!

Computer Space

Em 1961, um aluno do MIT (Instituto de Tecnologia de Massachusetts), Steve Russell, desenvolveu o *Spacewar!*, primeiro game interativo para computador, *mainframe* da universidade. Nolan Bushnell, que mais tarde fundaria a Atari, viu o game e decidiu lançá-lo em um mercado mais amplo por meio da sua adaptação a uma máquina autônoma de fliperama. Chamando sua versão de *Computer Space*, Bushnell vendeu a ideia para a Nutting Associates em 1971. O game, que consistia simplesmente em disparar contra uma nave espacial, provavelmente não era tão atraente quanto uma máquina de *pinball*, e as baixas vendas foram um reflexo disso. Não obstante, Bushnell inaugurou o setor dos games em vídeo nas casas de fliperama ao colocar à disposição do grande público uma forma elitista de entretenimento, até então restrita à torre de marfim do sistema universitário. Em 1978, quando a tecnologia de vídeo para games eletrônicos já era mais sofisticada, a Cinematronics lançou o *Space Wars* — outra adaptação do jogo de Russell, originalmente executado em *mainframes*, para uma máquina eletrônica.

Quando penso nos games eletrônicos que mais me fascinaram, lembro-me de *The Discs of Tron*. Essa talvez tenha sido a primeira tentativa real de envolver o jogador na atmosfera do jogo. Era como uma cabine de fotografia, com a tela à sua frente e alto-falantes à sua volta. Devo ter jogado esse game por horas a fio; tenho certeza de que alguém, em algum lugar, está algumas centenas de dólares mais rico por minha causa.

— *Christopher E. Williams (estudante de Arte e Design de Games)*

O Percurso Atribulado da Atari

Depois de *Computer Space*, Bushnell deixou a Nutting Associates para fundar a Atari com seu sócio Ted Dabney. (A palavra "Atari" vem do game de tabuleiro *Go* e significa, grosso modo, "Cuidado, a jogada que vou fazer será perigosa para você" — algo como o "Cheque!" no jogo de xadrez.) Depois de sobreviver a uma disputa judicial com a Magnavox relativa aos direitos sobre o primeiro videogame bem-sucedido (*Pong*), a Atari tornou-se a presença mais prolífica no negócio de videogames, colocando no mercado games como *Asteroids*, que se tornou o primeiro videogame a gozar de enorme sucesso no mercado, e associou definitivamente o nome "Atari" à indústria de games eletrônicos. Depois que Bushnell deixou a empresa para iniciar vários novos empreendimentos, a Atari foi comprada pela Warner Communications em 1976 e começou a investir mais energia em questões comerciais e em marketing do que no projeto e desenvolvimento de jogos. Atenta ao crescimento dos segmentos domésticos, a Atari também começou a mudar o foco do setor de fliperamas para os sistemas de console (como o VCS/2600) e computadores pessoais. Em 1984, a Atari foi vendida para o fundador da Commodore, Jack Tramiel. Este, por sua vez, a vendeu para o fabricante de discos rígidos JTS, que declarou falência em 1999 e vendeu a empresa para a Hasbro Interactive. O nome Atari reviveu quando a Infogrames o adquiriu alguns anos depois.

Pong

Pong — o primeiro jogo bem-sucedido para máquinas eletrônicas.

O primeiro game eletrônico memorável — e controvertido — surgiu em 1958, quando Willy Higinbotham, dos Laboratórios Nacionais Brookhaven em Nova York, mostrou seu game simulando uma partida de tênis de mesa (*Tennis for Two*) em um computador analógico. Quase uma década depois, Ralph Baer, da Sanders Associates, começou a pesquisar ideias para um sistema de televisão interativo equipado com um game de tênis de mesa. Ele patenteou a ideia em 1968, e a Magnavox adquiriu a sua licença em 1970. O console de games interativos Odyssey da Magnavox — contendo o game de pingue-pongue de Baer — foi introduzido em 1972. O primeiro game da Atari, *Pong* (projetado pelo engenheiro da Atari Al Alcorn) foi lançado no mesmo ano. O controlador era um disco giratório bidirecional e as regras do game eram simplesmente "use a raquete para acertar a bola e obter pontos". O *Pong* logo se tornou o primeiro videogame bem-sucedido nas casas de fliperama. Nesse mesmo ano, a Magnavox processou a Atari alegando que Bushnell havia roubado sua ideia. O caso foi resolvido extrajudicialmente.

> No final da década de 1970, quando eu ainda era uma garotinha, deparei-me com meu primeiro videogame, *Pong*, exposto com destaque na seção de roupas infantis da loja de departamentos Macy's em San Leandro, Califórnia. Fiquei fascinada, doida para jogar e hipnotizada ao ver minha mão controlar um retângulo que rebatia um quadrado para o meu adversário. Nós rebatíamos alegremente esse quadrado de um lado para outro, tentando de todas as maneiras induzir o outro a errar — enquanto os "bipes" e "blipes" rudimentares do *Pong* aumentavam nosso contentamento.
>
> — *Jennifer Penton (estudante de Animação Experimental)*

:::: Ralph Baer e Simon

Ralph Baer, que inventou o Magnavox Odyssey (o primeiro sistema de console doméstico), inspirou-se no filme *Encontros Imediatos do Terceiro Grau*, de Steven Spielberg, para criar o bem-sucedido jogo de memória musical *Simon*[2], lançado pela Milton-Bradley durante a temporada de férias de 1977. Baer também inventou o primeiro game com pistola de luz.

[2] No Brasil, o jogo foi lançado como Genius na década de 1980 (N.E.).

::::: *Asteroids*: Adeus, Pixels!

Tela de Asteroids®: cortesia da Atari Interactive, Inc.

Embora o *Space Invaders* (1978) tenha sido o primeiro game eletrônico que gravava as maiores pontuações, *Asteroids* (1979) foi o primeiro a permitir que os jogadores inserissem suas iniciais na tabela de recordes. O *Asteroids* (projetado por Ed Logg) usava gráficos vetoriais monocromáticos, que permitiam ao game exibir objetos em rápido movimento formados por linhas extremamente nítidas, em vez dos gráficos grosseiros formados por pontos (*pixels*) que eram comuns nos videogames da época.

Violência nos Games

Em 1976 ocorreu a primeira controvérsia pública sobre a violência em videogames, em resposta ao lançamento, pela Exidy Games, do jogo *Death Race*, em que os jogadores atropelavam "palitos" representando pedestres. (Compare isso com a série *Grand Theft Auto*!.) O game foi inspirado em um filme *cult* de 1975, *Death Race 2000* (estrelado por David Carradine e Sylvester Stallone, em um de seus primeiros papéis), em que o atropelamento de pedestres rendia pontos em uma espécie de rali futurista. Os protestos foram tão grandes que até o programa *60 Minutes* veiculou uma matéria sobre o *Death Race*, despertando a atenção do público para os videogames. A publicidade, porém, não ajudou o game, já que os donos de casas de fliperama, preocupados, recusavam-se a oferecê-lo.

Minha primeira experiência com um game eletrônico foi com o *Asteroids* original. Foi no segundo andar do clube de peteca de minha mãe em Cincinnati. O aspecto mais memorável do game é que passei anos sonhando em destruir os asteroides prateados "com detalhes reais", porque nunca me permitiram inserir os 25 centavos. Minha mãe achava que videogames eram um desperdício de dinheiro.

— *Rebecca Voss (estudante de Arte e Design de Games)*

Pizza e Animais Mecânicos: A Experiência de Jogos para a Família

Tentando eliminar o estigma associado à forma como o público encarava os games eletrônicos, o fundador da Atari, Nolan Bushnell, abriu uma cadeia de pizzarias conhecida inicialmente como Pizza Time Theater. Esses restaurantes familiares, cujo nome mudou subsequentemente para Chuck E. Cheese, ofereciam fichas de game com cada refeição, uma ala de games eletrônicos para ser usada pelas crianças enquanto esperavam pela pizza e um show "ao vivo" com o próprio Chuck E. Cheese (juntamente com outros animais robóticos mecânicos) para toda a família se divertir enquanto comia.

A Bally/Midway Introduz as Cores com o *Galaxian*

Cortesia da NAMCO BANDAI Games America Inc.

A Bally/Midway importou alguns jogos de "mover e disparar" mais populares do setor de fliperamas. O *Space Invaders* foi o primeiro videogame de grande vendagem, e o *Galaxian* foi o primeiro a usar um monitor em cores. O *Galaxian* gerou várias sequências, inclusive *Galaga*, *Galplus*, *Galaga '88* e *Galaxian 3*.

"A" de "Activision"

É comum funcionários da indústria de jogos deixarem uma empresa para fundar outra, o que lhes permite manter a liderança criativa. A Activision, uma dessas empresas, estabelecida em 1980 por ex-programadores da Atari, foi a primeira a publicar games de terceiros. O nome foi escolhido especificamente porque vem antes de "Atari" na ordem alfabética.

ACTIVISION®

Pac-Man

> *Pac-Man* era como um sonho. Quando era criança, eu me sentia como se fizesse parte de um mundo de história em quadrinhos. Eu jogava sem parar até meus pais apagarem as luzes.
>
> — *William A. Henderson (Diretor de Finanças Internacionais e Desenvolvimento Comercial da Fox Home Entertainment)*

Em 1980, a Namco lançou o *Pac-Man*, que atraiu um mercado muito mais diversificado, em parte porque eliminou o tema dos "tiros" que predominava na maioria dos outros games. O game era controlado com apenas um joystick multidirecional. Em vez de destruir espaçonaves, o *Pac-Man* comia pílulas de energia que lhe permitiam engolir seus inimigos fantasmagóricos durante algum tempo. O *Pac-Man* foi desenvolvido basicamente por Toru Iwatani, funcionário da Namco, ao longo de um período de 18 meses. Com mais de 300 mil unidades vendidas em todo o mundo, tornou-se o game para máquinas eletrônicas mais popular de todos os

Cortesia da NAMCO BANDAI Games America Inc.

O *Pac-Man* é um dos games eletrônicos mais populares de todos os tempos.

tempos. Quando conseguiam concluir uma fase, os jogadores passavam para a seguinte, que continha o mesmo labirinto, mas com um nível de dificuldade maior. O *Pac-Man* gerou uma continuação ainda mais popular e abrangente: *Ms. Pac-Man*, o primeiro game estrelado por um personagem feminino. Nele, em vez do labirinto cada vez mais difícil usado nos níveis do game original, havia quatro labirintos diferentes. O game incorporava até uma estrutura dramática simples com três atos intercalados por sequências animadas (uma forma primitiva dos efeitos cinematográficos usados nos games atuais). No Ato I, o Pac-Man e a Ms. Pac-Man encontravam-se; no Ato II, o Pac-Man flertava com Ms. Pac-Man perseguindo-a pela tela; no Ato III, nascia o Pac-Man Jr. O jogo teve grande repercussão expandindo o mercado para o público feminino e conquistando o ambiente familiar. Os meninos também jogavam, constatando que o jogo era ainda mais desafiador que o antecessor e que virava uma mania.

> Eu adorava jogar *Pac-Man*. Era excitante, e a ideia de ser apanhada pelos fantasmas fazia meu coração disparar. Era um game simples, mas divertido.
>
> — *Katrina Ruban Graniczny (ArtGrafx)*

A Evolução da Tela dos Games Eletrônicos

Taito Corporation

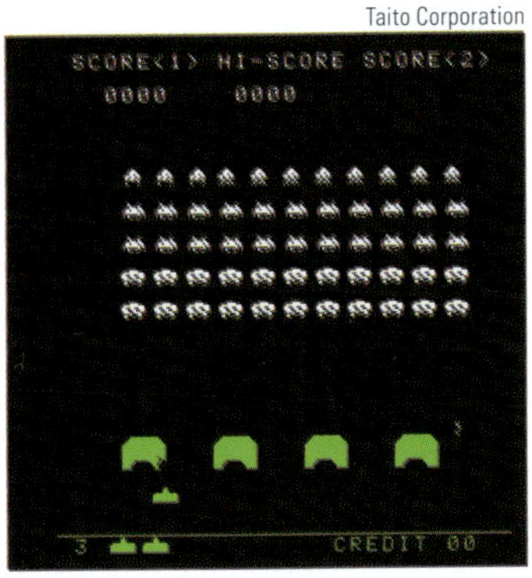

Tela de Centipede®: cortesia da Atari Interactive, Inc. © 2007 Atari Interactive, Inc. Todos os direitos reservados.

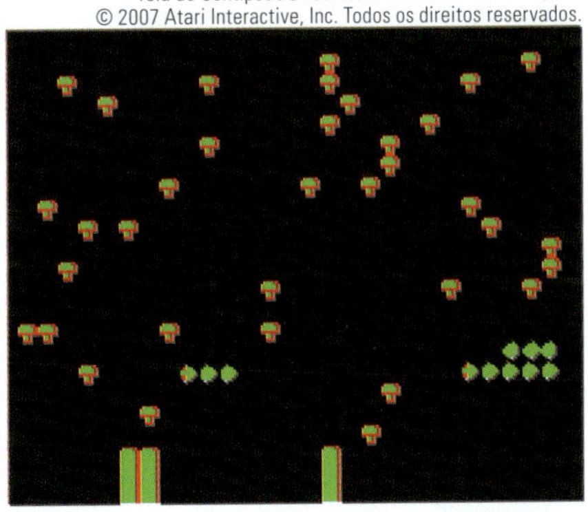

Tela de Xevious®: cortesia da Atari Interactive, Inc.© 2007 Atari Interactive, Inc. Todos os direitos reservados.

Os games eletrônicos evoluíram da tela estática com movimento horizontal do *Space Invaders* para o movimento vertical limitado do *Centipede* e, finalmente, para a tela de rolagem do *Xevious*.

Eletrônicos

Lançado pela Atari em 1981, *Centipede* foi o primeiro game eletrônico projetado com a participação de uma mulher. Dona Bailey e Ed Logg juntaram-se para criar um game cujo objetivo era acertar centopeias em rápido movimento que apareciam no topo da tela e tentavam chegar à parte de baixo. Os segmentos da centopeia que eram atingidos transformavam-se em cogumelos. O game foi projetado com um esquema característico de cores pastel.

> Quando jogava *Space Invaders*, eu realmente achava que estava combatendo os alienígenas — e tinha medo de perder!
>
> — *Tracy Heilman (estudante de Design Interativo)*

Donkey Kong

Em 1977, Shigeru Miyamoto foi o primeiro ilustrador contratado para compor o quadro de colaboradores da Nintendo. A princípio, a empresa colocou-o no projeto do *Radarscope* — um game de submarino que exigia apenas que se pressionasse constantemente os botões, sem qualquer enredo ou personagem real. Embora esse fosse um estilo de game típico da época, Miyamoto queria criar algo diferente. O resultado foi o *Donkey Kong*, game que era uma mistura de *King Kong* com *A Bela e a Fera*. Em *Donkey Kong*, um gorila rapta a namorada de seu tratador e foge. O jogador assume o papel do tratador (Mario), que se transforma no herói da história com suas tentativas de resgatar a namorada (Pauline) das garras da fera.

A Nintendo entrou de maneira espetacular no mercado norte-americano com o *Donkey Kong*. Como aconteceu com o *Pac-Man*, a popularidade desse game resultou em uma série de continuações bem-sucedidas, embora confusas. Mario (que originalmente chamava-se Jumpman) primeiro apareceu como um carpinteiro heroico cujo objetivo era resgatar a namorada. Na sequência, *Donkey Kong Junior*, os papéis de Mario e do gorila inverteram-se e ele se tornou o inimigo — um carpinteiro mal-intencionado que havia enjaulado o gorila do game original, agora aparentemente inocente. O jogador assumia o papel do filhote de gorila que tenta resgatar o pai (o gorila de *Donkey Kong*) das garras malignas de Mario. No terceiro jogo, *Mario Bros.* (lançado em 1983), a confusão aumentou. Em vez de carpinteiro, Mario era um encanador. Ele e o irmão Luigi eram conhecidos como "Mario Bros." ou "os irmãos Mario". (Será que o nome completo de Mario era "Mario Mario"?) A ação desenrola-se em uma rede de esgotos onde dois jogadores assumem os papéis de Mario e Luigi que combatem um contra o outro e contra uma infinita quantidade de criaturas (como tartarugas, caranguejos e moscas) que emergem dos canos adjacentes.

Nintendo

O *Donkey Kong* deu início a uma bem-sucedida série de games que continuam extremamente populares.

Depois de *Donkey Kong*, Shigeru Miyamoto voltou-se para o desenvolvimento de uma série de títulos com o personagem Mario. De fato, sempre que um novo sistema de games é introduzido pela Nintendo (começando pelo NES original, que será discutido mais adiante neste capítulo), Miyamoto projeta um game com Mario como o carro-chefe. Os créditos de Miyamoto também incluem *Zelda*, *Star Fox*, *Pikmin* e *Metroid Prime*.

Nintendo

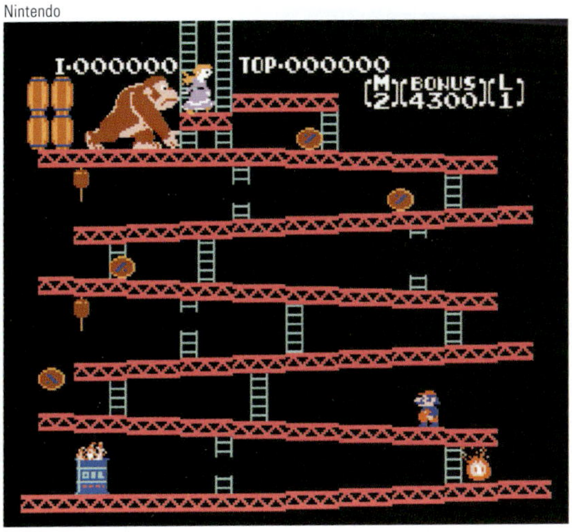

Tela de *Donkey Kong*.

Por que "*Donkey Kong*"?

Talvez você esteja se perguntando por que um game envolvendo um gorila e um carpinteiro veio a se chamar *Donkey Kong*. Como o gorila no game original era "teimoso", Shigeru Miyamoto — criador de *Donkey Kong* — queria chamar o game de *Stubborn Gorilla* (Gorila Teimoso). Buscando uma tradução mais evocativa para o inglês, Miyamoto descobriu que "donkey" (asno) podia representar a teimosia e "kong" podia representar um gorila (como no filme *King Kong*)!

O setor de fliperama nos Estados Unidos atingiu seu pico em 1981, com receitas em torno de 5 bilhões de dólares e mais de 75 mil horas gastas pelos norte-americanos jogando videogames. Porém, no ano seguinte, o segmento sofreu uma queda, da qual nunca se recuperou totalmente.

::::: Nintendo: História Antiga

A Nintendo, atualmente uma das "três grandes" na disputa pelo mercado de consoles — e também um competidor importante no mercado de portáteis —, foi fundada em 1889 por Fusajiro Yamaguchi para fabricar e distribuir cartas de baralho japonesas conhecidas como *Hanafuda*. Foi só em 1980 que Minoru Arakawa abriu a Nintendo of America. A Nintendo deu início à segunda "época de ouro" do setor de videogames quando lançou o console doméstico NES (Nintendo Entertainment System).

Cortesia da NAMCO BANDAI Games America Inc.

::::: Coletando Moedas para a *Pole Position*

Em 1982, a Namco lançou o jogo *Pole Position*, que inaugurou o uso da "câmera externa" acompanhando o carro e tornou-se o primeiro game de corrida a ter enorme sucesso. Uma dessas máquinas de videogame estava na sala de descanso de um famoso estúdio de gravação em Los Angeles, hoje extinto. Durante as pausas nas gravações, artistas e bandas famosas jogavam esse game incessantemente, sempre colocando uma moeda na fenda para jogar. O que eles não sabiam é que isso era desnecessário, porque o proprietário havia desativado o controle de coleta de moedas. (Seus funcionários sabiam disso e simplesmente jogavam de graça.) De tempos em tempos, a equipe usava as moedas para pagar um grande jantar para todos da empresa, graças ao vício dos clientes no videogame!

Meus amigos e eu íamos até a casa de fliperama local e jogávamos até o dinheiro acabar ou nossas mãos criarem bolhas e ficarem insensíveis. Era tão excitante que eu ficava encharcado de suor e tinha de dar uma volta para me secar e evitar que minha mãe descobrisse que eu estava jogando.

— *Arash John Sammander (estudante de Arte e Design de Games)*

Tron: A Primeira Licença de Videogame

Lançado em 1982 pela Bally Midway, *Tron* foi o primeiro game para máquinas eletrônicas a ser licenciado por um estúdio cinematográfico. Como o próprio filme era sobre personagens que entravam nos games e competiam entre si, a associação com um game eletrônico era inevitável.

O Nascimento dos Games de Console

Embora o Magnavox Odyssey — o primeiro console de games doméstico — tenha sido lançado em 1972, foi somente no final dessa década que o setor de consoles domésticos começou a ganhar corpo. O Odyssey, que antecedeu a explosão do setor de games para fliperama, estava à frente do seu tempo. O setor de fliperama operava em esquema de empresa para empresa: as máquinas eram vendidas para as operadoras de casas de fliperama, não para os consumidores. O alto preço das máquinas de videogame individuais tornava proibitiva sua posse pelos clientes finais, exceto os mais ricos. Entretanto, logo se tornou evidente que a venda direta ao consumidor poderia expandir tremendamente o setor, o que fez com que os videogames comerciais migrassem para as residências na forma de consoles de videogame acessíveis. Esses sistemas usavam o aparelho de TV como monitor e competiam pelo mercado de maneira bastante semelhante ao que ocorre hoje com a Sony (PlayStation), Microsoft (Xbox) e Nintendo (GameCube).

Dos Fliperamas Para o Lar

A migração das casas de games eletrônicos para os lares foi o momento mais significativo da história do desenvolvimento dos games. Os consoles e PCs permitiram que os games se integrassem plenamente ao nosso consumo de produtos de mídia, facilitando o uso cotidiano. Acredito que isso incentivou o aumento da diversidade nos tipos de jogos desenvolvidos.

— *Drew Davidson (Diretor do Centro de Tecnologia de Entretenimento da Universidade Carnegie Mellon)*

Atari VCS/2600

Embora o primeiro game doméstico programável que usava cartuchos (Channel F) tenha sido lançado em 1976 pela Fairchild Camera & Instrument, foi o acessível Atari VCS (Video Computer System)/2600 que ganhou o mercado um ano depois, inaugurando com sucesso o setor dos consoles de games para uso doméstico. A Atari manteve o preço do hardware baixo, garantindo a maior parte de sua receita com os games que desenvolvia para o console. Os títulos mais populares incluíram o *Adventure* (em que um cavaleiro formado por blocos procurava por chaves e por um cálice mágico, sempre ameaçado por dragões furiosos) e o *Yar's Revenge* (em que uma linhagem de moscas mutantes que havia sido expulsa para o espaço buscava vingança atacando um exército acampado no lado direito da tela). A Atari adaptou o *Space Invaders*, game eletrônico extremamente bem-sucedido, para o formato VCS em 1980, dando início à prática de vender versões domésticas dos jogos de fliperama. A Atari lançou, com menor sucesso, os modelos 5200 em 1982 e 7800 em 1984.

O Atari VCS/2600 inaugurou com sucesso o setor de consoles de jogos domésticos.

Quando vi o *Vanguard* para o Atari 2600 (uma transformação do tipo Jekyll-Hyde), foi amor à primeira vista. Nunca pensei que destruir aqueles painéis de 16 cores no *River Raid* pudesse ser tão gratificante. Era como se houvesse uma curvatura no espaço-tempo. Eu começava a jogar às 8 da manhã e, de repente, já eram 3 da tarde, e a mãe do meu amigo estava nos expulsando porque tínhamos passado o dia todo dentro de casa. (Acho que deve ser algum tipo de singularidade, como um buraco negro; nem a luz, nem o tempo conseguem escapar!)

— *Aaron Nash (estudante de Arte e Design de Games)*

::::: O "Ovo de Páscoa" Oculto

FoxTrot por Bill Amend
Cortesia do Universal Press Syndicate

A primeira "piada oculta" (conhecida como "ovo de Páscoa", *Easter eggs*) em um videogame foi programada por Warren Robinett no jogo *Adventure* para VCS. A informação oculta era o nome de Robinett e simbolizava a necessidade de atribuir aos desenvolvedores de games o crédito que merecem por seu trabalho. Descobriu-se que Robinett havia tornado um pixel em uma parede ativo — conduzindo a uma sala oculta que continha o crédito. Quando o ovo de Páscoa foi descoberto por um adolescente — que escreveu uma carta excitada à Atari sobre isso —, outros desenvolvedores sentiram-se inspirados a ocultar seus nomes e outras mensagens nos games. A tradição persiste (mesmo quando as empresas de games ignoram o fato)!

Mattel Intellivision

A Atari começou a enfrentar alguma concorrência dois anos após o lançamento do VCS, quando a Mattel lançou um sistema de console alegadamente superior (e mais caro) conhecido como Intellivision. Em vez de um joystick (como no VCS), o Intellivision era equipado com um controlador "inteligente" que consistia em um teclado numérico e um disco de movimento semelhante ao painel sensível à pressão existente em alguns dos laptops atuais. Esse sistema trazia imagens em plástico específicas de cada game para serem sobrepostas no controle e um processamento rudimentar de voz (com a compra de um componente avulso, o Intellivoice). Em 1984, a Mattel Electronics foi fechada depois de problemas financeiros e vendida para um vice--presidente da Mattel, Terry Valesky, que a rebatizou como Intellivision Inc.

Mattel, Inc.

O console de games Intellivision, da Mattel, usava um teclado numérico e um disco de movimento em vez de um joystick.

Os Portáteis da Mattel: Um Esporte de Cada Vez

Em 1977, mesmo ano em que a Atari lançou o VCS/2600, a Mattel inaugurou o segmento de games portáteis com o lançamento de uma série de games baseados em LEDs (diodos emissores de luz). Diferentemente dos portáteis baseados em cartucho, esses sistemas só podiam conter um único game! Para jogar outro, era necessário comprar outro aparelho portátil. Felizmente, os games eram baratos. Alguns títulos populares foram *Auto Race*, *Basketball*, *Bowling*, *Football* e *Sub Chase*.

Mattel, Inc.

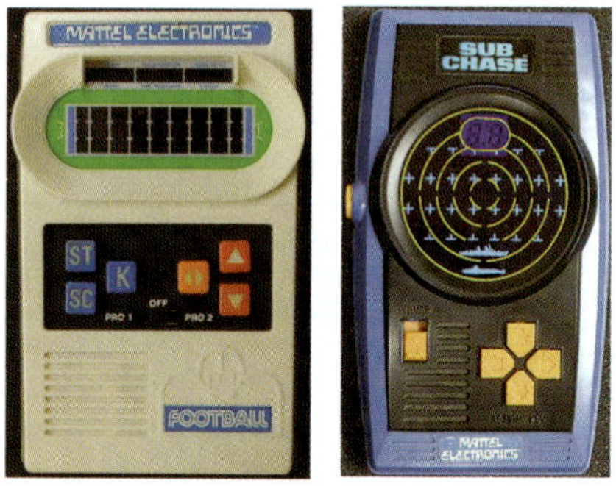

Football e *Sub Chase*, dois populares jogos portáteis da Mattel.

> Por volta de 1984 (quando eu tinha seis anos de idade), peguei um game de futebol americano portátil de meu primo. Lembro-me da sensação de excitação por ser uma menina jogando um game de meninos, principalmente depois que quebrei os recordes de todos os garotos da vizinhança.
>
> — *Carissa Reyes (estudante de Marketing e Publicidade na Internet)*

ColecoVision

Mattel, Inc.

O ColecoVision da Coleco combinava o melhor dos sistemas de console VCS/2600 e Intellivision.

A entrada da Coleco no mercado de consoles deu-se com o ColecoVision, que usava como controladores joysticks em forma de cogumelo e oferecia gráficos excelentes. Combinando o que havia de melhor no VCS/2600 e no Intellivision, o ColecoVision logo se tornou o padrão para a reprodução da experiência do fliperama no lar. O *Donkey Kong*, o jogo altamente popular da Nintendo para fliperama, era incluído em cada ColecoVision. Os primeiros títulos eram, em sua maioria, adaptações de outros jogos memoráveis de fliperama, como *Venture*, *Mr. Dot*, *Lady Bug* e *Space Fury*.

:::::De Sapatos a Brinquedos: A História Diversificada da Coleco

A firma Connecticut Leather Company (cujo nome mais tarde foi abreviado para Coleco) foi fundada em 1932 pelo imigrante russo Maurice Greenberg para distribuir produtos de couro para sapateiros. Logo depois a empresa começou a fabricar kits de artesanato em couro para crianças, baseados nos personagens populares Howdy Doody e Davy Crockett. Depois de competir nas primeiras investidas do segmento de jogos domésticos com um sistema superior (ColecoVision) e lançar com sucesso a coleção de brinquedos Cabbage Patch Kids, a Coleco faliu em 1988.

Nas décadas de 1970 e 1980, a Coleco lançou alguns jogos portáteis memoráveis, inclusive máquinas de fliperama em miniatura com títulos populares como *Zaxxon*, *Frogger* e *Galaxian*. Essas minimáquinas de fliperama eram engenhosamente projetadas para proporcionar a mesma aparência e sensação dos jogos reais em máquinas autônomas, com detalhes que incluíam até o controle por joystick e a decoração do gabinete.

O primeiro jogo eletrônico que me lembro de ter jogado foi *Smurfs*, no ColecoVision. Acho que eu tinha uns seis anos de idade. Eu me achava o máximo, saltando as cercas e me abaixando para escapar dos morcegos que mergulhavam sobre mim!

— *Elizabeth Butler (estudante de Arte e Design de Games)*

Sega Corporation

Zaxxon, da Sega, foi apenas um dos games de fliperama transformados em minimáquinas de mesa pela Coleco.

Exatamente quando parecia que o crescimento do setor de videogames era inevitável, ele parou. Todo o ramo — incluindo os segmentos de fliperamas e consoles domésticos — passou por uma crise no início da década de 1980. As casas de fliperama nunca se recuperaram do baque, mas o segmento de consoles domésticos experimentou uma recuperação surpreendente em meados da década de 1980. O que aconteceu, e por quê?

O Declínio dos Videogames e uma Nova Época de Ouro

Várias teorias tentam explicar o declínio do setor de videogames no começo da década de 1980. Talvez a queda tenha sido apenas temporária, e as plataformas e títulos introduzidos simplesmente não tenham sido revolucionários o suficiente para revertê-la. O excesso de oferta também pode ter contribuído para o fato: mais de 50 empresas produziam cartuchos e saturavam o mercado com títulos. Faltou inovação, o que provocou uma invasão no mercado de games sem qualidade e cópias dos originais. As condições do mercado forçaram uma redução do preço dos games para 5 dólares para manter a competitividade. Muitos desenvolvedores de videogames também estavam preocupados com a possibilidade de os PCs dominarem totalmente o mercado de games domésticos. Como esse setor nunca havia experimentado um declínio, o público começou a questionar sua legitimidade, desconfiando que o mercado de games domésticos fosse apenas uma moda passageira, como a efêmera mania do bambolê.

Nintendo

Nintendo

O NES (Nintendo Entertainment System) revolucionou o setor de consoles.

A entrada da Nintendo no setor de consoles, em 1985, deu nova vida ao mercado de games domésticos, mas também ajudou a apressar a extinção do setor de fliperamas. O sistema NES (Nintendo Entertainment System) era muito superior aos consoles anteriores, e os títulos eram graficamente avançados, com roteiros e personagens atraentes. Títulos como a conversão do game de fliperama *Super Mario Bros.*, *The Legend of Zelda* e *Punch-Out!* (em que os jogadores divertiam--se lutando contra a lenda do boxe Mike Tyson) eram fascinantes, com ambientes aparentemente ilimitados. Mais de 50 milhões de sistemas NES foram vendidos. Em 1991, o lançamento de uma versão aprimorada, o Super NES (SNES), consolidou a presença da Nintendo no mercado. Um ano depois, a Nintendo lançou o *Super Mario Bros. 3*, na época o cartucho de videogame autônomo mais bem-sucedido de todos os tempos.

O sucesso do NES no mercado foi tão grande que a Atari, até então líder do setor, criou a Tengen, uma subsidiária voltada exclusivamente para o desenvolvimento de games para o NES. Logo depois, a Tengen descobriu uma maneira de contornar o "chip de travamento" da Nintendo para produzir games compatíveis com o NES sem a aprovação da Nintendo. Em seguida, a Tengen adquiriu os direitos de venda do *Tetris*, um game de quebra-cabeça extremamente popular.

Quando se descobriu que a Tengen havia adquirido os direitos da Mirrorsoft (que não era a verdadeira proprietária desses direitos), o game foi retirado do mercado; e a Nintendo, que havia comprado os direitos legítimos do game, lançou-o com sua própria marca.

> O primeiro videogame real que joguei foi *Super Mario Bros.*, que vinha com o sistema NES original. Eu jogava dia e noite e até filmei minha vitória final contra King Koopa. Na época, isso me pareceu uma grande façanha.
>
> — *Robert Ferguson (estudante de Arte e Design de Games)*

> Lembro-me de que tinha seis anos de idade e tudo o que eu queria para minhas férias era um NES. Eu jogava *Duck Hunt* com meu pai todos os dias após a escola. Era como se fosse nosso tempo de convivência entre a escola e o trabalho, tornando-se uma rotina ao longo de vários anos e diferentes sistemas. Quando meu irmão tinha três anos, ele também participava da farra!
>
> — *Lisa Hathaway (bacharel em Arte e Design de Games)*

Alexey Pajitnov e *Tetris*

O *Tetris* originou-se na Rússia por volta de 1985 e nunca foi patenteado. Nessa época, ainda não havia direitos individuais de propriedade para pessoas físicas na antiga União Soviética. O autor do *Tetris* original foi Alexey Pajitnov, com a ajuda de Dmitry Pavlovsky e Vadim Gerasimov. Desde sua criação, o game *Tetris* envolveu-se em uma grande quantidade de batalhas jurídicas. A versão para IBM PC acabou chegando a Budapeste, na Hungria, onde foi adaptada para várias plataformas e "descoberta" por uma firma britânica de software chamada Andromeda. Eles tentaram entrar em contato com Pajitnov para obter os direitos da versão para PC, mas, antes de fechar o negócio, já haviam vendido esses direitos para a Spectrum Holobyte. Quando a negociação com Pajitnov fracassou, a Andromeda tentou obter uma licença junto aos programadores húngaros. Enquanto isso, antes que os direitos legais sobre o *Tetris* fossem estabelecidos, a versão da Spectrum Holobyte para IBM PC foi lançada nos Estados Unidos em 1986. O game obteve tremenda popularidade e tornou-se uma mania entre os jogadores instantaneamente. Foi um best seller da área de software. Em 1989, havia meia dúzia de empresas diferentes afirmando serem detentoras dos direitos de criação e distribuição do software *Tetris* para computadores pessoais, consoles de videogame e sistemas portáteis. A Nintendo lançou sua versão do *Tetris* simultaneamente para Famicon e Game Boy, vendendo mais de três milhões de cópias. As pendências judiciais entre a Tengen e a Nintendo sobre a versão para Famicon/NES persistiram até 1993. Em 1996, Alexey Pajitnov e Henk Rogers formaram a The Tetris Company, LLC e a Blue Planet Software em uma tentativa de receber royalties da marca Tetris, com sucesso razoável no setor de consoles de videogame, mas quase nenhum no segmento de PCs. *Tetris* agora é uma marca registrada da The Tetris Company, LLC.

The Tetris Company, LLC

O que se transformaria em uma enorme rivalidade entre a Sony e a Nintendo começou em 1991, quando ambas as empresas — que haviam começado a trabalhar juntas no desenvolvimento de um periférico para CDs — encerraram sua parceria em razão de uma disputa legal pelos lucros de publicação. A Nintendo então recorreu à Philips para criar um CD-ROM compatível com o sistema Philips CD-i (de "interativo"). Preocupada com a manobra da Nintendo, a Sony descartou o velho "PlayStation" desenvolvido para a Nintendo e começou a desenvolver uma máquina de games de 32 bits, que só aceitava CDs, para competir agressivamente com a Nintendo simultaneamente no Japão e nos Estados Unidos.

Enganando o Sistema com o Genie

Em 1991, a Galoob Toys lançou o Game Genie, que permitia que os jogadores enganassem o sistema NES para vencer os games mais facilmente. A Nintendo tentou impedir a venda do Game Genie argumentando que ele reduzia o valor de seus games a longo prazo.

A Nintendo revolucionou novamente o setor com o Game Boy, um sistema portátil que inaugurou a nova era dos portáteis em 1989. O sempre popular *Tetris* foi o carro-chefe dos títulos lançados para o sistema monocromático. O Game Boy foi sucedido pelo Game Boy Color (1998) e pelo Game Boy Advance (2001). O Game Boy Advance SP (2003), que parece um laptop em miniatura e tem uma tela iluminada por trás, ainda é amplamente utilizado. Seu sucessor, o Game Boy Micro, foi lançado em 2005.

Nintendo

Nintendo

Nintendo

O Game Boy da Nintendo (Game Boy Color, à esquerda) — seguido do Game Boy Advance, Game Boy Advance SP (no meio) e Game Boy Micro (à direita) — deu início a uma nova era no segmento de games portáteis.

Os Portáteis Multifuncionais da Tiger

Em 1997, a Tiger lançou um sistema portátil monocromático chamado "game.com" para competir com o Game Boy. Diferentemente do sistema dedicado para jogos da Nintendo, o Tiger vinha com game de paciência incorporado, calculadora, catálogo de endereços pessoal e agenda. Além disso, incluía uma caneta e uma tela sensível ao toque e podia ser conectado a um modem comum para acessar um serviço de e-mail baseado em texto.

Sega

Após a introdução bem-sucedida do NES pela Nintendo, a Sega começou a lançar uma série de sistemas nas décadas de 1980 e 1990, que incluíram o Sega Master System (SMS), Genesis, Saturn e Dreamcast. Em 1991, a Sega reinventou-se com o *Sonic the Hedgehog*, um game cujo personagem principal era uma ágil criatura azul que usava tênis vermelhos. O personagem Sonic fez tanto sucesso que se tornou o mascote da Sega (e um sério concorrente de Mario), proporcionando à empresa 55% do mercado de 16 bits. Embora o Sega Genesis tenha superado as vendas do SuperNES em 1992, permitindo que a Sega efetivamente assumisse o controle do mercado de consoles nos Estados Unidos, os lançamentos subsequentes da Sega não se

Sega Corporation

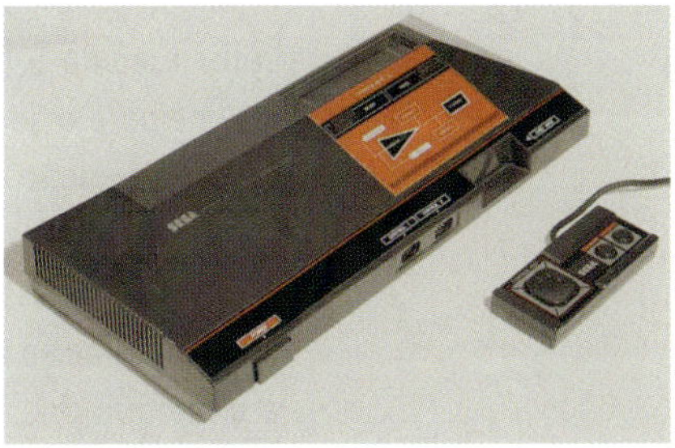

O Sega Master System (SMS) foi o primeiro produto da Sega para o mercado de consoles.

saíram tão bem e tiveram sua produção suspensa. Em 1995, a Sega of America equilibrava-se com sete plataformas para jogos diferentes e incompatíveis — Saturn, Genesis, Game Gear, Pico, Sega CD, 32X e 32X CD.

A 3DO e as Guerras de Bits

Em 1992, Trip Hawkins, fundador da Electronic Arts, constituiu a 3DO — uma nova empresa que recebeu apoio substancial da Panasonic, da Time-Warner e da MCA — para lançar um console de games de 32 bits que, segundo se esperava, assumiria a liderança do setor. Um ano depois, a Panasonic começou a comercializar o console; embora as avaliações fossem positivas, o preço (699 dólares) era proibitivo. A Atari reagiu saltando à frente com o Jaguar, um sistema de console de 64 bits. A Sega revidou lançando o 32X, um dispositivo periférico que permitia ao Genesis executar um novo conjunto de games de 32 bits em cartuchos.

:::::Violência em Videogames: As Audiências no Senado e o ESRB

Os ícones das classificações ESRB são marcas registradas da Entertainment Software Association.

Os símbolos das classificações ESRB incluem EC (Crianças), E (Todos), T (Adolescentes), M (Adultos), AO (Somente Adultos), RP (Classificação Pendente) e E10+ (Mais de 10 anos).

Em 1993, os senadores norte-americanos Joseph Lieberman, de Connecticut, e Herbert Kohl, de Wisconsin, realizaram audiências sobre a violência nos videogames e games para computador. Logo depois, o setor criou o Comitê de Classificação de Software de Entretenimento (ESRB) para fornecer aos pais e consumidores informações detalhadas sobre o conteúdo de games e permitir que eles tomassem as decisões de compra mais adequadas para suas famílias. O ESRB classifica de maneira independente o conteúdo de videogames e games para computador, impõe as normas de publicidade aprovadas pelo setor e ajuda a garantir a adoção de práticas responsáveis de privacidade on-line para o segmento de software de entretenimento interativo. O sistema de classificação é voluntário, embora praticamente todos os games vendidos no varejo nos Estados Unidos e no Canadá sejam classificados pelo ESRB. Muitos varejistas, inclusive a maioria das grandes cadeias de lojas, adotam como política só estocar ou vender jogos que tenham uma classificação ESRB, e a maioria dos fabricantes de consoles só permite jogos que tenham sido classificados pelo ESRB para utilização em suas plataformas. Para obter mais informações sobre as classificações, visite http://www.esrb.org[3].

[3] Como os endereços da Internet podem sofrer alterações, a editora não se responsabiliza por quaisquer problemas nas conexões dos sites publicados (N.E.).

Como o Saturn estava vendendo mais que o PlayStation da Sony no Japão, presumiu-se que também se sairia bem nos Estados Unidos. Embora tivesse anunciado que o sistema seria lançado nos Estados Unidos no "Saturnday" (dia de Saturn), 2 de setembro, a Sega fez o lançamento com quatro meses de antecedência. De modo geral, as vendas foram baixas e poucos títulos foram lançados, principalmente porque os desenvolvedores foram apanhados desprevenidos pelo lançamento antecipado. Embora o sistema continuasse vendendo bem no Japão, as vendas permaneceram frustrantemente baixas nos Estados Unidos. Em 1996, havia rumores de que a empresa deixaria de desenvolver produtos de hardware para se concentrar em software de jogos.

Sony Computer Entertainment America, Inc.

O lançamento do PlayStation original pela Sony deu início a uma nova era no mercado de consoles.

Em 1997, a Sega anunciou sua fusão com a empresa japonesa de brinquedos Bandai, que, ironicamente, estava desenvolvendo software para o PlayStation. Embora o conselho de administração tenha aprovado a fusão, as discordâncias internas acabaram forçando a Bandai a reconsiderar sua decisão. Em 1998, a Sega lançou o Dreamcast, que usava o sistema operacional Windows CE da Microsoft, o que facilitava a conversão de games *de* e *para* o PC. Apesar do sucesso desse lançamento, o presidente da empresa, Hayao Nakayama, renunciou ao cargo e a Sega suspendeu a distribuição do Saturn nos Estados Unidos.

O ingresso do PlayStation da Sony no mercado de consoles em 1995 inaugurou um novo capítulo da disputa por esse segmento. Mesmo com o lançamento do N64 pela Nintendo, que liderava o setor, o PlayStation manteve sua posição como o console de última geração mais vendido em todo o mundo. Em 1997, a Sony e a Nintendo continuaram competindo com o PlayStation e o N64.

A Guerra dos Consoles entre as "Três Grandes"

A disputa do mercado de consoles pelas "três grandes" (Sony, Microsoft e Nintendo) começou em 2000 com o lançamento, pela Sony, do PlayStation 2 (PS2), que logo se tornou o console mais vendido da história, com mais de 100 milhões de unidades comercializadas até 2006. O GameCube da Nintendo e o Xbox da Microsoft entraram nessa nova guerra dos consoles

Sony Computer Entertainment America, Inc. Nintendo Microsoft Corporation

PlayStation 2, GameCube e Xbox: o primeiro conjunto de consoles fabricados pelas "três grandes" (Sony, Nintendo e Microsoft).

em 2001 e 2002, respectivamente. O GameCube voltava-se para um mercado mais jovem (basicamente crianças e pré-adolescentes), enquanto a ênfase do Xbox em desempenho e recursos atraía jogadores mais velhos e exigentes.

FoxTrot, por Bill Amend
Cortesia do Universal Press Syndicate

Atualmente há uma nova geração de sistemas das "três grandes" competindo pela atenção do mercado — o Xbox 360 da Microsoft, o Wii da Nintendo e o PlayStation 3 (PS3) da Sony. Exploraremos esses sistemas mais detalhadamente no Capítulo 3.

A Revolução do Computador Pessoal

Em meados da década de 1970, outro segmento da indústria de games começou a entrar em uma nova era. A revolução do computador pessoal trouxe para o lar uma tecnologia que, até então, era um território exclusivo de programadores e aficionados. Games que eram desenvolvidos anteriormente como passatempo por estudantes universitários agora eram adaptados para computadores pessoais, e, com isso, o grande público podia participar da diversão. Já havia games de fliperama sendo transportados para sistemas de videogame domésticos e roubando parte do mercado das casas de games eletrônicos. A expansão do uso de computadores domésticos também contribuiu para o consequente declínio do negócio de casas de fliperama, além de constituir uma ameaça para o segmento de consoles de videogame. Vários computadores pessoais — como o Apple II e o Commodore 64 — foram criados com recursos específicos para games. (De fato, Steve Wozniak, que projetou o Apple II, era um jogador compulsivo.) Enquanto lê esta seção, pense no primeiro computador pessoal que você ou sua família possuíram e que games você gostava de jogar nele.

Mainframes e Aventuras de Texto

O jogo *Colossal Cave*, também conhecido como *Adventure* (não confundir com o game com o mesmo nome para Atari VCS) foi desenvolvido pelo programador de linguagem *assembly*

William Crowther e influenciou toda uma geração de desenvolvedores de games de aventura em universidades e fabricantes de equipamentos militares. Donald Woods expandiu o game, o que resultou no popular *Zork* da Infocom em 1979. Os comandos com duas palavras, originalmente desenvolvidos por Crowther de modo que suas filhas pequenas pudessem compreendê-los, foram imortalizados na linguagem ZIL (Zork Interpretive Language)!

::::: *Colossal Cave*: Mania de Texto

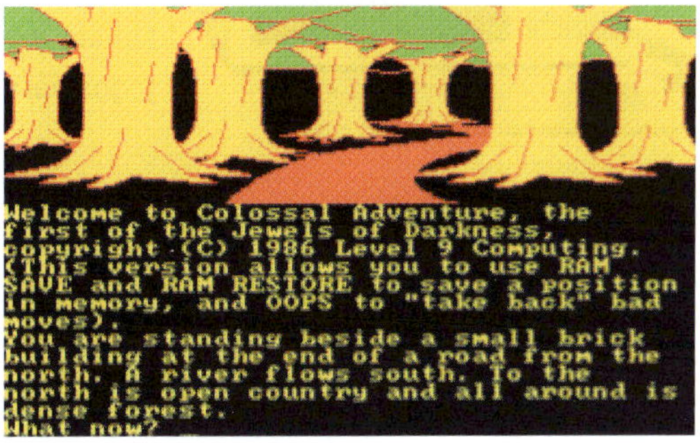

O pai da escritora Jeannie Novak, um matemático que trabalhava para uma firma de defesa, frequentemente trazia trabalho para casa; isso, às vezes, incluía um terminal conectado a um modem de 300 bauds, o que é cerca de 100 vezes mais lento que uma conexão discada moderna! Para jogar *Colossal Cave*, era necessário usar comandos de duas palavras, como "go west" (seguir para o oeste) ou "get inventory" (verificar o inventário). Por mais simples que isso possa parecer, o game era altamente envolvente, e a ausência de elementos gráficos dava asas à imaginação.

Outros games para computadores de grande porte (*mainframes*) incluíam:

- *MacHack-6* (1966), de Richard Greenblatt — o primeiro programa de xadrez computadorizado que participou de um torneio (e derrotou um jogador humano). O programa era uma expansão do projeto BS, de Alan Kotok, no IBM 7090.
- *Life* (1970), de John Horton Conway — um programa de vida artificial com autômatos celulares que permita ao "jogador" definir regras e observar o que acontecia com os "organismos" baseados no computador enquanto evoluíam. Mais tarde, a Software Toolworks lançou o *Life* para computadores pessoais.
- *Trek* (1971), de Don Daglow — um jogo de ficção científica altamente popular, inspirado no filme *Jornada nas Estrelas*, que começou no *mainframe* do Pomona College. Mais tarde, a Cygnus Software lançou o *Star Fleet I* (uma versão otimizada do *Trek*) para computadores pessoais.
- *Hunt the Wumpus*, de Gregory Yob — um game de labirinto em forma de um dodecaedro (um polígono de 12 faces). Os jogadores exploravam esse "mapa" e tentavam matar o Wumpus (uma besta malcheirosa que se escondia em cavernas cercadas de fossos e supermorcegos). A besta permanecia dormente até que aventureiros imprudentes a acordassem disparando uma flecha e errando o alvo. Caso se encontrasse na mesma sala do aventureiro, a besta o devorava. Durante o game, o aventureiro recebia dicas sobre sua proximidade do Wumpus (com base na intensidade do odor da criatura).

IBM Corporation
Imagem: cortesia de Sylvain Bizoirre, em Old-Computers.com

:::: IBM PC: a "Máquina Empresarial"

Em 1981, a IBM lançou o IBM PC, que usava o microprocessador 8088 da Intel. Embora fosse voltado para as comunidades de negócios e de programação e não tivesse sido projetado para entretenimento, o sistema acabou conquistando o mercado de programadores de computador (inclusive desenvolvedores de games) porque a IBM usou uma arquitetura de sistema aberto que permitia clonagem. Hoje em dia, os computadores pessoais baseados na tecnologia IBM original constituem o hardware padrão usado por desenvolvedores e usuários de jogos para computador.

Apple II

Quando estava na Hewlett-Packard, Steve Wozniak projetou o que viria a ser chamado de Apple I e fez uma demonstração no Homebrew Computer Club, um conhecido ponto de encontro de aficionados por computadores. Durante a reunião, Steve Jobs veio conversar com ele e sugeriu que abrissem uma empresa juntos. O resultado foi o primeiro sistema de computador pessoal e o começo de uma revolução que ameaçava competir ao mesmo tempo com as máquinas de videogame e os consoles domésticos. Os computadores deixaram de ser uma exclusividade de estudantes e aficionados, no universo das universidades e centros de pesquisas de engenharia, e chegaram aos lares.

Apple Computer, Inc.

Os primeiros games para computadores domésticos foram jogados no Apple II.

Steve Wozniak implementou a linguagem de programação BASIC no que ele chamava de "Game BASIC" para desenvolver games para o Apple II. Os consumidores também podiam programar o sistema ou se divertir com games como *Zork*, *Lode Runner*, *Wizardry* e *Ultima*.

Em 1984, a Apple lançou o Macintosh, um sistema com recursos gráficos e de áudio superiores e uma interface de usuário acessível e de fácil utilização. Um ano depois, a Microsoft introduziu o sistema operacional Windows para concorrer com o Macintosh. Embora o Windows, com o passar do tempo, tenha dominado o mercado, as versões iniciais do sistema operacional deixavam muito a desejar.

::::: A Origem do *Ultima*

Em 1979, a California Pacific Computer (mais tarde chamada Origin Systems), de Richard Garriott, lançou o game *Akalabeth*, precursor da popular série *Ultima*. Um ano depois, uma versão composta por elementos gráficos retangulares foi lançada para o Apple II. Depois de sete continuações, essa série de aventura/representação de papéis continua a fazer sucesso com o game *Ultima Online*.

Electronic Arts

O *Ultima III* é um dos oito games da popular série *Ultima*.

Electronic Arts: O Poder dos Astros

Um ex-funcionário da Apple, Trip Hawkins, fundou subsequentemente o que viria a ser a maior empresa de games dos Estados Unidos: a Electronic Arts. Tratando seus projetistas e artistas como *rock stars*, ele se referia às embalagens dos games como "capas dos álbuns" e despachava seus desenvolvedores para noites de autógrafos em lojas de games. Mais tarde, a decisão de Hawkins de usar celebridades esportivas como assessores ajudou a transformar os games de esportes no gênero mais vendido nos Estados Unidos, com títulos como *Dr. J. and Larry Bird Go One-On-One* e o sempre popular *John Madden Football*.

::::: Do Console Para o Computador

A Atari mudou seu foco para concorrer diretamente com a Apple, lançando o 400 (uma máquina de jogos que também era um computador), o 800 (com teclado real e recursos de expansão interna) e o 5200 (uma máquina de jogos pura, mas que não aceitava os cartuchos do 400 ou do 800). A Coleco também tentou competir com a Apple lançando o Adam Computer, que não obteve sucesso. Além de reduzir as vendas do sistema de console ColecoVision, 60% dos Adam Computers foram devolvidos com defeitos.

O Atari 400 era um sistema híbrido de videogame/computador.

CDTV: O Sistema de Entretenimento Educativo da Commodore

Em 1990, quando empresas como a Davidson & Associates, a The Learning Company, entre outras, introduziram o movimento de software para computador conhecido como *edutainment* ("edutenimento", uma mescla de entretenimento e educação), a Commodore lançou o CDTV (Commodore Dynamic Total Vision), um sistema de entretenimento doméstico que era, basicamente, um Commodore 64 sem teclado. Esse sistema "interativo" foi um dos muitos lançados na época que enfatizava simultaneamente games e software educativos. O software era vendido em CDs em vez de cartuchos.

Commodore 64

Depois de lançar o PET (Personal Electronic Transactor) e o VIC-20 para concorrer (sem sucesso) com o Apple II, a Commodore Computer fez outra tentativa de ingressar no mercado de computadores pessoais em 1982. Dessa vez, a empresa obteve um sucesso extraordinário.

Commodore Computers

O Commodore 64 tornou a computação pessoal acessível.

O acessível Commodore 64 (C-64), lançado em 1982, foi um concorrente formidável do Apple II, que era mais caro. De fato, o C-64 foi um dos computadores mais bem-sucedidos de todos os tempos. Seu preço, 300 dólares (equivalente ao do Intellivision), e sua facilidade de programação tornaram a computação pessoal acessível. O monitor em cores e a ampla memória faziam seu concorrente direto, o TI-99 da Texas Instruments, parecer primitivo. O desenvolvimento de softwares para o Commodore 64 continuou na década seguinte. A Commodore também lançou o computador Amiga em 1986. Projetado para executar games de alto desempenho, o Amiga era uma plataforma excepcional, mas sua comercialização foi deficiente.

Sierra Entertainment

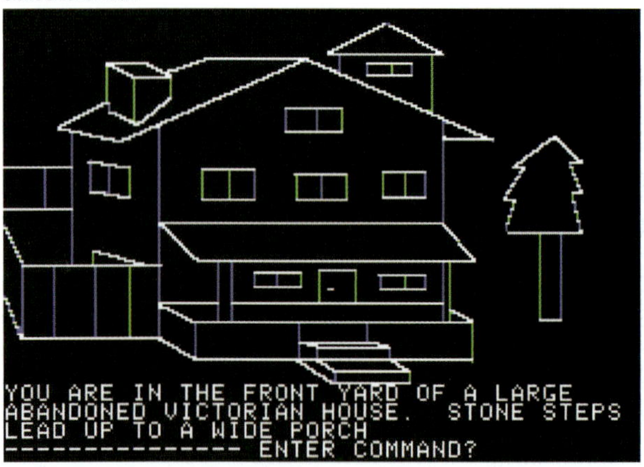

Mystery House, um dos primeiros jogos gráficos de aventura para computador, foi lançado pela Sierra On-Line.

:::::Sierra On-Line: Liderando o Desenvolvimento de Games para Computador

Foram criadas novas empresas de jogos que desenvolviam software exclusivamente para computadores domésticos, em vez de máquinas de videogame e consoles. Inspirada no *Colossal Cave*, Roberta Williams fundou a Sierra On-Line com o marido Ken; a maioria dos games da dupla foi desenvolvida na mesa da cozinha! Em 1984, a Sierra lançou o *King's Quest*, um game de aventura/representação de papéis (RPG) voltado para o PC Jr. da IBM. O game transformou-se em uma série de sucesso e duradoura.

Mesmo antes de a revolução do computador pessoal começar a ganhar velocidade, já havia inovações notáveis ocorrendo no mundo on-line para os poucos felizardos que tinham acesso a esse mundo. Foi só com o advento dos games on-line, e especialmente com a comercialização da internet, que esse novo mundo tornou-se disponível aos grande público. Até a introdução da internet em 1993, o uso de computadores pessoais para jogar on-line era basicamente uma atividade isolada. Examinaremos, agora, a evolução dos games on-line, um segmento que começou com um pequeno mercado de elite, décadas antes da conquista do mercado de entretenimento doméstico pelos computadores pessoais.

Os Games Multijogador e a Elite On-line

Talvez você acredite que os games on-line começaram quando a internet tornou-se comercial, atraindo um amplo mercado de consumidores. Na verdade, os games on-line precederam essa época em várias décadas. Nos primórdios dos games on-line, poucos jogadores tinham acesso a uma tecnologia que não estava disponível a todos. Consequentemente, os games em rede evoluíram longe dos olhos do público e, de fato, só atraíram sua atenção quando a internet tornou-se disponível à população.

Citaremos a seguir alguns marcos fundamentais da história dos games on-line. Talvez você reconheça alguns dos serviços que ajudaram a desenvolver esse segmento. Talvez você até esteja usando algum deles!

PLATO

Tudo começou com o PLATO (*Programmed Logic for Automatic Teaching Operations*), introduzido em 1961 na Universidade de Illinois. O sistema foi projetado para ser usado em pesquisas na área de educação em computadores, mas Rick Blomme o transformou em uma rede de games para multijogadores. Ao desenvolver uma versão para dois jogadores do *Spacewar!* — jogo para computadores de grande porte que desencadeou todo o processo, originalmente criado por Steve Russell no MIT —, Blomme catalisou o crescimento de um novo fenômeno no mundo dos games. O PLATO introduziu o *Empire*, um jogo para 32 usuários inspirado em *Jornada nas Estrelas*; o *Airfight*, um game de simulação de voo; e o *Talk-O-Matic*, precursor das salas de bate-papo atuais, que já prenunciava a importância da interação social nos games on-line. Na década de 1970, o PLATO passou a oferecer os games *Avatar*, inspirado em *Dungeons & Dragons* (que deu origem à série *Wizardry*), e *Oubliette*. Esse foi o começo do que se tornaria o mercado de games de representação de papéis (*role-playing game* ou RPG), atualmente jogados em escala "maciça", entre milhares de pessoas simultaneamente. Ele foi também o ponto de partida para o desenvolvimento de muitos games educacionais e experiências interativas.

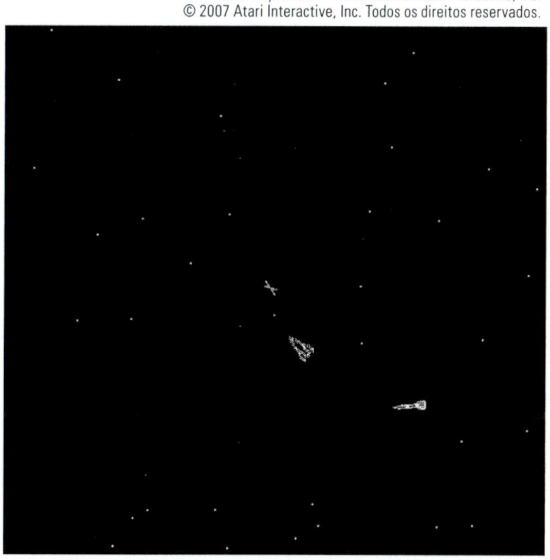

Spacewar!, para *mainframe*: o início de tudo.

MUDs

Roy Trubshaw e Richard Bartle, da Universidade de Essex (Reino Unido), criaram em 1979 o que seria conhecido como MUD (*Multi-User Dungeon* ou "Calabouço Multijogador"). Quando a rede da Universidade de Essex tornou-se parte da ARPAnet — uma rede mundial de computadores de instituições acadêmicas, a base do que hoje é conhecido como internet —, os alunos e pesquisadores conectados à rede começaram a criar seus próprios MUDs com o código disponibilizado gratuitamente. Como o *Talk-O-Matic* e as salas de chat on-line futuras, os MUDs enfatizavam prioritariamente os aspectos sociais dos games. Isso, somado à capacidade dos jogadores de criar seus próprios ambientes, ajudou a incorporar a interação social e a intervenção criativa do jogador à tradição dos games on-line.

CompuServe

Imediatamente, o CompuServe, primeiro provedor de serviços de internet (ISP), percebeu um potencial financeiro caso permitisse que seus usuários jogassem em uma rede pública. Associando-se aos desenvolvedores John Taylor e Kelton Flinn, da Kesmai Corporation, o CompuServe lançou games de RPG baseados em texto ASCII, como o *Islands of Kesmai* e o *Megawars I*. Cobrando de seus usuários a fortuna de 12 dólares por hora (e ainda mais no horário nobre, quando o preço variava de 25 a 65 dólares) para jogar, a CompuServe inaugurou o mercado dos jogos on-line.

O Primeiro Serviço de Games por Assinatura

Marc Jacobs forneceu o primeiro serviço de games on-line por assinatura (40 dólares por mês) com um RPG chamado *Aradath*. A empresa de Jacobs, a AUSI, foi a precursora da Mythic Entertainment, que desenvolveu o game *Dark Age of Camelot*.

QuantumLink

A America Online (AOL) na verdade começou como uma empresa de games. A precursora do que hoje é a AOL foi criada em 1985 para competir diretamente com o CompuServe no mercado de games on-line multijogadores. O primeiro serviço de games on-line com recursos gráficos, o QuantumLink, inicialmente só estava disponível para usuários do Commodore 64. O primeiro game disponível nesse serviço, desenvolvido por Randy Farmer e Chip Morningstar, da LucasFilm, foi o *Habitat*, que também foi o primeiro ambiente MUD on-line com recursos gráficos voltado para a integração social. Richard Garriott, da Origin Systems, associou-se à QuantumLink em 1991 para desenvolver o *Ultima Online* — versão on-line da bem-sucedida série *Ultima*.

Por Que Não Jogar por E-mail?

Os games por e-mail (PBM ou Play-By-Mail), como o *Diplomacy* (que começou na década de 1960), foram desenvolvidos como uma forma de competição entre jogadores geograficamente dispersos. Com o advento dos serviços on-line como GEnie e QuantumLink (AOL), os pioneiros Don Daglow e Jessica Mulligan lançaram os primeiros jogos PBM comerciais. O game de estratégia espacial para múltiplos jogadores *Rim Worlds War*, baseado em *chat*, foi desenvolvido por Jessica Mulligan para o serviço on-line GEnie. O game *Quantum Space* foi projetado e programado por Don Daglow para a QuantumLink (AOL).

GEnie

O GEnie (GE Network for Information Exchange) era um serviço on-line que competia diretamente com os serviços CompuServe e QuantumLink. Kelton Flinn, da Kesmai Games, desenvolveu o game *Air Warrior* para o GEnie. O *Air Warrior*, um revolucionário simulador de voo da Segunda Guerra Mundial, pode ser considerado o primeiro game on-line gráfico para um grande número de jogadores simultâneos. No final da década de 1980, a GEnie consolidou-se como o principal serviço para games on-line para multijogadores, licenciando ambientes de game como o *Galaxy II* da AUSI e o *Orb Wars* da Simutronic. O primeiro game de ação tridimensional comercial, *A-Maze-ing*, foi lançado em 1989. (Em 1974, Dave Lebling e Greg Thompson criaram um game de ação em primeira mão para multijogadores, chamado *Maze*, para o Imlac PDS-1, usando o PDP-10 como servidor. Ele aceitava até oito jogadores e oferecia recursos de bate-papo e scripts automáticos ou *bots*.)

Kesmai

O *Air Warrior*, desenvolvido para o serviço GEnie, foi o primeiro game on-line de simulação de combate para múltiplos jogadores.

id Software: Revolucionando os Jogos On-line

Vários eventos ocorridos em 1993 ajudaram a acelerar o segmento dos games on-line para multijogadores. O primeiro navegador gráfico, o NCSA Mosaic (criado por Mark Andreessen quando era estudante na Universidade de Illinois), marcou o término da era de comunicação somente de texto na internet, abrindo essa rede global para o mundo comercial e para o grande público. Os serviços on-line comerciais competiam por assinantes. Foi então que a id Software lançou o game *Doom*, em que até quatro jogadores

id Software

O game *Doom* ajudou a comercializar os serviços de games on-line.

podiam se interconectar em uma rede local (LAN) e jogar entre si em um "combate mortal". O título subsequente da empresa, *Quake*, já incorporava recursos de internet para que jogadores fisicamente dispersos pudessem competir em combates mortais. Outros desenvolvedores de games para computador passaram a adicionar recursos de conexão por modem e LAN a seus produtos para permitir multijogadores simultâneos. Uma seção totalmente nova do mercado de games para computador foi criada, envolvendo a execução de produtos em CD-ROM por meio de redes. Os recursos internos de conexão entre multijogadores via internet tornaram-se um requisito dos jogos, em vez de uma mera opção.

::::: O Fenômeno da *LAN Party*

Na década de 1990, ocorreram avanços significativos na capacidade gráfica, velocidade de processamento e recursos de áudio dos computadores, definindo novos padrões para os games de computador. Os games em rede, como o *Doom*, o *Quake* e o *Diablo*, desencadearam uma nova tendência social entre os usuários. As *LAN parties* ("festas em rede") eram eventos em que vários amigos interconectavam seus computadores na mesma sala e jogavam em equipes ou competindo entre si, com pausas para pizza e refrigerante ou cerveja.

::::: A Saga Continua no Mundo On-line

A expansão dos games on-line multijogador massivos (MMOGs)[4] nos Estados Unidos começou quando a Origin Systems lançou o *Ultima Online*, que atingiu a marca de 50 mil assinantes em apenas três meses. A Turbine Entertainment desenvolveu o game *Ashreron's Call* e a Verant Interactive (posteriormente comprada pela Sony) lançou o *EverQuest*, que se tornou o maior game de representação de papéis on-line multijogador massivo

---

4 No Brasil, é usado o termo massivo, derivado do termo em inglês *massive* (N.R.T.).

(MMORPG) nos Estados Unidos, afirmando ter mais de 500 mil jogadores simultâneos. (Os MMOGs serão discutidos mais detalhadamente no Capítulo 3.)

ORIGIN Systems, Inc.

Sony Computer Entertainment America, Inc.

Ultima Online (à esquerda) e *EverQuest* (à direita) foram dois dos primeiros games on-line multijogador massivos (MMOGs).

Ao mesmo tempo em que a revolução da informação, estimulada pela internet, permeava a cultura norte-americana na metade da década de 1990, os computadores tornavam-se verdadeiramente interativos, permitindo que centenas de milhares de pessoas em todo o mundo participassem simultaneamente de games "multijogador massivos". Os jogadores imergiam em um mundo de fantasia simulado e constante, personalizando seus próprios personagens, formando equipes ou "confrarias" colaborativas e envolvendo-se em missões de aventura. (Os games on-line multijogador serão discutidos mais detalhadamente no decorrer deste livro.)

Convergência: Os Segmentos da Indústria se Encontram

Depois de décadas de desenvolvimento em paralelo, os segmentos de games para console e para computador começaram a experimentar certo grau de convergência tecnológica, com a intersecção de características desses mercados anteriormente separados. Isso foi impulsionado por uma evolução inesperada no campo dos games on-line. O mundo on-line tornou-se um lugar popular de comunicação e entretenimento. Os fabricantes de consoles de videogame, buscando conquistar esse mercado, agora oferecem conectividade à internet em seus sistemas: Xbox 360 (Microsoft), PlayStation 3 (Sony) e Wii (Nintendo).

A convergência prevalece na maioria dos novos sistemas portáteis e de console, seja por meio da conexão à internet, seja pela incorporação da tecnologia de telefonia celular. O PSX, lançado no Japão (e semelhante ao novo PS3), incorpora a tecnologia de DVD. A geração atual de sistemas de console levou o conceito de convergência a um novo patamar. Além de se conectarem à internet (alguns por meio de navegadores bastante eficazes), o Xbox 360, o PS3 e o Wii também permitem a interconexão dos jogadores e, em alguns casos, até a compra on-line de games e filmes em alta definição. (Consulte o Capítulo 3 para obter mais informações.)

Microsoft Corporation

Sony Computer Entertainment America, Inc.

Nintendo

Todos os três sistemas de console predominantes atualmente — Xbox 360, PlayStation 3 (PS3) e Wii — oferecem games on-line para múltiplos jogadores, navegação e transações pela internet.

Emuladores: O Fliperama On-line

Até mesmo os mundos do fliperama e da internet estão convergindo na forma dos programas on-line de emulação de games de fliperama, que duplicam a função de um sistema usando outro, de modo que o segundo parece comportar-se como o primeiro. Por exemplo, o emulador de software MAME (*Multiple Arcade Machine Emulator*) permite a execução de jogos de fliperama usando o hardware do computador. Uma das emulações mais criativas é a do *Pac-Man*, que foi programada em uma planilha do Excel! É comum que os emuladores sejam usados para executar games desenvolvidos para sistemas que não são mais vendidos ou são difíceis de encontrar, não apenas de máquinas de fliperama, mas também de consoles e computadores (como o *Commodore 64* e o *Amiga*). O Nintendo Wii possui um recurso de console virtual (para NES, SNES, Genesis e TG-16) e as compilações agora são comuns (como a Coleção Sega Genesis para PS2/PSP).

Nokia, Inc.

O N-Gage da Nokia foi uma tentativa pioneira de criar um sistema multiuso de telefone celular/jogos/MP3/internet.

Outros setores da indústria estão começando a crescer. O segmento de games portáteis — que começou na década de 1970 com os portáteis voltados para esportes da Mattel — evoluiu para um mercado autônomo de games para celulares. Os serviços de download digital também ajudaram a aumentar substancialmente a disponibilidade dos games para usuários em todo o mundo.

Electronic Arts

Cortesia da Ubisoft Entertainment

O segmento de games para celulares tornou-se mais abrangente, com games independentes como o *New York Nights: Success in the City*, da Gameloft (à esquerda), e títulos de primeira linha e grande orçamento, como o *Prince of Persia: Two Thrones* (à direita), para serem jogados em telefones celulares.

Os desenvolvedores e fabricantes de hardware estão aderindo a essa tendência, envolvendo-se com iniciativas de desenvolvimento de games portáteis (como o PSP da Sony), criando dispositivos inovadores (como o EyeToy da Sony e a conexão de vídeo para o GBA da Majesco) e experimentando novas técnicas para lidar com as limitações gráficas, de memória e de tamanho da tela (como o DS da Nintendo, um dispositivo portátil com duas telas). As plataformas para jogos atuais serão discutidas detalhadamente no Capítulo 3.

Nintendo

A Nintendo revolucionou o setor de portáteis com o Nintendo DS, um sistema de tela dupla com recursos de Wi-Fi e conexão local sem fio.

Sony Computer Entertainment America, Inc.

O PSP (PlayStation Portable) da Sony foi o primeiro console portátil com games que podem ser jogados on-line.

O Que o Futuro nos Reserva

Você acaba de conhecer resumidamente os principais marcos da história do desenvolvimento dos games eletrônicos. Onde você acha que esse setor estará daqui a dez anos? Há algum outro segmento da indústria prestes a emergir? Algum segmento específico deverá exibir uma fase de crescimento acelerado? Os consumidores optarão pela portabilidade ou pela experiência cinematográfica dos games de console em estilo de *home theatre*? Se o segmento dos games para celulares se consolidar, os desenvolvedores voltarão suas atenções para a tela pequena? Os aspectos sociais dos games multijogadores on-line tornar-se-ão tão absorventes que os jogadores passarão a gastar mais tempo em ambientes virtuais do que na VR ("vida real")?

Este capítulo forneceu sólidos conhecimentos sobre a história do desenvolvimento dos games eletrônicos, inclusive sobre as empresas, as pessoas e os jogos que ajudaram a transformar o setor no que ele é hoje. A seguir, examinaremos os jogadores: quem são, onde estão e por que jogam. Embora esse mercado frequentemente seja ignorado pelos desenvolvedores de games, é importante compreendê-lo para desenvolver games bem-sucedidos.

:::REVISÃO DO CAPÍTULO:::

1. Quais empresas de desenvolvimento de games eletrônicos importantes estão em atividade desde os primórdios do setor e como começaram?
2. Que indivíduos desempenharam um papel significativo na evolução do setor de games eletrônicos e quais foram suas principais contribuições?
3. Quais foram as principais fases e marcos fundamentais na história dos games eletrônicos? Qual é o papel desempenhado pela convergência na conexão dessas fases?
4. Por que algumas empresas de desenvolvimento de games tiveram sucesso e outras fracassaram? Como esses conhecimentos podem ser aplicados à situação atual do setor?
5. Quais games eletrônicos ajudaram a expandir a audiência do setor? Qual foi a razão do seu sucesso?
6. Que tradições originárias dos primórdios do desenvolvimento de games ainda existem? Por que elas são atraentes e úteis para os desenvolvedores e jogadores?
7. Várias teorias tentaram explicar o declínio do segmento de games de fliperama e a queda associada do setor de videogames no início da década de 1980. Você concorda com alguma dessas teorias em particular? Tem uma teoria própria? Há algo que poderia ter sido feito para evitar esse declínio?
8. Qual foi o primeiro game eletrônico que você jogou? Ele atraiu sua atenção? Por quê? Quais jogos não eletrônicos eram populares em sua infância? Você acha que o fascínio de qualquer um desses games foi capturado na forma digital?
9. Escolha alguma época na história do desenvolvimento de games eletrônicos e imagine que você seja um desenvolvedor trabalhando nesse setor. Conhecendo as limitações do período, que tipo de game você criaria?
10. Você acaba de conhecer as muitas épocas e fases do setor de games eletrônicos. Estamos no início de uma nova época? Você seria capaz de prever as características básicas da próxima fase na história do setor de games?

CAPÍTULO 2

Elementos do Jogador:

quem joga e por quê?

Perguntas-chave do Capítulo

- O que motiva as pessoas a jogar e como isso afeta os tipos de games que são desenvolvidos?
- Qual é a diferença entre aspectos geográficos, demográficos e psicográficos?
- Como o mercado de jogadores mudou ao longo do tempo?
- Como diferem os mercados dos Estados Unidos e da Coreia do Sul?
- Quais são as diferentes gerações de jogadores nos Estados Unidos?

Agora que você sabe como o setor de games evoluiu ao longo dos anos, chegou a hora de examinar as pessoas que jogam. Houve uma época em que o perfil do "jogador" correspondia a um adolescente do sexo masculino, mas hoje esse perfil é impreciso. O mercado de jogadores mudou drasticamente desde meados da década de 1990, principalmente em razão do advento da internet como meio comercial. A interface dos produtos de multimídia com a internet estimulou o crescimento de um novo setor de comunicações. Muitas pessoas têm pelo menos um site pessoal, às vezes incluindo seu próprio blog diário — quando já não estão usando a internet para vender algo —, e a comunicação com amigos, familiares e colegas por e-mail e mensagens instantâneas tornou-se comum. Talvez você até esteja usando este livro como complemento de um curso de aprendizagem on-line a distância!

O Mercado de Games

Se você pretende desenvolver games, é essencial que compreenda o *mercado* de games, ou seja, as pessoas que jogam. Qual faixa desse mercado você pretende atingir? A resposta a essa pergunta *não* é "todo mundo". Você deve compreender qual é o *seu* mercado para poder criar um game atraente que supra as necessidades da faixa escolhida.

> Até o *Tetris* pode fazê-lo esquecer seus problemas por algum tempo.
>
> — *Robert Ferguson (estudante de Arte e Design de Games)*

Com metade do público norte-americano consumindo games eletrônicos, o entretenimento interativo é a opção de diversão do século XXI. A ESA (Entertainment Software Association) realiza uma pesquisa de mercado anual sobre aspectos essenciais de vendas, fatores demográficos e padrões de uso de videogames e games para computador. Em 2006, a pesquisa da ESA constatou que 69% dos chefes de família nos Estados Unidos jogam games eletrônicos regularmente; os jogadores adultos começaram a jogar há aproximadamente 12 anos; e o usuário médio gasta aproximadamente 6,5 horas por semana jogando. Quase um terço indicou que joga pelo menos três gêneros de games.

Motivação do Jogador

Por que as pessoas gostam de games? A compreensão disso pode ajudá-lo a desenvolver games que satisfaçam essas necessidades. Alguns desenvolvedores criam games sem considerar por que seu público desejaria jogá-los; e seus componentes mais atraentes não são utilizados suficientemente para manter os jogadores interessados. São mencionados a seguir alguns dos fatores que motivam os usuários a continuar jogando.

::::: Naipes de Jogadores

Em 1996, Richard Bartle publicou "Hearts, Clubs, Diamonds, Spades: Players Who Suit MUDs" (*Journal of MUD Research*), um estudo em que propõe a divisão dos usuários de jogos do tipo MUD em quatro categorias, dependendo de como gostam de atuar (manipulando, explorando, controlando) e interagir (aprendendo, comunicando, examinando) com o mundo do game ou com outros jogadores. Originalmente, Bartle definiu quatro tipos de jogadores, correspondendo aos quatro naipes do baralho:

Diagrama criado por Per Olin.

Copas, paus, ouros, espadas: tipos de jogadores que "combinam" com MUDs.

1. **Copas:** Jogadores *socializadores* — gostam de conhecer outros jogadores e comunicar-se com eles.

2. **Paus:** Jogadores *predadores* — gostam de manipular outros jogadores.

3. **Ouros:** Jogadores *realizadores* — gostam de interagir com o mundo do game.

4. **Espadas:** Jogadores *exploradores* — gostam de manipular o mundo do game.

Bartle teorizou que uma comunidade MUD saudável exige uma proporção de cada tipo de jogador para se manter.

Richard Bartle Fala Sobre os Tipos de Jogadores

O Dr. Richard Bartle foi coautor do primeiro mundo virtual, *MUD (Multi-User Dungeon* ou "calabouço multijogador"), em 1978, tendo estado na linha de frente do setor de games on-line desde sua origem. Autor de palestras sobre inteligência artificial e atualmente Professor Visitante de Design de Games para Computador na Universidade de Essex (Reino Unido), é um escritor influente versado em todos os aspectos do design, desenvolvimento e gerenciamento de mundos virtuais. Como consultor independente, assessora a maioria das principais empresas de games on-line no Reino Unido e nos Estados Unidos há mais de 20 anos. Seu livro *Designing Virtual Worlds*, publicado em 2003, é um texto fundamental para pesquisadores e desenvolvedores de mundos virtuais.

Dr. Richard Bartle, Professor Visitante de Design de Games para Computador da Universidade de Essex.

Minha teoria expandiu-se desde que a propus pela primeira vez. Em sua forma original, ela tinha quatro elementos problemáticos:

1. Havia dois tipos de predadores.
2. Ela não explicava como os jogadores mudam gradualmente ao longo do tempo.
3. Ela não levava em conta uma das razões frequentemente citadas pelos jogadores quando solicitados a explicar o que os diverte: "Eu gosto de imersão".
4. Ela era baseada puramente na observação, sem qualquer conexão com obras teóricas existentes.

Os dois tipos de predadores eram o "cruel" e o "político": o que tenta dominar os outros de forma astuta e egoísta e o que tenta fazê-lo de forma aberta e desinteressada. Também notei que havia diferenças sutis nos outros tipos. Por exemplo, aqueles cuja exploração destinava-se a expandir seus conhecimentos faziam isso de maneira científica, enquanto os que exploravam para aprofundar seus conhecimentos existentes eram mais como gurus de informática que "intuem" como as coisas devem funcionar. Adicionei uma dimensão extra para capturar essa distinção, que chamei de implícita/explícita: as ações implícitas não eram planejadas racionalmente, mas realizadas sem pensar; as ações explícitas eram avaliadas e racionalizadas. Os cruéis não pensam na razão do que fazem (embora possam raciocinar sobre como fazê-lo); os políticos, por outro lado, avaliam suas motivações e as racionalizam em termos de ajudar o game. Os exploradores que operam cientificamente consideram o que fazem como se fosse um experimento, testando os limites de suas teorias; os gurus não se dão a esse trabalho, porque já conhecem o mundo tão bem que o compreendem implicitamente.

O acréscimo da dimensão extra resultou em oito tipos em vez de quatro e solucionou um dos problemas. Isso me permitiu usar o novo modelo tridimensional para monitorar como os jogadores mudavam de comportamento ao longo do tempo. O percurso de desenvolvimento mais comum que observei era evidente no gráfico bidimensional dos quatro tipos: de predador para explorador para realizador para socializador. Alguns outros percursos, porém, pareciam oscilar entre dois tipos: por exemplo, de predador para socializador para predador para socializador. Com o novo modelo, pude enquadrá-los em subtipos específicos de predador, socializador ou outro tipo e, como resultado, constatei que todos os quatro percursos que havia observado empiricamente seguiam a mesma linha de ação: de implícito para explícito, para explícito para implícito seguindo a forma de um alfa invertido.

Isso me permitiu levar em conta a imersão, que é até que ponto do percurso você consegue atingir em um certo momento. Quanto mais avançado você está, mais compreende o mundo virtual; portanto, mais você se sente como parte dele e, o que é crucial: mais próximo se sente de ser quem você realmente é. A imersão é, basicamente, um reflexo de quão próximo da autocompreensão você está quando participa do jogo. Os mundos virtuais sempre foram voltados para a liberdade e a identidade (o MUD1 foi projetado especificamente para ambas as finalidades), e o senso de imersão é a forma pela qual o progresso nesse sentido se manifesta.

Finalmente, eu podia associar essa teoria a outras já existentes pertecentes a outras disciplinas. O percurso de desenvolvimento seguido pelos jogadores em mundos virtuais é a narrativa da "jornada do herói" descoberta por Joseph Campbell na década de 1940. Sua teoria é a de que todos os mitos e contos populares seguem o mesmo padrão básico, porque, ao compreender esse padrão, as pessoas conseguem entender quem são e qual é o seu lugar no mundo. Os jogadores em mundos virtuais seguem o mesmo caminho, mas, em vez de experimentá-lo por meio dos olhos de um protagonista, podem percorrê-lo por conta própria. É por isso que os mundos virtuais são tão fascinantes: eles permitem que as pessoas sejam — ou tornem-se — quem realmente são. Como a "jornada do herói" tem vínculos com muitas outras áreas de estudos acadêmicos, particularmente a psicologia, finalmente meu modelo de tipos de jogador podia ser ancorado em outros trabalhos e corroborado por outras teorias já testadas e comprovadas. *[Nota da Autora: A jornada do herói será discutida mais detalhadamente no Capítulo 4.]*

Basicamente, você participa de um mundo virtual em busca de "diversão" — que é tudo aquilo que você pode fazer no momento para progredir na jornada de seu herói. É possível ter um mundo virtual relativamente estável que atraia principalmente jogadores que são socializadores ou realizadores; no entanto, eles precisam de um fluxo contínuo de novatos para manter seu interesse. Os mundos mais equilibrados não perdem muitos jogadores e, portanto, não sofrem tanto quando o fluxo de novatos diminui.

Interação Social

Electronic Arts Inc.

O game *Sims Online* tem com objetivo a interação social.

Quando há mais de uma pessoa participando de um game, os jogadores podem se sentir motivados a interagir socialmente com seus adversários ou colegas de equipe. Essa socialização pode existir tanto em games simples para duas pessoas como em uma casa de fliperama ou nos *games on-line multijogadores massivos* (MMOGs), com milhares de pessoas jogando simultaneamente. Nos MMOGs, é comum que os jogadores possam comunicar-se por meio do próprio game, frequentemente para discutir assuntos não relacionados ao game em vez de "permanecer no personagem". Alguns jogadores que se conhecem nos games marcam encontros na vida real, em convenções de jogadores. Até cerimônias de casamento já ocorreram em games!

> Minha motivação é jogar com outras pessoas, conhecer gente de todo o mundo e trabalhar em conjunto para desenvolver nossos personagens.
>
> — *Kathrine Courchaine (estudante de Arte e Design de Games)*

Isolamento Físico

A ideia de *isolamento* pode parecer a antítese da *interação social*. Entretanto, mesmo quando desejam estar isolados, os jogadores estão interagindo socialmente com outras pessoas, mesmo que na privacidade de seus próprios ambientes físicos. Isso coloca em questão a definição de "ser sociável". Há quem afirme que as pessoas que preferem ficar em casa e jogar um MMOG provavelmente são antissociais. Outros argumentam que essas pessoas devem ser altamente sociáveis, porque provavelmente estão interagindo com muito mais gente do que seria possível em um jantar social. O e-mail é considerado antissocial? Antes de ser aceito pelas massas como um meio viável de comunicação, ele certamente era assim considerado. Agora ele é visto como uma maneira de expandir a rede de contatos sociais de uma pessoa, que pode transcender limites geográficos e tornar-se global. Os jogadores motivados pelo isolamento físico provavelmente preferem jogar em um lugar privado, como em suas casas. Outros podem facilmente jogar em locais públicos, como as lan houses, ou em praticamente qualquer lugar, com seus portáteis à mão!

> Atensão cotidiana é o que me motiva a jogar. Os games me ajudam a relaxar e me proporcionam uma sensação de controle — ao contrário do que acontece em muitas outras partes da vida.
>
> — *Katrina Ruban Graniczny (ArtGrafx)*

Competição

Alguns jogadores apreciam a sensação de *competir* contra outros jogadores. Esse conceito será discutido mais detalhadamente no próximo capítulo. O espírito competitivo tem sido associado aos games ao longo da história, constituindo a base do tremendo sucesso da indústria esportiva. No Capítulo 6, você verá que a competição pode ser combinada à cooperação para tornar os games mais atraentes e desafiadores.

Midway Home Entertainment, Inc.

A competição é a motivação principal em muitos games de luta, como *Mortal Kombat: Armageddon*.

Conhecimento

Os jogadores podem ser motivados a jogar para adquirir *conhecimentos* sobre conceitos, processos e estratégias específicos, embora essa motivação muitas vezes seja inconsciente. Se os jogadores expressassem claramente o desejo de aprender enquanto jogam, os desenvolvedores de games os comercializariam como ferramentas educativas, proporcionando "aprendizagem divertida" a todos. No próximo capítulo, você verá como a maioria dos games permite que os jogadores aprendam "acidentalmente"! No Capítulo 6, aprenderá também que os jogadores aplicam conhecimentos tanto internos como externos para ter sucesso nos games.

Majesco Entertainment Corp.

Os games educativos para crianças, como *Cooking Mama: Cook Off* — em que os jogadores aprendem a executar receitas como ovos fritos ou rolinhos de carne com repolho —, concentram-se na transmissão de conhecimentos.

Domínio

Alguns jogadores são motivados a *dominar* o próprio game, — demonstrando sua capacidade de conquistar o mundo do jogo e de descobrir como chegar aos níveis avançados. O domínio é mais evidente nos games em que a vitória depende do aumento das habilidades do personagem. Os jogadores motivados pelo domínio concentram-se na avaliação do seu status no game por meio da obtenção de altas pontuações e qualificações.

Nintendo

Os resumos da pontuação, como esse cálculo de "idade mental" gerado no popular game *Brain Age*, são necessários para jogadores motivados pelo domínio do game.

Escapismo

Muitos jogadores indicam que são motivados a jogar para *escapar* das tensões e dos desafios da vida real. O mundo imaginário do game segue suas próprias regras, algumas das quais são menos restritivas que as da vida real. Embora seja possível escapar para outros "mundos", como os dos livros e filmes, as pessoas não participam desses mundos tão diretamente como nos games.

> Eu jogo para escapar da vida que a maioria de nós vive e viver a vida que a maioria de nós deseja.
>
> — *Arash John Sammander (estudante de Arte e Design de Games)*

O próximo capítulo introduz o conceito de *imersão* e explica como ela é particularmente eficaz nos games. A participação do jogador também pode envolver o desenvolvimento de uma forte ligação com o personagem do jogo, em especial quando o personagem é "habitado" pelo jogador. O conceito de identificação entre jogador e personagem é discutido mais detalhadamente no Capítulo 5.

> Um game frequentemente é a chave que libera a minha imaginação. Não posso vestir uma capa e sair voando pela cidade, por razões óbvias. Os games me dão a oportunidade de fazer, até certo ponto, coisas com que eu sonho.
>
> — *Chris Lenhart (bacharel em Arte e Design de Games)*

::::Sensação de Poder do Jogador no *Ultima Online*

Minha experiência mais memorável no desenvolvimento de um título ocorreu logo depois que lançamos o *Ultima Online*. Estávamos encontrando grandes dificuldades para estabilizar e otimizar o game. Por exemplo, ele travava e ficava lento o tempo todo. Apesar do sucesso em atrair o maior número de assinantes já registrado para um game on-line, estávamos um pouco frustrados com a falta de qualidade do produto. Foi então que recebemos uma carta de um jogador descrevendo como estava se divertindo com o game. Em um texto relativamente longo, ele explicou que o *UO* lhe permitia experimentar coisas que nunca pôde experimentar na vida real. No *UO*, ele era um líder poderoso, com muitos amigos, que podia explorar um vasto território e destruir o mal. No final da carta, ele nos agradeceu por lhe proporcionar a oportunidade de correr, já que estava confinado em uma cadeira de rodas e não podia fazer isso na vida real. Essa carta fez todas as dificuldades e todos os esforços valerem a pena. Acima de tudo, ela me ensinou que esses games podem ser mais que meros produtos lucrativos de entretenimento. Eles podem ter um significado e um impacto reais para os usuários. Nunca esqueci essa lição e lembro-me dessa carta com carinho até hoje.

— *Starr Long (Produtor, NCsoft)*

Electronic Arts

Compulsão

Alguns jogadores afirmam que são motivados pela *compulsão* — a tendência a concentrar-se em uma atividade em prejuízo de todas as demais. Um debate realizado recentemente pela IGDA (International Game Developers Association) indicou que um dos comentários mais satisfatórios recebidos pelos desenvolvedores de games é que seus games são viciantes. Ao contrário do entretenimento "passivo" proporcionado pela TV ou pelo cinema, os games oferecem a oportunidade de assumir papéis ativos na experiência de divertimento ativa ao permitir que os jogadores assumam papéis dos personagens, tomem decisões e observem suas consequências. Isso pode ser altamente gratificante para os jogadores, mas também pode torná-los dependentes e levá-los a jogar continuamente, a ponto de ignorar outras atividades mais importantes de suas vidas. Apostar é, comprovadamente, um vício, e alguns

Prestige Gaming

Os jogos de cassino, como o vinte-e-um no *Prestige Casino*, podem ser altamente viciantes.

desenvolvedores de games estão considerando a possibilidade de incorporar esse item aos games eletrônicos mais sofisticados. Entretanto, pode-se argumentar que muitos passatempos proveitosos podem ser viciantes e que a responsabilidade pela manutenção de algum equilíbrio cabe ao próprio jogador!

Há muitas outras razões por quais as pessoas jogam. Para algumas é uma forma de *terapia*, uma maneira de lidar com problemas incômodos em um ambiente "seguro" separado do mundo real, embora, às vezes, muito parecido com ele. Outras, como os integrantes do entusiástico fã-clube do *Dance Dance Revolution*, jogam para exercitar-se e desenvolver novos passos de dança. Com o lançamento, pela Konami, da continuação de *DDR — Karaoke Revolution*, um game de caraoquê, muitas pessoas divertem-se com um game que combina canto e dança, permitindo que desenvolvam plenamente suas habilidades artísticas. A "jogabilidade" de um game (discutida mais detalhadamente no Capítulo 10) está relacionada à motivação do jogador. Um jogo que satisfaz uma motivação específica de um jogador tem maior probabilidade de ser divertido, absorvente e gratificante para ele.

Geografia

A *geografia* está relacionada à localização física do jogador, podendo incluir vários países ou mesmo regiões dentro de um mesmo território. O setor de games nos Estados Unidos, por si só, movimenta mais de 12,5 bilhões de dólares por ano (NPD Group) e calcula-se que as vendas brutas em todo o mundo atingirão 58 bilhões de dólares em 2007 (Informa). Quando seu total de vendas mundiais atingiu 35 bilhões de dólares em 2004, o setor de games ultrapassou o de filmes em termos de renda de bilheterias.

A Coreia do Sul — que continua a ser líder mundial em penetração do acesso de banda larga doméstico — também possui a maior base de assinantes de games multijogador on-line.

A Coreia do Sul continua a ser o país mais "conectado" do mundo no que se refere à penetração do acesso de banda larga doméstico (os Estados Unidos estão na 20ª posição). No entanto, em termos de assinantes e de população, os Estados Unidos e a Dinamarca, respectivamente, ocupam a primeira posição.

Quando a NCsoft, atualmente a maior desenvolvedora de jogos na Coreia do Sul, lançou o MMOG *Lineage* em setembro de 1998, o país estava passando por uma crise econômica que havia provocado uma desvalorização substancial da moeda coreana e um aumento inédito do desemprego. "Refugiados" da indústria de alta tecnologia, particularmente gerentes de nível médio, tornaram-se empresários da noite para o dia montando áreas de jogos para PC (Baangs) nas salas de suas casas. Foi o início de um setor lucrativo, que cobrava tarifas equivalentes a 1 dólar por hora de jogadores desempregados — um preço abaixo da média para conquistar inimigos de "mundos virtuais" e escapar das catástrofes econômicas reais do mundo off-line, sem que fosse preciso comprar um computador pessoal.

Quando a situação financeira da Coreia do Sul começou a melhorar e o total de residências equipadas com serviço de banda larga aumentou rapidamente, o número de contas pessoais em PCs domésticos também cresceu. Além de jogar nos PC Baangs, agora os jogadores também podem baixar o software do game para seus PCs domésticos e pagar por meio de pagamentos individualizados em vez de arcar com tarifas mensais de assinatura. A popularidade dos Baangs também cresceu, gerando uma transformação radical das salas de estar dos primeiros empreendedores para centros de entretenimento completos, alguns dos quais tão luxuosos quanto um cassino de Las Vegas. É comum ver homens e mulheres jogando em Baangs, que frequentemente fornecem poltronas “dele” e “dela” para que os casais possam jogar on-line juntos.

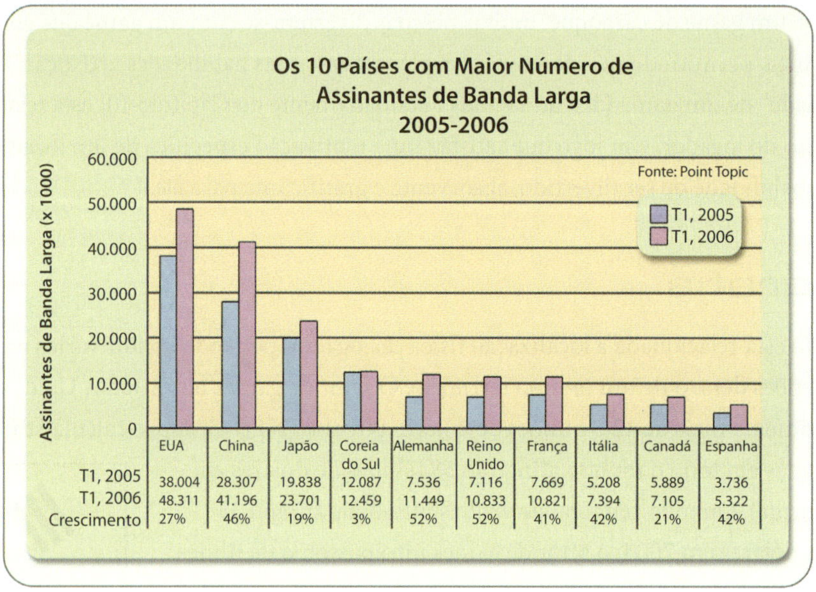

	EUA	China	Japão	Coreia do Sul	Alemanha	Reino Unido	França	Itália	Canadá	Espanha
T1, 2005	38.004	28.307	19.838	12.087	7.536	7.116	7.669	5.208	5.889	3.736
T1, 2006	48.311	41.196	23.701	12.459	11.449	10.833	10.821	7.394	7.105	5.322
Crescimento	27%	46%	19%	3%	52%	52%	41%	42%	21%	42%

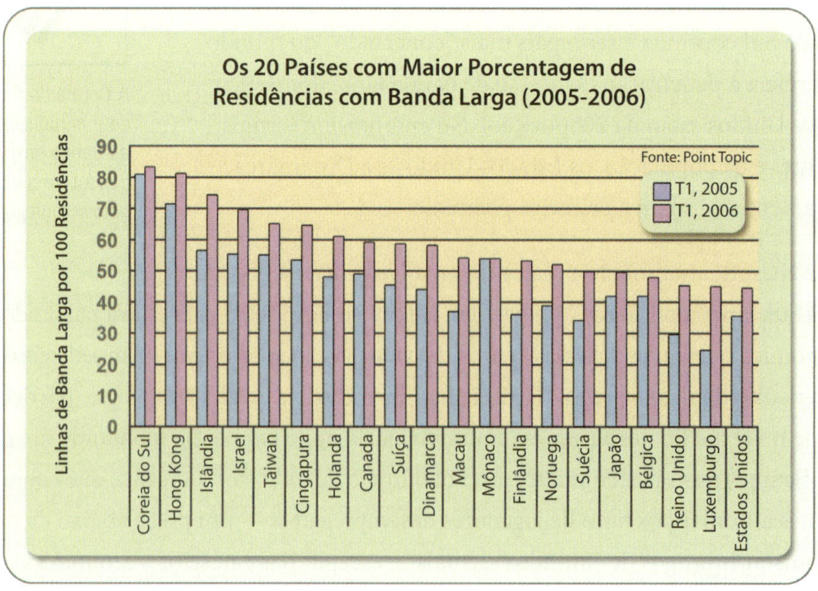

Os países mais conectados, com base em assinantes, penetração domiciliar e população (Fonte: Point-Topic, 2006).

Os games on-line também deixaram de ser apenas um passatempo, transformando-se em um esporte competitivo nacional, com muitas competições televisionadas regularmente. Atualmente, cerca de 80% dos usuários de internet na Coreia do Sul já jogaram on-line, e o país tem a maior taxa de penetração da banda larga doméstica em todo o mundo. A Coreia do Sul é o mercado de games on-line mais desenvolvido do mundo.

Mark Terrano Fala Sobre o Mercado Sul-coreano:::::

Cyrus Kanga

Mark Terrano (Diretor de Design da Hidden Path Entertainment)

Mark Terrano é Diretor de Design da Hidden Path Entertainment — uma empresa independente de desenvolvimento de games fundada com amigos que eram ex-membros do Grupo de Tecnologia Avançada da Xbox. Seu foco está em jogos sociais, com personagens e histórias "diferentes". Na Xbox, ele forneceu consultoria a desenvolvedores de todo o mundo para ajudá-los a lançar títulos de primeira linha para o Xbox e o Xbox 360. Na Ensemble Studios, trabalhou na série *Age of Empires* como designer e programador. Seu tempo livre é gasto apreciando a beleza natural de Seattle, fotografando, ouvindo música e, é claro, jogando todos os tipos de jogos.

Quando me perguntam que direção os games deverão tomar no futuro próximo, sempre cito a Coreia do Sul. Há casas de games em todos os quarteirões e conjuntos habitacionais. Os jogadores profissionais aparecem nos cartazes e na TV, e todo mundo que você encontra tem uma história favorita do *StarCraft*. Os games não são apenas aceitos na cultura popular; eles são integrados a ela e jogados por todos.

"Jogador profissional" é uma carreira reconhecida e respeitada; a competição nos torneios é feroz e recebe dos meios de comunicação a mesma atenção atribuída a outros esportes. O governo coreano também é um forte incentivador dos desenvolvedores de games, fornecendo serviços, recursos, informações e ferramentas para quem quer começar. Os estudantes que estão ingressando no mercado de trabalho cresceram com os games e entendem o seu papel como um meio interativo. Mesmo games pouco conhecidos podem atrair facilmente cem mil jogadores na fase beta, e a velocidade de introdução e evolução de títulos de multijogadores é espantosa.

Mark Terrano

Fliperama em Seul.

A participação em competições e torneios também é importante para popularizar os games. Os World Cyber Games começaram na Coreia do Sul. Trata-se de um evento semelhante a uma olimpíada, com competidores de todo o mundo convergindo para as finais mundiais, que duram uma semana no país hospedeiro. Os jogadores profissionais avançam pelas várias categorias competitivas representando seus bairros, escolas e empresas. Os grandes torneios e os campeões locais despertam a atenção dos meios de comunicação, que acompanham os profissionais e ajudam a criar um público aficionado. Os patrocínios e apoios comerciais acompanham

Mark Terrano

Competição WCG (Seul).

Mark Terrano

Baang – Centro Coex (Seul).

os fãs, gerando mais competições e torneios. Há revistas em cores repletas de estratégias, táticas e entrevistas com jogadores profissionais e desenvolvedores. A moda, os acessórios, os aparelhos eletrônicos e outros produtos também são influenciados pelos games.

Os desenvolvedores coreanos estão incorporando novas perspectivas, histórias, mitologias e até estruturas sociais completamente novas ao design de games on-line. No jogo *Lineage*, os jogadores reúnem-se para defender seu castelo de um cerco esperado. Um grupo de jogadores realmente toma posse de uma sala de games para o cerco, transformando-a em base de operações, e os defensores organizam e alteram suas estratégias rapidamente conforme as ordens são gritadas para a sala. Esse tipo completamente novo de game e experiência social não existia anteriormente em nenhum meio de comunicação. Embora as propriedades físicas e sociais da sala de jogos para PC nem sempre possam ser reproduzidas em outras partes do mundo, o uso da voz, a estrutura de comando, as táticas coletivas, o equilíbrio do grupo e os riscos e recompensas compartilhados são elementos poderosos que deverão moldar a próxima geração de games.

Jessica Mulligan Fala Sobre a Importância da China e da Coreia para os Games On-line::::

Jessica Mulligan (Produtora Executiva da Sunflowers GmbH)

Jessica Mulligan tem mais de 20 anos de experiência no desenvolvimento do setor de games on-line. Trabalhando atualmente como produtora executiva da Sunflowers GmbH na Alemanha, ocupou anteriormente o cargo de produtora executiva e diretora de estúdio da Nevrax SARL, em Paris. Antes disso, trabalhou para a Turbine, Inc., responsável por títulos como *Asheron's Call* e *Asheron's Call 2*, como produtora executiva e diretora de criação do estúdio da empresa em Los Angeles. Antes de juntar-se à Turbine, ocupou várias posições no setor, inclusive como presidente do Themis Group, diretora de operações da MM3D, Inc. e diretora de Ultima Online para a Origin Systems. Jessica também é coautora de um best seller do setor, *Developing Online Games: An Insider's Guide*, publicado em todo o mundo, inclusive em edições chinesas, francesas e coreanas, e mundialmente considerado a "bíblia" do desenvolvimento de games on-line. Também redigiu a coluna de opinião especializada "Biting the Hand", atualmente arquivada em *http://www.skotos.net/articles/bth.html*.

Minha experiência mais memorável foi minha primeira viagem de pesquisa à Ásia em 2004. Estávamos desenvolvendo um novo game RPG on-line para lançamento mundial e queríamos sentir as diferenças entre os games em estilo ocidental e os que eram jogados na China e na Coreia do Sul. Nessa época, a ignorância sobre o mercado asiático era quase generalizada no setor de games norte-americano. Sabíamos que os cibercafés eram uma parte importante da cultura de games, embora não fossem um fator muito significativo nos Estados Unidos. Fomos informados, antes da partida, que era importante visitar vários deles para obter uma melhor compreensão desse aspecto da cultura de games. Em Dalian e Pequim, entrei em várias casas de games que eram exatamente o que se poderia esperar: 16 computadores amontoados em uma pequena sala, sem ventilação, em um ambiente enevoado pela fumaça de cigarro.

Então, em Nanquim, perguntei ao meu anfitrião, (um funcionário do governo), se poderíamos ir ao que ele considerava ser o melhor cibercafé da região. Vinte minutos depois, estávamos caminhando por algo que só posso descrever como um palácio de mármore dedicado aos games on-line. A fachada e as paredes internas do edifício eram cobertas de mármore e todos os metais eram folheados a ouro. As janelas eram polidas e brilhavam, e os sanitários eram os mais limpos que já vi; as pias eram tão asseadas que você poderia comer seu almoço nelas. Os outros andares também eram mantidos impecavelmente limpos. Enquanto estávamos lá, um equipe estava lavando as paredes no terceiro andar. Havia cerca de 500 PCs em cinco andares, inclusive um andar contendo áreas de game exclusivas para VIPs e salões para a realização de torneios locais. O andar VIP incluía um estúdio de TV com 20 câmeras em torno de oito poltronas para a transmissão dos torneios locais de *Counterstrike* e *StarCraft*. É difícil explicar meu nível de espanto com esse local. Nos 30 minutos que estive lá, no meio da tarde em um dia de semana, a vasta maioria dos 500 assentos estava ocupada.

Mas isso não é o mais importante. Caminhei entre as estações PC com meu intérprete e paguei um drinque a 15 jogadores em troca de alguns minutos de seu tempo. Eu queria descobrir que games eles estavam jogando. O que descobri me deixou atônita. Todos com quem conversei estavam controlando um personagem de *pharming*, que usavam para obter itens nos games que estavam jogando e revendê-los no mercado aberto por meio de serviços semelhantes ao eBay. Eles reservavam o período noturno para se divertirem. Eles me disseram que provavelmente quase todos no edifício estava fazendo exatamente a mesma coisa. Pense nisso: eles não estavam jogando por diversão; estavam trabalhando em seus empregos diurnos.

Essa viagem mudou totalmente meu conceito sobre o mercado asiático de games on-line e me levou a adquirir um bocado de milhagem viajando frequentemente para a Ásia, visitando cafés e entrevistando jogadores profissionais e amadores. Levando-se em conta a importância da China e da Coreia para os games on-line, esta primeira viagem foi uma introdução a uma abordagem totalmente diferente dos games, uma introdução crítica.

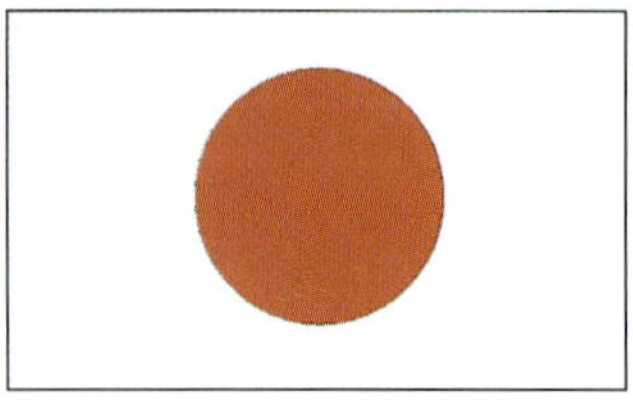

Historicamente, o setor de games no Japão tem se concentrado nos consoles de vídeo e games por *wireless*, mas agora a penetração da banda larga está crescendo.

A princípio, o Japão nem aparecia na lista de países mais conectados porque é dominado pelo NTT DoCoMo, um serviço de *wireless* que monopoliza as telecomunicações no país. A presença do NTT era tão generalizada que a compra de serviços de banda larga para acesso à internet — cobrados por minuto de uso — tornou-se proibitiva para os japoneses. Por esse motivo, o setor de games concentrava-se mais nos consoles de videogame e não nos games on-line. A rede de *wireless* era primária e o acesso à internet era secundário.

É interessante notar que o Japão e a Coreia, países que tradicionalmente detinham a liderança no mercado de games para dispositivos móveis, foram, até certo ponto, superados pelos mercados dos Estados Unidos e da Europa, que atualmente respondem por mais de 50% desse setor (*Screen Digest*). Em 2010, espera-se que o mercado de games para dispositivos móveis atinja receitas superiores a 6 bilhões de dólares, com uma média de 134 milhões de usuários por mês (três vezes mais que em 2005).

Entretanto, em boa parte devido ao Softbank, o Japão vem se recuperando no setor de banda larga com a instalação da tecnologia ADSL em suas redes de telefonia fixa. O serviço de banda larga, que já foi uma alternativa extremamente cara no Japão, agora é um dos mais acessíveis e avançados, segundo o Ministério de Assuntos Internos e Comunicações (MIC) japonês. Os consoles (um importante produto de exportação japonês) não se tornaram tão populares na Coreia do Sul. Os conflitos históricos entre a Coreia e o Japão — relacionados especialmente à ocupação durante a Segunda Guerra Mundial — também afetam os games on-line. Os jogadores coreanos, que têm mais experiência no universo on-line e conseguem organizar equipes poderosas com facilidade, frequentemente buscam vingança por injustiças passadas dando prioridade à "morte" (PK, *player kill*) de jogadores japoneses. ("Player kill" refere-se aos personagens que são mortos durante um game por outros personagens, ambos controlados por jogadores humanos. O termo "PK off-line" passou a ser usado pelas autoridades sul-coreanas quando o PK foi removido do game e incorporado ao PC Baang, o que resultou em ocorrências de violência real entre os jogadores.)

O uso de propriedades intelectuais licenciadas tornou-se um problema no Japão (assim como na França e nos países escandinavos), onde títulos originais como *Star Trek* não gozam da mesma popularidade que nos Estados Unidos, na Alemanha e no Reino Unido. Outro problema de conteúdo em diferentes territórios do mercado é a violência gráfica nos games. O game *Quake II* não foi lançado para o varejo na Alemanha — o segundo maior mercado de games para computador no mundo — em razão do nível de violência apresentado. Para vender *Command & Conquer: Generals — Zero Hour* no mercado alemão, foi necessário modificar os elementos gráficos de modo que todas as unidades militares fossem robôs, evitando assim a morte de seres humanos no game. Na Alemanha, os games não podem mostrar sangue, disparos contra seres humanos ou qualquer coisa que glorifique Hitler, os nazistas ou o Terceiro Reich. Outros países, como a Austrália e a Coreia, também baniram títulos considerados excessivamente violentos.

A Alemanha é o segundo maior mercado de jogos para computador.

Os mercados podem diferir significativamente mesmo dentro do mesmo país. Nos Estados Unidos, certas atividades, como a caça e a pesca, são populares em determinadas regiões, como o Meio-Oeste. Isso tende a afetar as vendas de games como *Bass Fishing* ou a série *Deer Hunter*. Da mesma forma, games associados a esportes que são particularmente populares na Costa Leste (como squash, lacrosse e esgrima) podem ter um mercado muito maior nessa região do que na Costa Oeste.

Aspectos Psicográficos

Os aspectos *psicográficos* englobam valores, atitudes e estilos de vida dos consumidores. Como eles gostam de passar o tempo? Como veem o mundo? São pessoas sociáveis? São ambiciosos? Quais são suas percepções sobre dinheiro, religião, cultura e sobre si próprios? São céticos ou otimistas? Engajam-se em causas sociais e ambientais?

Um Bobo Pode Estar Jogando seu Jogo

Em seu livro *Bobos in Paradise: The New Upper Class and How They Got There*, David Brooks define um elemento psicográfico interessante: os "burgueses boêmios" (*bourgeois bohemians*, ou, em forma abreviada "*Bobos*"). A combinação de "boêmio" (preocupação com o meio ambiente e a natureza)[1] com "burguês" (riqueza material e elitismo) pode parecer irônica, como dirigir um veículo utilitário esportivo com um adesivo "proteja o meio ambiente". Os aspectos psicográficos podem ilustrar um estilo de vida *yuppie* ou *hippie*. Os valores associados ao estilo de vida *yuppie* incluem a riqueza material e o progresso na carreira, enquanto o estilo de vida *hippie* inclui a liberdade e o não conformismo. Várias tentativas foram feitas para classificar as pessoas (consumidores) em categorias que facilitem essa análise.

---

1 O termo "boêmio" tem conotação diferente no Brasil (N.R.T.).

SRI Consulting Business Intelligence

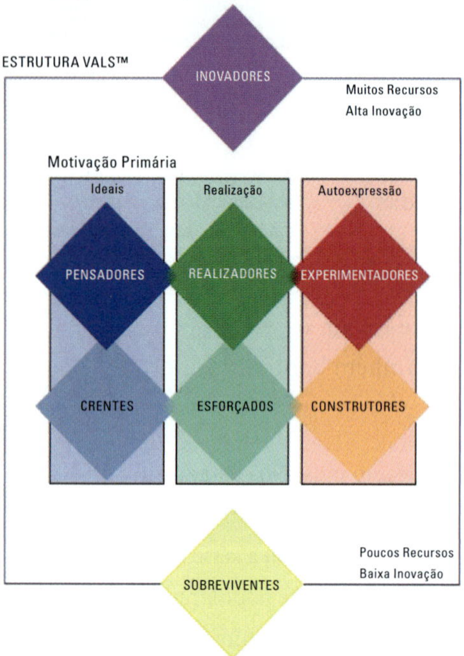

A Pesquisa de Valores, Atitudes e Estilos de Vida (VALS) analisa os consumidores com base nas dimensões psicográficas relacionadas a motivação e recursos.

Psicotipos VALS

A Pesquisa de Valores, Atitudes e Estilos de Vida (VALS™) foi desenvolvida pelo Instituto de Pesquisas de Stanford e é aplicada atualmente pela SRI Consulting Business Intelligence. A VALS analisa o mercado consumidor com base em oito segmentos associados a ideais, realização e autoexpressão. Faça o teste da pesquisa em *http://www.sric-bi.com/VALS/presurvey.shtml* para descobrir se você é inovador, pensador, realizador, experimentador, crente, esforçado, construtor ou sobrevivente.

Casual *Versus* Dedicado

Um dos principais parâmetros adotados pela comunidade de desenvolvimento de games para segmentar o mercado de jogadores é a frequência. Tradicionalmente, definia-se um jogador "casual" como aquele que joga apenas ocasionalmente — dando preferência a jogos que não consomem muito tempo (ou que podem ser interrompidos e reiniciados a qualquer momento), como os games na web ou para telefones celulares. Esses games são projetados tendo em mente o jogador casual, uma vez que são passatempos divertidos, breves e fáceis de aprender. Hoje em dia, o termo "casual" descreve mais o game propriamente dito que o espaço físico dos jogadores. Jogadores "dedicados" (ou *hardcore*) são aqueles que têm maior probabilidade de imersão em um game que pode durar semanas ou meses (em vez de horas ou minutos). Games que exigem interações sociais intensas ou que envolvem histórias intrincadas, com personagens de desenvolvimento complexo, geralmente são ideais para esses jogadores. Essas definições, porém, são apenas extremos que definem a frequência de game. A comunidade de desenvolvimento de jogos deve levar muitos outros aspectos em consideração ao pesquisar o público-alvo.

Indicador de Tipo Myers-Briggs (MBTI)

Em 1943, Isabel Briggs Myers e sua mãe, Katharine Briggs, desenvolveram um modelo para medir os tipos de personalidade. O modelo, conhecido como Indicador de Tipo Myers-Briggs (MBTI), é baseado no trabalho do psicólogo Carl Jung — cujos arquétipos de personagens serão discutidos mais detalhadamente nos Capítulos 4 e 5. Os tipos Myers-Briggs de personalidade contêm quatro letras, cada uma correspondendo a uma de duas características de personalidade opostas:

- **Extrovertido (E) *versus* Introvertido (I):** A energia é direcionada predominantemente para fora ou para dentro.
- **Sensível (S) *versus* Intuitivo (N):** A percepção é orientada predominantemente para o presente ou para o futuro.
- **Racional (T) *versus* Emocional (F):** A formação de julgamentos é mais objetiva ou subjetiva.
- **Crítico (J) *versus* Perceptivo (P):** A abordagem do mundo é mais estruturada ou espontânea.

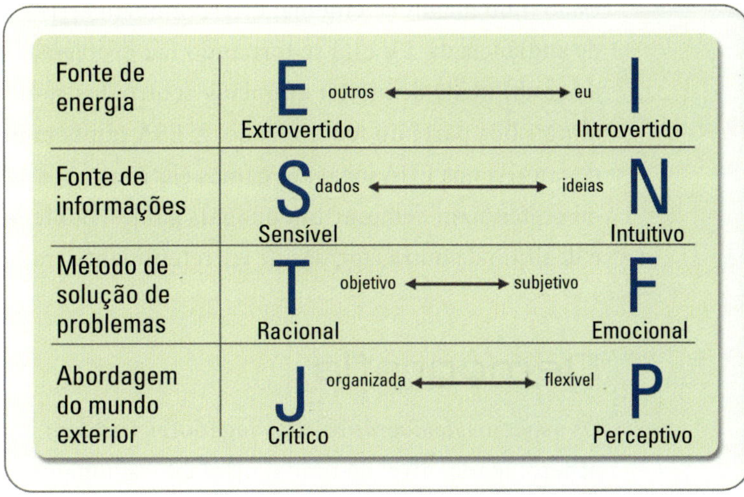

As preferências em cada escala do instrumento MBTI são combinadas para formar as quatro letras do tipo psicológico, por exemplo, ISFJ e ENTP. (Fonte: Myers & Briggs Foundation, Inc.)

Vinculando os Jogadores à Experiência

Nos primeiros anos do setor de games para computador, os desenvolvedores não davam muita atenção a quem eram seus clientes. Os conceitos dos games, em regra, eram baseados nas preferências e opiniões pessoais dos desenvolvedores. Mais recentemente, algumas empresas de games passaram a usar pesquisas demográficas para determinar seus públicos-alvo. Em geral, as tentativas feitas pelo setor de games para elaborar um perfil de seus possíveis consumidores são limitadas a poucos aspectos demográficos: idade, gênero e preferência (jogador dedicado *versus* casual). A utilidade desses parâmetros é limitada, porque eles não nos dizem diretamente qual é a melhor maneira de entreter esses jogadores. Quanto mais diretamente uma informação demográfica puder ser vinculada à forma como o jogo é jogado, mais fácil será sua aplicação ao design. O estudo das personalidades e motivações dos jogadores é um passo adiante rumo à questão real: o que torna um game divertido para um determinado tipo de pessoa?

— *Kevin Saunders (Produtor e Designer Chefe da Obsidian Entertainment)*

O setor de games está começando a prestar atenção aos aspectos psicográficos, como o MBTI. A International Hobo — uma empresa fundada pelo escritor e desenvolvedor de games Ernest Adams — realiza atualmente um estudo prospectivo de aplicação do teste de personalidade de Myers-Briggs à população de jogadores.

Os padrões de comportamento também podem ser encarados como parte dos aspectos psicográficos. Com o aumento do tempo gasto com games, os norte-americanos estão claramente investindo menos tempo em outras atividades. Segundo a Associação de Software de Entretenimento (ESA), 52% dos jogadores que passam mais tempo jogando declaram que reduziram o tempo gasto assistindo à TV. Além disso, 47% dos jogadores estão indo menos ao cinema, e 41% também assistem menos a filmes em casa. A queda de audiência da TV está se tornando tão problemática que há anunciantes considerando a possibilidade de inserir anúncios dentro dos games como uma maneira mais viável de atingir boa parte do seu mercado. A ESA também informa que, em 2006, 69% dos chefes de família nos EUA jogavam games eletrônicos, e 42% das famílias haviam comprado ou pretendiam comprar um ou mais games, o que pode ter contribuído ainda mais para o declínio de outras formas de entretenimento tradicionais.

Demografia

Os aspectos *demográficos* dos jogadores incluem informações estatísticas, como gênero, idade, nível de renda, nível educacional, estado civil, grupo étnico e religião. Examinaremos mais atentamente alguns desses aspectos demográficos, no que concerne ao uso de games on-line, para determinar como eles evoluíram ao longo dos anos.

Gênero

Como foi discutido no Capítulo 1, as casas de fliperama públicas atingiam um público-alvo formado por adolescentes do sexo masculino, que jogavam após a aula e nos fins de semana. Como a atmosfera e as estratégias de marketing não atraíam a população adulta, esse segmento demográfico de jogadores era ignorado. Embora fosse fácil para essas casas de fliperama atrair igualmente as adolescentes do sexo feminino, isso não aconteceu. Mesmo com games projetados especificamente para atingir um público mais amplo, como o *Pac-Man*, as casas de fliperama continuaram a ser dominadas pelos adolescentes do sexo masculino.

Representação de Papéis de Gênero nos Anúncios de Brinquedos

Os anúncios de brinquedos para meninas concentram-se em atividades maternais (por exemplo, bonecas e itens domésticos como fogões de brinquedo), ao passo que os anúncios de brinquedos para meninos concentram-se em atividades agressivas (por exemplo, itens militares como pistolas e tanques). A escritora Jeannie Novak teorizou que isso é uma consequência da socialização da infância pelos pais e pelos meios de comunicação, que foi perpetuada por muitos desenvolvedores de games. Essa teoria baseia-se em um estudo de análise de conteúdo, realizado em 1992 na UCLA, que abordou a representação de papéis dos sexos nos anúncios de brinquedos. Jeannie analisou mais de 300 anúncios de brinquedos quanto ao tipo de brinquedo, sexo da criança mostrada no anúncio, comportamento cooperativo ou competitivo e aspectos como o ritmo da música, e a movimentação, os cortes e as tomadas das câmeras. Entre outros resultados, ela constatou que as meninas nos anúncios brincavam de maneira cooperativa com suas bonecas e outros brinquedos domésticos, enquanto os meninos brincavam competitivamente com veículos ou bonecos com temas de guerra (como o *GI Joe*). Muito raramente ambos os sexos apareciam juntos nos anúncios. Os brinquedos mostrados nos anúncios contendo ambos os sexos eram games de tabuleiro, e todos, exceto um, mostravam garotos jogando contra garotas e vencendo. Jeannie concluiu que as crianças são socializadas pelos meios de comunicação, desde a primeira infância, para brincar com determinados brinquedos (de certas maneiras) de acordo com o sexo. Essa socialização muito provavelmente é perpetuada pelos pais, que frequentemente decoram e vestem os filhos de rosa ou de azul desde o nascimento. Garotas ensinadas a brincar de maneira tranquila e cooperativa com bonecas e Barbies provavelmente se sentirão deslocadas ao entrar em uma casa de fliperama barulhenta e escura, em que a maioria dos jogos consiste em matar criaturas ou destruir espaçonaves.

Avançando para os primórdios da era dos consoles domésticos, os usuários de máquinas de fliperama pediam aos pais que comprassem esses games para que pudessem jogar em casa com os amigos, usando o aparelho de TV como monitor. Embora também houvesse crianças do sexo feminino, os irmãos mais experientes em jogos de fliperama (e seus amigos) provavelmente dominaram esses jogos em um primeiro momento.

O Capítulo 1 abordou o segmento dos computadores no setor de games eletrônicos, o que inclui tanto computadores pessoais domésticos como *mainframes*. Esse setor também era dominado pelo sexo masculino. Foi somente com o advento da internet comercial — impulsionado pela sua interface de multimídia, a World Wide Web — que os games eletrônicos tornaram-se mais equilibrados em termos de gênero.

A pesquisa de 2003 da ESA constatou que as mulheres adultas constituíam uma porcentagem maior dos jogadores do que os adolescentes do sexo masculino na faixa etária de 6 a 17 anos, contradizendo o estereótipo tradicional de que games são para meninos. Mulheres de todas as idades atualmente constituem quase 40% da população de usuários de games.

É evidente que ocorreram mudanças substanciais no perfil dos consumidores de games nas últimas décadas. Alguns desenvolvedores não acompanharam essas mudanças, optando por continuar operando com base em um perfil desatualizado do seu público-alvo. Outros começaram a adotar providências para construir um modelo mais intrincado com sua base de consumidores, concentrando-se não apenas em aspectos demográficos, como idade e sexo, mas também em atitudes, crenças e valores mais profundos compartilhados por certos grupos de jogadores.

:::: Os Games Não São Mais Somente para Garotos!

Uma pesquisa da Associação de Software de Entretenimento mostrou que homens e mulheres com mais de 18 anos de idade constituem 69% da população de jogadores e que a idade média dos jogadores atualmente é de 29 anos. No entanto, a informação mais notável é a de que 25% dos jogadores têm mais de 50 anos de idade.

Geração

Outro aspecto demográfico relacionado à idade tem implicações psicográficas. Sua importância não pode ser ignorada pelo setor. A *geração* é considerada um fator tanto demográfico quanto psicográfico. Embora associados a uma faixa etária específica, os integrantes de cada geração, tomados como um grupo, experimentaram eventos e ambientes históricos específicos — o que inclui mudanças econômicas, culturais, sociais e políticas — ao longo de suas vidas. Portanto, é provável que tenham desenvolvido um conjunto específico de crenças, atitudes e valores. Essa premissa baseia-se no que é conhecido como *análise de grupo*, segundo a qual as pessoas de um certo grupo não mudam necessariamente ao longo do tempo (por exemplo, indivíduos que eram "liberais" na juventude continuam a ser liberais quando envelhecem). A *análise de estágios da vida*, por outro lado, presume que as crenças dos indivíduos mudam ao longo do tempo (por exemplo, as pessoas tornam-se mais conservadoras quando envelhecem). A análise geracional é baseada nos conceitos da análise de grupo. Presumindo-se que as pessoas, como um grupo, geralmente retêm os mesmos valores ao longo do tempo, elas provavelmente continuarão a apreciar os mesmos tipos de entretenimento.

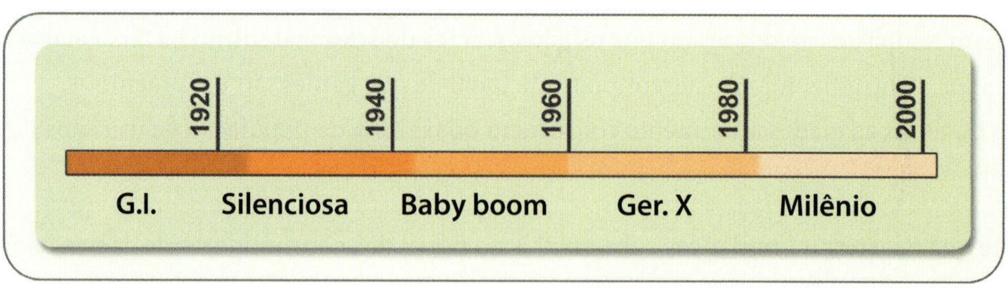

Ano de nascimento das gerações norte-americanas desde 1900 (baseado em informações de William Strauss e Neil Howe).

Nos Estados Unidos, existem atualmente quatro *gerações* de jogadores:

1. Geração Silenciosa (~65-85 anos de idade)
2. Geração do *Baby boom* (~45-65 anos de idade)
3. Geração X (~25-45 anos de idade)
4. Geração do Milênio (~5-25 anos de idade)

Uma *geração* é composta por pessoas cuja localização comum na história resulta em uma "personalidade" coletiva. O espaço de uma geração corresponde aproximadamente à duração de uma fase da vida. William Strauss e Neil Howe — autores de *Millennials Rising, The Fourth Turning* e *Generations* — forneceram uma análise abrangente das gerações ao longo da história dos EUA. Suas teorias constituem a base da discussão sobre os aspectos demográficos geracionais dos jogadores.

Geração Silenciosa (Nascidos entre 1924 e 1943)

A Geração Silenciosa cresceu no ambiente doméstico, sob as asas seguras de pais superprotetores, enquanto seus irmãos mais velhos (a geração de GIs) lutavam na Segunda Guerra Mundial e alistavam-se na Defesa Civil. Ao ingressar na força de trabalho, essa geração vestiu discretos "ternos de flanela cinza" e optou pela segurança no trabalho oferecida por empresas grandes e impessoais. Inserida entre duas gerações ativas — o grupo de GIs que lutaram na Segunda Guerra e reconstruíram os Estados Unidos após a Grande Depressão, com sua preocupação cívica, e o introspectivo grupo da geração do *Baby Boom*, que questionava a autoridade e introduziu mudanças culturais significativas na música e na política —, a Geração Silenciosa era como o "filho do meio", adotando comportamentos herdados de ambas as partes. Preferindo colher os benefícios da prosperidade sem precedentes dos Estados Unidos no pós-guerra, essa geração passiva consumiu mais do que criou. Como o primeiro público de consumo de massa, eles usavam cartões de crédito, preparavam suas refeições em cozinhas projetadas futuristas e escapavam do isolamento da vida suburbana por meio da televisão, que lhes oferecia uma conexão superficial com o mundo externo. Foi somente na vida adulta que essa geração finalmente rompeu o silêncio, dando início a uma "crise de meia-idade" que resultou na fragmentação do próprio sistema de família nuclear que havia ajudado a consolidar durante a década de 1950.

Se você tivesse de criar um game voltado para a Geração Silenciosa, que tipo de conteúdo incluiria? Talvez um game que criasse ordem a partir do caos funcionasse com essa geração. Com exceção de games baseados em heróis silenciosos tradicionais — como James Bond —, nenhum outro game contemporâneo parece voltado para esse grupo. Games com heróis que são limpos e frios — mas que não são movidos pelo cinismo ou pela vingança — podem estabelecer uma conexão com essa geração. Um exemplo ideal seria uma combinação da suave sofisticação de James Bond com a natureza intrincada e romântica, mas tensa, de Thomas Crown. (Segundo entrevistas realizadas pela *Cinema Score* na saída da refilmagem de *Crown, O Magnífico*, em 1999, o filme atraía as faixas etárias mais avançadas, mas não era suficientemente absorvente para o público mais jovem.)

Geração do Baby Boom (Nascidos entre 1943 e 1961)

A Geração do *Baby Boom* (cujos integrantes também são conhecidos como "*Baby Boomers*") cresceu isolada nos subúrbios durante o período de prosperidade econômica após a Segunda

Guerra Mundial, com pais que seguiam as filosofias permissivas de educação de crianças do Dr. Spock e trabalhavam para manter o núcleo familiar intacto. As taxas de mortalidade, suicídio, nascimentos ilegítimos, desemprego e criminalidade dobraram ou triplicaram quando essa geração chegou à vida adulta. Os *Boomers* rebelaram-se radicalmente contra os pais, criando o que é conhecido como "abismo das gerações". Eles também participaram de um processo de "conscientização" que suas famílias não conseguiam compreender, estabelecendo uma contracultura inédita envolvendo música, drogas e promiscuidade sexual. Quando chegaram à idade adulta, os membros dessa geração tornaram-se *yuppies* com carreiras tradicionais, mergulharam nas técnicas de iluminação da Nova Era e na prática da yoga, percebendo que com sua "revolução sexual" e seu estilo de vida liberal, antes predominantes, haviam chegado a um impasse em razão da realidade trazida pela aids e pela virada conservadora na economia.

Se tivesse de criar um game voltado para a Geração do *Baby Boom*, que tipo de conteúdo você incluiria? Talvez o ideal fosse um game com uma mensagem social, espiritual ou política. O famoso designer de games Richard "Lord British" Garriott continua a explorar a visão do mundo dessa geração, mais recentemente com *Tabula Rasa*, um game de ficção científica com um roteiro de salvação épica que se distingue de outros games do gênero pelo enfoque espiritual. Os personagens de *Tabula Rasa* são construídos em torno de três atributos: mente, corpo e espírito. Essa premissa é semelhante à do game anterior de Garriott, *Ultima IV: Quest of the Avatar*. Nesse jogo, os jogadores devem conquistar oito virtudes morais (honestidade, honra, humildade, espiritualidade, sacrifício, compaixão, justiça e valor), que, por sua vez, são compostas de três princípios: verdade, amor e coragem.

NCsoft Corporation

Com seu enfoque espiritual, *Tabula Rasa* é um game apropriado para a Geração do *Baby Boom*.

:::: Questionário de Tendências do Milênio

Antes de ler as seções sobre as Gerações X e do Milênio, faça este teste e descubra algumas estatísticas surpreendentes do Departamento de Censo dos EUA, Pesquisas Gallup e outras pesquisas nacionais. Não vale trapacear!

Você acredita que as tendências a seguir oscilaram para MAIS ou para MENOS, desde 1992, para adolescentes na faixa de 12 a 17 anos de idade?

	Mais	Menos
1. Tiroteios em escolas	☐	☐
2. Criminalidade	☐	☐
3. Atividade sexual entre adolescentes do sexo masculino	☐	☐
4. Índice de abortos	☐	☐
5. Gravidez fora do casamento	☐	☐
6. Consumo de drogas não alcoólicas	☐	☐
7. Desempenho escolar	☐	☐
8. Proximidade com os pais	☐	☐
9. Tempo gasto com os pais	☐	☐
10. Taxa de divórcio	☐	☐
11. Tempo gasto com estudos	☐	☐
12. Tempo gasto assistindo à TV	☐	☐
13. Tempo gasto participando de esportes organizados	☐	☐
14. Horas gastas com serviços comunitários	☐	☐
15. Taxa de suicídios	☐	☐
16. Importância da religião	☐	☐
17. Confiança na polícia, no governo e nos professores	☐	☐
18. Respeito por celebridades e atletas	☐	☐

Respostas na próxima página :::::

:::::Questionário de Tendências do Milênio (Respostas)

A maioria das pessoas erra quase todas as respostas. Como você se saiu? Está surpreso com as respostas corretas? Se estiver, é provável que esteja partindo da premissa de que os adolescentes de hoje são exatamente os mesmos de 20 anos atrás. Talvez você também tenha sido influenciado pelos meios de comunicação, que atualmente gastam muito mais energia gerando notícias relacionadas a adolescentes. Isso não acontecia há 20 anos. Por quê?

1. MENOS, com queda de 20%
2. MENOS, em comparação ao nível da década de 1960
3. MENOS, com queda de 30%
4. MENOS, atingindo o valor mais baixo já registrado
5. MENOS, atingindo o valor mais baixo já registrado
6. MENOS, em relação a todos os tipos de drogas
7. MAIS, particularmente em matemática e ciência
8. MAIS, com aumento superior a 80% — o maior já registrado
9. MAIS, cinco horas por semana a mais que na década de 1980
10. MENOS, com queda de 20%
11. MAIS, três vezes mais tempo gasto com estudos do que na década de 1980
12. MENOS, vem caindo continuamente desde 1997
13. MAIS, coincide com a tendência conhecida como *soccer moms*, mães de classe média que levam os filhos para participar de atividades esportivas
14. MAIS, desde a década de 1980
15. MENOS, pela primeira vez desde a Segunda Guerra Mundial
16. MAIS, os adolescentes agora são o grupo mais religioso nos Estados Unidos
17. MAIS, mesmo antes dos atentados de 11 de setembro
18. MENOS. Será o fim do "culto da celebridade"?

Fontes:

Censo dos Estados Unidos (1990-2002); Pesquisas Gallup (1990-2002); Pesquisa anual dos alunos recém-admitidos à UCLA (1967-2002); Instituto de Pesquisas Sociais da Universidade de Michigan (1999); ZOOM e Applied Research & Consulting LLC; Pesquisa de aproximadamente dez mil crianças na faixa de 9 a 13 anos para a PBS feita entre (2001); Horatio Alger Association (1999); Departamento de Estatísticas de Justiça/Estatísticas Juvenis dos EUA (2001); Centro Nacional de Segurança nas Escolas (2001); Banco de dados ChildTrends (2002); Alan Guttmacher Institute (2001); Pesquisa de Vigilância do Comportamento Infantil do CDC (2002); Administração de Abuso de Substâncias e Serviços de Saúde Mental dos EUA (1999); SAMSHA — Administração de Abuso de Substâncias e Serviços de Saúde Mental (Departamento de Saúde e Serviços Humanos dos EUA); MFT (Monitorando o Futuro) da Universidade de Michigan; Conselho do Colégio SAT; Centro de Pesquisas de Berkeley da Universidade da Califórnia, como parte do projeto PACES (Pesquisa de Envolvimento dos Cidadãos e de Agendas Públicas), 2002.

Meus agradecimentos a Pete Markiewicz, Ph.D., pelo fornecimento das estatísticas usadas no teste.

Geração X (Nascidos entre 1962 e 1981)

A descrição da Geração X a seguir corresponde às respostas que você forneceu no Questionário de Tendências do Milênio? Em caso afirmativo, é provável que tenha errado a maioria das respostas. Isso ocorreu porque você presumiu que a Geração X e a Geração do Milênio fossem iguais.

Os integrantes da Geração X cresceram em uma época em que os Estados Unidos exibiam a menor taxa de natalidade de todos os tempos e era comum que as famílias fossem divididas pelo divórcio, para serem remontadas, como uma colcha de retalhos, por novos casamentos, filhos de outros casamentos e meios-irmãos. Na adolescência, muitos integrantes dessa geração eram "garotos com a chave da casa", que trabalhavam em ocupações ocasionais ou em lanchonetes em vez de receberem mesadas. Ao voltarem para casa, essas crianças eram educadas pela televisão (*After School Specials*, *Sesame Street*, *Electric Company*, *Mister Roger's Neighborhood*), que, na prática, funcionava como uma babá, em vez de terem atividades extracurriculares monitoradas por seus professores ou pais. Nessa época, as taxas de suicídios, assassinatos e detenções aumentaram vertiginosamente. Como adultos jovens, os integrantes dessa geração continuaram a afirmar sua independência. Passaram a expressar sua descrença e sua angústia por meio da arte, ao mesmo tempo em que usavam suas tendências empresariais para inovar por meio de pequenas empresas do tipo "faça-você-mesmo". Conhecidos como "Geração X", não receberam um nome descritivo, embora o "X" agora tenha passado a significar "eXtremo" (termo que capta o espírito aventureiro e ousado dessa geração).

Eidos Interactive

Valve Corporation

Lara Croft, em *Tomb Raider*, e Gordon Freeman, em *Half-Life*, são descritos como heróis solitários.

Se tivesse de criar um game voltado para a Geração X, que tipo de conteúdo você incluiria? Talvez o ideal fosse um game centrado em um personagem independente e nômade que está sempre "no fio da navalha" e corre riscos. Parece familiar? Como atualmente a maioria dos desenvolvedores de games pertence à Geração X, games como esses são muito fáceis de encontrar!

Geração do Milênio (Nascidos entre 1982 e 2002)

A descrição da Geração do Milênio a seguir corresponde às respostas que você forneceu no Questionário de Tendências do Milênio? Em caso afirmativo, você provavelmente acertou a maioria das respostas. Isso significa que está em contato com a nova geração, conhecida como Geração do Milênio, e não confundiu esse grupo com a Geração X.

Os integrantes da Geração do Milênio nasceram quando os pais exibiam orgulhosamente adesivos de "bebê a bordo" em suas *minivans*. Quando cresceram, as mães ajudaram a organizar seus times esportivos e outras atividades, enquanto os pais passavam mais tempo com a família do que os pais de qualquer outra geração viva. Os filmes mais populares durante a infância dessa geração incluem *ET o Extraterrestre*, *O Tiro Que Não Saiu Pela Culatra* (*Parenthood*) e *Pequenos Espiões*. Com base em uma combinação de padrões de educação parental, entrevistas e representações culturais, estas parecem ser as principais características da Geração do Milênio:

- **Comunicação em rede com os colegas:** esse fenômeno não é surpreendente, visto que a Geração do Milênio é a primeira a crescer usando a tecnologia da internet para a comunicação em sua vida cotidiana. Os integrantes dessa geração usam intensamente o e-mail e as redes sociais (como o MySpace); também usam telefones celulares com recursos de mensagens instantâneas (como o Sidekick 3 da T-Mobile) para manter-se permanentemente em contato com os amigos e a família. Alguns adolescentes da Geração do Milênio têm várias centenas de amigos em suas listas de mensagens instantâneas!
- **Solidários e coletivistas:** pense em como os integrantes da Geração do Milênio podem tornar a música, o cinema, a literatura e as artes mais participativa. Muitas obras coletivas desse tipo já estão ocorrendo na forma de cultura popular, frequentemente usando a internet como meio de comunicação. Será que isso significa que os integrantes dessa geração também preferem ser um público mais ativo, em vez de se envolverem em atividades mais passivas, como assistir à televisão?
- **Especiais:** os integrantes da Geração do Milênio são considerados "crianças de ouro" e representados nos meios de comunicação como "garotos poderosos" (como nos filmes da série *Pequenos Espiões*, em que as crianças ajudam e salvam os pais).
- **Protegidos:** ao contrário dos membros da Geração X, que "tinham a chave da casa", as crianças do Milênio cresceram com pais superprotetores. Com a ênfase atual na segurança nacional, é provável que esse tema persista durante toda a sua vida. Embora sejam "pressionados" pelos pais, os adolescentes têm boas relações com eles.
- **Confiantes:** essa geração exibe um grau de confiança superior ao dos *Baby Boomers* na década de 1960.
- **Abertos:** a confiança dos integrantes da Geração do Milênio parece permear suas questões privadas. Eles estão tão acostumados a compartilhar tudo com os pais que a noção de privacidade não parece preocupá-los. Como a primeira crise que enfrentaram como crianças foram os ataques terroristas de 11 de setembro, especula-

-se que os integrantes da Geração do Milênio cresceram em uma atmosfera nacionalista (e também familiar) preocupados com a segurança, em detrimento da privacidade. Eles não se sentem desconfortáveis compartilhando suas vidas pessoais com o mundo, como é demonstrado na forma como usam o MySpace e o YouTube.

- **Predomínio feminino:** as "meninas mandam" na geração do Milênio. Há mais mulheres que homens matriculados nas universidades, e as meninas obtêm melhores notas nas escolas de primeiro e segundo graus.
- **Estruturados:** os integrantes da Geração do Milênio acreditam no valor das regras. Os resultados do Questionário de Tendências do Milênio indicam que eles geralmente confiam no governo, mas não respeitam necessariamente as celebridades. Essa geração parece seguir as regras sociais em vez de rebelar-se contra a sociedade. Será que o entretenimento se tornará mais monótono quando eles começarem a contribuir para a cultura?

Uma Nova Geração

Na última década, a maioria das tendências preocupantes relativas à criminalidade, ao divórcio, a filhos ilegítimos, ao consumo de drogas e a atividades semelhantes observadas nas décadas pós-1965 inverteu--se ou estacionou. Os norte-americanos de hoje estão adotando, de forma consciente e deliberada, ideias sobre sexo, casamento, crianças e modo de vida que, tomadas em conjunto, apontam para uma normalidade viável. Os cidadãos que estão emergindo são entusiásticos, otimistas, centrados na família (...) e, sim, moralmente ponderados. Os profissionais de marketing que investigam as atitudes das pessoas para prever tendências estão percebendo algo interessante sobre os membros da Geração do Milênio, o termo que os pesquisadores geracionais Neil Howe e William Strauss cunharam para o grupo de crianças nascidas entre 1981 e 1999: eles estão mais parecidos com Jimmy Stewart do que com James Dean. Eles adoram os pais, querem ter sucesso, são otimistas, confiantes, cooperativos, obedientes e conscientes de seus deveres cívicos. "Eles se 'rebelarão' sendo melhores, não piores", escrevem Howe e Strauss.

— Kay S. Hymowitz,
"It's Morning After in America"
(City Journal)

Pete Markiewicz Fala Sobre as Características de Personalidade das Gerações::::

Daniel Hayes Uppendahl

Pete Markiewicz (Professor de Design de Mídia Interativa do Instituto de Artes da Califórnia em Los Angeles)

Pete Markiewicz é doutor em Biologia Teórica pela Universidade de Chicago. Depois de uma década de pesquisas em biologia molecular (tendo ajudado a desenvolver um poderoso método de engenharia de proteínas), ele ingressou no admirável mundo novo da internet em 1993. É coautor de três livros distribuídos nacionalmente sobre a revolução da internet e um dos fundadores da Indiespace em 1994. Recentemente, Pete desenvolveu teorias futuristas com base na análise das novas gerações norte-americanas e seu impacto sobre a tecnologia, especialmente a robótica. Atualmente, é professor de Design de Mídia Interativa no Instituto de Artes da Califórnia em Los Angeles e fornece serviços de desenvolvimento dentro do mundo virtual do *Second Life* na internet.

A compreensão das características de personalidade geracionais requer certa familiaridade com eventos, tendências e mudanças culturais durante a infância e a adolescência de uma geração. É necessário também lembrar que uma personalidade geracional é média geral; ela descreve traços de grandes populações de indivíduos com idade semelhante, mas não prevê o comportamento individual dentro dessa geração:

Silenciosa: "90% da vida é apenas estar presente" (Woody Allen): os membros dessa geração experimentaram a Grande Depressão e a Segunda Guerra Mundial como crianças e cresceram na década de 1950, durante a fase de grande prosperidade da economia norte-americana no pós-guerra. Como crianças, eram isolados e protegidos — e, como adultos, exibiam uma mentalidade conformista e adaptativa. Seus produtos de entretenimento nos meios de comunicação exibiam imagens sutis de rebelião, atitudes de "multidão solitária" (vistas em filmes como *Um Corpo Que Cai*, de Hitchcock), ironia e sensibilidade emocional, em contraposição ao herói estoico da cultura dos GIs na década de 1940. Os membros da Geração Silenciosa tendem mais a ceder do que a divergir e enxergam mais tons de cinza do que os *Baby Boomers* em termos de comportamento cultural. Seus meios de comunicação examinam ambos os lados de uma questão e tendem mais ao pessoal do que ao ideológico. Nas décadas de 1960 e 1970, eles passaram por uma "crise de meia-idade" e rejeitaram sua atitude anterior de conformismo indiferenciado, assumindo particularmente a liderança das revoluções feminista e sexual. As diferenças de sexo são substanciais dentro dessa geração com relação às gerações mais jovens. O herói arquetípico pode ser observado em James Bond, o agente ultrassofisticado que atua nos bastidores, mas que, não obstante, trabalha "dentro do sistema" para manter o equilíbrio de poder. As relações com os filhos, principalmente os da Geração X, são relativamente distantes. Ao envelhecer, redefiniram a imagem tradicional da terceira idade, que passou da aposentadoria tranquila para a mentalidade de "vovó que dirige um carro esporte". Durante toda a sua vida, colheram os benefícios da sociedade; o milagre econômico da década de 1950 surgiu quando eles ingressavam no mercado de trabalho, e numerosos privilégios da terceira idade permitem o seu estilo de vida atual.

***Baby Boomers*:** "Os tempos estão mudando" (Bob Dylan): os membros dessa geração eram crianças durante o período de prosperidade pós-guerra. Na juventude, experimentaram um clima social relativamente seguro, mas confinado, baseado no conforto material. Em reação a isso, ao chegar à idade adulta iniciaram uma revolução "espiritual" voltada para valores e abrangendo toda a sociedade nas extraordinárias décadas de 1960 e 1970. Como adultos jovens, tentaram reformular os fundamentos morais da sociedade, tendo realizado sua maior obra na área de "cultura e valores". Mais desagregadores e confrontacionais que os Silenciosos, tendem à adoção de uma ideologia mais preto-e-branco (ignorando os tons de cinza) e são responsáveis pelas "guerras culturais" das décadas de 1990 e 2000. Suas tendências políticas concentram-se mais nas soluções grandiosas e abrangentes do que nos ajustes e meios-termos. Seus heróis nos meios de comunicação tendem a ser vozes solitárias erguendo-se contra um sistema impessoal, denunciando-o profeticamente e liderando as massas rumo a uma nova utopia "espiritual". Em vez de ceder, seus heróis convertem os descrentes. Os *Baby Boomers* lideraram o aumento do comportamento "negativo" entre adolescentes e adultos jovens, e a criminalidade juvenil, o consumo de drogas e outros indicadores sociais negativos atingiram seu pico nessa geração durante a década de 1970. Os *Baby Boomers* foram responsáveis pela imensa mudança (positiva) nas atitudes com relação às crianças nas décadas de 1980 e 1990. Cada vez mais bem-sucedidas fora de casa, as mulheres dessa geração conseguiram "ter tudo", enquanto os pais *Baby Boomers* desempenhavam um papel mais significativo na vida de seus filhos do que nas gerações anteriores. Tendo rejeitado seus próprios pais durante a juventude, eles mantêm relações surpreendentemente próximas com seus filhos, principalmente os da Geração do Milênio. Conforme seus filhos deixam o lar, eles estão entrando em um novo estágio de suas vidas. Há quem espere que seu antigo radicalismo se intensifique agora que estão conquistando o poder político e cultural das gerações que os precederam.

> Jogar (...) games é tão normal para a geração mais jovem como ir à sorveteria era para seus avós.
>
> *— Editorial do Arizona Republic*

Geração X: "Só pode haver um" (*Highlander*): os membros dessa geração viveram sua infância durante a turbulência social das décadas de 1960 e 1970 e foram o alvo de um preconceito cultural voltado contra as crianças que é difícil de ser compreendido pelas gerações mais jovens. Em sua juventude, enfrentaram a epidemia de divórcios, os pais ausentes, a necessidade precoce de autonomia imposta pelo abandono e o declínio dos investimentos nas crianças. Muitos artistas oriundos dessa geração hoje ridicularizam as animações precárias e de baixo orçamento e os filmes de horror com crianças demoníacas que lhes foram impostos quando crianças. Como adultos jovens na década de 1980, frequentemente eram vistos como uma geração "decepcionante" e caracterizados como a "Nova Geração Perdida" — indolentes, alienados, com baixa escolaridade. Apesar de tudo isso, a Geração X inverteu muitas tendências sociais negativas (por exemplo, o consumo de drogas) associadas aos *Baby Boomers*, criou mais empresas do que qualquer outra geração na história e foi a primeira geração a lidar confortavelmente com a tecnologia da computação pessoal. Em comparação com grupos mais idosos, as relações entre gêneros tenderam a uma maior igualdade nessa geração. Seus "heróis" midiáticos enfatizam mais a sobrevivência do que a rebeldia. Seu objetivo não é mudar o mundo, mas manter sua posição dentro dele. A política e a ideologia despertam neles muito menos interesse do que nas gerações que os precederam, e eles são mais conservadores em questões sociais que os *Baby Boomers* ou os membros da Geração Silenciosa. Possivelmente por causa da ausência de supervisão parental durante o seu crescimento, eles são atraídos pelos produtos de entretenimento que mostram combates mortais intensos do tipo "gladiador", o que inclui desde a última garota sobrevivente no final dos filmes de terror até as votações implacáveis no programa de TV *Survivor*. Onde os *Baby Boomers* tendem a discutir interminavelmente o significado de um conflito, os membros da Geração X simplesmente querem ter certeza de que vencerão. Eles querem exceder todos os limites; ser "eXtremo" é um requisito básico. Ao entrar na meia-idade, os integrantes mais velhos dessa geração vêm exibindo laços parentais/familiares surpreendentemente sólidos, dando seguimento à tendência pró-criança iniciada pelos *Baby Boomers*.

Geração do Milênio: "Magos em treinamento" (*Harry Potter*): os membros dessa geração cresceram durante a fase de grande prosperidade econômica entre 1982 e 2000, a maior da história, propulsionada pela alta tecnologia. Constituem uma geração "desejada", com pais que se dedicaram deliberadamente à sua concepção e criação, o que resultou em uma repetição, nas décadas de 1980 e 1990, da geração do *Baby Boom*. Em comparação com a Geração X, a Geração do Milênio beneficiou-se com o aumento da renda dos pais e com a melhoria dos padrões educacionais. Entretanto, esses benefícios resultaram em um estilo de criação restritivo, controlado e ultraorganizado e um sistema educacional com alto viés ideológico. Em comparação com a autonomia infantil experimentada pela Geração X, os membros da Geração do Milênio têm uma vida altamente direcionada, o que inclui desde testes padronizados e salas de aula com "tolerância zero" até a volta dos uniformes escolares. O resultado é uma geração que conseguiu inverter muitas das tendências sociais negativas tradicionalmente associadas à juventude. Comparados à Geração do *Baby Boom* e à Geração X, os integrantes da Geração do Milênio cometem menos crimes, usam menos drogas, engravidam menos e obtêm pontuações mais elevadas nos testes de aptidão escolar. Embora sejam menos preocupados com as "políticas de identidade" relacionadas à raça e ao sexo, podem ter maior consciência de classe social. As mulheres exibem mais liderança e melhor desempenho escolar, enquanto o desempenho dos homens piora e muitos rejeitam ou abandonam a universidade. Apesar disso, as relações entre os sexos são boas. Com pais ideologicamente motivados, a Geração do Milênio pode vir a ser uma geração de "heróis", com realizações excepcionais no mundo exterior que confirmem as expectativas de seus pais.

Activision

Blizzard Entertainment, Inc.

Os jogadores colaboram em equipes no *Call of Duty* 3 (como soldados aliados ou do Eixo) e no *World of Warcraft*.

Se tivesse de criar um game voltado para a Geração do Milênio, que tipo de conteúdo você incluiria? Talvez o ideal fosse um game envolvendo muita comunicação e cooperação entre os jogadores. Como vimos no Capítulo 1, os MMOGs impõem um alto nível de atuação coletiva e trabalho em equipe. Parece ser uma excelente forma de entretenimento para a Geração do Milênio, não?

Se a Geração do Milênio é tão focada no comportamento coletivo e no trabalho em equipe, o que explica a predominância dos consoles, e não dos games multijogadores on-line, nos Estados Unidos? Como você pôde ver anteriormente neste capítulo, o mercado de jogadores já não consiste mais em uma única geração (a mais jovem); agora são pelo menos três gerações. Trata-se de um mercado que abrange uma faixa etária de 60 anos. Os membros da Geração X e da Geração do *Baby Boom* tendem a preferir um tipo de entretenimento, e também exercem forte influência sobre os filhos do Milênio, muitos dos quais ainda moram com os pais e mantêm com eles um relacionamento próximo. Como são muito jovens para terem algum impacto sobre a criação da cultura popular, os membros da Geração do Milênio estão consumindo a cultura das gerações que os precederam. O fato de a grande maioria dos desenvolvedores de jogos hoje em dia pertencem à Geração X poderia ter alguma relação com o foco no herói solitário e com a preferência pelos jogos monousuário no setor de consoles norte-americano?

eGenesis

Three Rings Design, Inc.

Games que exigem cooperação — como *A Tale in the Desert III* e *Puzzle Pirates* — podem ser ideais para a Geração do Milênio.

Talvez você esteja se perguntando por que a Geração do Milênio é significativa quando metade da população de consumidores de games eletrônicos tem mais de 18 anos. Com 85 milhões de pessoas, a Geração do Milênio é ainda maior que a Geração do *Baby Boom* (60 milhões), e, comparativamente, torna insignificante a Geração X (35 milhões). Quando crescerem, *eles* serão a maioria da população de jogadores e certamente passarão a criar grande parte dos nossos produtos de entretenimento.

Agora que você aprendeu mais sobre áreas frequentemente ignoradas do mercado de jogadores — inclusive motivação, localização (geografia), valores (psicografia) e estatísticas (demografia) —, examinaremos algumas das características básicas dos games que devem ser levadas em consideração pelos desenvolvedores para criar games de qualidade voltados para seus segmentos preferenciais do mercado.

Adequação dos Mercados de Jogadores a Gênero, Plataformas e Aplicações

No próximo capítulo, examinaremos os elementos — inclusive plataformas, gênero e aplicações — que são levados em consideração pelos desenvolvedores ao elaborar projetos de games. Como você aplicaria as características de um jogador — inclusive sua motivação, geração e outros aspectos demográficos e psicográficos — a esses elementos? Use os conhecimentos adquiridos neste capítulo para ajudá-lo a decidir quais elementos do game são adequados ao seu público-alvo.

:::REVISÃO DO CAPÍTULO:::

1. O que motiva as pessoas a jogar? Cite três fatores motivacionais diferentes e forneça exemplos de games que atendem a esses fatores. Certos aspectos, como o exercício físico (exemplificado pela popularidade dos games de movimentos físicos, como o *Dance Dance Revolution*), pegam os desenvolvedores de surpresa e podem resultar em uma nova série de games que satisfaçam a motivação do jogador. Pense em um novo atrativo que pode estar sendo ignorado pelos desenvolvedores de games. Discuta os novos tipos de games que poderiam motivar os jogadores.
2. Por que *você* joga? Que elementos em seus games favoritos o levam a querer continuar jogando? Se tivesse de testar um dos seus games favoritos quanto ao "fator de diversão", por que ele passaria no teste?
3. Como os mercados de games na Coreia do Sul e nos Estados Unidos diferem? Quais são os gêneros e plataformas mais populares na Coreia do Sul e nos Estados Unidos? Que tendências específicas desenvolveram-se na Coreia do Sul e quais são os fatores que estimulam essas tendências?
4. Qual é a importância de aspectos psicográficos, como valores, atitudes e estilos de vida, no mercado de jogadores? Cite três games que incorporam um sistema de crenças específico. Se tivesse de criar um game baseado em seus próprios aspectos psicográficos, que características enfatizaria?
5. Como os aspectos demográficos de faixa etária e sexo evoluíram ao longo do tempo no mercado de jogadores? Como essas alterações podem afetar a forma como os games continuam a ser desenvolvidos? Você consegue detectar alguma tendência específica no conteúdo ou na estrutura dos games que poderia ser útil para expandir ainda mais o mercado?
6. Discuta a diferença entre a Geração do *Baby Boom*, a Geração X e a Geração do Milênio. Se estivesse criando um game voltado especificamente para um desses grupos, que características estariam presentes no game? (Como você se saiu no Questionário de Tendências do Milênio?)
7. A culpa pela violência em nossa sociedade continua a ser atribuída à influência do conteúdo de produtos de entretenimento, como filmes e letras de música. Alguns games foram acusados de incitar episódios violentos. Forneça um exemplo de incidente violento no mundo real pelo qual um game eletrônico foi considerado responsável. Você concorda com esse ponto de vista ou acredita que não há uma correlação nítida entre a violência no mundo real e a violência "fantástica" dos games?
8. Qual dos naipes de jogadores de Richard Bartle melhor descreve suas características como jogador? Que tipos de games são naturalmente adequados ao seu naipe de jogador? Responda os questionários associados ao VALS (*http://www.sric-bi. com/VALS/presurvey.shtml*) ou ao MBTI (*https://www.mbticomplete.com/contents/learn-more.aspx*). Os resultados correspondem à autoavaliação do seu naipe de jogador?

CAPÍTULO 3

Elementos do Game:

quais são as possibilidades?

Perguntas-chave do Capítulo

- Quais são algumas das aplicações associadas ao desenvolvimento de games que não se destinam ao entretenimento?
- Quais plataformas estão disponíveis para games e que elementos específicos são associados a cada uma delas?
- Quais são as características dos gêneros mais populares de games?
- Como os modos baseados no número de jogadores afetam a forma como os games são criados?
- Quais são as opções de intervalo de tempo e como elas alteram a forma como um game é jogado?

O Capítulo 1 introduziu alguns games que obtiveram sucesso (ou fracassaram) durante a breve história do desenvolvimento de jogos eletrônicos. No Capítulo 2, você conheceu os jogadores: quem são e o que os motiva a jogar. Examinaremos agora as opções básicas disponíveis para quando você estiver considerando a possibilidade de desenvolver seu próprio game. Os elementos apresentados neste capítulo são aplicáveis a todas as outras áreas do desenvolvimento de games. No restante deste livro, você perceberá que esses elementos aparecem repetidamente em outros contextos.

Aplicações

Por que você quer criar um game? Para se distrair, educar, apoiar, comercializar, construir uma comunidade social, ou simplesmente propor um desafio aos jogadores? No Capítulo 2, você aprendeu que as pessoas jogam por muitas razões diferentes. Os games também podem ser desenvolvidos por diferentes razões, e o entretenimento puro é apenas uma delas!

Entretenimento

Existe uma premissa comum de que os games devem ser desenvolvidos meramente para entreter os jogadores. Como vimos no Capítulo 2, muitas pessoas jogam para escapar das tensões da vida cotidiana ou para aliviar o tédio. Há também aquelas que jogam pela mesma razão pela qual assistiriam a um filme ou leriam um livro. É uma distração que faz com que penetrem em um mundo alternativo e que as envolve emocionalmente. Alguns games permitem que o jogador se torne outra pessoa e desempenhe o papel dos personagens, alguns deles de sua própria criação. Outros mantêm os jogadores ocupados com a necessidade de reagir rapidamente a desafios de reflexo físico e raciocínio lógico. É importante ressaltar que os jogadores não ficam sentados passivamente, deixando que a diversão se desenrole à sua frente. Em vez disso, eles estão envolvidos em ações como a representação de papéis, o movimento físico e a solução de problemas. Trata-se de uma mídia caracteristicamente interativa, em que os jogadores manipulam, modificam e, às vezes, participam até da criação da experiência de entretenimento.

Oddworld Inhabitants

A maioria dos games, como o *Munch's Oddysee*, é criada para fins de entretenimento.

Linden Research, Inc.

Embora não sejam voltados exclusivamente para games, os mundos virtuais multijogador, como o *Second Life*, concentram-se na construção de comunidades.

Construção de Comunidades

No Capítulo 2 observou-se que um dos elementos motivadores para jogar games é a interação social. Alguns games on-line multijogador, discutidos mais adiante neste capítulo, são desenvolvidos para essa finalidade. Nesses casos, o entretenimento no sentido tradicional passa para o segundo plano e a prioridade passa a ser a construção de comunidades.

Um exemplo de construção de comunidade não voltada para jogos seria um site de redes sociais como o MySpace, ou mesmo um site de encontro de casais como o Match.com,[1] em que as pessoas gastam muito tempo consultando os perfis umas das outras e comunicando-se por e-mail seguro, mensagens instantâneas e sessões de chat. Outros tipos de games multijogador (como os games baseados em rede e locais) também geram alto grau de interação social. Esses games são discutidos na seção Modo de Jogador deste capítulo.

A construção de comunidades é um objetivo que pode ocorrer por acidente. A finalidade original do *The Sims Online* era entreter os jogadores por meio de cenários que envolviam representação de papéis e manutenção dos personagens. A capacidade de comunicar-se por meio do game atraiu jogadores que preferiam discutir temas não associados ao game em vez de jogá-lo. (As comunidades de jogadores dentro e fora dos jogos on-line são tão significativas que uma seção inteira no Capítulo 12 discute esse fenômeno.)

Os games desenvolvidos com a finalidade específica de criar comunidades não precisam necessariamente estar limitados aos games on-line com uma ampla base de usuários. Games desse tipo podem ser apropriados para grupos de apoio, associações com interesses específicos, organizações religiosas ou mesmo redes de "família e amigos".

Educação

Jogos educativos são aqueles criados para ensinar enquanto distraem. O Capítulo 1 discutiu a era do entretenimento educativo (ou *edutainment*) no desenvolvimento de games em CD-ROM. Esses games eram desenvolvidos especificamente para fins pedagógicos, sempre com as crianças como público-alvo. Alguns exemplos incluem *Oregon Trail*, *Reader Rabbit* (*Coelho Sabido*, no Brasil) e *Math Blaster* (da Sierra On-Line, The Learning Company e Davidson & Associates, respectivamente). Esses games baseiam-se na aquisição de conhecimentos ao jogar, sendo que certos tópicos (como geografia, matemática e leitura) são ensinados

Knowledge Adventure, Inc.

O *Math Blaster* foi um dos primeiros games educativos para crianças no início da década de 1990.

[1] No Brasil, um site popular desse tipo é o Par Perfeito (*www.parperfeito.com.br*) (N.R.T.).

Broderbund Software

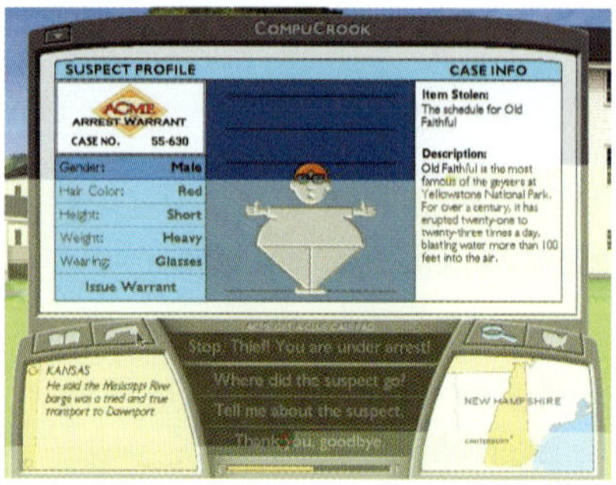

Em *Where in the USA is Carmen Sandiego?*, os jogadores acompanham Carmen e seus parceiros gângsteres por todos os 50 estados norte-americanos, conhecendo a história, a cultura e a música de diferentes regiões dos EUA.

ou acessados dentro do próprio game. Na maioria dos games educativos, as matérias são ensinadas abertamente. Todos os tipos de games de simulação discutidos mais adiante neste capítulo permitem que os jogadores adquiram conhecimentos sobre objetos do mundo real (como os controles na cabine de um jato) enquanto jogam e aplicam conhecimentos adquiridos fora do game (por exemplo, sobre o funcionamento de um sistema econômico).

Por que os games educativos eram desenvolvidos basicamente para crianças? Há um vasto mercado de adultos em colégios, universidades, instituições de pesquisa, escolas técnicas e até mesmo em empresas que poderiam se beneficiar de games com finalidade educativa. Como vimos no Capítulo 2, nem todos os jogadores são crianças! Uma aplicação educativa interessante poderia ser o aprendizado on-line a distância. A maioria das salas de aula on-line consiste em discussões por tópicos, o que aumenta a interação social (exatamente como acontece nos games multijogador on-line). Em vez de postar mensagens nessas discussões temáticas — que intensificam o aprendizado lateral, mas não envolvem construtivismo (aprendizado pela prática) —, os alunos poderiam jogar games multijogador on-line que incorporassem simulações do mundo real, como economia, arqueologia, mecânica de automóveis, música, marketing... ou até cirurgia!

Equívocos Econômicos Durante a Era dos Games Educativos

Há dez anos, os melhores games educativos dispunham de orçamentos e qualidade equivalentes aos dos demais games comercializados. Foi então que alguns profissionais de marketing do setor de games envolveram-se em uma campanha de "redução de preços para aumentar a participação no mercado". Os concorrentes reagiram combinando três a seis títulos anteriormente independentes em uma única caixa, pelo mesmo preço. Em curto prazo, os consumidores economizaram muito dinheiro em software para os filhos. Então começou a reação em cadeia. Como não era mais possível cobrar o preço justo pelo software educativo, os orçamentos para novos títulos encolheram, muitas vezes para 10% do nível anterior. Nessa guerra pelo mercado, muitas editoras de produtos de software, enfraquecidas pela perda de lucratividade, foram vendidas ou faliram e foram extintas. A Broderbund, uma das editoras de maior qualidade, foi vendida três vezes e depois subdividida e revendida a diferentes compradores. Além dos acionistas, pais e filhos também perderam nesse esquema engendrado pelos especialistas em mercado. Um modelo de publicação falido é o que nos separa hoje de uma nova geração de games educativos inspiradores e de alta qualidade.

— Don Daglow (Presidente e CEO do Stormfront Studios)

Nintendo

Embora a educação possa ser uma meta específica ao projetar um game, muitos jogos eletrônicos são educativos "por acidente" (como acontece com a construção de comunidades). Vários fatores motivacionais discutidos no Capítulo 2 têm muito a ver com o aprendizado. Além da obtenção e aplicação de conhecimentos sobre eventos do mundo real (que é a definição tradicional de um jogo educativo), há outras formas de aprendizado atuando na maioria dos games, senão em todos.

Alguns "games de quebra-cabeça" (*puzzle games*) recentes começaram a se desviar do gênero e, para surpresa de muitos, podem estar concretizando de maneira imperceptível a promessa do entretenimento educativo. Esse tipo de game pode ser encarado como uma forma de exercitar o cérebro. O *Brain Age* e o *Big Brain Academy*, da Nintendo, levam esse conceito a um passo adiante. Ambos são games repletos de matemática, lógica e exercícios visuais que atribuem pontos aos jogadores com base na idade e no peso cerebrais, respectivamente, mostrando se a capacidade de raciocínio do jogador está em forma. (Se não estiver, algumas sessões de "treinamento cerebral" podem corrigir o problema!) Embora cada título se concentre em diferentes conjuntos de habilidades, ambos foram baseados em pesquisas realizadas pelo professor Ryûta Kawashima e têm sido um grande sucesso para o Nintendo DS.

:::: *Second Life* como Ferramenta Pedagógica

As pesquisas da autora Jeannie Novak na Universidade da Califórnia do Sul mostraram que os games on-line multijogador massivos (MMOGs) incorporam muitos elementos associados à teoria *construtivista* e fornecem uma estrutura perfeita para o aprendizado, incluindo *aprendizagem ativa* (construção de personagens e modificação do mundo do game), *interação social* (comunicação e interação com outros jogadores) e *solução de problemas* (observação de processos e aplicação de conhecimentos do mundo real a simulações no mundo artificial do game). Isso levou Jeannie a teorizar que os MMOGs seriam aplicações perfeitas para o aprendizado on-line a distância. Em vez de assistirem a uma aula on-line, os alunos participariam de um jogo! Jeannie é produtora e principal idealizadora de um projeto que usa o *Second Life* (*http://www.secondlife.com*) como sistema de aprendizado. (Embora possa ser descrito mais precisamente como uma rede social, o *Second Life* possui a capacidade de exibir características de um MMOG.) Esse curso, que está sendo desenvolvido para o Art Institute Online (uma divisão do Instituto de Arte de Pittsburgh), é um curso de Comunicações Empresariais que se comporta como um game.

Inspecionando a construção de um "game sério" no *Second Life*.

Seu objetivo é fazer os alunos ingressarem no ambiente do *Second Life* e serem "teletransportados" para a Ilha Ai Pittsburgh, onde serão os novos funcionários de uma empresa fictícia. Durante o curso, com duração de cinco semanas e meia, os alunos (personagens controlados pelos jogadores) conhecerão o funcionamento interno da empresa por meio de cenários do mundo real. Descobrirão também como se comunicar com os outros funcionários (personagens não controlados pelos jogadores) no ambiente corporativo. Esse é um passo significativo rumo à integração dos games à educação. Em algum momento, a maioria dos cursos poderá ser ministrada como games. Assim como todos os games envolvem algum aprendizado subjacente, o contrário também pode ser verdade: todos os cursos podem, presumivelmente, envolver algum tipo de game! Isso poderia ser o início de uma revolução pedagógica. Em *http://www.simteach.com*, você encontrará fóruns que discutem o *Second Life* como ambiente pedagógico.

James Paul Gee Fala Sobre Games como Aprendizado *Real*::::::

Embora formado em linguística teórica, James Paul Gee vem trabalhando em questões relacionadas à educação há duas décadas. Foi professor de Linguística da Universidade da Califórnia do Sul, professor de Educação Urbana na Universidade Clark e professor de Leitura na Faculdade de Pedagogia da Universidade de Wisconsin-Madison; atualmente é professor de Estudos de Alfabetização da Universidade do Estado do Arizona. James foi membro fundador do New London Group, um grupo internacional de acadêmicos que salienta a importância do design e do raciocínio a que este leva para estudantes no mundo moderno. Possui várias obras publicadas sobre questões relacionadas à comunicação intercultural, alfabetização e aprendizado dentro e fora do ambiente escolar e profissional. Inspirado pelo filho de seis anos, começou a jogar e, subsequentemente, a pesquisar games para computador e videogames, tendo escrito artigos a respeito do tema para as revistas *Wired* e *Game Developer*, bem como vários outros estudos acadêmicos. Seus livros incluem *The Social Mind, The New Work Order* e, mais recentemente, *What Video Games Have to Teach Us About Learning and Literacy* e *Why Video Games Are Good for Your Soul.*

James Paul Gee, Ph.D. (Professor de Estudos de Alfabetização da Universidade do Estado do Arizona.

O aprendizado real não depende de "fatos", mas da aquisição de experiências tão profundas sobre o mundo (...) que os fatos passam a fazer parte do que é necessário para "jogar o jogo" ou assumir certa identidade. No aprendizado real, não basta que os aprendizes sejam capazes de descrever o que aprenderam; eles devem ser capazes de fazer algo com isso. Para avaliar o aprendizado real, deve-se perguntar como a experiência atual prepara o aprendiz para a experiência futura. Se ela melhora seu desempenho em uma tarefa de aprendizado posterior — talvez até mais importante que a atual —, o que importa saber quantos "fatos" ele acertou ou errou hoje?

Por exemplo, *dominar* um game está relacionado a um processo de aprendizado. Em regra, os jogadores não se contentam em investir seu tempo jogando um game para perder no final. A maioria das pessoas joga para ganhar. O game garante essa necessidade permitindo que o jogador salve sua posição a intervalos regulares (como é discutido mais detalhadamente no Capítulo 8), de modo que possa voltar ao ponto em que tomou decisões que poderiam resultar em provável derrota. A vitória também é reconhecida por meio do fornecimento de *feedback* ao jogador, às vezes na forma de um placar ou mesmo de uma nota de avaliação. Por exemplo, o *Advance Wars* da Nintendo contém uma série de missões que devem ser concluídas pelo jogador para terminar o game. No final de cada missão, o jogador é avaliado com um placar numérico e uma letra ("S" para "Superior", seguido de A, B, C etc.). Caso tenha cometido alguns erros durante a missão e queira começar de novo, o jogador pode sair da missão e reiniciá-la a qualquer momento antes da sua conclusão. As letras atribuídas às missões proporcionam uma forma de avaliação ao jogador, que tem uma ideia do seu nível de desempenho ao jogar. Isso é equivalente ao *feedback* fornecido por um instrutor quando um aluno conclui uma tarefa de casa! O *Advance Wars* também oferece uma seção de treinamento de campo, um tutorial que ensina novos usuários a jogar, o que, para alguns jogadores, pode ser uma alternativa mais divertida do que a leitura do manual de instruções.

Aprendizado Ativo

Os alunos tendem a assimilar melhor os conhecimentos adquiridos em uma experiência de aprendizado interativo dinâmico. Em um ambiente de game, os alunos recebem um *feedback* imediato sobre seu desempenho em uma atividade de solução de problemas. Trata-se de um ambiente intrinsecamente favorável ao aprendizado ativo.

— Jan McWilliams (Artista e Diretor de Design Interativo do Instituto de Arte da Califórnia, em Los Angeles)

Recrutamento e Treinamento

Os games também já foram usados pelas Forças Armadas e pelo governo para fins de recrutamento e treinamento. Games de simulação (discutidos mais adiante neste capítulo) reproduzindo processos, ambientes e objetos existentes no mundo real foram usados pelo governo e por instituições militares, como a NASA e a Força Aérea norte-americana, para treinar astronautas e pilotos a se adaptarem a mudanças atmosféricas e a conduzir veículos. O *America's Army* (*http://www.americasarmy.com*) — primeiro game de simulação on-line usado como ferramenta de recrutamento militar — tornou-se tão popular ao ser lançado que o site ficou congestionado com requisições de download. As empresas também usam games para reforçar as habilidades de liderança e gestão dos funcionários.

Ubisoft Entertainment

The University of Sheffield

Em *America's Army*, recrutas preparam-se para subir em uma torre treinamento de salto em paraquedas com cerca de 76 m de altura; em *Dubai Police*, os investigadores de acidentes de tráfego são treinados para lidar com cenários complexos.

Transformando Games em Máquinas de Aprender

Ao adaptar games para aprendizado, os desenvolvedores devem criar:

- Identidades consistentes que possam ser geradas ou "habitadas" pelos aprendizes (por exemplo, tornar-se um certo tipo de cientista).
- Experiências que levem os participantes a aprender fatos importantes naturalmente, por meio da vivência e do raciocínio ativo sobre a experiência. O significado de palavras, conceitos e símbolos deve se concretizar por meio de vivências e ações.
- Espaços organizados de solução de problemas, gerando práticas significativas que tornem essas habilidades rotineiras e, em seguida, quebrem essa rotina com problemas mais complexos. Os aprendizes devem ter amplas oportunidades de interagir tanto com o mundo do game quanto com o mundo externo.

Os aprendizes devem ser estimulados a discutir e refletir sobre suas experiências no game (por exemplo, por meio de discussões sobre as estratégias empregadas).

— *James Paul Gee (Professor de Estudos de Alfabetização da Universidade do Estado do Arizona)*

Os games também podem melhorar as habilidades físicas e mentais, proporcionando um treinamento inesperado para certas profissões. Um estudo recente constatou que os cirurgiões que jogavam games por três ou mais horas por semana cometiam 37% menos erros do que os médicos que não jogavam. Esse estudo, conduzido pelo Beth Israel Medical Center de Boston e o National Institute on Media and the Family, da Universidade do Estado de Iowa, também verificou que os cirurgiões que jogavam games eram 27% mais rápidos que os colegas. O estudo investigou 33 médicos e residentes de maio a agosto de 2003. O próximo passo? Simulações de cirurgia!

Games Sérios

Games como *America's Army* e *Dubai Police* também são conhecidos como games sérios, usados por empresas, pelo sistema de saúde e pelo governo para treinar, informar, recrutar ou divulgar produtos para os jogadores. Os games sérios estão começando a despertar o interesse de mais desenvolvedores no mercado, como é comprovado por conferências como a Serious Games Summit (SGS), realizada duas vezes por ano (em San Francisco e em Washington, D.C.).

Marketing e Publicidade

Alguns games são criados especificamente para divulgar um produto ou serviço aos consumidores. Os games publicitários (ou *advergames*) são projetados especificamente como ferramentas de publicidade. Muitos desses games existem on-line e são criados em Flash ou Java — ferramentas eficientes para desenvolvedores e jogadores devido ao download rápido e ao curto ciclo de desenvolvimento; essas ferramentas serão discutidas mais detalhadamente no Capítulo 10. Os games publicitários são usados como alternativas a outras formas de publicidade na Web, como os *banners*. O anunciante paga ao site para hospedar esses games, que geralmente exibem a marca da empresa. Outra forma de marketing on-line relacionado a games é o entretenimento publicitário (ou *advertainment*) — sites desenvolvidos com a finalidade de divulgar uma marca, contendo games e fóruns de discussão, que se tornam um ponto de encontro divertido para os clientes. Um dos primeiros exemplos de *advertainment* foi o site *Joe Boxer* (*http://www.joeboxer.com*), que convidava os clientes a fazer download de um par de roupas de baixo virtuais antes de entrar em um site com tema circense, que incluía jogos de parque de diversões e uma sala de bate-papo. Sites de produtoras cinematográficas contendo games, descansos de tela e *trailers* concentram-se na criação de uma experiência divertida para os visitantes enquanto divulgam os filmes. As áreas de games em sites de filmes incluem o game para celular *Batman Begins* (*http://batmanbegins.warnerbros.com*), jogos de quebra-cabeça específicos para *Shrek* (*http://shrek.com*) e o game on-line *Piratas do Caribe* (*http://disneypirates.com*).

Burger King Brands, Inc.

O *BK Bobble Bowl* foi criado para promover a rede Burger King e seu mascote.

Muitos filmes e programas de TV foram usados como veículos para a publicidade de produtos. Por exemplo, a série *Seinfeld* era notória pela publicidade ostensiva da Diet Coke, pois sempre havia um suprimento na geladeira de Jerry Seinfeld. Os anunciantes pagam altas somas por essa forma de publicidade, que é conhecida como *merchandising*. O merchandising dentro de games também vem se tornando comum. Certas empresas de propaganda, como a Massive, encaixam novos anúncios em games on-line e substituem outdoors e cartazes genéricos por anúncios patrocinados. Alguns games chegam até a exibir filmes em locais estrategicamente importantes. Como vimos no Capítulo 2, a queda de audiência da TV nos Estados Unidos está levando os anunciantes a recorrerem aos games para promover seus produtos. A Activision e a organização de pesquisas Nielsen Entertainment informaram que a audiência da TV entre homens com 18 a 34 anos de idade caiu quase 10% nos Estados Unidos em 2003. Em um estudo realizado com mil homens, a Nielsen constatou que 75% possuíam um console de videogame e estavam assistindo menos televisão. Mais de 25% lembravam-se de algum anúncio no último game que jogaram — e 33% afirmaram que os anúncios dentro dos games os ajudavam a decidir quais produtos comprar. É interessante notar que mais de 50% aprovavam a inclusão de produtos reais em games. Grandes corporações estão considerando o merchandising de produtos em games como uma forma significativa de propaganda. Certos games de esportes, como *NBA Street* e *Tony Hawk*, exibem marcas populares de roupas e acessórios esportivos. O McDonald's e a Intel gastaram mais de 2 milhões de dólares para participar da comunidade *The Sims*. Os jogadores usam computadores da marca Intel em suas casas e escritórios virtuais; eles não apenas podem comprar Big Macs virtuais como também adquirir franquias do McDonald's.

Plataforma

O Capítulo 1 descreveu a evolução dos jogos eletrônicos para fliperama, console, computador, portáteis e on-line. Todos esses formatos são conhecidos como sistemas ou *plataformas* de games. Como cada plataforma de games tem características distintas, os títulos desenvolvidos para cada plataforma diferem em vários quesitos importantes. Examinaremos agora as plataformas, suas diferenças e como isso pode afetar o conteúdo dos games.

Game de fliperama *Mach 3* sendo jogado na Exposição de Games Clássicos durante a Electronic Entertainment Expo [E3].

Fliperama

Games de fliperama são sistemas de games autônomos encontrados em locais públicos — como casas de fliperama, boliches, parques de diversão e pizzarias (uma tendência iniciada pelo fundador da Atari, Nolan Bushnell). A maioria dos games é jogada de pé, usando controladores na forma de botões, joysticks ou uma combinação deles.

Os games de fliperama de mesa, para duas pessoas, foram introduzidos em meados da década de 1980 e tornaram-se populares em restaurantes e saguões de hotéis. Alguns usam outros tipos de controladores, como pedais e volantes de direção (para simuladores de corrida de carros), pistolas (para games de tiro) e controladores acionados com os pés (para games de dança, como o *Dance Dance Revolution*). Esses games evoluíram do monitor monocromático ou em tons de cinza para as telas completamente coloridas. Como geralmente são operados por moedas, é importante, do ponto de vista comercial, induzir os jogadores a inserir o máximo de moedas possível. Por esse motivo, os desenvolvedores de games para fliperama concentram-se na criação de produtos de ação rápida, com tempo limitado, que não possuem histórias detalhadas nem investem no desenvolvimento do personagem. No apogeu da febre dos fliperamas, muitas questões técnicas, como as limitações de memória, dificultavam o fornecimento desse grau de complexidade. Como o tempo é limitado nos jogos de fliperama, a ação é um dos principais elementos da plataforma. Os games de fliperama foram os precursores do gênero de ação, que continua a privilegiar basicamente a velocidade e certos tipos de habilidades (coordenação visiomotora, pontaria e navegação, como nos games de tiro e de corrida). Outros elementos, como história e personagem, são mais enfatizados no gênero de ação para outras plataformas.

O *Crystal Castles* é um exemplo dos jogos de fliperama de mesa comuns em restaurantes e saguões de hotéis em meados da década de 1980.

Há três entidades principais associadas ao desenvolvimento dos games de fliperama:

1. *Fabricante do hardware* — detém os direitos sobre o hardware e controla o conteúdo do que é jogado nele.
2. *Desenvolvedor do game* (ou do conteúdo) — geralmente desenvolve o game para o fabricante, mas, às vezes, é a mesma empresa que fabrica o equipamento.
3. *Operador comercial* — licencia ou adquire o game do fabricante e obtém suas receitas cobrando dos jogadores.

Como detém a propriedade e o controle do conteúdo, o fabricante do hardware está envolvido nos processos de planejamento, desenvolvimento e testes. Quando o desenvolvedor e o fabricante são entidades separadas, o desenvolvedor é subordinado ao fabricante, a quem cabe a aprovação final para o desenvolvimento do game.

Console

Os sistemas de console geralmente são jogados em casa, conectados a um aparelho de televisão. Esses sistemas aceitam até quatro controladores. Atualmente, há três marcas de sistemas de console competindo pela preferência do mercado internacional: o Xbox 360, da Microsoft; o PlayStation 3 (PS3), da Sony; e o Wii, da Nintendo.

Microsoft Corporation Sony Computer Entertainment America Nintendo

O Xbox 360, o PS3 e o Wii são os sistemas de console predominantes no mercado.

Assim como a plataforma de fliperama, a plataforma de console é proprietária, o que significa que os fabricantes do hardware, como Sony, Microsoft e Nintendo, controlam o software desenvolvido para suas respectivas plataformas. Uma vantagem de desenvolver para um sistema de console proprietário é que o hardware não varia de um jogador para outro. (Como você verá na próxima seção, esse é um problema da plataforma de computador.) Quando um game é desenvolvido para o Xbox 360, não há qualquer dúvida na mente do desenvolvedor de que o game funcionará em *todos* os consoles Xbox 360 (presumindo-se que o hardware esteja funcionando corretamente). Outra característica dos consoles de videogame é que (como os sistemas para fliperama) eles, tradicionalmente, são dispositivos criados especificamente para essa finalidade. Os controladores de hardware, por exemplo, são projetados para proporcionar uma experiência ideal do game. Isso é o contrário do que acontece nas plataformas de computador, que não foram projetadas originalmente como máquinas específicas para games. Os sistemas de console também vêm se afastando de suas origens como dispositivos com finalidade específica; quase todos podem ser usados para reproduzir DVDs, tocar músicas em formato MP3 e trocar mensagens instantâneas, e não mais apenas para games. O PS3 tem um drive para reprodução do formato Blu-Ray e o Xbox 360 possui um dispositivo adicional de HD-DVD. Todos os três principais sistemas de console oferecem conectividade à internet, o que inclui navegadores e acesso a redes multijogador on-line e sites comerciais, de onde os jogadores podem baixar games, músicas, programas de TV e filmes. O PS3 possui modelos com um disco rígido de 20 ou 60 GB; o Xbox 360 Elite Edition é fornecido com saída HDMI e um disco rígido de 120 GB. Tudo isso representa uma evolução radical rumo à convergência multiuso. Os sistemas de console poderão, em algum momento, oferecer *todos* os recursos associados aos computadores?

Computador

Diferentemente das plataformas de console e de fliperama, a plataforma de computador (ou PC) não possui direito de propriedade. Isso libera o desenvolvedor da subordinação ao fabricante. Entretanto, as configurações de hardware são tão variáveis que é quase impossível prever a velocidade média, o espaço de armazenamento e a quantidade de memória que os jogadores estarão usando. Nos estágios de planejamento de um game, a equipe de desenvolvimento deve criar especificações técnicas aproximadas para o game e tentar desenvolvê-lo com base nesses requisitos. As especificações técnicas *mínimas* e *recomendadas* também devem estar disponíveis ao jogador. Especificações mínimas são aquelas necessárias para carregar e jogar o game do começo ao fim (por exemplo, velocidade de processamento, memória, espaço em disco). As especificações recomendadas expandem as especificações mínimas de forma a proporcionar uma experiência aprimorada do game (por exemplo, placas de áudio e vídeo de alta qualidade). Muitos games oferecem diversas opções avançadas de gráficos e áudio que podem ser desativadas pelo jogador quando o sistema é incapaz de processá-las. Em geral, os gráficos de um computador são mais nítidos que os de um sistema de console em razão da maior resolução; mesmo a resolução mais baixa de um computador (640 × 480) é o dobro da que é oferecida por qualquer console projetado para televisão convencional.

Os consoles de última geração, como o Xbox e o PS3, provavelmente oferecem gráficos tão ou mais nítidos que os computadores, pelo menos dentro da resolução permitida pelo software. Todos os consoles têm uma resolução nativa de 640 × 480 (480i) e alguns podem ir além disso (até 720p/1.080i). Em tese, a resolução de um computador pode ir muito além (1.600 × 1.200) da resolução de um console de última geração. Com o Windows Vista e o DirectX 10, a resolução dos computadores pode atingir níveis ainda mais elevados.

> Gosto da plataforma de PC para games porque ela me oferece recursos multitarefa no mesmo sistema e permite personalizar os controles de qualquer game, em vez de impor um controlador estático do tipo A-B-Para Cima-Para Baixo.
>
> — *Adam Garner (estudante de Arte e Design de Games)*

On-line

Os games on-line são jogados em uma plataforma de computador ou em um sistema de console conectado à internet, mas a tecnologia empregada difere substancialmente dos games para outras plataformas. Os jogadores precisam de uma conexão à internet para jogar, e as informações do game podem estar armazenadas em um *servidor*. Os maiores games on-line envolvem milhares de jogadores simultâneos, o que, às vezes, exige que as informações do game sejam armazenadas em vários servidores. Milhares de jogadores podem participar simultaneamente de um MMOG. Por causa do funcionamento ininterrupto da internet, os MMOGs também são *mundos persistentes* em permanente mutação, o que acarreta alguns problemas específicos de desenvolvimento e manutenção. (O modelo baseado em assinatura mensal que era utilizado inicialmente nos MMOGs cedeu lugar aos pagamentos individualizados, às vendas de itens virtuais, à economia realizada dentro do próprio game e aos serviços especiais pagos.)

Diagrama criado por Per Olin

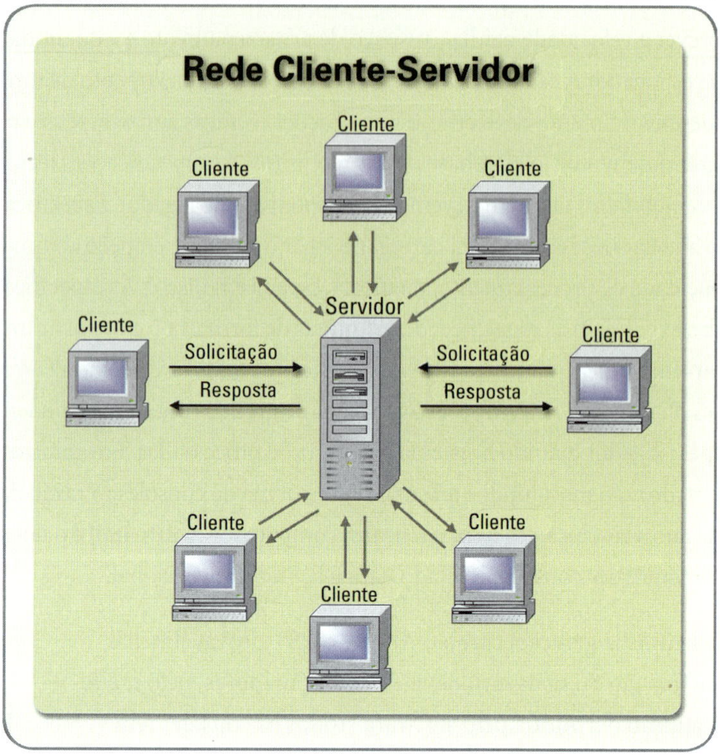

Diagrama criado por Per Olin

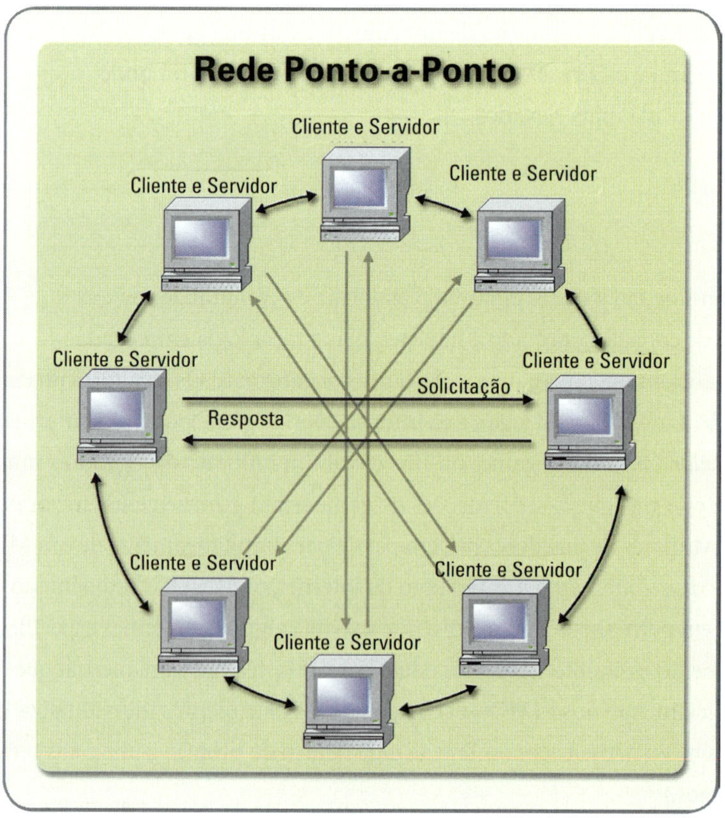

Há dois modelos de comunicação principais associados aos games on-line. No modelo *cliente/servidor*, cada jogador executa em seu computador um programa cliente (na forma de um software do game) que se comunica com um servidor onde o game está armazenado. O cliente apresenta o game aos jogadores.

No modelo *ponto-a-ponto* (*P2P*), usado em muitos games de estratégia e ação, os computadores de todos os jogadores comunicam-se diretamente entre si. Mesmo que nunca tenha jogado um game P2P, talvez você já tenha visto este modelo em funcionamento ao fazer download de músicas de um sistema de compartilhamento de arquivos como o BitTorrent. Como todas as máquinas (os computadores de todos os jogadores) têm a mesma importância, trata-se de um sistema completamente descentralizado. Alguns serviços, como o Gamespy Arcade, permitem que um jogador encontre outros, e todos se conectem às redes P2P.

> Na maioria dos casos, a lentidão percebida durante um game deve-se à latência, não à largura da banda. A largura da banda afeta mais significativamente os downloads.
>
> — *Gordon Walton (Diretor Adjunto do Estúdio BioWare Austin)*

Outra questão técnica relacionada aos games on-line é a velocidade de conexão, que envolve largura da banda e latência. Largura da banda é a quantidade média de bytes por segundo que a conexão permite transferir, e latência é o tempo gasto pelos pacotes de dados para chegarem até você, além de eventuais demoras causadas pelo seu próprio computador.

É essencial dispor de um serviço de atendimento direto ao usuário que funcione 24 horas por dia nos MMOGs por assinatura. Os jogadores esperam obter ajuda para uma ampla variedade de problemas. Os funcionários de atendimento ao cliente devem ser treinados para resolver problemas específicos dos games on-line, que incluem questões de conectividade e de comportamento inadequado de usuários. O atendimento ao usuário é primordial para qualquer game que envolva o pagamento de uma assinatura. Alguns representantes de atendimento ao cliente são chamados de Mestres do Game (*Game Masters* ou GMs) (para conhecer a história desse termo, consulte a seção sobre Games de Representação de Papéis neste capítulo) e, além de fornecer assistência técnica, criam novos conteúdos (por exemplo, missões e eventos) e participam de discussões on-line com os jogadores sobre temas relacionados ao game.

Load Inc.

Tela de um produto Microsoft, reimpressa com autorização.

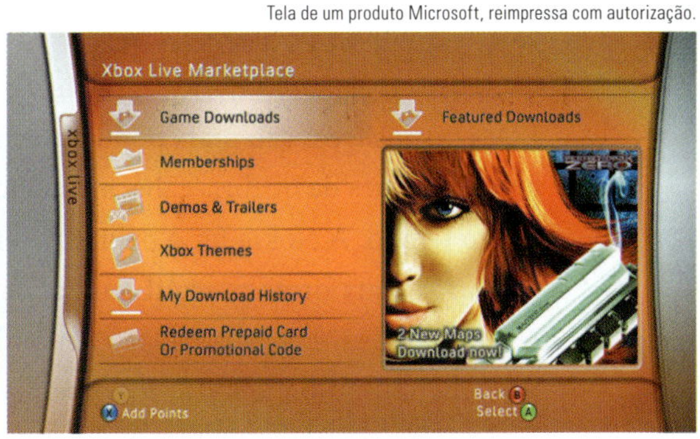

A popularidade dos jogos disponíveis por download aumentou notavelmente com o advento dos serviços on-line voltados para games, como o Xbox Live. Os jogadores baixam e jogam games como *Mad Tracks* (à esquerda) por meio do Xbox Live Marketplace (à direita).

Portáteis

Em razão das pequenas dimensões, os dispositivos portáteis podem ser transportados pelo jogador para praticamente qualquer lugar. A princípio, a série Game Boy da Nintendo era voltada para crianças, mas a introdução do Game Boy Advance SP (GBA SP) popularizou esse formato entre adultos. O GBA SP possui melhorias significativas sobre o GBA original, como uma tela retroiluminada e uma bateria de longa duração totalmente recarregável. Itens auxiliares — como o software de reprodução de vídeo da Majesco para GBA, com uma interface semelhante à de um DVD — permitem que os jogadores experimentem o GBA como um dispositivo multiuso, tanto para assistir filmes como para jogar games. O Nintendo DS (um dispositivo portátil de tela dupla) constitui outra expansão inovadora da experiência dos portáteis, proporcionando ao jogador diferentes perspectivas e pontos de vista simultâneos durante um jogo.

Nintendo

Sony Computer Entertainment America

O Nintendo DS (mostrado na versão Lite) e o Sony PSP dominam o mercado atual de portáteis.

O Mercado de Celulares

O mercado de celulares é mais próximo, em certos aspectos, do mercado de games on-line leves (games de quebra-cabeça e games clássicos de tabuleiro e de cartas) do que do mercado convencional de PC/console. As pessoas usam games em celulares para se divertir e passar o tempo, não para uma experiência intensa de jogo.

— Greg Costikyan (Diretor-Presidente da Manifesto Games)

Além de dispositivos portáteis como a série Game Boy e o PSP da Sony, que foram criados especificamente para games, outros dispositivos portáteis, como telefones celulares e PDAs, também são usados como plataformas para games. Esses dispositivos são mais populares fora dos Estados Unidos e frequentemente contêm games de quebra-cabeça ou de conhecimentos gerais que não demandam muito tempo. A Nokia fez a primeira tentativa de combinar um telefone celular com uma plataforma portátil quando lançou o seu N-Gage em 2003. Embora a receptividade inicial ao N-Gage tenha ficado aquém das expectativas, o QD (o lançamento subsequente) sofreu um aperfeiçoamento e o esforço da Nokia inspirou outros fabricantes a considerar as possibilidades do mercado de games para dispositivos móveis. Esse mercado vem passando atualmente por rápidas mudanças. Os desenvolvedores e editoras, reconhecendo a natureza de funcionamento e conexão permanentes da plataforma móvel, podem oferecer experiências interativas únicas e até novos tipos de MMOGs.

Jogos de Mesa

Um jogo de mesa é uma plataforma analógica (não digital) tradicional para jogos, que, basicamente, pode ser jogado sobre uma mesa. Alguns exemplos são os jogos de cartelas, cartas, dados, peças, blocos e até de papel e caneta, como *Dungeons & Dragons* (*D&D*), em que as peças do jogo são, literalmente, canetas (ou lápis) e papel! Miniaturas e mapas de batalha (fichas plastificadas em que os jogadores podem escrever com tinta hidrográfica apagável) também são comuns em jogos como *Dungeons & Dragons*. É extremamente importante estudar os jogos de mesa para compreender os desafios inerentes ao modo de jogar e as estratégias utilizadas nos jogos em geral. (O modo de jogar é discutido detalhadamente no Capítulo 6.) Outro uso importante dos jogos de mesa é como protótipos para jogos eletrônicos futuros (conforme será discutido no Capítulo 11). Muitas empresas de desenvolvimento de games criam versões preliminares de seus produtos em formato de mesa para verificar se o modo de jogar é adequado.

Intervalo de Tempo

Intervalos de tempo são os elementos dependentes do tempo que afetam o ritmo de um game. Esse ritmo determina se o game é jogado por *reflexo* ou *reflexão*. Você desenvolveria um game que permita ao jogador gastar um período ilimitado de tempo respondendo aos desafios ou um que o estimularia a reagir rapidamente a eles? Que tal algo entre esses dois extremos: fornecer a cada jogador uma quantidade limitada de tempo para tomar decisões? Em termos do intervalo de tempo, os games podem ser classificados de três maneiras: baseado em turnos, em tempo real e em tempo limitado.

Baseado em Turnos

Nos jogos tradicionais de tabuleiro e de cartas, cada jogador dispõe de um turno para mover uma peça no tabuleiro ou jogar uma carta. Geralmente o tempo disponível para cada turno é ilimitado (pelo menos até que os adversários comecem a tamborilar impacientemente na mesa). Nesses casos, os jogadores dispõem de quanto tempo for necessário para planejar seus movimentos e decidir como jogarão cada rodada, o que lhes permite raciocinar de forma reflexiva e deliberada. Nos games *baseados em turnos*, cada jogador (seja ele humano ou fictício) joga em seu próprio turno.

Em Tempo Real

O game em tempo real é o contrário de um game baseado em turnos. Nele, não há um intervalo de tempo entre turnos. De fato, não há sequer turnos. A vitória em um game em tempo real requer reflexos físicos rápidos, ao contrário da profundidade de raciocínio exigida pelos games baseados em turnos. Os games em tempo real são difíceis de jogar on-line em razão de problemas tecnológicos relacionados ao desempenho — o que inclui a velocidade da conexão do jogador, a carga do servidor e obstáculos regionais no tráfego da internet. Mesmo assim, os games em tempo real são extremamente populares on-line, em parte por causa da capacidade de comunicação instantânea com outros jogadores.

De Tempo Limitado

Um game *de tempo limitado* é um meio-termo entre os games baseados em turnos e em tempo real. Nesses games, o tempo de que cada jogador dispõe para seu turno é limitado. Em alguns games de quebra-cabeça para um único jogador (discutidos mais adiante neste capítulo), um limite de tempo é imposto ao próprio game. Nos games temporizados que envolvem mais de um jogador, os jogadores podem usar seus turnos separadamente (como no xadrez) ou simultaneamente (como em alguns games on-line). Nesses últimos, cada jogador tem a experiência de jogar em seu turno, mas o game propriamente dito está acontecendo em tempo real, porque nenhum dos jogadores espera até que o outro termine seu turno.

Ao considerar a forma como um game será jogado, o primeiro passo é decidir qual intervalo ele usará. Como o intervalo afeta o envolvimento do jogador no game? Os games em tempo real proporcionam maior sensação de realismo? Se os games baseados em turnos estimulam o raciocínio reflexivo, isso significa que o game sempre parecerá lento? Há algumas questões que devem ser avaliadas ao considerar os intervalos de tempo.

Modo de Jogador (*Player Mode*)

Os vários *modos de jogador* possíveis estão diretamente relacionados ao número de pessoas que jogam um game. Esses modos variam de monojogador a multijogador massivo — envolvendo milhares de jogadores. A escolha do modo de jogador, bem como do conteúdo, afeta significativamente a forma como o game será jogado. Quais plataformas funcionariam melhor em certos modos? É possível combinar um intervalo de tempo real com um modo monojogador? Pense nas maneiras em que os intervalos poderiam ser combinados aos modos para criar um game inovador.

Monojogador

Somente uma pessoa pode jogar um game *monojogador*. Todos os jogadores adicionais (geralmente adversários) no game são conhecidos como personagens de *IA* (*inteligência artificial*) ou *personagens não jogadores* (*non-player characters* ou *NPCs*). (Os personagens de jogador e os NPCs são discutidos no Capítulo 5.) A quantidade limitada de espaço na tela (discutida mais detalhadamente no Capítulo 8) nas plataformas portáteis, como o Game Boy Advance SP da Nintendo e o PSP da Sony, torna esses sistemas ideais para games monojogador. Se você tivesse de criar um game monojogador, que plataforma evitaria?

Silver Creek Entertainment

Os jogos de paciência (na figura, o game *Hardwood Solitaire 3*) são jogos de cartas monojogador clássicos.

Dois Jogadores

Os games para *dois jogadores* (também conhecidos como "*um contra o outro*" (*head-to-head*)) evoluíram inicialmente a partir dos jogos de fliperama. Os primeiros equipamentos de fliperama para dois jogadores tinham dois botões de início, um para o modo monojogador e outro para o modo de dois jogadores. Os jogadores jogavam alternadamente contra o próprio game. A experiência de jogo de cada jogador era semelhante à que teria se estivesse no modo monojogador. A única diferença é que o jogo controlava as pontuações de ambos e as comparava para determinar o vencedor. Os jogadores não competiam diretamente na tela, mas sabiam que o jogo declararia um deles como vencedor. Essa ideia de competição entre jogadores assemelhava-se à tentativa de quebrar o recorde de uma máquina de fliperama, mas, em vez de um conjunto de iniciais anônimas na tela, seu adversário era alguém que estava ao seu lado.

Sega Corporation

O *Indy 500 Arcade* foi desenvolvido especificamente para dois jogadores.

Esses primeiros games eram baseados em turnos. Foi somente com o *Double Dragon* que os jogos de fliperama para dois jogadores adquiriram um intervalo de tempo real. Nesse jogo, dois jogadores podiam compartilhar o console e jogar lado a lado ao mesmo tempo, usando botões e joysticks para controlar o movimento dos personagens enquanto lutavam de maneira cooperativa contra um inimigo comum.

O *Dance Dance Revolution* (jogado na Electronic Entertainment Expo [E3]) é um jogo de fliperama em tempo real, para dois jogadores, em que estes dançam lado a lado e direcionam o jogo com controladores acionados com os pés.

Multijogador Local

No modo de jogador *local*, todos os jogadores sentam-se no mesmo ambiente e jogam o game na mesma máquina, usando *dispositivos de entrada* (controladores) separados na mesma tela compartilhada. Esse é um modo comum de jogo nos sistemas de console, que permitem a participação local de até quatro jogadores. Como todos os jogadores compartilham a mesma tela, cada jogador pode ver o que os demais estão fazendo. Os jogadores não conseguem ocultar informações uns dos outros; isso constitui um problema ao criar games em que as jogadas e decisões de cada jogador devem ser secretas. Como os consoles agora têm recursos de rede, esse padrão de jogo local tende a mudar ou desaparecer. Com o Game Boy Advance, os jogadores podem conectar seus sistemas ao console Game Cube e usá-los como controladores. Isso permite que cada jogador oculte suas informações dos demais.

Os jogadores também podem jogar localmente em um computador pessoal, o que envolve o compartilhamento não apenas da tela, mas também dos dispositivos de entrada (no caso, um teclado e um mouse). É desnecessário dizer que um intervalo de tempo real seria praticamente impossível nesse caso. (Alguns dos primeiros games para computador, como o *Rampage*, foram desenvolvidos para jogo local e exigiam que cada jogador usasse uma área diferente do teclado.) É interessante notar que a prática do jogo local vem aumentando nos últimos anos porque os pais jogam com os filhos pequenos sentados no colo!

Jogo Cooperativo

Alguns games para dois jogadores e para múltiplos jogadores são conhecidos como games cooperativos de dupla e games cooperativos multijogador. Nesses games cooperativos, os jogadores competem conjuntamente contra o próprio game. Um dos primeiro games cooperativos de dupla foi o *MicroSurgeon* para o console Intellivision, em que um dos jogadores movia um robô dentro de um corpo humano para localizar vírus, e o outro disparava anticorpos contra os vírus para curar o paciente. O *Gauntlet* foi um dos primeiros jogos de fliperama cooperativos multijogador, com quatro joysticks para serem usados por até quatro jogadores. Cada jogador era um mago, um guerreiro, uma valquíria ou um elfo; todos os jogadores cooperavam entre si para matar monstros, fantasmas, ogros e demônios.

Os quatro joysticks do *Gauntlet* permitiam que quatro jogadores cooperassem simultaneamente para combater um inimigo comum.

Multijogador em Rede Local

Os games *baseados em rede local* permitem que os jogadores compartilhem o game em uma *rede local* (*LAN*) sem compartilhar a tela ou o dispositivo de entrada. No Capítulo 1, vimos que os games baseados em rede representam uma intersecção entre o computador pessoal e as fases multijogador on-line da história dos jogos eletrônicos. Com os jogos baseados em rede local, tornou-se possível combinar os recursos de rede dos games on-line para mainframe com a portabilidade dos computadores pessoais, que

Fragapalooza

Os games baseados em rede local permitem que vários jogadores conectem suas máquinas a uma rede de área local (LAN). A Fragapalooza é a maior *LAN party* do Canadá.

podiam ser agrupados em uma única área local. Uma LAN simples pode ser criada para interconectar dois a quatro sistemas portáteis Game Boy Advance por meio de cabos de compartilhamento de game (*gamelink*). Diferentemente do que acontece no jogo local baseado em console, os jogadores *podem* ocultar informações uns dos outros, porque não estão compartilhando a mesma tela, apenas o mesmo game. Em uma *LAN party*, os jogadores podem trazer seus computadores pessoais para um único local (que pode ser qualquer ambiente, desde uma sala pequena até um grande centro de convenções), conectá-los à rede e jogar em conjunto como um grupo numeroso e homogêneo. (Como os locais de trabalho geralmente possuem LANs, o jogo em rede também é um passatempo popular no horário de almoço ou após o expediente.)

Multijogador On-line

Assim como os games baseados em rede local, os games on-line representam uma forma de jogo *em rede*, em que os jogadores conectam seus computadores a uma rede e jogam de maneira compartilhada. No caso dos games on-line, porém, a rede é a *internet* global. Você já aprendeu que os games *multijogador on-line* podem ser jogados por milhares de jogadores simultaneamente. Embora seja possível jogar games para um e dois jogadores on-line (como, aliás, também em uma rede local), é o modo multijogador que passou a ser associado mais diretamente aos games on-line.

Quando um game on-line torna-se um game multijogador massivo? Esse modo é associado a games que persistem 24 horas por dia e mantêm um modelo de receita baseado em assinaturas, no qual os jogadores pagam uma taxa mensal para continuar jogando. O grande número de jogadores (que podem ou não estar jogando em determinadas horas do dia) afeta substancialmente a forma como esse tipo de game é desenvolvido e mantido. Esses games geralmente estimulam a participação em equipes, com os jogadores formando grupos para derrotar os adversários em esquema cooperativo ou para solucionar problemas juntos. Como o game envolve um grande número de jogadores, que podem estar jogando de diferentes partes do mundo, é relativamente fácil para um usuário encontrar outros jogadores a qualquer momento do dia ou da noite.

MMOGs: "Mergulhando no Lado Raso da Piscina"

O que ainda não foi feito nos MMOGs? Permitir que as pessoas se comuniquem e se conectem em um nível mais profundo. Por quê? Porque a vida consiste basicamente em comunicar-se com os outros, compartilhar ideias e sair dessa experiência enriquecido. Por enquanto, ainda estamos mergulhando no lado raso da piscina da comunicação. Muita coisa é perdida em um mero bate-papo de texto. Acredito que, no momento, este seja o desafio mais premente do design de games: como capturar e transmitir a mesma energia de um grupo que esteja jogando coletivamente em uma sala quando as pessoas estão espalhadas por todo o mundo?

— Patricia A. Pizer (Designer-Chefe da 4orty 2wo Entertainment)

Os desenvolvedores de MMOGs aprenderam que a sociedade de um game (os amigos feitos ao jogar) é um incentivo primário para que muitas pessoas continuem participando. Quando oferecem a possibilidade de jogo em equipe, os desenvolvedores estimulam a criação de amizades, reforçando assim a sociedade do game e aumentando a taxa de retenção de jogadores. É quase impossível esperar que um grande número de pessoas jogue o game como ele foi projetado originalmente para ser jogado. Em vez disso, os jogadores entram e saem do game e interagem com outros jogadores em tópicos que não estão relacionados a ele. Os games multijogador massivos realmente são comunidades sociais? O *controle do jogador* e a sensação de liberdade de escolha não são importantes em praticamente todos os tipos de games? Essas ideias serão discutidas mais detalhadamente no Capítulo 4.

:::: Jogador contra Jogador (PvP)

Valve Corporation

Cena de combate de jogador contra jogador em *Half-Life: Counterstrike.*

O modo de jogador contra jogador (*player versus player* ou PvP) refere-se especificamente a instâncias de MMOGs em que os jogadores competem entre si. No modo usual de MMOG, os jogadores formam equipes cooperativas para derrotar personagens não jogadores (*non-player characters* ou NPCs, discutidos mais detalhadamente no Capítulo 5). Muitos jogadores preferem o modo PvP porque o combate é mais interessante quando ocorre contra outro jogador. Alguns jogadores em um MMORPG (game de representação de papéis on-line multijogador massivo — um subgênero do MMOG que é discutido mais adiante neste capítulo) preferem matar um membro de um grupo adversário do que um monstro gerado pelo computador.

Na descrição subsequente sobre gêneros de games neste capítulo, aplique o que você já sabe sobre plataformas, intervalos e modos de jogador. Que gêneros funcionam melhor no modo monojogador? Seria melhor desenvolver um game em tempo real para uma determinada plataforma ou gênero? Se você estivesse desenvolvendo um game para um dispositivo portátil, que gêneros escolheria?

Gêneros

Gêneros de games são categorias baseadas em uma combinação de tema, ambiente, apresentação/formato na tela, perspectiva do jogador e estratégias de jogo. Ao avaliar seu público-alvo, considere os gêneros que essas pessoas jogam. No Capítulo 2, você aprendeu que algumas pessoas dão preferência a gêneros específicos. Certos gêneros são mais convenientes em plataformas específicas. Se tivesse de escolher um telefone celular como plataforma de desenvolvimento primária, você acha que o mais apropriado seria um game de quebra-cabeça ou um game de representação de papéis? Que gêneros seriam mais adequados para um game on-line multijogador massivo (MMOG) hospedado em uma plataforma de ponta envolvendo vários servidores? Enquanto lê esta seção, pense em como você reuniria esses elementos: mercado, plataforma e gênero.

Gênero: Ambiente ou Estilo?

Diferentemente dos gêneros de livros ou filmes, os gêneros atuais no setor de games não estão necessariamente relacionados à história, ao enredo ou à ambientação. Em vez disso, são definidos pela forma como o game é jogado, seu *estilo*. As definições tradicionais de gênero referem-se mais ao que é conhecido como o *ambiente* de um game. Alguns exemplos de ambientes são fantasia, ficção científica, terror e crime. O ambiente será discutido mais detalhadamente no Capítulo 4.

Ação

O gênero de *ação* existe desde a febre do fliperama. De fato, praticamente todos os jogos de fliperama (como *Pac-Man*, *Asteroids* e até um jogo relativamente mais lento como *Pong*) são jogos de ação. O objetivo da maioria dos games de ação é destruir rapidamente os inimigos, evitando, ao mesmo tempo, ser destruído. Esses games tendem a ser mais simples, porque enfatizam o tempo de reação do jogador. A simplicidade é necessária nos games de ação porque o cérebro médio não consegue processar muitas informações adicionais em um ambiente frenético. A coordenação visiomotora é necessária para dominar os games de ação, também conhecidos como games de reflexo, por causa dos movimentos rápidos da mão associados ao uso de joysticks e ao pressionamento rápido de botões.

:::: Bemani e Games Musicais

Konami Digital Entertainment

Sony Computer Entertainment America

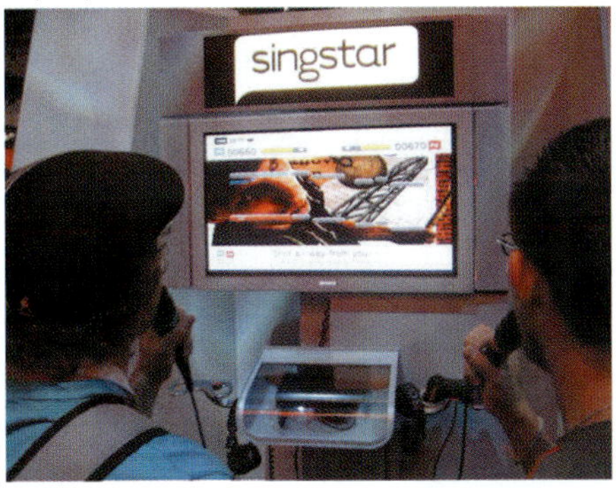

Cortesia de Casey Maloney e Stephen Millard

Dance Dance Revolution (à esquerda), *Singstar* (centro) e *Guitar Hero* (à direita) em ação.

A empresa japonesa Konami lançou uma série de games em que os jogadores participam de alguma maneira da criação de música (dançando ou cantando). O objetivo do game é completar uma música, dança, ritmo de bateria, solo de guitarra ou coreografia. Alguns exemplos de games Bemani são *Dance Dance Revolution*, *Beatmania*, *Drummania*, *Guitar Freaks*, *Dance Maniax* e *Karaoke Revolution*. Esses games tornaram-se tão populares que estão definindo rapidamente um novo gênero, especialmente com games como *Singstar*, da Sony, e *Guitar Hero*, da Red Octane.

A natureza incessante e acelerada desses games significa que eles sempre são jogados em um intervalo de tempo real. As pessoas são motivadas a jogar games de ação em razão da injeção de adrenalina, que envolve reações rápidas e julgamentos instantâneos, voltados mais para ações de puro reflexo do que para o raciocínio ponderado. Ocasionalmente, uma pausa para meditação necessária pode aparecer na forma de minigames (games dentro do game principal) que envolvem a solução de quebra-cabeças ou atividades de estratégia baseada em turnos. Quando resolve o quebra-cabeça ou termina o minigame, o jogador volta a experimentar a ação do game principal. São citados a seguir alguns subgêneros da categoria de ação que incorporaram estilos próprios.

Nintendo

De *Donkey Kong* a *Mario Galaxy* (mostrado na figura), Mario, o mascote da Nintendo, já estrelou inúmeros games de plataforma.

Games de plataforma

O subgênero dos games de ação *de plataforma* concentra-se na movimentação rápida dos jogadores em um ambiente, frequentemente saltando e desviando-se de obstáculos, às vezes coletando itens pelo caminho. Os exemplos de games de plataforma incluem alguns dos primeiros games de fliperama, como *Donkey*

Kong e *Sonic the Hedgehog*, e games de console 3D mais recentes como *Ratchet & Clank* e *Jak & Dexter*. Esses games têm personagens claramente identificáveis e memoráveis (como Mario e Sonic), que frequentemente atuam como mascotes das empresas que os desenvolveram.

Games de tiro

Dentro do gênero de ação, o subgênero dos games de tiro concentra-se no combate entre um jogador e outros personagens do mundo do game, geralmente com armas de fogo e outras armas controladas pelas mãos do personagem.

Sony Computer Entertainment America

Resistance: Fall of Man é um popular game de tiro em primeira pessoa criado exclusivamente para PS3.

Nos *games de tiro em primeira pessoa* (*first-person shooters* ou FPS), o jogador adota a perspectiva do personagem, que não pode ver a si próprio na tela. O jogador consegue ver as armas do seu personagem e os demais personagens do game (normalmente uma mescla de membros da mesma equipe e adversários). A ação em um FPS na maior parte das vezes é percebida como mais imediata, porque a visão do jogador cria a sensação de estar presente dentro do mundo do game. A perspectiva é discutida mais detalhadamente no Capítulo 7.

Epic Games, Inc.

Gears of War é um premiado game de tiro em terceira pessoa criado exclusivamente para o Xbox 360.

Os *games de tiro em terceira pessoa* (*third-person shooters*) permitem que o jogador veja seu próprio personagem, juntamente com o restante do mundo do game. Se você desenvolver um game de tiro em terceira pessoa, é importante diferenciar claramente o personagem do jogador dos demais personagens na tela. Uma vantagem dos games de tiro em terceira pessoa é que o jogador tem uma perspectiva muito mais ampla do que em um FPS, onde a visão apenas frontal do jogador é limitada (sem nem sequer ter a visão periférica experimentada na perspectiva de primeira pessoa na vida real).

Corrida

Os games do subgênero de *corrida* também usam a perspectiva de primeira pessoa ou de terceira pessoa. O cenário padrão abrange o veículo do jogador (geralmente um carro de corrida) competindo contra um ou mais adversários em uma ampla variedade de pistas ou terrenos. O jogador tenta dirigir à maior velocidade possível sem perder o controle do veículo. Os games de corrida que se enquadram no gênero de ação costumam ser considerados jogos de corrida para fliperama, enquanto os games de corrida que fazem parte do gênero de simulação são conhecidos como simulações de veículos (discutidos mais adiante neste capítulo). Os novos sistemas de console sempre lançam um game de corrida, porque é um dos melhores gêneros para demonstrar os progressos obtidos no movimento, na resposta, nos gráficos e no desempenho geral.

Test Drive Unlimited é um game de corrida multijogador com características inovadoras.

Luta

Muitos títulos de *luta* são games para duas pessoas em que cada jogador controla uma figura na tela e usa uma combinação de movimentos para atacar o adversário e defender-se dos ataques. Esses games frequentemente são vistos de uma perspectiva lateral e cada sessão dura, em média, 90 segundos. Os movimentos combinados que caracterizavam o subgênero de luta foram incorporados aos games de ação de maior escala.

Soul Calibur III é a versão mais recente da popular série de games de luta.

Gênero: Uma Faca de Dois Gumes

Eu tendo a "desenfatizar" o gênero em minhas atividades de design e criação. Acho que o gênero é, até certo ponto, uma faca de dois gumes para designers. Por um lado, ele proporciona aos designers e editores uma linguagem comum para descrever os estilos de jogo. Isso facilita a compreensão do mercado a que o game se destina, da plataforma em que ele funcionará melhor e de quem deverá participar do seu desenvolvimento. Por outro lado, os gêneros tendem a restringir o processo criativo e a induzir os designers a adotar soluções convencionais quanto ao modo de jogar. Costumo estimular meus alunos, quando criam um game, a considerar o gênero do ponto de vista comercial, mas sem permitir que isso limite sua imaginação durante o processo de design.

— Tracy Fullerton (Professora Assistente e Diretora Adjunta da Escola de Artes Cinemáticas da USC, Laboratório de Inovação em Games da Electronic Arts)

Aventura

No Capítulo 1, mencionamos o primeiro game de aventura de texto, conhecido como *Adventure* (ou *Colossal Cave*). Nesse game, o jogador era um explorador que perambulava por uma enorme caverna repleta de tesouros e perigos. O objetivo do game era coletar os tesouros e trazê-los para fora da caverna. Para encontrar todos os tesouros, o jogador precisava usar objetos para destravar áreas que permitiam o acesso às regiões mais profundas da caverna. Talvez esse tenha sido o primeiro game a proporcionar ao jogador a ilusão de liberdade de escolha, que ainda é uma qualidade importante dos games de aventura. O game também fornecia feedback ao jogador na forma de frases em linguagem coloquial, como "não sei como fazer isso" (em vez das mensagens do tipo "valor excessivo" exibidas por outros games para *mainframe*). O nome do gênero de *aventura* (gênero *adventure*, em inglês) é proveniente desse game.

Indigo Prophecy ajudou a reviver o gênero de aventura.

Capacidade de Repetição[2] nos Games de Aventura

A ideia de poder jogar novamente um game é atraente para a maioria dos jogadores. Além de muitas vezes proporcionar mais que o dobro de horas do game, também fornece uma perspectiva diferente de sua história (por exemplo, permitindo que o game seja jogado a partir da perspectiva de outro personagem, em um local ou em um período de tempo diferentes). Infelizmente, em geral os games de aventura são intrinsecamente "não repetíveis", porque costumam ser formados por enigmas com uma única solução. Quando o game termina, o jogador solucionou o mistério, e não há uma oportunidade de solucioná-lo novamente de outra maneira. Como os games de aventura poderiam ser modificados para serem "repetíveis"?

Colossal Cave gerou uma série de aventuras de texto que iam além da solução de enigmas e da exploração, adicionando sólidos elementos de narrativa. Com o aumento da capacidade gráfica das plataformas de games, as aventuras de texto deram lugar às aventuras gráficas, resultando em títulos como *Myst*, uma aventura gráfica de apontar-e-clicar que foi o game para computador mais vendido de todos os tempos (até o advento de *The Sims*).

2 Em inglês, usa-se os termos *replayability* ou *replay value*. Em português, é comum usar o termo "rejogabilidade" como uma tentativa de tradução direta de *replayability* (N.R.T.).

Hoje em dia, apenas alguns poucos games de aventura são lançados a cada ano, mas ainda há um nicho de mercado para os aficionados do gênero. As características dos games de aventura incluem exploração, coleta de itens, solução de quebra-cabeças, orientação em labirintos e decodificação de mensagens. Diferentemente dos games de ação, os games de aventura normalmente são *baseados em turnos*, proporcionando ao jogador tempo para refletir. Essa diferença crucial na forma como o game é jogado provavelmente é a principal razão para o desinteresse dos fãs de games de aventura por games de ação-aventura.

> Os games de aventura me atraem porque desafiam o raciocínio. Quando participo de um enigma complexo, sinto-me como se minha sobrevivência dependesse da minha capacidade intelectual, o que não está muito distante da minha própria realidade.
>
> — *William A. Henderson (Diretor de Finanças Internacionais e Desenvolvimento Comercial da Fox Home Entertainment)*

Sobrevivência-Terror: Uma Nova Tendência nos Gêneros de Narrativa?

Há todo um grupo de games com tema sombrio e ameaçador — como *Resident Evil*, *Silent Hill*, *Clock Tower*, *Fatal Frame* e *Alone in the Dark* — conhecidos como games de sobrevivência--terror. Essa tendência de classificação dos games incorpora a história e o conteúdo como características do gênero, em vez de se concentrar na forma como eles são jogados (por exemplo, games de tiro em primeira pessoa) ou no modo de jogar (o tema do Capítulo 6).

Alone in the Dark é um exemplo de game do gênero "sobrevivência-terror".

Ação-Aventura

O gênero de *ação-aventura* é o único gênero híbrido que se consolidou como um gênero distinto por seus próprios méritos. O componente de ação requer reflexos rápidos nos movimentos do personagem para se desviar dos inimigos e combatê-los, enquanto o componente de aventura adiciona quebra-cabeças conceituais e elementos de narrativa ao game. Os aficionados dos games de aventura puros geralmente não se interessam pelos games de ação-aventura, porque estão habituados ao ritmo mais lento dos primeiros. O híbrido de ação--aventura atraiu um novo público, além de alguns jogadores de games de ação pura.

God of War II é o segundo título da popular série *GoW*, que ajudou a expandir os limites do gênero de games de tiro em terceira pessoa ao incorporar sofisticados elementos de narrativa.

Activision

Bicycle Casino reproduz minuciosamente a experiência de um cassino até nos detalhes visuais das mesas de vinte-e-um.

Cassino

Como vimos no Capítulo 2, a compulsão pode ser uma motivação para jogar games. Isso é particularmente evidente nos games de *cassino*, que frequentemente são versões eletrônicas de jogos populares — como roleta, dados, vinte-e--um e máquinas caça-níqueis — encontrados em cassinos reais. A compulsão como motivação tem uma correlação estreita com os jogos de azar; de fato, muitas versões on-line desse gênero são controladas por sites de apostas.

Ubisoft Entertainmnet

O *Lumines* ajudou a expandir o mercado do gênero de quebra-cabeça ao se tornar, inquestionavelmente, um dos games mais bem-sucedidos para PSP.

Quebra-Cabeça

Embora elementos de quebra-cabeça apareçam em muitos gêneros de games, em um game de *quebra-cabeça* puro o jogador deve solucionar um problema ou uma série de problemas sem controlar um personagem. Nos games de quebra-cabeça, que podem ser em tempo real ou baseados em turnos, a narrativa é mínima ou inexistente. O game de quebra-cabeça baseado em padrões *Tetris* — um dos mais populares do gênero em todos os tempos — é jogado em tempo real, gerando uma experiência de jogo em ritmo acelerado. Muitos games de quebra-cabeça (como *Rocket Mania*) são temporizados, situando-se em um ponto intermediário entre os intervalos de tempo real e os baseados em turnos. Outros, como o jogo de montagem de palavras *Bookworm*, são baseados em turnos, concedendo ao jogador todo o tempo necessário para formar palavras a partir de letras embaralhadas. As plataformas portáteis, que podem ser jogadas enquanto o jogador está em uma fila ou aguardando uma consulta médica, são ideais para esses games.

É raro que os games de quebra-cabeça envolvam mais de um jogador ou um adversário não jogador. Um exemplo de game de quebra-cabeça multijogador é o *Puzzle Fighter*, em que os jogadores solucionam problemas simultaneamente. Esse game vai além da mera solução de problemas, incorporando elementos característicos do gênero de *estratégia* (ver a próxima seção), porque cada jogador deve também prestar atenção ao que o outro está fazendo.

:::: Quebra-Cabeças em Toda Parte

PopCap Games, Inc.

Rocket Mania, Tip Top e *Bejeweled* são apenas alguns dos muitos games de quebra-cabeça que podem ser jogados no site PopCap Games.

Um ótimo site para games de quebra-cabeça on-line é PopCap Games (*www.popcap.com*), uma coleção de jogos em Java que inclui todos os tipos de games de quebra-cabeça — do ambiente labiríntico de *Rocket Mania* às palavras embaralhadas de *Bookworm* ou à associação de cores/padrões de *Alchemy*. Alguns games, como *Insane Aquarium*, têm ritmo acelerado e exigem reflexos semelhantes aos dos games de ação.

Games de Representação de Papéis (RPG)

Os *games de representação de papéis* (*role-playing games* ou *RPG*) originam-se da tradição iniciada na década de 1970 pela série de jogos de RPG *Dungeons & Dragons*, que eram jogados com papel e lápis. Neles, os jogadores assumiam papéis de guerreiros, magos, sacerdotes, elfos ou ladrões e exploravam calabouços, matavam monstros (como dragões e ogros) e coletavam tesouros. Um dos jogadores, o Mestre dos Calabouços (mais tarde designado Mestre do Jogo) configurava o mundo do jogo e assumia os papéis de outros personagens (não jogadores).

Bethesda Softworks LLC, uma empresa ZeniMax

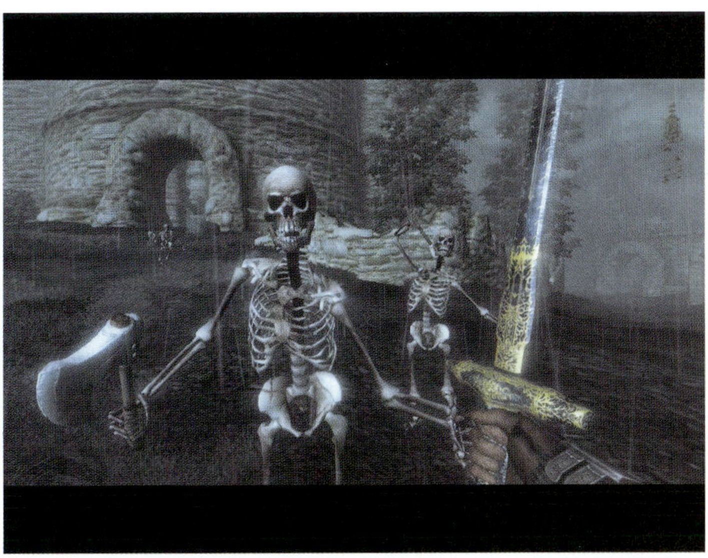

Elder Scrolls IV: Oblivion é um gigantesco game de representação de papéis, com final em aberto, ambiente complexo e personagens bem caracterizados.

O Mestre do Jogo

> Tenho uma queda por games com enredo épico. Salvar o mundo, salvar a princesa ou apenas salvar a si próprio. Seguir um herói em uma jornada épica para, ao final, atingir maior autoconhecimento, afetando ao mesmo tempo o curso geral da existência, é algo que sempre me atraiu irresistivelmente. Ao contrário dos games de esportes, de corrida ou de tiro, os games de aventura e RPGs oferecem ao jogador a possibilidade de conversar com personagens não jogadores, descobrindo e revelando informações de fundo que enriquecem a narrativa.
>
> — *Jacques Montemoino (estudante de Arte e Design de Games)*

O termo *Mestre do Jogo* (*Game Master* ou *GM*), originário dos jogos de representação de papéis jogados com papel e caneta, é usado atualmente nos games multijogador on-line para designar pessoas que desempenham um papel importante na assistência on-line aos jogadores. Os GMs são discutidos mais detalhadamente na seção sobre games multijogador on-line neste capítulo.

Assim como os games de aventura, os RPGs caracterizam-se pela importância da narrativa; no entanto, eles também contêm personagens que melhoram ao longo do game. Por causa do sólido desenvolvimento emocional dos personagens — e também do fato de que a vitória está vinculada a essa evolução —, os jogadores de RPGs normalmente experimentam um forte envolvimento emocional com seus personagens. A apresentação do gênero é diversificada, variando desde games mais simples, em estilo de fliperama, como *Dungeon Siege*, até ambientes graficamente ricos como o de *Final Fantasy*. Os temas de RPGs geralmente são variações do tema geral de "salvar o mundo" — por exemplo, encontrar a pessoa responsável por um assassinato, resgatar alguém que foi sequestrado, destruir um objeto perigoso ou eliminar monstros.

> Narrativas estritamente lineares não me agradam, mas ainda gosto de ter alguma espécie de história ou enredo de fundo. Jogar uma mistura de RPG e aventura é como avançar em um livro do tipo "escolha sua própria aventura". Continua a haver algum tipo de narrativa, que pode se desenrolar por meio dos diálogos ou da própria jornada, mas sem conduzi-lo por um caminho linear. É isso que os torna tão divertidos de jogar. Eles fornecem uma espécie de direção ou meta, mas sem que você se sinta obrigado a segui-la. Oferecem um pequeno empurrão na direção certa e, quando você percebe o que o aguarda, acaba criando a motivação para fazer o que precisa ser feito para chegar lá.
>
> — *Lisa Hathaway (bacharel em Arte e Design de Games)*

Os personagens de RPGs costumam ser chamados de heróis, porque se envolvem em jornadas heroicas — geralmente em uma equipe, que é conhecida como "guilda"[3] nas versões multijogador on-line do gênero. O combate é uma das maneiras pelas quais os heróis progridem — adquirindo força, experiência e dinheiro para comprar novos equipamentos. O Capítulo 5 aborda mais detalhadamente o desenvolvimento do personagem em todos os gêneros.

3 Grupo de indivíduos com interesses comuns com o objetivo de prestar assistência e proteção a seus membros formados em alguns países da Europa durante a Idade Média.

Os RPGs São Sempre de Fantasia?

Por que a maioria dos RPGs ocorre em mundos de fantasia, exigindo que o jogador mate monstros, embarque em longas jornadas e salve alguém ou algo, geralmente o mundo? Muitos RPGs, como *Star Wars Galaxies*, oferecem outras metas (fama, riqueza e poder) e papéis (músico, contrabandista, médico, caçador de recompensas, soldado). Que tal criar um RPG para os tempos atuais? Se você tivesse de criar um RPG, onde ele ocorreria e quais papéis existiriam?

Ed Stark Fala Sobre RPGs de Mesa e Digitais:::::

Ed Stark é Gerente de Projetos Especiais do Grupo de Pesquisa e Design de RPG na empresa Wizards of the Coast. Ed vem trabalhando como designer, autor, diretor de criação e profissional em outras áreas de games desde 1991, quando iniciou sua carreira na West End Games. Foi contratado pela TSR em 1995 e mudou-se para Seattle quando a Wizards of the Coast comprou a empresa em 1997. Tornou-se Diretor de Criação de *Dungeons & Dragons* pouco antes do lançamento da terceira edição do jogo e permaneceu nesse cargo por cerca de quatro anos. Ed gasta boa parte do seu tempo trabalhando com licenciamento e programação para o grupo de P&D de RPGs, além de cuidar de tudo aquilo que seja visto pelo seu patrão como um "projeto especial".

Ed Stark (Gerente de Projetos Especiais do Grupo de Pesquisa e Design de RPG da Wizards of the Coast)

RPGs de mesa que usam papel e caneta, como *Dungeons & Dragons*, continuam a atrair audiências em todo o mundo. Os RPGs de papel e caneta estimulam a socialização, a cooperação em grupo e um nível de comprometimento com a diversão coletiva que poucos tipos de jogos exigem. Um RPG só pode ser jogado com outras pessoas — essa é precisamente a finalidade de um jogo de representação de papéis — e você deve estar disposto a fazer o melhor que puder para que todos se divirtam.

Prevejo que o setor dos jogos de mesa continuará a crescer à medida que as pessoas comecem a buscar mais pretextos para se reunirem. Acredito que nosso setor buscará maneiras de usar as tecnologias existentes para promover a socialização. Jogar um RPG sem papel e caneta continua a ser divertido. Mas a tecnologia deveria nos proporcionar mais maneiras de estarmos juntos, em vez de mais pretextos para nos isolarmos.

A socialização, a imaginação e a cooperação continuam a ser os pilares principais de qualquer RPG, e, mesmo depois de 30 anos, *Dungeon & Dragons* mantém esse foco. Entretanto, aprendemos muito sobre design de jogos, desenvolvimento da história e outros aspectos da experiência de RPG nesses 30 anos! Evoluímos rumo a um setor em que nossos usuários, que têm alta escolaridade e expressam claramente suas opiniões, adquiriram um olhar crítico e passaram a exigir regras equilibradas e histórias interessantes. Aprendemos a adaptar nossas filosofias de design de modo a refletir o que as pessoas desejam e não apenas para imitar o que foi feito antes.

Acredito que os RPGs baseados em computador nos ajudaram a fazer isso. Quando vemos o que é popular no universo virtual dos RPGs, nós, do lado do papel e caneta, aprendemos com isso e tentamos evoluir a partir desse ponto. Se você examinar a versão atual do sistema de regras do *D&D*, encontrará uma abordagem muito mais simplificada e intuitiva à resolução do jogo do que nas versões anteriores. Embora a tendência do RPG tenha começado conosco, foi a dependência da matemática e do design consistente do sistema nos games para computador que nos levou a aprimorar muitos dos sistemas de resolução independentes que existiam nas versões anteriores das regras do *D&D*. Agora, em vez de resolver diferentemente cada ação separada em um jogo de *D&D*, basta aprender uma única meta-regra — a regra d20[4] — e você está pronto para começar.

Simulações

As *simulações* (às vezes designadas *sims*) tentam reproduzir sistemas, máquinas e experiências usando regras do mundo real. Anteriormente neste capítulo, você aprendeu que algumas simulações são usadas para treinamento e recrutamento por instituições militares e governamentais. Muitas simulações também são criadas exclusivamente para fins de entretenimento. Esses tipos de games incluem simulações de veículos, simulações de processos e simulações participativas. As regras associadas a todos os games de simulação são baseadas em situações e objetos do mundo real. Os jogadores familiarizados com os temas associados a um game de simulação frequentemente gostam de aplicar essas regras do mundo real à experiência do game.

Microsoft Flight Simulator X, um descendente do primeiro simulador de veículo amplamente popular.

Simulações de Veículos

Nas *simulações de veículos*, o jogador geralmente opera máquinas complicadas (na maioria das vezes, veículos como jatos de combate, navios ou tanques). O *Flight Simulator* da Microsoft (discutido no Capítulo 1) foi o primeiro simulador de veículo a obter ampla aceitação popular. Em geral, esses games são altamente precisos em todos os aspectos, desde os controles do equipamento até o manual do usuário, que normalmente é volumoso e descreve os mínimos detalhes da máquina. Além do desenvolvimento para fins de entretenimento, versões adaptadas desses simuladores são

4 O termo d20 refere-se ao dado de 20 lados usado como mecanismo de decisão para ações e eventos durante uma partida dos RPGs da linha *Dungeons & Dragons, Advanced Dungeons & Dragons* e outros (N.R.T.).

amplamente utilizadas pelas Forças Armadas para fins de treinamento e recrutamento. (As aplicações não relacionadas ao entretenimento, como educação, treinamento e recrutamento, são discutidas na próxima seção.) Os simulares de voo e de corrida (tanto militares como civis) são aplicações populares dos simuladores de máquinas.

Simulações de Processos (Construção e Administração)

As *simulações de processos* abrangem sistemas ou processos do mundo real. Esses games também são conhecidos como *simulações de construção e administração* (*construction & management sims* ou *CMS*), games de *Deus* ou games de *brinquedos*. Alguns exemplos são *Rollercoaster Tycoon*, *Sim City* e *Black & White*. Em vez de se concentrar na operação de máquinas e na compreensão de como usar seus controles, esse tipo de simulação é voltado para a manutenção regular de um sistema, que pode ser qualquer tipo de estrutura social ou econômica envolvendo pessoas, criaturas, objetos ou mundos inteiros. Embora alguns desses games sejam ambientados em mundos de fantasia contendo criaturas e rituais incomuns, todos duplicam as regras de sistemas socioeconômicos do mundo real. Nas simulações de processos, o objetivo não é derrotar um inimigo ou adversário, mas construir algo dentro do processo. Esses games são considerados *construtivos* — envolvendo construção e criação — em vez de destrutivos. Para vencer o game, o jogador deve compreender e controlar seus processos. O sucesso de *Sim City* comprovou que os games não precisam de ação em alta velocidade ou de violência para serem populares. Esse game também atraiu um público mais diversificado.

Electronic Arts, Inc.

Construindo um novo mundo em *Spore*.

Brincando na Caixa de Areia: Jogos Sem Metas?

Muitos games de processos têm sido descritos como jogos de "caixa de areia" ou de "Deus", porque não há uma meta intrínseca e os jogadores não causam danos. Entretanto, o processo de construir e manter sistemas incorpora as metas permanentes de manter o equilíbrio do sistema, seja evitando defeitos em uma montanha-russa, déficits no orçamento de um sistema ou comportamentos inadequados (ou adequados) por parte de uma criatura. Peter Molyneux e Will Wright são considerados os "pais dos games de Deus" por causa de suas inovadoras séries *Black & White* e *Sim City*, respectivamente. *The Movies*, de Molyneux (em que os jogadores devem lançar filmes bem-sucedidos para manter seu status de grandes produtores cinematográficos), e *Spore*, de Wright (em que os jogadores controlam a evolução de um organismo unicelular até se transformar em uma raça que viaja para o espaço e explora a galáxia), mantêm essa mesma linha.

Richard Wainess Fala Sobre Educação Pela Simulação ::::

Richard Wainess, Ph.D. (Pesquisador Educacional Sênior da Universidade da Califórnia, Los Angeles)

O dr. Richard Wainess ingressou no setor de games por diversos caminhos: como músico, designer gráfico, programador, animador 3D, desenvolvedor de multimídia interativa, roteirista de vídeo, produtor e diretor. Richard também já ministrou aulas em uma ampla variedade de cursos relacionados aos meios de comunicação, incluindo autoria de multimídia, modelagem 3D, animação de personagens, design de mídia digital e gerenciamento de mídia. Nesse percurso, também criou jogos de tabuleiro e games em estilo de fliperama. Por oito anos, Richard foi membro do corpo docente da Universidade da Califórnia do Sul, onde ensinou design de games e design de níveis, bem como animação 3D. Participou também do desenvolvimento de dois dos cursos interdisciplinares básicos de videogame e do curso interdisciplinar básico de animação 3D da universidade. Sua tese de mestrado abordou aspectos cognitivos do uso de videogames. Atualmente é Pesquisador Educacional Sênior do Centro Nacional de Pesquisas sobre Avaliação, Padrões e Testes Escolares na Universidade da Califórnia em Los Angeles (UCLA/CRESST), onde lidera projetos de pesquisa para aprimorar e acelerar o treinamento militar por meio de games e simulações. Quando não está trabalhando, Richard é um jogador obsessivo de jogos em primeira pessoa (FPS).

As simulações fornecem aos jogadores a oportunidade de experimentar ambientes inacessíveis, por serem perigosos (o interior de um vulcão ativo), microscópicos (o interior de uma molécula) ou remotos (uma visita a Marte). A combinação de um ambiente de game (com metas, recompensas e visualizações tridimensionais realistas) com uma simulação (ou seja, a experimentação com base científica) proporciona aos alunos a oportunidade de visitar *virtualmente* lugares incomuns para experimentar conceitos científicos e conduzir experimentos *em primeira mão*, sentindo-se como se estivessem realmente lá sem deixar o conforto da sala de aula.

Simulações Esportivas e Participativas

As *simulações participativas* envolvem o jogador, que experimenta a simulação como se fosse um dos participantes. O gênero de *esportes* é um tipo de simulação participativa, porque, como nas outras simulações, esses games geralmente reproduzem com precisão as regras e estratégias do mundo real associadas ao esporte em questão. O jogador participa de maneira fictícia de seu esporte favorito, como jogador *e* frequentemente como treinador. Por que o público consumidor de games é tão fascinado por esse gênero? Talvez porque ele permita que o jogador experimente a "realização de um desejo": tornar-se um atleta extraordinário e fazer coisas que estariam além de suas possibilidades na vida real. A realização de desejos pode ser aplicada a muitas outras experiências do mundo real. Que tal ter a capacidade de tocar um instrumento musical, tornar-se um *chef* de cozinha ou criar uma obra de arte? Em *Project Rockstar*, em que o jogador gerencia uma banda de rock, lida-se com um grupo musical em vez de um time de futebol. Talvez outras simulações participativas continuem a surgir à medida que o setor de games amadureça.

2K Games

Nos títulos de esportes, como o *Top Spin 2*, os jogadores dependem de seus conhecimentos sobre as regras do mundo real para dominar o game.

Estratégia

Os games de *estratégia* originaram-se dos jogos clássicos de tabuleiro, como o xadrez, em que os jogadores devem administrar um conjunto limitado de recursos para atingir uma meta específica. A maioria dos games de estratégia desenrola-se em um ambiente militar. Ao contrário do que acontece nos RPGs, o personagem do jogador é relativamente "desimportante". (De fato, às vezes o jogador nem tem um personagem.) Em vez disso, os recursos do jogador (por exemplo, tropas ou armas) tornam-se fundamentais para a experiência do game. A gestão de recursos geralmente inclui a construção de diversos tipos de edifícios ou unidades e a decisão sobre como e quando colocá-los em ação. A estratégia nesses games é baseada na avaliação comparativa dos recursos e decisões dos oponentes.

O Que Há de Errado com um Game de Estratégia de Detetive?

A maioria dos games de estratégia desenrola-se em um cenário militar e envolve procedimentos tradicionais de combate. Evidentemente, os elementos de construção de unidades e dispêndio de recursos podem ser aplicados a uma ampla variedade de situações que não envolvem combate. Que tal, por exemplo, investigações criminais? *Emergency Fire Response* é um exemplo de game de estratégia pouco usual, em que os jogadores são bombeiros que devem derrotar um inimigo natural ao combater incêndios. Veja se você consegue pensar em outras ideias inovadoras!

Firaxis Games

Civilization IV é um game de estratégia baseada em turnos.

Estratégia Baseada em Turnos (TBS)

Até o início da década de 1990, quase todos os games de estratégia eram baseados em turnos (*turn-based strategy* ou TBS). Esse intervalo é particularmente apropriado para games de estratégia, porque estimula o jogador a gastar algum tempo raciocinando estrategicamente antes de tomar decisões. Nos games de estratégia baseados em turnos, a gestão de recursos envolve decisões específicas sobre os tipos de recursos a serem criados, os locais onde serão colocados e a maneira mais vantajosa de usá-los. A possibilidade de dispor de todo o tempo necessário para tomar essas decisões faz parte do apelo do game.

Estratégia em Tempo Real (RTS)

Os games de estratégia em tempo real (*real-time strategy* ou RTS) incorporam um intervalo de tempo real. Embora o raciocínio estratégico não seja muito compatível com a ação em tempo real, a popularidade dos games de RTS é surpreendente. O jogador de RTS é constantemente pressionado pelos acontecimentos e não dispõe de tempo suficiente para avaliar com detalhes seus movimentos. Os games de RTS multijogador devem ser jogados em uma única sessão.

Outro aspecto dos games de RTS é conhecido como microgestão (*micromanagement*), o processo de equilibrar conjuntos de recursos (por exemplo, tropas). Como o game evolui rapidamente em tempo real, um conjunto de recursos pode prosperar enquanto outros fracassam, porque não é possível ao jogador dedicar-se a todos ao mesmo tempo. Talvez um jogador decida concentrar-se na gestão de um conjunto de tropas que estejam combatendo para defender seu território. Enquanto isso, outras tropas — "indefesas" porque o jogador não está disponível para controlá-las — são derrotadas. Esses games envolvem um volume tão significativo de ação e tempo de reação que talvez fosse mais correto designar o gênero como um híbrido de ação-estratégia!

Electronic Arts

The Lord of the Rings: The Battle for Middle-Earth II é um dos poucos games de estratégia em tempo real disponíveis para a plataforma de console (Xbox 360).

Desafios de RTS

Os games de RTS exigem um dispêndio considerável de tempo de design para alcançar dois tipos de equilíbrio na mecânica do game: na campanha monojogador e na experiência multijogador. Isso não é fácil e ocupa boa parte do esforço nas fases intermediária e final de desenvolvimento do game. Os títulos de RTS começaram a pegar emprestados certos elementos de outros gêneros de games. Essa é uma experiência útil, mas alguns desses elementos não se encaixam bem.

— Frank Gilson (Produtor Sênior da Wizards of the Coast)

Misture Tudo!

Uma das tendências mais interessantes hoje em dia é a grande variedade de games de gêneros mistos. Parece que uma das maneiras de mitigar os riscos sem deixar de inovar é pegar vários gêneros populares (por exemplo, ação, aventura e RPG) e misturá-los para criar um novo estilo de game. *Deus Ex* é um excelente exemplo desse tipo de híbrido.

— Tracy Fullerton (Professora Assistente e Diretora Adjunta da Escola de Artes Cinemáticas da USC, Laboratório de Inovação em Games da Electronic Arts)

Games On-line Multijogador Massivos

Anteriormente neste capítulo, você conheceu os problemas tecnológicos relacionados aos games on-line multijogador massivos (MMOGs). Examinaremos agora as características de conteúdo e gênero desses games. Sob a designação geral de MMOG, há diversas variações de alguns dos gêneros que já discutimos, conhecidas como games de representação de papéis on-line multijogador massivos (MMORPGs), games de tiro em primeira pessoa multijogador massivos (MMOFPSs) e games de estratégia em tempo real multijogador massivos (MMORTSs).

MMORPGs como *City of Heroes* me proporcionam uma agradável sensação de comunidade... Acredito que o futuro dos games dependerá substancialmente desse gênero.

— Chris Lenhart (bacharel em Arte e Design de Games)

Blizzard Entertainment, Inc.

Com milhões de assinantes, *World of Warcraft* é o MMOG mais popular do mercado.

Uma das maiores dificuldades de desenvolvimento de um MMOG é equilibrar a interação social com a *imersão*. Isso é particularmente problemático nos MMORPGs. Os jogadores de RPG tradicionais querem escapar para um mundo de fantasia, onde participam de uma narrativa complexa e desenvolvem personagens. Se os jogadores de um MMORPG discutirem temas do mundo real durante o game ou não permanecerem limitados a seus personagens, talvez outros jogadores mais tradicionalistas não apreciem a experiência do jogo. O desenvolvedor deve tentar impor a representação de papéis ou os jogadores devem aceitar o fato de que o game não pode ser totalmente imersivo? Temas relacionados à história e à imersão são discutidos mais detalhadamente no Capítulo 4.

::::: Bate-papo no Espaço Digital

Um dos benefícios dos MMOGs é a capacidade de "encontrar" novos amigos em um mundo virtual. Em alguns aspectos, isso é equivalente ao que uma das primeiras salas de bate-papo gráficas, *The Palace*, tentou fazer em meados da década de 1990. Esse game tornou-se um ponto de encontro popular para as pessoas que usavam a internet naquela época.

DigitalSpace Corp.

The Palace foi uma das primeiras salas de bate-papo gráficas na internet.

Outra questão relacionada refere-se ao comportamento inadequado dos jogadores. Alguns são simplesmente rudes, enquanto outros perturbam, enganam ou até fraudam os demais, impedindo que apreciem plenamente o game. O anonimato proporcionado pela internet é a principal razão para a prevalência desse tipo de comportamento. Isso pode constituir uma ameaça à tendência atual de games jogados em conjunto por pais e filhos (discutida no Capítulo 2). Felizmente para as crianças, já existem alguns MMORPGs interessantes criados especificamente para elas, como o *Toontown Online* da Disney.

Os MMOGs, às vezes, são descritos como mundos em estado persistente (*persistent-state worlds* ou PSWs) porque estão disponíveis 24 horas e não terminam quando um jogador se desconecta do game, permitindo assim que o personagem do jogador "permaneça" no tempo. Essa persistência pode acarretar alguns desafios interessantes. Como um MMOG nunca está completamente terminado, a produção do conteúdo para o game é um processo contínuo e espera-se que esse conteúdo mude periodicamente para manter os jogadores interessados.

Os MMORPGs são permanentes, com uma única história (a sua) desenrolando-se em todas as expansões, mas isso nunca se torna aborrecido ou previsível. Com as comunidades envolvidas nesses tipos de games, às vezes me espanta a diversidade do grupo que eles efetivamente atraem. Há uma sensação de pertencer ao grupo, ou um efeito de manada. É excitante pensar que todos esses personagens são de fato pessoas.

— *Christopher E. Williams (estudante de Arte e Design de Games)*

:::::*Yohoho! Puzzle Pirates*: O primeiro MMOPG?

Three Rings Design

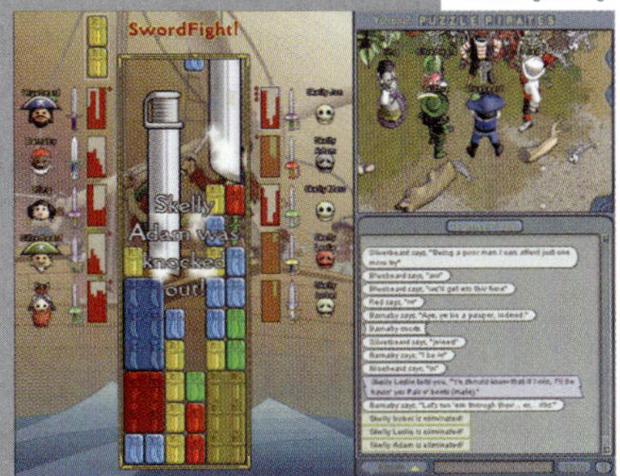

Criei o *Puzzle Pirates* por causa da minha paixão por piratas — tanto pelo conceito como por fingir que sou um — combinada à percepção de que games de quebra-cabeça constituem a estrutura de jogo ideal para um MMOG. Dei-me conta disso quando minha namorada na época viciou-se de maneira patológica no game *Bejeweled*. [*Nota da Autora*: Embora o *Puzzle Pirates* tenha elementos associados aos MMORPGs, acredito que a incorporação de quebra-cabeças o transformou no primeiro game de um novo tipo: um game de quebra-cabeça on-line multijogador massivo (ou MMOPG)!]

— Daniel James (Diretor-Presidente da Three Rings Design)

:::::*Shattered Galaxy*: Um MMORTS Gratificante

Nexon

Diferentemente de outros MMOGs, *Shattered Galaxy* é totalmente baseado no combate entre jogadores. Cada jogador pertence a uma equipe ou facção que compete com outras pelos recursos do game. Como queríamos que os jogadores apoiassem suas equipes, fizemos várias alterações no modo tradicional dos games de estratégia em tempo real. Por exemplo, as penalidades por morte são insignificantes, e recompensamos os jogadores pela participação em batalhas, mesmo quando perdem. Quando você não tem medo de morrer, é capaz de sacrificar-se sem hesitação pelos membros da equipe.

— Kevin Saunders (Produtor e Designer Chefe da Obsidian Entertainment)

Os Prós e Contras do Desenvolvimento de um MMOG

A lista de contras em um MMOG é enorme. MMOGs são arriscados, altamente complexos em termos técnicos e também precisam ser incrivelmente robustos e seguros. Os desafios técnicos, por si sós, geralmente consomem tanto tempo dos desenvolvedores que eles têm dificuldades para criar o conteúdo, ajustá-lo e equilibrá-lo em tempo hábil para permitir qualquer previsão razoável de lançamento. No lado positivo, um MMOG pode ser a experiência mais imersiva que um jogador pode imaginar. Ainda estamos nos primórdios desse gênero. No momento, o gênero ainda é muito imitativo e dependente de conteúdo consumível, em vez de conter experiências divertidas e repetíveis em um ambiente social. (...) Agrada-me ver que alguns desenvolvedores independentes de MMOGs estão se voltando para atividades não relacionadas a combate. Games como *A Tale in the Desert* e *Puzzle Pirates* usam elementos de cooperação, colaboração e modo de jogar que não descendem diretamente de *Dungeons & Dragons*.

— Mark Terrano (Diretor de Design da Hidden Path Entertainment)

Mercado

No Capítulo 2, você aprendeu que existem muitos tipos diferentes de pessoas que gostam de games. Quem você quer atingir? Esse conjunto de jogadores é o seu *público-alvo*. Você está interessado em desenvolver um game que atraia um mercado mais amplo de adolescentes (de ambos os sexos) ou um mercado ainda mais amplo abrangendo adolescentes e adultos jovens?

Agora associe o mercado às aplicações, aos gêneros, aos estilos e às plataformas. Que tal concentrar-se nas mulheres que gostam de jogar MMORPGs? Ou, quem sabe, criar um game educativo para estudantes adultos que estejam frequentando uma escola de culinária de âmbito nacional? Nesse caso, você provavelmente estaria comercializando o game para a própria escola e não somente para os alunos. Você também poderia concentrar-se no desenvolvimento de games para uma plataforma específica, como os dispositivos portáteis. A popularidade do Game Boy Advance SP mostra que o mercado para dispositivos portáteis não está mais limitado aos jogadores infantis; isso levou à introdução de games com tema adulto para dispositivos portáteis, como *Feel the Magic* para o DS.

Games Geracionais

A Geração X é a primeira que cresceu com os games de fliperama e, mais tarde, de console. Os membros dessa geração têm um grande interesse em games on-line e de console. O conteúdo dos games para membros da Geração X enfatiza os tipos de homem-contra-computador, de ação rápida e de tiro. Essa geração tende a favorecer a competição pessoal individualizada, o que faz com que os combates mortais em estilo de gladiador tenham precedência sobre games em equipe e multijogador. Como cresceram dentro das casas de fliperama, os integrantes mais velhos da Geração X sentem-se à vontade com efeitos visuais simples e abstratos. Conforme os membros da Geração X envelhecem e tornam-se nostálgicos, há um potencial significativo para a recriação, on-line e em consoles, de games de fliperama clássicos. Os membros mais velhos da Geração X mostram um interesse significativo por games on-line, mas é provável que as gerações mais novas os ultrapassem nessa área em razão do estilo de jogo baseado na comunicação e na participação de vários jogadores. Os membros mais novos da Geração X (às vezes conhecidos como Geração Y) têm menos interesse nos games de fliperama de estilo clássico e exigem mais realismo, movimento, gráficos, e assim por diante. Quanto ao conteúdo, eles continuam adeptos à tendência de combate individual em estilo gladiador, embora haja um interesse significativo pelo jogo coletivo em redes locais, mas não pelo estilo de jogo multijogador on-line. A Geração do Milênio é a primeira a tratar a internet e os games como algo normal e não como uma novidade. Os games mais populares para a Geração do Milênio enfatizam a comunicação em detrimento da competição. Essa geração tem muito mais jogadores do sexo feminino, uma tendência que provavelmente será mantida. As garotas (e muitos garotos) demonstram interesse em games de engenharia social, como *The Sims*. Para a Geração do Milênio, a presença de gráficos de alta qualidade nos games é um requisito básico. Eles mostram interesse em usar os ambientes de games como um meio de comunicação e não apenas de competição, embora também não vejam problemas na competição. Muitos pais das gerações do *Baby Boom* e X mantêm relacionamentos próximos com seus filhos, e a decisão de comprar um game frequentemente é tomada em conjunto por pais e filhos. Portanto, os games voltados para a Geração do Milênio devem passar no teste de aceitabilidade dos pais. Embora muitos membros da Geração do Milênio joguem games de console, isso provavelmente ocorre por influência dos pais. Conforme os membros da Geração do Milênio comecem a frequentar universidades e morar longe dos pais, sua tendência a usar a internet como meio de comunicação provavelmente se refletirá na expansão da preferência pelos games on-line.

— Pete Markiewicz, Ph.D. (Instrutor de Design de Mídia Interativa do Instituto de Arte da Califórnia, Los Angeles)

Geração

Com base em nossa discussão sobre a Geração do Milênio no Capítulo 2, talvez você tenha alguma ideia específica sobre os games que esse grupo pode estar interessado em jogar. Se quiser criar um game que ofereça a esse grupo uma oportunidade de envolver-se em comportamentos de equipe, você provavelmente optará por um modo multijogador. A faixa etária também pode corresponder ao gênero. Os membros da Geração X podem preferir games com tema de terror ou games monojogador com heróis que superam incríveis dificuldades para eliminar uma série de inimigos.

Classificação Etária

No Capítulo 1, você aprendeu que o Comitê de Classificação de Software de Entretenimento (ESRB) foi estabelecido como uma reação do setor às audiências no Senado sobre violência em games. Assim como as classificações de filmes estabelecidas pela Associação Cinematográfica Norte-Americana (MPAA), as classificações ESRB são vinculadas à faixa etária do público-alvo. As classificações são:

- EC (Crianças)
- E (Todos)
- E10+ (Mais de 10 Anos)
- T (Adolescentes)
- M (Mais de 17 Anos)
- AO (Somente Adultos)
- RP (Classificação Pendente)

Os ícones das classificações ESRB são marcas registradas da Entertainment Software Association.

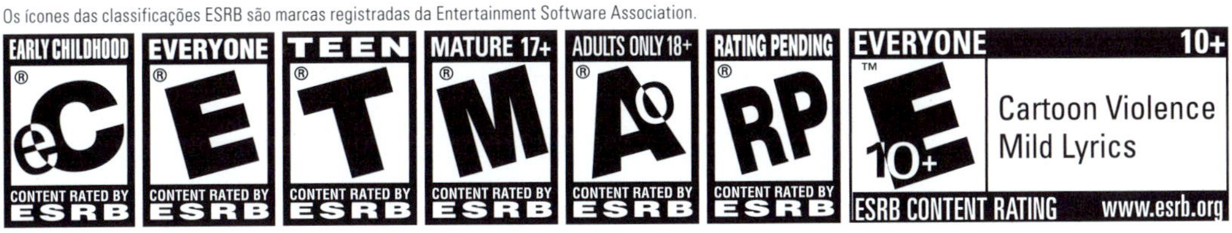

Termos descritivos do conteúdo são encontrados no verso da embalagem de um game. Esses termos descritivos indicam os elementos de um game que podem ter gerado uma determinada classificação ou podem ser motivo de interesse ou preocupação.

Que classificação você proporia para um game que gostaria de criar? Muitos games com classificação EC são educativos, porque certas habilidades de desenvolvimento (por exemplo, a alfabetização) são enfatizadas nessa faixa etária. É interessante notar que muitos MMOGs têm classificação T. Essa classificação é baseada no próprio game antes que seja jogado por múltiplos jogadores. Os games on-line que incluem conteúdo gerado pelos usuários (por exemplo, bate-papo, mapas ou novas texturas gráficas) exibem o aviso "A Experiência do Game Pode Mudar Durante o Jogo On-line" para alertar os consumidores de que o conteúdo criado por usuários do game não foi classificado pelo ESRB.

Desenvolvimento do Conceito e Documentação

Todos os elementos descritos neste capítulo ajudam a dar forma ao conceito do game. É importante compreender como esses elementos interagem para proporcionar uma sólida base ao seu game. Um conceito completo também inclui as áreas discutidas na Parte II, que se concentra na criação de um conteúdo atraente, o que inclui a narrativa, o personagem, o modo de jogar, os níveis, a interface e os efeitos de áudio. Ao ler a Parte II, tente aplicar os elementos básicos de história, jogador e game ao desenvolvimento do conteúdo. No Capítulo 10, você também aprenderá a incorporar alguns dos elementos básicos descritos neste capítulo à documentação do game, como o documento de conceito, que incluirá o público-alvo, o gênero e a plataforma.

:::REVISÃO DO CAPÍTULO:::

1. Quais são algumas aplicações pouco convencionais dos games? Este capítulo menciona várias aplicações que são distintas do entretenimento puro. Você consegue pensar em uma nova aplicação para games que não tenha sido mencionada neste capítulo e que você estaria interessado em criar?

2. O ESRB aplica a classificação "T" a alguns MMOGs. Essa classificação não é necessariamente exata. Por quê? Em sua opinião, o que motiva as pessoas a jogar MMOGs? Como a estrutura de um MMOG difere dos games multijogador e monojogador baseados em rede local?

3. Quais são os benefícios e as desvantagens do desenvolvimento de games *baseados em turnos* e *em tempo real*? Como o gênero, a plataforma e o modo de jogador (monojogador, dois jogadores, em rede, multijogador massivo) afetam a experiência do game em ambos os estilos?

4. Crie um gênero de game totalmente novo que seja diferente dos que foram discutidos neste capítulo. Associe esse gênero ao que você aprendeu no Capítulo 2 sobre mercados de jogadores. Que tipo de jogador poderia estar interessado em jogar um game desse gênero e por quê?

5. Combine dois gêneros discutidos neste capítulo para criar um gênero híbrido (misto). Que tipo de game você criaria para esse novo gênero? Cite cinco características únicas do seu game e discuta o que motivaria os jogadores a experimentá-lo.

6. Sua empresa adquiriu recentemente os direitos de migração de um game de computador para todas as outras plataformas existentes (fliperama, console, portáteis, on-line e jogos de mesa). Escolha duas dessas plataformas e discuta como você modificaria o game para otimizá-lo para as plataformas escolhidas.

7. O jogo local é comum nos sistemas de console, mas pode ser desajeitado em sistemas de computador. Você consegue imaginar uma situação em que dois jogadores poderiam compartilhar um teclado e um mouse de maneira razoavelmente confortável? Sua empresa foi contratada para desenvolver um game de jogo local para a plataforma de computador. Que tipo de game você desenvolveria para esse modo de jogador? Por quê?

8. A popularidade dos games de aventura vem diminuindo nos últimos dez anos. Em sua opinião, por que isso está acontecendo? O que você mudaria no conteúdo ou na estrutura dos games de aventura para renovar o interesse nesse gênero?

9. Os games de estratégia nem sempre exigem um ambiente militar. Discuta três ambientes ou cenários não militares que poderiam ser incorporados com sucesso a um game de estratégia.

10. Você acha que todos os games são educativos por acidente? Justifique sua resposta. O movimento de entretenimento educativo na década de 1980 e no princípio da década de 1990 concentrou-se no mercado de crianças e jovens em estágio pré-universitário. O que você acha do desenvolvimento de games educativos voltados especificamente para a faixa etária de vestibulandos? Crie uma ideia de game educativo voltado para adultos que estão frequentando a universidade.

Parte II: Enredos

a criação de um conteúdo convincente

CAPÍTULO 4

Narrativa:

criando a história

Perguntas-chave do Capítulo

- Como as histórias nos games diferem do enredo de filmes e outros meios de entretenimento?
- Quais são algumas estruturas narrativas tradicionais e como elas estão relacionadas ao enredo?
- O que é interatividade e como ela pode ser aplicada à narrativa?
- Quais são alguns dos efeitos narrativos dramáticos usados em games?
- Como a história afeta a imersão em um game?

Embora boa parte deste capítulo enfoque alguns aspectos tradicionais da narrativa e a forma como podem ser incorporados aos games, o efeito narrativo mais poderoso é aquilo que o próprio jogador experimenta ao jogar o game. Trata-se do *modo de jogar* propriamente dito, que é discutido detalhadamente no Capítulo 6.

De onde vêm as ideias para os games? Por que essas ideias parecem suficientemente atraentes para serem produzidas? Por que elas obtêm sucesso ou fracassam? Este capítulo aborda a mecânica da transformação de ideias de histórias em resultados práticos, desde a descrição da estrutura e dos formatos de narrativa até sua integração aos demais elementos do game, inclusive plataforma, gênero e modo de jogar. No Capítulo 5, serão abordados aspectos específicos do desenvolvimento de personagem.

Tradições Narrativas

As pinturas pré-históricas eram imagens planas bidimensionais que contavam histórias simples sem usar palavras ou sons. Foi assim que começou a tradição da narrativa visual, que evoluiu até os meios de comunicação visuais atuais, inclusive o cinema, a televisão, as artes plásticas e o entretenimento interativo. Os games respondem por uma proporção significativa do meio altamente visual do entretenimento interativo. Esse meio incorporou a tradição narrativa visual, mas também revolucionou a forma como as histórias são contadas. Outras tradições narrativas (inclusive a tradição oral, de áudio e de texto) também foram incorporadas ao meio dos games na forma de música, efeitos sonoros, locução e diálogo, bate-papo entre os jogadores e legendas de diálogos na tela.

Se quiser ler mais sobre esse assunto, consulte o livro *Game Story & Character Development* (Krawczyk/Novak), que faz parte da série *Game Development Essentials*, publicada pela Cengage Learning.

Por que contamos histórias? O famoso psicólogo Carl Jung explicou a razão da narrativa em termos de *inconsciente coletivo*: um conhecimento inato do qual nunca estamos diretamente conscientes. Esse inconsciente coletivo contém temas e *arquétipos* universais (discutidos mais detalhadamente no Capítulo 5), que aparecem em nossa cultura na forma de histórias e tipos de personagens presentes na arte, na literatura, nos filmes e nos games.

Electronic Arts

American McGee's Alice é uma paródia "maligna" de *Alice no País das Maravilhas*, de Lewis Carroll.

Geração de Ideias

Antes de ler o restante deste capítulo e examinar a estrutura narrativa e as características únicas do processo narrativo de um game, considere como as ideias de histórias surgem. Você provavelmente já ouviu a frase "escreva sobre o que você conhece". Esse é um bom começo. Mas, se todos escrevêssemos apenas sobre o que conhecemos, não haveria nada além de histórias baseadas em eventos do mundo real, e certamente não existiriam histórias de fantasia, ficção científica ou terror! Como poderíamos experimentar o fantástico ou o surreal: alienígenas dominando a terra, super-heróis que voam "mais rápido que uma bala", máquinas do tempo, universos paralelos?

Os escritores frequentemente extraem ideias de pensamentos que simplesmente lhes ocorrem durante o dia. Essas ideias podem ser qualquer coisa, desde observações sobre as pessoas e o ambiente à sua volta até partes de sonhos que tiveram na noite anterior. A experiência pessoal direta frequentemente é outro gerador de ideias. Você já se encontrou em alguma situação difícil e teve de raciocinar criativamente para escapar dela? Você conhece alguma pessoa incomum ou excêntrica e já se viu pensando que ela daria um excelente personagem para uma história? Como foi a sua infância e adolescência?

> Minha narrativa favorita para um game é a de *Final Fantasy 2*. Ela estimula todo o espectro de emoções do jogador. Já senti raiva, amor, inveja e ciúme dos vários personagens e também chorei em várias ocasiões, quando os personagens se sacrificavam para que o game continuasse. Esse game foi lançado nos Estados Unidos na década de 1990. É muito difícil encontrar um game para nossos sistemas de última geração que consiga reviver os tipos de sensações que experimentei nesse game.
>
> — *Arash John Sammander (estudante de Arte e Design de Games)*

Você também pode se inspirar em histórias que já existem. Quais são seus filmes, programas de televisão, peças e livros favoritos? Quais são os elementos dessas histórias que o envolveram emocionalmente? Você se lembra de alguma notícia interessante que tenha lido? Talvez você possa se inspirar em uma série cômica de TV, como *Seinfeld*, para criar um game envolvendo personagens comuns em situações cotidianas. Ou então se inspirar em um musical, como *Moulin Rouge*, para criar um game em que os personagens cantam!

Versões

Filmes, livros, peças e programas de TV existentes podem inspirá-lo a criar games originais. Porém, se você decidir fazer uma versão integral de alguma obra existente, terá de obter autorização para o seu uso junto ao proprietário dos direitos autorais e firmar um contrato de licença. Isso pode ser muito caro, e esses direitos frequentemente já estão cedidos. Por exemplo, a Electronic Arts e a Vivendi Universal têm acordos com a New Line Cinema e o espólio de J. R. R. Tolkien, respectivamente, para criar games baseados na trilogia *O Senhor dos Anéis*.

Electronic Arts

Monstro voador ataca soldados de Gondor em *Lord of the Rings: The Battle for Middle-Earth II*, uma versão de uma história publicada em outro meio.

Comece a levar um caderno de anotações com você o tempo todo para anotar as ideias que surgirem em sua mente durante o dia. É importante usar esse caderno exclusivamente para essa finalidade e não para anotar listas de tarefas ou informações de contato. Quando você adquirir esse hábito, começará a perceber que tem muitas ideias criativas. O mais difícil é transformá-las em bons roteiros para games.

Marianne Krawczyk Fala Sobre o Desafio de Escrever para Games::::

Marianne Krawczyk (escritora)

Depois de escrever profissionalmente por muitos anos, Marianne Krawczyk obteve êxito quando os direitos sobre o seu primeiro título, *Popular Myth*, foram rapidamente adquiridos. Com o bem-sucedido programa matinal *Sweet Valley High*, transmitido aos sábados, ela aprendeu todos os truques da profissão de redator. Marianne concentrou-se ainda mais em textos para crianças e foi contratada para redigir e desenvolver o projeto de animação *Swamp & Tad* para a Wild Brain Studios. Nesse mesmo ano, escreveu *Caffeine* (um piloto baseado na série de histórias em quadrinhos de mesmo nome) para os Studios USA/Universal Television e, em janeiro de 2005, escreveu um roteiro para a série de animação *Bratz*. Baseando-se nos conhecimentos e na experiência adquirida em sua carreira como escritora, Marianne obteve sucesso na transição para o mundo dos videogames, onde usa sua compreensão da delicada interação entre narrativa e modo de jogar. Escreveu o roteiro do elogiado título em primeira pessoa *God of War*, da Sony, e foi novamente chamada para escrever *God of War 2*. Desde seu ingresso no setor de videogames, Marianne já redigiu e roteirizou vários games, inclusive *Untold Legends: The Warrior's Code*, *Field Commander*, *The Sopranos: Road to Respect* e *Area 51*.

Escrever bem sempre é uma tarefa desafiadora. Você precisa de surpresas interessantes, personagens verossímeis que conduzam a história e mundos atraentes. Se escrever fosse fácil, todos os filmes fariam sucesso, todos os programas de TV seriam campeões de audiência e todos os games venderiam 500 mil unidades. Obviamente, isso não acontece.

A incorporação do projeto de um game à construção de uma narrativa é um desafio totalmente novo. Para complicar ainda mais as coisas, uma boa história, ao contrário de um game, é linear. Um erro comum é começar com algo complicado, o que só tende a piorar durante o processo de criação de um game. A inserção de uma história simples e direta em um mundo projetado para mover-se lateralmente é difícil; mas, ironicamente, é provável que seja uma metáfora mais adequada da própria vida do que o meio do cinema.

Estrutura Narrativa Tradicional

A *estrutura narrativa* vem sendo estudada há décadas em aulas de roteiro para Hollywood. Ela é vista como uma fórmula que, se aplicada corretamente, pode garantir o envolvimento emocional do público em um filme. A estrutura mais comum é conhecida como a estrutura de roteiro em três atos. Outras fórmulas de estrutura narrativa são consideradas mais universais e filosóficas, como *A Jornada do Herói* de Joseph Campbell e, como consequência desta, a *Jornada do Escritor* de Christopher Vogler. Examinaremos agora essas abordagens.

Roteiro Cinematográfico em Três Atos

A estrutura em *três atos* enfatizada na comunidade de roteiristas de Hollywood baseia-se na ideia simples de que uma boa história tem um começo, um meio e um fim. O começo introduz o *problema* do personagem principal. O meio enfoca os *obstáculos* que impedem a solução do problema. O fim ilustra a *solução* do problema após o árduo processo de remoção ou derrota dos obstáculos.

1. **Começo (Ato I)**: As histórias mais interessantes começam situando o público no meio da ação ou no drama. A história anterior e eventuais eventos secundários que resultaram nesse momento podem ser introduzidos mais tarde. O objetivo é capturar a atenção da audiência. O Ato I concentra-se no problema do personagem. A história deve introduzir esse problema imediatamente.
2. **Meio (Ato II):** O meio da história concentra-se nos obstáculos que impedem o personagem de resolver o problema introduzido no Ato I. Geralmente há uma série de obstáculos no Ato II que o personagem deve superar. A tensão dramática da narrativa é concentrada nesse ato.
3. **Fim (Ato III):** A história termina quando o problema introduzido no Ato I é solucionado. Normalmente, o personagem deve enfrentar e remover sistematicamente cada obstáculo do Ato II para chegar a essa solução.

> Um bom game é como um bom romance. Você se apaixona pelos personagens, embora os detalhes possam desaparecer com o tempo, mas quando os reencontra a magia da história reaparece imediatamente.
>
> — *Jed Smith (Compositor da Betafish Music)*

Diagrama criado por Per Olin

A maioria dos filmes de Hollywood emprega uma estrutura narrativa simples em três atos.

Os roteiristas são estimulados a começar a narrativa pelo meio da ação (por exemplo, com o personagem principal sendo perseguido pela polícia), o que permite introduzir imediatamente o problema. Em um game, há quem afirme que os jogadores devem aprender a usar os controles e estabelecer uma conexão com o personagem antes que o problema seja introduzido. Isso é especialmente importante nos games em que o jogador assume o papel do personagem.

Nos filmes, todas as cenas no meio da história devem servir ao roteiro ou revelar um aspecto importante da personalidade de um personagem. Isso está relacionado à natureza fechada de um meio linear. Além de serem limitados pelo tempo (em geral, não mais que duas horas e meia), os filmes não são vistos como vastos mundos a serem explorados pelo público. Em um game, todo o tempo do mundo está disponível para a introdução de tramas paralelas, surpresas, reviravoltas e outros truques que ajudam a criar tanto a ilusão de liberdade para o jogador como a aparência de um mundo mais realista que oferece experiências ilimitadas. Os jogadores também têm a opção de escolher diferentes caminhos em um game, o que enriquece ainda mais a experiência do jogo.

As histórias lineares podem incluir finais trágicos (e, às vezes, até finais em aberto) que levam a audiência a se perguntar o que acontecerá com o personagem. Um ou mais personagens podem até ter um fim desastroso, como nos filmes *Moulin Rouge* e *Westside Story* (no Brasil, *Amor Sublime Amor*), ambos inspirados em Romeu e Julieta. Os games, porém, podem ter numerosos desfechos, que estão especificamente relacionados aos muitos caminhos que podem ser escolhidos pelo jogador. Cada um desses finais deve fazer sentido para o jogador e corresponder às ações escolhidas. Esses desfechos devem variar desde o sucesso total até o completo fracasso.

Monomito e Jornada do Herói

Em *O Herói de Mil Faces*, Joseph Campbell introduziu o conceito de *monomito*, um padrão narrativo específico que é compartilhado pelas lendas e mitos de todas as culturas do mundo. Campbell chama esse monomito de "jornada do herói", na qual um herói ficcional deve deixar sua comunidade e partir em uma jornada perigosa, geralmente para recuperar algo (ou alguém) valioso. Campbell atribuiu o sucesso de George Lucas com sua trilogia *Star Wars* original à utilização de uma estrutura narrativa baseada nesse monomito. O caminho seguido pelo herói é marcado por diferentes personagens, que frequentemente representam os *arquétipos* de Carl Jung (discutidos mais detalhadamente no Capítulo 5). Alguns exemplos extraídos de *Star Wars* incluem o herói (Luke Skywalker), o nômade (Han Solo), o mentor (Obi Wan Kenobi e, mais tarde, Yoda) e a sombra (Darth Vader).

Em *A Jornada do Escritor*, Christopher Vogler aplicou a "jornada do herói" de Joseph Campbell à criação de roteiros cinematográficos. Os passos de Vogler são descritos esquematicamente a seguir. As 12 etapas da jornada mudam irreversivelmente o herói antes que ele possa voltar para casa:

Diagrama criado por Per Olin

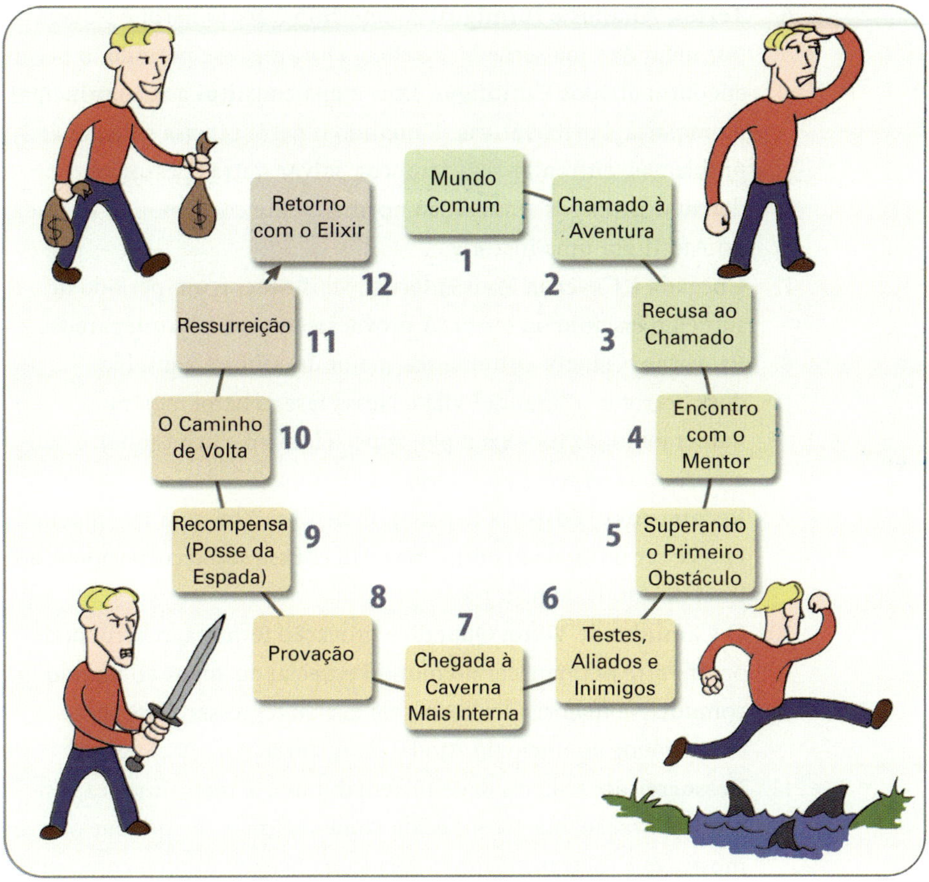

A "jornada do herói" de Joseph Campbell é um monomito encontrado em todas as lendas e mitos.

1. **Mundo Comum:** O mundo comum do herói é estabelecido. Sua vida cotidiana e seu ambiente são introduzidos. No *Final Fantasy*, a alusão ao mundo comum aparece na frase de abertura: "Era um dia como outro qualquer".
2. **Chamado à Aventura:** O herói conhece um mundo alternativo e é chamado a partir em uma busca ou jornada. Nessa seção, o mundo alternativo, ou especial, é apresentado ao personagem principal. Normalmente, há alguma espécie de intersecção de elementos do mundo alternativo com o mundo comum e o personagem principal é chamado a ingressar nessa realidade alternativa e embarcar em uma busca ou jornada.
3. **Recusa ao Chamado:** O chamado é rejeitado porque o herói não está disposto a sacrificar sua vida confortável e seu ambiente familiar. O herói, porém, sente-se desconfortável com essa recusa.
4. **Encontro com o Mentor:** O herói recebe informações que são relevantes para a busca e para a sua necessidade pessoal de partir nessa jornada.
5. **Superando o Primeiro Obstáculo:** O herói abandonou sua recusa inicial por causa das informações recebidas. O herói embarca na jornada, aceita a aventura e ingressa no mundo especial. Essa seção geralmente corresponde ao final do Ato I em uma narrativa tradicional.

6. **Testes, Aliados e Inimigos:** A determinação do herói é testada por meio de uma série de desafios. Durante esse período, o herói encontra aliados e inimigos. Essa etapa constitui a ação principal da maioria das narrativas. É quando o herói precisa solucionar problemas, enfrentar seus temores, salvar outras pessoas e derrotar inimigos. Essa seção normalmente corresponde ao início do Ato II em uma história.
7. **Chegada à Caverna Mais Interna:** Mais testes e um período de supremo fascínio ou terror. A provação começa a ser preparada.
8. **Provação:** O herói enfrenta seu maior desafio até aqui. Ele deve derrotar o "grande" vilão. Nessa fase, o herói mostra vulnerabilidade (por exemplo, Super-Homem e kriptonita), e não está claro se vencerá ou fracassará.
9. **Recompensa (Posse da Espada):** O herói recebe uma recompensa. Parece ser o fim da história, mas não é! Essa seção corresponde ao final do Ato II da história.
10. **O Caminho de Volta:** Quando a provação termina, o herói pode optar entre permanecer no mundo especial ou voltar ao mundo comum. Na maioria dos casos, ele decide regressar. Essa seção corresponde ao início do Ato III da história.
11. **Ressurreição:** O herói deve enfrentar a morte mais uma vez, em outra provação, que é conhecida como o clímax. É aqui que o herói mostra que foi transformado pela jornada e ressuscitou como uma pessoa plenamente formada. Durante essa etapa, o vilão pode ressurgir repentinamente. (Nos filmes de terror, é o momento em que a plateia grita para o personagem principal: "Olhe para trás! Ele ainda não está morto!") É também onde o narrador pode incluir um "final surpresa" inesperado. Talvez o vilão não seja realmente um vilão. Talvez o mentor seja um impostor. (Yoda poderia ser mau? Hummm...)
12. **Retorno com o Elixir:** O herói finalmente volta para casa, mas a experiência o alterou irremediavelmente. Se agora é um herói, ele traz consigo um elixir do mundo especial que ajudará aqueles que ele havia originalmente deixado para trás. A estrutura é circular, com o herói voltando ao princípio. Isso facilita a

> A série *Legacy of Kain* tem o melhor enredo em andamento. O desenvolvimento dos personagens, as inúmeras reviravoltas do enredo, as questões prementes que surgem e a profundidade do pensamento e das questões filosóficas transformam esse game em uma aventura para a mente!
>
> *— Adam Garner (estudante de Arte e Design de Games)*

comparação entre o "antes" e o "depois" pela audiência para perceber como o herói foi transformado. A estrutura circular também permite deixar o final em aberto. O herói será convocado novamente no futuro? O inimigo foi realmente derrotado? Há outra ameaça no horizonte? O herói conseguirá descansar algum dia? Deixar perguntas como essas em aberto — em vez de optar por um final em que tudo se esclarece — intriga a audiência e cria espaço para uma continuação. E se o herói fosse transportado inesperadamente de volta para o mundo artificial bem no final da história? O personagem principal do filme *De Volta para o Futuro*, Marty McFly, descobre no final que sua jornada ao passado alterou substancialmente o futuro. Ele deve atender a um novo chamado e viajar para o futuro para salvar sua família do desastre. Na reviravolta de último minuto do enredo de *Half-Life*, o personagem principal, Gordon Freeman, está prestes a escapar quando é abordado pelo "homem de preto", que lhe propõe uma difícil escolha.

> A série *Final Fantasy* possui enredos ricos e multifacetados. Cada título da série consiste em um enredo imediatamente relevante, uma linha do tempo histórica e narrativas paralelas complexas que (...) contribuem de forma independente mas coerente para o tema geral.
>
> — *Jacques Montemoino (estudante de Arte e Design de Games)*

Embora seja importante adotar uma estrutura tradicional para contar uma história, o uso de estruturas narrativas rígidas pode resultar em histórias tediosas e repetitivas. Em vez disso, tente encará-las como diretrizes básicas que podem ser enriquecidas. Além disso, essas estruturas não comportam enredos envolvendo vários personagens principais, todos de igual importância para a história. Como foi discutido no Capítulo 3, há vários modos de jogador (variando de um único jogador a milhares de jogadores simultâneos) que permitem que uma jornada seja compartilhada por grupos de personagens. Como você incorporaria aspectos dessa estrutura a MMOGs em que os jogadores devem cooperar entre si?

Narrativa Geracional

No Capítulo 2, você conheceu as gerações de jogadores na história recente dos Estados Unidos. Em sua opinião, que tipos de histórias funcionariam bem em games criados para a Geração do Milênio? Sabendo que os membros da Geração do Milênio são mais voltados para o grupo e a coletividade, talvez games que envolvam cooperação, comunicação e trabalho heroico em equipe sejam atraentes para eles. Que tipos de games funcionariam com a Geração X? Sabendo que essa geração é mais independente, avançada e empreendedora, é fácil compreender o apelo de games como *The Legend of Zelda*, *Tomb Raider*, *Half-Life*, *Metal Gear Solid* e outros que envolvem heróis solitários e nômades. Se você pertence a essa geração, estaria inclinado a desenvolver um roteiro desse tipo?

Nintendo

NCsoft Corporation

The Legend of Zelda: Twilight Princess e *City of Heroes* seriam exemplos de narrativa geracional?

Que tal games que possam ser jogados somente em grupos formados por heróis? Pensando bem, cada herói poderia ter um poder único cuja potência dependeria da combinação com os poderes do restante do grupo. Você consegue se lembrar de alguma série de histórias em quadrinhos ou cartuns de jornal que se enquadre nessa descrição? *City of Heroes* apropria-se dessa tradição e a incorpora a um ambiente multijogador massivo. Os jogadores assumem o papel de heróis para defender Paragon City contra "vilões superpoderosos, invasores alienígenas e monstros subterrâneos". As estatísticas, habilidades, poderes e trajes dos super-heróis podem ser personalizados pelos jogadores.

Elementos da História

Nos meios de entretenimento tradicionais, como cinema, literatura, televisão e rádio, é comum que os redatores produzam histórias completas, com personagens atraentes e ambientação específica, como base para o conteúdo. Embora muitos games também incluam uma história, isso não é essencial para proporcionar uma experiência de jogo satisfatória. No Capítulo 3, vimos que os games de quebra-cabeça muitas vezes não incorporam uma história. Considere o *Tetris*, um game de quebra-cabeça extremamente popular, mas desprovido de narrativa, que vem cativando os jogadores desde meados da década de 1980. Na outra extremidade do espectro, alguns games de representação de papéis (RPGs) dependem fundamentalmente da narrativa. De fato, para alguns jogadores, um RPG é semelhante a um filme; nesses casos, o game pode tornar-se um mero veículo para o desenvolvimento da história.

Chris Klug Fala Sobre a Importância da Forma Dramática::::

Chris Klug (Diretor de Criação da Cheyenne Mountain Entertainment)

Ao iniciar a carreira no setor de games em 1981 na Simulations Publications, Inc., Chris Klug participou da criação de *Universe*, da segunda edição de *DragonQuest* (vencedor de um prêmio de Game do Ano), de *Horror Hotel* e de *Damocles Mission*. Quando a TSR comprou a SPI em 1982, Chris e o restante da equipe da SPI constituíram a Victory Games, onde Chris liderou o grupo de RPG, projetou o game de representação de papéis *James Bond 007* (também vencedor de um prêmio de Game do Ano) e supervisionou toda a linha de produtos Bond. Chris também trabalhou como diretor de criação do MMORPG *Earth & Beyond* da Electronic Arts. Como um conhecido defensor do pleno aproveitamento do potencial do setor de games, Chris foi um dos conferencistas principais durante a Segunda Conferência Internacional sobre Computação de Entretenimento, realizada pela Universidade Carnegie Mellon em maio de 2003. É também membro do conselho consultor do Centro de Mídia Aplicada e Jogos de Simulação da Universidade de Indiana, Pensilvânia, e membro do Comitê Consultor do Programa de Arte e Design de Games do Instituto de Artes de Pittsburgh. Além disso, Chris lecionou Design e Produção de Games no Centro de Tecnologia de Entretenimento da Universidade Carnegie Mellon.

Os melhores roteiristas com quem já trabalhei não eram escritores, mas dramaturgos, profissionais que compreendem a forma dramática e sabem que as cenas devem avançar; que os diálogos devem ser escritos com subtexto para proporcionar espaço ao ator; e que o tema deve estar exposto e visível em cada cena e em cada pausa... como nos melhores filmes e peças.

Munido de alguns elementos da história — premissa, história anterior, sinopse, tema e cenário — você poderá começar a estruturar suas ideias básicas em uma forma preliminar.

Premissa (Conceito Geral)

A *premissa* (às vezes descrita como *conceito geral*) é um resumo, em uma ou duas frases, da finalidade e do tema geral do game. É comum que apareça na embalagem do game com o objetivo de despertar o interesse dos consumidores e induzi-los a comprar o produto. Uma premissa pode ser escrita a partir de qualquer ponto de vista, mas sugiro que você adote uma perspectiva de segunda pessoa para dirigir-se diretamente ao jogador. Eis alguns exemplos:

- *Devastation*: "Como líder de um grupo de combatentes da Resistência em uma Terra devastada no futuro, você deve organizar um exército e viajar por todo o planeta, restaurando a paz e a sanidade em um mundo extremamente perigoso".

- *Wolverine's Revenge*: "Você só tem 48 horas para encontrar o antídoto para o vírus que foi implantado em Wolverine. Nesse percurso, enfrentará alguns dos maiores vilões dos X-Men, inclusive Dentes-de-Sabre, Fanático e Magneto".

- *Driver*: "Dirija um carro de fuga para a máfia neste game de corrida de rua de pura ação".

- *Metal Gear Solid 2 — Sons of Liberty*: "Assuma o papel de Solid Snake, um exército de um homem só determinado a impedir que uma arma tecnológica mortal caia nas mãos das pessoas erradas. Snake precisará usar suas habilidades de infiltração, combate e contraterrorismo para conter as potências adversárias e destruir a gigantesca máquina assassina, Metal Gear Ray".

- *Half-Life*: "Assuma o papel de Gordon Freeman, um técnico comum que é forçado a combater monstros interdimensionais após um acidente em uma instalação de pesquisas secretas".

O resumo deve concentrar-se naquilo que é único no game. Ao dirigir-se diretamente ao jogador, talvez seja útil indicar também o gênero do game. Por exemplo, se uma das características únicas do game é que ele é jogado em um contexto multijogador massivo, tente incorporar isso ao resumo. Ao elaborar o conceito geral, tente pensar como um profissional de marketing, levando em conta que esse será um dos elementos usados para vender o game ao público e aos possíveis investidores.

Cyan Worlds

Myst possui uma sólida história anterior que é referenciada durante todo o game, à medida que o personagem soluciona mistérios relacionados a eventos ocorridos no passado.

História Anterior

A *história anterior* fornece informações sobre o que aconteceu antes do início do game. Geralmente consiste em um parágrafo breve no manual de instruções ou aparece como um bloco de texto (muitas vezes acompanhado de narração) no início do game. Isso ajuda a orientar o jogador quanto à finalidade e ao tipo de ação existentes no game e, em certos casos, permite que ele estabeleça vínculos iniciais com certos personagens.

Sinopse

A história também pode existir no transcorrer do próprio game. Nesse caso, o jogador pode estar envolvido no cenário e nas ações que ocorrem durante o game. Uma *narrativa em construção* também pode ajudar o jogador a escapar da realidade para imergir no mundo "artificial" do game e, nesse processo, envolver-se emocionalmente com os personagens (discutidos mais detalhadamente no Capítulo 5).

Tema

O tema representa o sentido *real* da história. Os temas geralmente estão relacionados ao primeiro obstáculo enfrentado pelo(s) personagem(ns) principal(is) no game. O obstáculo é um inimigo (vilão), a natureza, a sociedade, o destino ou os próprios personagens? Qual é o conceito filosófico em que a história se baseia? O tema pode ser esclarecido por uma pergunta? Por exemplo: "O assassinato é justificável?" ou "O amor pode vencer?". Que tema você gostaria de explorar em uma história?

Cenário

O *cenário* ou *contexto* representa o mundo que está sendo explorado pelo público, pelos personagens ou pelo jogador. Ao criar uma história para um game, pense no mundo em que seus personagens deverão viver e interagir. Não se limite a estereótipos. Será um local do mundo real (por exemplo, o deserto do Saara ou a tundra do Alasca) ou um período de tempo específico (por exemplo, a era vitoriana ou a década de 1920)? A história transcorrerá

Electronic Arts

Ubisoft Entertainment

The Lord of the Rings: The Battle for Middle-Earth 2 é ambientado em um mundo de fantasia (proveniente da imaginação de J. R. R. Tolkien) e *Assassin's Creed* é ambientado em um cenário histórico (1191 d.C., na época da Terceira Cruzada).

no mundo do crime organizado, nos bastidores de um noticiário de TV ou tendo como pano de fundo o estilo de vida simples dos Amish? Como são a história e a geografia desse mundo? (Os elementos do cenário do game são discutidos no Capítulo 7.) Que tal usar cenários associados a gêneros tradicionais, como ficção científica (espaço), terror (casa mal-assombrada) ou mistério (cena de crime)? O cenário frequentemente está vinculado ao gênero do game. Muitos games de quebra-cabeça não têm um cenário (nem uma história) real, existindo apenas em um mundo *abstrato*, e a maioria dos RPGs desenrola-se em um mundo de fantasia.

Games de Cartas e de Tabuleiro: Construindo uma História a partir de uma Premissa

Digamos que você tenha decidido explorar o mundo da arqueologia em um game. Dentro desse mundo, é possível visitar escavações arqueológicas em cinco locais diferentes (vulcão, deserto, floresta, fundo do mar, região polar). Você poderia elaborar uma história interessante para acompanhar cada uma dessas locações. Entretanto, o game de cartas (*Lost Cities*) concentra-se na mecânica do jogo (ou modo de jogar, discutido mais detalhadamente no Capítulo 6) e não no enredo. Embora haja uma premissa (você e seu adversário arqueólogo competindo por mais recursos financeiros e mais objetos recuperados em suas respectivas escavações), o foco não está na sinopse da história. O objetivo é dispor as cartas que representam uma determinada escavação em uma sequência específica. Você poderia jogar o game sem saber nada sobre o cenário. Ao jogar games como esse, os jogadores mantêm o game abstrato ou imaginam uma história que acompanha o modo de jogar. Enquanto jogam *Bohnanza* — um game de cartas altamente compulsivo que se concentra no cultivo de feijão —, os jogadores podem estar discutindo sobre plantações de feijão e o processo de plantio, adubação e colheita do produto. Depois de algum tempo, é fácil imaginar a integração de um game como esse a uma história mais elaborada. Na próxima vez que você jogar um game de cartas ou de tabuleiro, imagine como poderia criar uma versão digital que expanda a premissa do game por meio de um enredo significativo.

Enredo

O *enredo* refere-se mais a *como* a história se desenrola do que ao *que* ela significa. A estrutura da história foi abordada anteriormente neste capítulo. Cada estrutura contém elementos de enredo que orientam o desenrolar da história. Na *Jornada do Escritor* de Vogler, a recusa inicial do herói em aceitar o chamado à aventura e a aparição do mentor (que fornece informações importantes ao herói) são elementos do enredo. O enredo de um game pode fazer parte da sua estrutura narrativa, mas também pode ser determinado pela forma como o game é jogado. No Capítulo 6, você conhecerá o modo de jogar, que envolve a forma como um jogador pode reagir aos desafios propostos pelo game. Isso não lhe parece semelhante ao herói clássico, que deve tomar decisões relacionadas aos testes e obstáculos que encontra durante a jornada? Nesse contexto, o enredo e o modo de jogar são interligados. A chave para tornar esses desafios e obstáculos interessantes para o jogador é associá-los à história por meio de diferentes efeitos narrativos que otimizam a tensão dramática.

Midway Home Entertainment, Inc.

Cena de combate em *Hour of Victory*.

Equilibrando o Conflito

A tensão dramática de uma história é maximizada quando o jogador frequentemente parece estar à beira do desastre, mas consegue escapar repetidamente dessa situação por um fio. Em um game multijogador, o mesmo equilíbrio deve ser mantido entre os jogadores. (O equilíbrio do game será discutido mais detalhadamente no Capítulo 6.)

Mudança de Foco

Embora os jogadores façam escolhas e possuam uma liberdade aparente enquanto jogam, existem maneiras de atraí-los de volta para a narrativa principal. Essa técnica narrativa eficaz é implementada desviando o foco do jogador e atraindo simultaneamente o seu interesse, por exemplo, ao expandir a abrangência do game com o fornecimento de novas missões secundárias ou ao introduzir novos personagens ou objetos que conduzem o jogador rumo a áreas inexploradas.

Prenúncio de Eventos

Um *prenúncio* é um alerta ao jogador sobre um evento ameaçador ou mudança importante que acontecerá no futuro. Em *Half-Life*, o personagem principal, Gordon Freeman, vislumbra estranhas paisagens alienígenas que desempenharão um papel importante mais adiante no game. Nem o personagem nem o jogador sabem disso quando essas imagens poderosas aparecem.

Suspensão da Descrença

Suspensão da descrença significa que a história deverá, de alguma maneira, fazer o jogador esquecer a vida real e aceitar a realidade artificial que você criou. Isso está relacionado à imersão, mas refere-se mais especificamente à aceitação, pelo jogador, de regras e experiências que podem não fazer sentido no mundo real. Qualquer filme ou livro ambientado no futuro — ou qualquer história que envolva monstros ou alienígenas — precisa levar o leitor ou espectador a acreditar que o que está acontecendo na história é importante... e "real". E se as pessoas em um game pudessem voar com a ajuda de dispositivos de transporte aéreo? E se o mundo do game incluísse uma regra indicando que todos os personagens com aparência humana são maus e todos os demônios assustadores são bons? Se for envolvido pela história que permeia o game, o jogador ignorará o mundo real enquanto estiver jogando e habitará o mundo artificial durante algum tempo.

Oddworld Inhabitants

Oddworld: Munch's Oddysee induz a suspensão da descrença por meio de personagens e situações incomuns.

Take-Two Interactive Software, Inc.

O realismo exagerado de *Bully* gerou comparações assim como *Grande Theft Auto na escola secundária.*

Realismo

O *realismo*, ao contrário do efeito de *suspensão da descrença*, pode ser usado nos games para imitar o mundo real com o máximo de fidelidade. Na discussão sobre games de simulação no Capítulo 3, você aprendeu que a aplicação de regras do mundo real a esses games frequentemente é o elemento mais significativo para os jogadores. Nesses casos, os jogadores querem realismo e autenticidade. Essas histórias podem incluir o realismo visual de um ambiente real do mundo contemporâneo. Por exemplo, em *True Crime: Streets of LA*, da Luxoflux/ Activision, o ambiente reproduz as ruas de Los Angeles nos mínimos detalhes, como as placas nos edifícios adjacentes. A *harmonia* está relacionada ao realismo. Em um game harmonioso, nada deve parecer fora do lugar ou incongruente. Por exemplo, os personagens de uma história ambientada na Idade Média não devem usar relógios de pulso. Esses tipos de inconsistências temporais são conhecidos como *anacronismos*.

:::::*Call of Duty*: Realismo e Classificações Etárias

Quando os personagens de um game se aproximam da realidade, há quem queira impedir que outras pessoas vejam as coisas horríveis que acontecem com eles. Passamos por essa experiência durante o processo de classificação etária do *Call of Duty*. Por causa do nível de imersão proporcionado pela experiência, ele quase foi classificado como um game para adultos.

— *Grant Collier (Presidente da Infinity Ward)*

Activision

Muitos games militares usam o realismo para atrair os aficionados pelo gênero. *Call of Duty*, ambientado na Segunda Guerra Mundial, contém armas autênticas usadas na época e reproduz com realismo a violência da guerra.

David Brin Fala Sobre o que Conduz a Narrativa:::::

David Brin (escritor, cientista e conferencista)

Os 15 romances escritos por David Brin — que incluem best sellers do *New York Times* e vencedores dos prêmios Hugo e Nebula — já foram traduzidos para mais de 20 idiomas. Seu thriller ecológico *Earth*, escrito em 1989, previu o aquecimento global, a guerra cibernética e a internet. *Kiln People* foi ambientado em um futuro próximo em que as pessoas poderiam estar em dois lugares ao mesmo tempo. *The Life Eaters* sacudiu o mundo dos romances gráficos com sua belíssima e heroica representação de uma Segunda Guerra Mundial alternativa. Um filme dirigido por Kevin Costner em 1998 foi baseado em seu livro *The Postman*. David escreveu o enredo e a introdução de *ECCO the Dolphin*, um videogame altamente elogiado. Seu "Uplift Universe", adaptado pela Steve Jackson Games como GURPS Uplift, exibe um sistema único de criação de novas formas de vida alienígenas. No game de simulação *Tribes*, os jogadores lutam pela sobrevivência e pelo sucesso reprodutivo na Era Neolítica. David também é cientista e comentarista de políticas públicas. Seu livro de não ficção *The Transparent Society: Will Technology Make Us Choose Between Freedom and Privacy?*, que aborda os temas da acessibilidade e liberdade na nova era digital, ganhou o prêmio Freedom of Speech da American Library Association.

No mundo dos jogos eletrônicos, a história é conduzida por dois fatores: o modo de jogar e a tecnologia gráfica. Talvez você espere que um contador de histórias como eu desaprove isso, mas não é bem assim. Como autor de ficção científica, sempre achei que as restrições de um mundo ficcional — seu contexto científico e tecnológico — devem desempenhar um papel na limitação do enredo. Portanto, quando a Sega me pediu para escrever uma história para o ECCO, estudei o modo de jogar e as imagens antes de escrever uma única palavra. Os games contam histórias de maneira bastante semelhante aos filmes, dedicando muito mais atenção aos aspectos visuais e superficiais do que ao contexto ou ao personagem. Em um livro, o personagem cujo ponto de vista é adotado pensa e compartilha seus pensamentos com o leitor. Em um filme ou game, espera-se que o herói ou heroína grite "Ah, é?" para o vilão e mande imediatamente cem dos seus capangas para o espaço. Talvez isso mude quando os games multijogador (MUDs) começarem a rechear seus mundos com camadas mais espessas de textura e significado...

Muitas pessoas acreditam que a ficção científica é baseada na ciência, mas sua base real é a *história*: a longa e aterradora saga da existência degradante sob o domínio brutal de caciques, reis ou místicos. O que vejo à minha volta é uma nova civilização, finalmente baseada no princípio da escolha pessoal por pessoas educadas e ferozmente independentes. É assombroso que possamos, enfim, viver em uma era em que cabe a cada um de nós encontrar maneiras de expressar sua própria criatividade... ou ao menos de se divertir.

Chris Swain Fala sobre os Games como os Novos Contadores de Histórias :::::

Chris Swain é designer de games, empresário e coautor do livro didático *Game Design Workshop*. É também diretor adjunto do Laboratório de Inovação em Games da EA na USC. Seus projetos acadêmicos de games sérios incluem *Immune Attack*, *The New New Deal*, *ELECT-BiLat* e *The Redistricting Game*. Antes de ingressar na USC, Chris desenvolveu games para Microsoft, Sony, Disney, Activision, Acclaim e muitas outras empresas. Foi um dos membros fundadores da firma nova--iorquina de design R/GA Interactive. Na R/GA, liderou a produção de mais de 150 produtos interativos para clientes como America Online, Warner Brothers, PBS, Intel, IBM, Kodak, Ticketmaster, Children's Television Workshop e muitos outros. Também liderou a equipe que criou (para a Microsoft Network) o *NetWits*, o primeiro programa de games on-line multijogador massivo do mundo. Outros de seus projetos mais notáveis incluem *Multiplayer Wheel of Fortune* e *Multiplayer Jeopardy!* para a Sony Online Entertainment e *webRIOT* — um programa de televisão interativo para audiências de massa — para a MTV. Chris foi um dos fundadores da empresa de tecnologia Spiderdance, Inc. Foi membro do Conselho de Diretores da Academia de Artes e Ciências Televisivas de 2000 a 2004. Sua carreira

Chris Swain (Diretor Adjunto do Laboratório de Inovação em Games da EA na USC; Professor Assistente da Escola de Artes Cinemáticas da USC)

começou na Synapse Technologies, empresa pioneira voltada para a interatividade.

Quando penso em uma história, gosto de fazer uma analogia entre os games de hoje e os filmes do princípio do século XX. Na década de 1910, os filmes eram mudos e em preto e branco, e as histórias eram contadas quase que exclusivamente usando técnicas emprestadas do teatro. Esses filmes não estabeleciam uma conexão emocional muito sólida com as pessoas. Se você pudesse dizer a alguém nessa época que o cinema se tornaria a literatura do século XX, seria motivo de chacota. No entanto, o cinema evoluiu e transformou-se por meio de inovações técnicas (som, cor) e criativas (enquadramentos em primeiro plano, flashbacks, movimentos de câmera) até tornar-se o meio narrativo mais influente que já conhecemos. Penso que os games de hoje são os filmes de 1910 — primários do ponto de vista da narrativa, incapazes de estabelecer conexões emocionais reais com as pessoas —, e consigo vê-los transformados, por meio de inovações técnicas e criativas, em um meio narrativo incrivelmente poderoso.

Vivemos uma época estimulante para ser um designer de games, porque existem muitos caminhos técnicos e criativos para o progresso, a inovação e a originalidade criativa. Talvez hoje isso possa ser motivo de piada, mas quero deixar registrado que os games serão a literatura do século XXI.

Elementos Narrativos nos Games

Existem vários elementos narrativos que são específicos dos games, muitos dos quais diferem dos elementos narrativos tradicionais. Esses elementos incluem a interatividade, a não linearidade, o controle pelo jogador, a colaboração e a imersão.

Interatividade

Electronic Arts

Em *The Sims 2*, o jogador assume o papel do narrador.

Os games têm um nível de interatividade superior ao de outras mídias. Se quisessem apenas uma história, os consumidores assistiriam a um filme ou leriam um livro. No Capítulo 6, você aprenderá que a satisfação do jogador depende mais do *modo de jogar* do que da história de um game. Por sua própria natureza, as histórias não são interativas. Elas surgem na mente do narrador e devem ser recebidas passivamente pela audiência (que não dispõe de qualquer maneira de manipulá-las ativamente). Nos games, os jogadores não estão limitados a desempenhar o papel da audiência tradicional. Eles também podem colaborar na narrativa e, às vezes, até podem ser os *únicos* narradores.

A Reação dos Contadores de Histórias Tradicionais

Depois que a internet tornou-se comercial em meados da década de 1990, vários autores conhecidos atacaram publicamente esse novo meio. "Eu não quero o feedback de meus leitores!", um deles exclamou em uma entrevista, alarmado com os fóruns on-line em que seus fãs discutiam detalhes de um de seus romances recentes. Alguns contadores de histórias tradicionais, como escritores e cineastas, continuam tendo problemas com os fóruns on-line que discutem sua obra. Como eles reagiriam se suas histórias fossem transformadas em games em que os jogadores pudessem participar do processo narrativo?

Não Linearidade

As histórias *lineares* seguem uma linha reta em termos tanto físicos como temporais, começando pelos eventos mais distantes e terminando nos mais recentes. Os games não precisam adotar uma narrativa linear. Isso está vinculado à aparente liberdade de escolha atribuída aos jogadores, que podem seguir diferentes caminhos durante o game.

Em *Indigo Prophecy*, os jogadores podem escolher diferentes caminhos na mesma narrativa.

Um exemplo simples de narrativa não linear é proporcionado pela série de livros *Choose Your Own Adventure*, em que o leitor dispõe de várias opções (representadas por números de páginas) em certos momentos da história. Ele pode optar por qualquer combinação de caminhos e experimentar a história de maneira diferente a cada leitura. Essa é a ideia que mais se aproxima da experiência de um game interativo.

Não Linearidade no Cinema

Certos cineastas e roteiristas fizeram experiências com a não linearidade. A estrutura do filme *Pulp Fiction*, de Quentin Tarantino — em que várias narrativas interligadas (cada uma relacionada a um conjunto específico de personagens) são apresentadas em sequência —, dá a impressão de que o tempo está fluindo em linha reta. *Corra, Lola, Corra* (*Run Lola Run*), de Tom Tykwer, fornece três caminhos diferentes que a personagem principal poderia seguir na história, um após o outro; o filme também faz pausas nos personagens e mostra imagens de como suas vidas seriam diferentes de acordo com o caminho específico escolhido pela personagem principal. Em *Timecode*, de Mike Figgis, a tela é dividida em quatro quadrantes, cada um dos quais acompanha uma narrativa paralela. Todas as quatro histórias podem ser seguidas visualmente pelo público, mas somente uma trilha sonora pode ser enfatizada por vez. O diretor Figgis realizou remixagens físicas ao vivo das trilhas de áudio durante algumas projeções do filme para proporcionar ao público uma experiência de narrativa completamente diferente. *Amnésia* (*Memento*), de Christopher Nolan, é formado por uma série de cenas mostradas em ordem invertida, de modo que o filme começa com a última cena em ordem cronológica e termina com a primeira. Embora alguns cineastas tenham proporcionado às plateias experiências únicas de não linearidade, os espectadores individuais não podem escolher os caminhos a serem seguidos no próprio filme. Portanto, a plateia continua envolvida em uma experiência passiva. Isso em razão da natureza linear da mídia cinematográfica: uma película de celuloide ou fita de vídeo deve ser projetada do começo ao fim. O formato de DVD permite a interatividade, mas até agora isso só foi usado com os extras associados ao filme, não com o próprio filme.

Controle pelo Jogador

Blizzard Entertainment, Inc.

MMOGs como *World of Warcraft* permitem o controle pelo jogador, o que inclui a capacidade de personalizar os personagens que ele controla.

Os jogadores têm a capacidade de manipular o game de alguma maneira, ao contrário dos espectadores de um filme ou programa de televisão. A história do game pode mudar de acordo com quem está jogando. Nesse sentido, os jogadores podem ser narradores nos games, o que não é possível em livros e filmes.

Uma forma comum de controle pelo jogador é a *personalização dos personagens* (discutida no Capítulo 5), na qual os jogadores criam seus próprios personagens com características únicas. Os jogadores também podem escolher os *caminhos* a serem trilhados na história. Embora haja um número finito de ramificações possíveis nos caminhos de um game, o mero fato de o jogador poder fazer essa escolha significa que ele está envolvido na criação de um enredo personalizado. Os jogadores também podem construir suas próprias versões de um game usando ferramentas de *construção de mundos*, que lhes permitem assumir o papel de desenvolvedores do game, além de narradores. Finalmente, os games multijogador permitem que os jogadores se *comuniquem* dentro do próprio game, o que adiciona padrões imprevisíveis de comportamento e diálogo. (O Capítulo 5 discute mais detalhadamente o diálogo dos personagens.)

A narrativa no sentido tradicional pode ser encarada como um pano de fundo ou estrutura básica associada ao game, enquanto todos os detalhes são fornecidos pelos jogadores. Essa ideia torna-se mais perceptível quando o game é jogado novamente. Os games podem ser jogados mais de uma vez, ou seja, podem ser jogados até o fim e repetidos (em geral muitas vezes), mantendo suas características de experiência agradável (e única) a cada repetição. O gênero de aventura, discutido no Capítulo 3, tem baixo valor de repetição, em parte porque é altamente dependente de procedimentos tradicionais de narrativa e solução de enigmas (para os quais só pode haver uma solução). Outros games, porém, são desenvolvidos levandos em conta o valor de repetição. Os jogadores obtêm mais tempo de jogo pelo mesmo preço e experimentam diferentes ângulos da história a cada repetição.

Nos games, o papel do narrador nem sempre é ocupado por aqueles que os criaram. Os próprios jogadores desempenham um papel importante no processo narrativo. Sabendo disso, é importante que os desenvolvedores de games evitem roteirizar excessivamente a história. Por exemplo, os jogadores não precisam de diálogos ou narrativas adicionais que quebrem o ritmo do game e impeçam sua plena participação na história.

Warren Spector Fala Sobre o Jogador como Narrador:::::

Warren Spector formou-se em Ciência da Fala pela Northwestern University e obteve seu mestrado em Rádio-TV-Cinema na Universidade do Texas. Em 1983, logo após receber seu Ph.D. em Comunicação, Warren trabalhou no desenvolvimento de vários jogos de tabuleiro, RPGs, livros do tipo "escolha-a-sua-aventura" e romances na Steve Jackson Games (onde tornou-se editor chefe). Também trabalhou na TSR, onde ingressou em 1987. Warren entrou no mundo dos jogos eletrônicos com a Origin Systems em 1989, como produtor adjunto de *Ultima VI* e *Wing Commander* e produtor de *Ultima Underworld 1* e *2*, *Ultima VII: Serpent Isle*, *System Shock*, *Wings of Glory*, *Bad Blood*, *Martian Dreams* e outros. Em 1997, depois de um ano como gerente geral da LookingGlass em Austin, onde produziu *Thief: The Dark Project*, Warren formou a Ion Storm Austin. Foi diretor de projeto do premiado game de ação/RPG *Deus Ex*, da Ion, lançado em junho de 2000, relançado em 2001 em uma edição de Jogo do Ano e novamente lançado em 2002 como *Deus Ex: The Conspiracy* para PS2. Como diretor de estúdio, supervisionou o desenvolvimento de *Deus Ex: Invisible War*, lançado em dezembro de 2003, e *Thief: Deadly Shadows*, lançado em junho de 2004. Deixou a Ion Storm em novembro de 2004 para fundar a Junction Point Studios, Inc., empresa independente de desenvolvimento de games.

Warren Spector (Presidente e Diretor de Criação da Junction Point Studios, Inc.)

O maior empecilho à análise da narrativa nos games é não reconhecer o papel central desempenhado pelo jogador. As formas de narrativa, normalmente, são veículos para a expressão dos autores. Os games, quando bem elaborados, são diferentes, porque proporcionam um nível inédito de colaboração entre criador e consumidor. Tudo na história de um game é conduzido pelas opções e ações do jogador. Se você quer impor uma narrativa aos jogadores, é melhor escrever um romance ou fazer um filme. Em outras palavras, você deve se concentrar nas consequências das decisões do jogador. Deve pensar em termos de verbos ativos em vez de passivos (ou seja, o jogador *faz* coisas; o game não faz nada *para* os jogadores). Concentre-se na forma pela qual a história contribui para a experiência do jogador, não na história como um veículo para comunicar ideias aos jogadores. É fácil perder isso de vista quando você está desenvolvendo a história de um game com sua equipe; paradoxalmente, os jogadores são, na maior parte das vezes, esquecidos durante o processo criativo.

Colaboração

O modo multijogador introduzido no Capítulo 3 permite que os jogadores se envolvam em uma narrativa *colaborativa*. Isso é mais evidente nos games multijogador massivos, em que milhares de jogadores podem, em tese, personalizar os papéis de seus personagens, introduzir novos detalhes no enredo e modificar o próprio ambiente enquanto jogam. A colaboração é semelhante à que ocorre no teatro interativo, com os jogadores assumindo o papel de atores que improvisam entre si e com a plateia. À medida que os recursos de personalização dos personagens e do mundo do jogo tornem-se mais sofisticados, os desenvolvedores poderão desempenhar um papel ainda mais secundário nesses games, e os jogadores assumirão o controle como narradores principais. Uma narrativa colaborativa poderia ser iniciada pela equipe de desenvolvimento do game e as ramificações da história adicionadas pelos próprios jogadores. Com o aumento da participação dos jogadores na função de narradores, a linha que separa desenvolvedores e jogadores tende a tornar-se difusa. Esse fenômeno assemelha-se ao efeito de *prossumidor* (um termo cunhado pelo futurólogo Alvin Toffler), em que os consumidores (jogadores) e os produtores (desenvolvedores) tornam-se uma única pessoa.

Diagrama criado por Per Olin

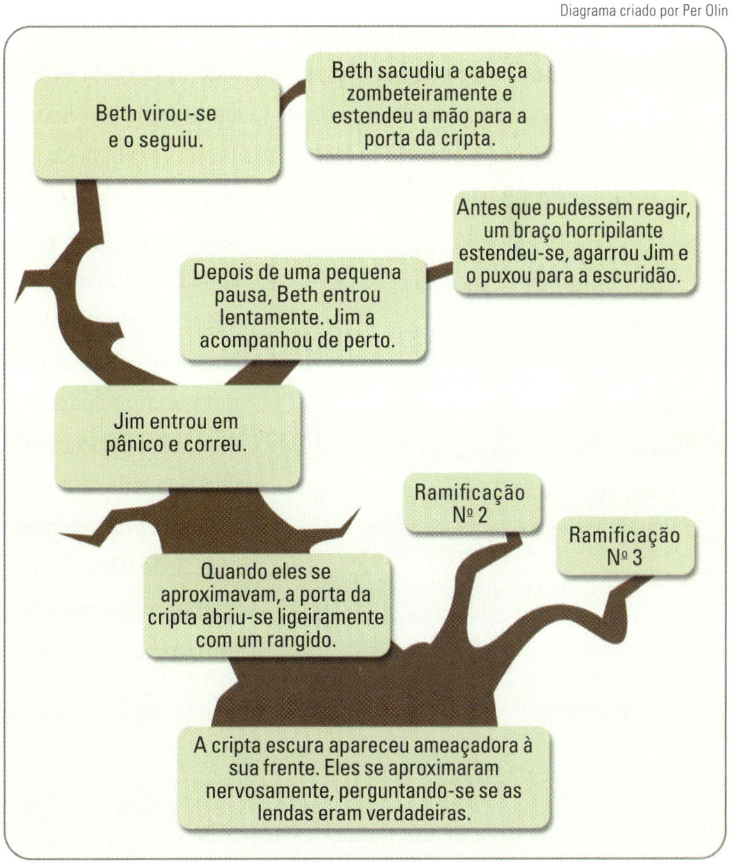

Uma árvore narrativa é usada na redação colaborativa para mapear diferentes caminhos possíveis em uma cena.

Um modelo simples de ficção colaborativa é uma *árvore narrativa*. É fácil experimentar esse modelo. Digamos que o autor A escreva alguns parágrafos de uma história. Os autores B e C continuam de onde o autor A parou e escrevem a continuação da história (com ou sem conhecimento do que o outro está escrevendo). Os autores D e E escrevem a continuação de B, e assim por diante. Múltiplos caminhos são criados, e os autores participaram de uma experiência de escrita colaborativa. Em um modelo mais sofisticado e organizado, um tema e um conjunto de personagens são criados antes que o processo de redação seja iniciado. O mundo on-line é um ótimo lugar para encontrar incontáveis exemplos de narrativas colaborativas, incluindo arte (grafitagem de paredes virtuais), música (improvisos coletivos e remixagens) e literatura (árvores de hipertexto, postagens em blogs).

Por que não criar games colaborativos? Em um cenário hipotético de game colaborativo, os jogadores poderiam desenvolver roteiros indicando possíveis caminhos no game, semelhantes às ramificações de uma árvore narrativa. Um exemplo bem básico começaria com uma história (como o autor A fez na árvore). Os autores B e C (e outros) considerariam todas as decisões que o personagem do jogador poderia tomar no game, e assim por diante. Isso poderia ser feito com todos os personagens de jogador possíveis, que seriam introduzidos bem no começo do game. Pense, por exemplo, em uma abertura em estilo de aventura com um personagem de herói controlado pelo jogador: um soldado foi dado como morto em um campo de batalha, no meio de uma vasta extensão desértica. O soldado recupera a consciência mas não consegue se lembrar do que aconteceu. Há vários objetos nas imediações (arma, corda, cantil, bolsa) e alguns sons podem ser ouvidos a distância. Nesse ponto, os autores B e C (e talvez outros) decidem, para cada objeto, o que acontecerá caso o soldado o apanhe, use (por exemplo, dispare a arma, beba a água do cantil etc.), arremesse, combine com outro objeto e assim sucessivamente. Outros autores podem se concentrar em outros aspectos do ambiente (sons a distância, imediações) para se anteciparem ao que o jogador poderá fazer. Observe que a ideia de narrativa colaborativa está conectada aos personagens da história. Na maioria dos games, a narrativa é *conduzida pelo personagem*, e a história gira em torno de suas ações. Isso acontece porque os jogadores geralmente "habitam" os personagens do game e são as decisões que tomam por meio desses personagens que lhes permitem jogar.

Consistência da Narrativa

O aspecto mais problemático do processo narrativo é a consistência: amarrar uma infinidade de pontas de modo que todas façam sentido, e fazer isso no momento correto da trama.

— *David Brin (escritor, cientista e conferencista)*

Imersão

A narrativa de um game desempenha um papel significativo naquilo que é conhecido como *imersão*, situação em que a história, os personagens e o modo de jogar são tão poderosos e absorventes que os jogadores envolvem-se profundamente no mundo do game. Dois games

Valve Corporation

Half-Life 2 tem uma narrativa sólida que ajuda a imergir os jogadores no game.

com narrativas fortes e emocionais são *Half-Life*, da Valve, e *Final Fantasy*, da Enix. A aventura de texto *Zork*, da Infocom (inspirada em *Colossal Cave*) e o graficamente sofisticado *Myst* também são games extremamente imersivos, porque a atmosfera e o clima que criam são profundos e consistentes. A experiência de perambular pelo ambiente graficamente suntuoso, mas desabitado de *Myst* — recuperando ao mesmo tempo os detalhes ausentes de uma história misteriosa —, pode provocar sensações de apreensão e expectativa. O desenvolvimento de ambientes eficazes para games é discutido mais detalhadamente no Capítulo 7.

Ubisoft Entertainment

Em *Puzzle Pirates*, os jogadores permanecem imersos no personagem quando conversam em "dialeto de pirata" nos bate-papos que ocorrem durante o game.

O conceito de imersão foi introduzido originalmente no Capítulo 3 com relação aos MMOGs. No modo multijogador massivo, a interação social entre os jogadores (que, às vezes, pode incluir discussões sobre assuntos não relacionados ao game, como as manchetes do dia ou filmes recém-lançados) pode enfraquecer o vínculo dos jogadores com o personagem e com o próprio mundo do jogo. Quando isso acontece, a *imersão* dos jogadores é comprometida. Se de fato os jogadores acreditam que a narrativa de um RPG é de fundamental importância, isso pode ser um grande problema nos MMORPGs (que são o tipo mais popular de MMOG).

Efeitos Cinemáticos

Outra maneira pela qual a imersão talvez seja comprometida em um game pode ser surpreendente para a indústria cinematográfica, porque se trata de um elemento emprestado da mídia linear. No Capítulo 1, vimos que os efeitos cinemáticos foram introduzidos na era do fliperama na forma de minifilmes criados para recompensar o jogador que completava níveis difíceis no *Ms. Pac-Man*. *Efeitos cinemáticos* são sequências exibidas como se fossem

Cortesia da NAMCO BANDAI GAMES America Inc

Ms. Pac-Man talvez tenha sido o primeiro game de fliperama a usar efeitos cinemáticos como recompensa para a conclusão de níveis difíceis.

filmes, geralmente no começo ou no fim de um game. Cenas de corte (*cut-scenes*) são minifilmes exibidos dentro do game. O objetivo de uma cena de corte é desenvolver os personagens, introduzir novos ambientes, avançar a trama ou definir metas para uma nova seção do game. Na indústria cinematográfica, presume-se que essas cenas cinemáticas aumentam a imersão dos jogadores no game, exatamente como os espectadores tendem a se envolver emocionalmente com um filme. Entretanto, isso não é necessariamente verdadeiro. Quando os jogadores estão envolvidos com o game — tomando decisões, solucionando problemas, comunicando-se com outros personagens ou executando alguma ação relacionada ao game —, a introdução de uma cena de corte no momento errado (por exemplo, bem no meio de um combate em tempo real) pode ser desastrosa para a satisfação proporcionada pelo game ao jogador. Em vez de estimular o envolvimento emocional completo que a mesma cena geraria em um filme, ela pode, ironicamente, produzir o efeito contrário.

No que se refere aos efeitos cinemáticos, geralmente eu apenas tento evitá-los e, quando não consigo, faço alguma outra coisa. Por quê? Porque, se quisesse assistir a um filme, eu assistiria a um filme. Os efeitos cinemáticos eram ótimos na época do Nintendo Entertainment System, mas agora são simplesmente excessivos. *Star Wars: Bounty Hunter* foi um game em que eu realmente prestei atenção aos efeitos cinemáticos que em geral considero tão tediosos. Acredito que as partes da história contadas por meio do próprio jogo ajudaram a tornar os efeitos cinemáticos mais fascinantes. Além disso, o personagem Jango Fett é muito interessante e as informações adicionais sobre seu passado aumentaram o nível de interesse da história.

— Brian McCabe (estudante de Arte e Design de Games)

Inconsistência Cinemática

Imagine o contraste entre ser capaz de tomar decisões e ver essas decisões retiradas de você quando seu próprio personagem começa a agir de uma maneira específica. O contraste pode produzir um efeito imprevisto e hilariante. Quando jogou *Grand Theft Auto: Vice City* pela primeira vez, a autora Jeannie Novak estava tendo dificuldades para controlar a motocicleta dirigida por Tommy Vercetti (o personagem principal), e o coitado passava metade do tempo colidindo contra os postes e sendo arremessado para fora da moto, só para voltar e tentar outra vez. Porém, quando ele entrava nos vários prédios e se encontrava com os sórdidos traficantes de drogas, as cenas de corte entravam em ação, e ele se tornava um sujeito elegante e imperturbável (não mais o personagem trôpego que Jeannie havia criado)! Além de ficar ansiosa para voltar a jogar o game em vez de ficar assistindo a um filme, Jeannie também caía na gargalhada durante as cenas de corte em razão do aparente distúrbio de dupla personalidade do personagem! O problema das cenas de corte surge do fato de que elas são sequências não interativas. Como um game é uma forma de entretenimento interativo, a introdução de elementos que não permitem a interação (como definida anteriormente neste capítulo) pode levar o jogador a perder a sensação de que está jogando.

Evento Programado

Outro elemento narrativo é o *evento programado*: uma breve sequência acionada após um determinado tempo ou desencadeada pelas ações do jogador. Essas sequências contêm pequenos trechos de diálogo (discutido no Capítulo 5) ou de ação e têm a finalidade de desenvolver o personagem, fornecer informações sobre eventos passados ou redirecionar o jogador para um novo objetivo.

Nenhum filme tenta fazer a audiência lembrar-se de que "é só um filme". Se você já viu um péssimo ator em atividade, provavelmente foi disso que se lembrou. Entretanto, alguns filmes referenciam especificamente o mundo real, em geral por meio da cultura popular e das expressões da época. A série *The Scream* referencia outros filmes de terror e contém piadas internas para aqueles que estão familiarizados com esses filmes. Há outros exemplos de produtos de entretenimento que removem deliberadamente a "quarta parede", quando os personagens de uma história dirigem-se diretamente à audiência (no que também é chamado de *aparte*).

:::: Machinima: Convergência Narrativa?

Machinima é uma mistura de "máquina" e "cinema". A máquina, no caso, é um motor de game[1] (discutido mais detalhadamente no Capítulo 10), que é usado por cineastas para criar um filme de animação dentro de um game. Do ponto de vista da indústria cinematográfica, o machinima pode ser visto como um exemplo de convergência tecnológica: a produção de um filme usando uma ferramenta criada originalmente para desenvolver games. Do ponto de vista do setor de games, o machinima distancia ainda mais os efeitos cinemáticos e as cenas de corte da experiência do game, aproximando-os da narrativa linear. Os baixos custos de desenvolvimento resultantes do uso de motores de game para criar filmes de animação levaram o machinima a ser incorporado à tecnologia de vídeo digital como mais uma revolução na cinematografia independente. Em comparação com um filme de animação gerador por computador, como *Toy Story* ou *Final Fantasy*, o custo de produção de um filme de longa metragem em machinima é irrisório.

1 *Motor de game* ou *game engine* é um componente do jogo responsável pela geração dos gráficos e de elementos físicos do game. Por causa da complexidade dos games, o uso do motor de game permite reduzir o tempo de desenvolvimento de novos jogos, uma vez que ele fornece grande parte da funcionalidade do game, impedindo que os desenvolvedores precisem recriar tudo do zero (N.R.T.).

EasyFilms

ILL Clan Productions

Rooster Teeth Productions

Alguns exemplos de machinima: *Once Upon a Time in the North*, *Loving You* e *Red vs. Blue*, uma popular paródia em episódios usando personagens da *Halo*.

O fundador e diretor de arte da Strange Company, Hugh Hancock, teve a ideia de misturar os motores de game ao cinema depois de se envolver com comunidades de jogadores que modificavam o game *Quake* original, desenvolvendo minifilmes dentro dele. (As comunidades de jogadores e as modificações [ou *mods*] de games são discutidas no Capítulo 12.) Segundo Hancock: "o machinima é importante porque oferece uma terceira maneira de criar filmes. Trilhando um caminho intermediário entre o vídeo digital (rápido de produzir, mas restrito) e a animação (ilimitada, mas extremamente lenta), o machinima possibilita a produção de gêneros inteiros de filmes por aficionados e cineastas de baixo orçamento. Agora, em vez de simplesmente fazer filmes caseiros, os cineastas principiantes podem partir diretamente para a produção de filmes com a mesma abrangência de *Star Wars* ou *Matrix*".

Os Games Precisam de Mais do que uma História

Como um filme, um game é um meio dramático poderoso que exige ideias e visão para estimular emocional e intelectualmente a audiência, seja ela composta por jogadores ou espectadores. Enquanto crescemos, não aprendemos a comunicar ideias usando sistemas dinâmicos da mesma maneira como aprendemos a escrever textos ou contar histórias. Porém, há muitas coisas que compreendemos sobre o mundo que não podem ser descritas usando meios lineares. Os sistemas de games nos oferecem uma nova maneira de criar histórias e comunicar esse tipo de conhecimento. Algo que invariavelmente chama minha atenção nos games que jogo e naqueles que já desenvolvi — inclusive os para estudantes — é como é difícil e, ao mesmo tempo, como é importante que a mecânica (associada ao modo de jogar) conduza a narrativa. A mecânica fornece estrutura: objetivos, procedimentos e regras. São esses elementos que criam a ação e o jogo propriamente dito. Não obstante, é necessário que existam elementos dramáticos para proporcionar contexto e significado ao ato de jogar, revestindo e integrando esses elementos estruturais. Uma história sem sentido, que não seja apoiada pela mecânica do game, não acrescenta nada à experiência; isso é inquestionável. Por outro lado, quando os elementos dramáticos estão plenamente integrados à mecânica, a conexão do jogador ao game pode ser absoluta. Estou pensando em minha própria obsessão com uma família específica em *The Sims*. Eu poderia contar a história dessa família, mas isso levaria muito tempo. Basta dizer que foi uma história épica e trágica e que, usando nada mais que algumas texturas personalizadas e minha própria imaginação, eles emergiram completamente da dinâmica do sistema em questão.

— Tracy Fullerton (Professora Assistente e Diretora Adjunta da Escola de Artes Cinemáticas da USC, Laboratório de Inovação em Games da Electronic Arts)

Roteirização e Documentação de Games

Tendo encontrado uma boa história, você deve incorporar os componentes dessa história a vários documentos do game (discutidos mais detalhadamente no Capítulo 10). Esses documentos o ajudam a organizar suas ideias e transmiti--las claramente aos outros. O documento de *conceito* tem o objetivo de expressar a visão básica do game, inclusive sua premissa. Às vezes, esse documento é expandido em uma proposta, que fornece mais detalhes sobre a história e os personagens do game. O *tratamento da história* geralmente consiste em um resumo, com uma ou duas páginas, do enredo geral do game. Ele não deve ser uma discussão detalhada de todos os possíveis caminhos que os personagens podem seguir no game. Em vez disso, deve incorporar o tema e a estrutura da história, bem como alguns elementos significativos do enredo. Um script padrão, contendo diálogos, pode ser criado para os produtores de efeitos cinemáticos e cenas de corte e para as sessões de diálogo, e uma árvore ou fluxograma da história pode ser criada para mapear a sua estrutura. Finalmente, o *documento de design do game* fornece uma referência à equipe de desenvolvimento e inclui os elementos do enredo que estão relacionados ao modo de jogar.

Precisamos de Games Mais Subversivos

Acredito que a maioria dos games são políticos por sua própria natureza, mesmo que os aspectos políticos sejam implícitos. O game *Tom Clancy's Rainbow 6* é tão "político" como *Deus Ex*, no sentido de que o jogador é submetido a uma figura (ou organização) patriarcal e conservadora e aceita os valores e o contexto impostos à situação: as pessoas boas cumprem ordens; o objetivo é cumprir as ordens; a violência é um meio de colocar em prática os desígnios do governo; qualquer pessoa que não esteja alinhada com o governo é "má" por definição; o jogador faz parte de uma hierarquia etc. Tudo isso é altamente político, mas nós, por alguma razão, simplesmente aceitamos esse fato. Somente quando um game é subversivo é que as pessoas o definem como "político". Na minha opinião, esse meio pode levantar questões interessantes sobre o papel que desempenhamos no mundo de uma maneira muito mais ativa do que um filme. Precisamos de games mais subversivos.

— Harvey Smith (Diretor de Criação de Estúdio do Midway Studios Austin)

Modo de Jogar: o Elemento Narrativo Real?

Você sabe contar histórias no sentido tradicional e aprendeu como as histórias podem ser muito diferentes quando aplicadas a games. Essa diferença está diretamente relacionada ao modo de jogar. Pode-se argumentar que o modo de jogar é o componente essencial da narrativa em um game; trata-se de um elemento narrativo não tradicional que permite ao jogador assumir o papel do narrador. É por isso que é incomum que escritores sejam contratados para escrever o roteiro de um game. Em vez disso, geralmente o privilégio cabe aos designers de games normalmente, porque é mais importante que um game incorpore desafios convincentes do que um roteiro bem elaborado. É essencial que os escritores interessados em ingressar nesse setor entendam o modo de jogar.

A premissa no setor de games é: "O que um escritor sabe sobre o modo de jogar?". Se um roteirista de Hollywood fosse contratado para escrever um game, você acha que o modo de jogar seria uma de suas preocupações? Em vez disso, o roteirista provavelmente apresentaria um script tradicional contendo um enredo linear. À medida que escritores mais familiarizados com os games ingressem no setor, provavelmente surgirão mais oportunidades para eles. Antes de chegarmos ao Capítulo 6, que aborda o modo de jogar, examinaremos os elementos da criação de personagens de games no Capítulo 5.

:::REVISÃO DO CAPÍTULO:::

1. Membros da indústria cinematográfica estão começando a migrar para o setor de games, em parte por causa dos relatos sobre o rápido crescimento dos investimentos nesse setor. Vários estúdios de produção de games também vêm tentando recrutar profissionais na comunidade de Hollywood. Discuta as diferenças entre filmes e games e cite três exemplos de como a intersecção dessas duas formas de entretenimento pode alterar o conteúdo, a estrutura e o modo de apresentação dos games.

2. Por que os desenvolvedores de games estão usando estruturas narrativas clássicas, como a estrutura hollywoodiana em três atos e o cenário da "jornada do herói" de Campbell? Essas estruturas fornecem uma boa base para o desenvolvimento da história de um game, mas suas fórmulas um tanto previsíveis não são necessariamente as mais adequadas para a produção de games com conteúdo inovador. Em sua opinião, quais elementos dessas estruturas narrativas funcionam melhor?

3. Crie uma premissa, uma história anterior e uma sinopse para uma ideia original de game voltado para membros das gerações do *Baby Boom*, X ou do Milênio. Descreva detalhadamente seu público-alvo e explique por que optou pela criação desse tipo de conteúdo para esse grupo.

4. Quais são alguns efeitos narrativos dramáticos usados em games? Escolha um desses efeitos e discuta como o encaixaria no roteiro do seu game original. O que você poderia fazer para equilibrar a história e a interatividade em seu game?

5. Qual é o papel das *cenas de corte* em um game e como elas, às vezes, podem prejudicar a imersão? Escolha uma cena de corte em um game existente e identifique três razões pelas quais, em sua opinião, ela está sendo usada. A cena de corte é necessária? Se fosse membro da equipe de desenvolvimento do game e lhe dissessem que a cena de corte deveria ser removida, o que você faria para que a função desempenhada por ela continuasse sendo executada? Crie uma sinopse para uma cena de corte original e explique por que ela é essencial para a experiência do game.

6. Em que sentido o machinima é um exemplo de convergência entre setores? Quais são os dois setores envolvidos e como se dá a intersecção entre eles? Como essa nova maneira de criar games afeta a narrativa dos games? Você consegue pensar em outro tipo de intersecção entre dois setores que pode afetar o modo de contar uma história?

7. Como alguns cineastas fizeram experiências com narrativas não lineares (em um meio linear)? Escolha um dos filmes mencionados neste capítulo (ou outro filme que, em sua opinião, experimenta uma estrutura narrativa não linear) e discuta como você criaria uma adaptação desse filme para um game. Como a mídia do game pode expandir a visão do cineasta?

8. Escolha um jogo de mesa[2] com uma ambientação ou premissa distinta. (Para ver alguns jogos de mesa engenhosos, visite a Funagain Games em *http://www.funagain.com.*) Depois de se familiarizar com o jogo, discuta como o adaptaria para o formato eletrônico. Que elementos narrativos você exploraria para criar uma experiência mais gratificante e imersiva para o jogador?

---

[2] Também chamados de jogos de tabuleiro ou jogos tradicionais (N.R.T.).

CAPÍTULO 5

Personagens:

criando a identidade

Perguntas-chave do Capítulo

- Como os personagens de um game diferem dos personagens de outras mídias?
- O que são avatares e como eles estão relacionados com a identidade do jogador?
- Como o desenvolvimento visual difere de outras formas de desenvolvimento do personagem em um game?
- Quais são os tipos e arquétipos de personagens e como eles estão relacionados com a estrutura da história?
- Quais são as várias finalidades do diálogo nos games?

No Capítulo 4, você aprendeu como os elementos narrativos podem ser usados nos games para aumentar a diversão e o envolvimento emocional dos jogadores. E quanto aos personagens da história? Que tipo de impacto eles podem ter sobre o jogador? Os personagens são importantes no ambiente do game porque podem adicionar uma dimensão pessoal à experiência do jogador. Diferentemente do que ocorre em outros meios de entretenimento, os personagens de um game podem interagir diretamente com o jogador — que muitas vezes também desempenha o papel de um personagem. Este capítulo aborda todos os aspectos do desenvolvimento de personagens para games — inclusive a aparência, a movimentação e o modo de agir, sentir e comunicar-se.

Se quiser ler mais sobre esse assunto, consulte o livro *Game Story & Character Development* (Krawczyk/Novak), que faz parte da série *Game Development Essentials*, publicada pela Cengage Learning.

Personagens do Game

Os personagens de um game dividem-se em personagens de jogador e personagens não jogadores (também conhecidos como NPCs, uma abreviação de *non-player characters*). Às vezes um único jogador pode controlar vários personagens de jogador (frequentemente em grupo, como em uma equipe esportiva ou em tropas militares). Evidentemente, alguns games não contêm personagens. É o que acontece com a maioria dos games de quebra-cabeça, nos quais o jogador interage apenas com o quebra-cabeça e não assume o papel de um personagem. Como foi discutido no Capítulo 4, geralmente esses games também não têm uma história. Na maioria dos casos, porém, o game contém personagens que são controlados pelos jogadores ou pelo próprio game.

Personagens e Avatares de Jogador

Personagens de jogador são personagens ou outras entidades no mundo do game que são controlados pelos jogadores. Quando o jogador controla apenas um personagem, este é chamado de *avatar*. A conexão direta entre ambos ocasionalmente pode resultar na atribuição pelo jogador de uma identidade pessoal ao avatar. Isso pode ser mais pronunciado se o avatar exibir características e ações realistas. Quando joga um game, você sente que realmente assumiu o papel do personagem? Você, às vezes, se reconhece no personagem?

Sony Computer Entertainment America

Em *Gods of War*, Kratos é um personagem de jogador.

Um jogador pode controlar vários personagens. Isso é comum nos games de estratégia e simulações de processos, em que são gerenciados conjuntos de recursos abrangendo vários personagens. Na maioria das vezes, esses personagens são relativamente distantes do jogador e não ocorre nenhuma conexão emocional. Ocasionalmente, um personagem específico destaca-se como principal e torna-se o avatar do jogador. Há também alguns games em que o jogador estabelece uma conexão com todos os personagens. Isso acontece com mais frequência nos games de representação de papéis (RPGs), em que cada membro do grupo pode se conectar emocionalmente ao jogador. No RPG de estratégia *Fire Emblem*, da Intelligent Systems, todas as unidades têm história e personalidade distintas. Como a morte é permanente, o jogador sente-se emocionalmente obrigado a tomar cuidado nos combates para evitar perdas fatais.

Interação Parassocial

Um efeito interessante, conhecido como *interação parassocial*, pode ocorrer quando o público torna-se tão ligado aos personagens que começa a acreditar que são pessoas reais. Esse efeito ocorre com telespectadores que estabelecem fortes vínculos com os personagens do mundo de faz-de-conta que observam semana após semana em novelas. Os vilões são detestados pelos telespectadores e é comum que recebam cartas ameaçadoras (enviadas para os personagens, não para os atores). A interação parassocial é um fenômeno extremamente poderoso, embora os telespectadores não assumam o papel de nenhum dos personagens da novela e sejam apenas observadores passivos. Esse tipo de ligação com o personagem não poderia ser ainda mais forte nos games?

Citações de Personagens em Festas

Estive em uma festa logo após o lançamento de *The Space Bar*. Uma mulher com quem eu conversava mencionou um game que estava jogando e como estava se divertindo. Então ela começou a citar personagens do game — meu game! Ouvir frases que eu mesmo havia escrito foi uma experiência extraordinária. Todas aquelas horas que gastei sentada ao computador, escrevendo, reescrevendo, perguntando-me se iria funcionar, desapareceram instantaneamente. Eu havia feito contato com ela e lhe proporcionado uma experiência significativa, e ela queria compartilhar isso com mais alguém. Isso é mágico.

— Patricia A. Pizer
(Designer-Chefe, 4orty 2wo Entertainment)

Harvey Smith Fala Sobre o Efeito Imago:::::

Harvey Smith, designer e diretor de criação de games, atua profissionalmente no setor desde 1993. Antes da Midway, trabalhou no escritório da Ion Storm em Austin de 1998 a 2004, tendo sido diretor de projeto de *Deux Ex: Invisible War* e designer-chefe do premiado *Deus Ex* (*Deus Ex* ganhou o prêmio BAFTA de 2000 e muitos outros). Antes da Ion Storm, trabalhou para a Multitude, uma firma de internet em San Mateo, Califórnia, onde foi designer-chefe de *FireTeam*, um game tático de equipe inovador que foi um dos primeiros a permitir a comunicação por voz entre os jogadores. Smith começou sua carreira na importante produtora de games Origin Systems, onde trabalhou por quase quatro anos. Costuma viajar com frequência para fazer palestras sobre diversos temas relacionados a design de games, liderança e narrativa. Em 2005, seu *Peacebomb!* ganhou o prêmio de Design de Game da GDC. Em 2007, foi indicado para o Prêmio de Serviço Comunitário Dewey Winburne.

Harvey Smith (Diretor de Criação da Midway Studios Austin)

Acredito que os aspectos mais poderosos da história se desenrolam na cabeça do jogador, não na tela. Games são um meio de narração visual. Neles, é comum que os melhores elementos da história sejam o cenário e o arquétipo do personagem, por causa do processo que ocorre entre o jogador e o avatar. Costumo chamar esse conjunto de interações de Efeito Imago: um fenômeno pelo qual o jogador atribui vários significados pessoais ao avatar e a natureza do avatar, desperta no jogador sentimentos sobre como idealiza sua própria natureza.

Personagens Não Jogadores

Personagens não jogadores (NPCs) são aqueles que não são controlados pelos jogadores no mundo do game. Em vez disso, eles são criados e controlados pelo mecanismo de inteligência artificial (IA) do game. Um NPC pode tomar qualquer forma, desde um mercador que vende comida a um monstro que você deve derrotar.

BioWare Corp.

Personagem não jogador de *Mass Effect*.

Tipos de Personagem

Há cinco tipos de personagem comuns usados em games: animais, fictícios, históricos, licenciados e míticos.

- **Animais**: Sonic the Hedgehog é um exemplo de personagem *animal*. Esses personagens, comuns nos games comercializados para famílias ou crianças, frequentemente têm características humanas (por exemplo, os tênis de Sonic) para aumentar a identificação entre jogador e personagem. Os protagonistas animais foram popularizados nos desenhos animados infantis, como Pernalonga ou Mickey Mouse. Nem todos os games com personagens animais são voltados para famílias. (Veja a discussão sobre o game para adultos *Conker's Bad Fur Day*, mais adiante neste capítulo.)
- **Fictícios**: personagens que não têm equivalentes no mundo real enquadram-se na categoria dos personagens fictícios. Alguns exemplos são Mario, Luigi, Wario (o rival de Mario), Lara Croft, Duke Nukem e Pac-Man. Essa categoria abrange qualquer personagem que tenha sido criado especificamente para um game, e não licenciado a partir de um personagem preexistente.
- **Históricos**: os personagens *históricos* possuem equivalentes distintos no mundo real, frequentemente do passado. Os games políticos e militares voltados para eventos do mundo real utilizam personagens históricos, inclusive Benjamin Franklin, General Lee, Cleópatra, Guilherme, o Conquistador e William Wallace, em games como *Ally's Adventure* e *Medieval: Total War*.

- **Licenciados**: um personagem *licenciado* também existe no mundo real, mas em uma mídia preexistente. Esses personagens geralmente são fictícios, mas com uma identidade reconhecida na literatura, nas histórias em quadrinhos, no cinema ou na televisão. James Bond, Frodo (*Senhor dos Anéis*), Neo (*Matrix*), Harry Potter e Bart Simpson são exemplos dessa categoria de personagens. É importante ter em mente que personagens licenciados só podem aparecer em games mediante permissão do detentor da licença, o que geralmente custa muito caro! Quando licenciam personagens preexistentes, os desenvolvedores de games não precisam começar do zero no desenvolvimento visual, verbal ou da personalidade do personagem.
- **Míticos**: os personagens da categoria *mítica* possuem equivalentes na mitologia de todo o mundo. Muitos RPGs, como *Neverwinter Nights* e *EverQuest*, usam personagens míticos convencionais como ogros e *trolls*. *Age of Mithology*, um game de estratégia voltado especificamente para a mitologia, contém cíclopes, a Medusa e outros personagens das mitologias grega, egípcia e nórdica.

Esses tipos de personagens podem ser personagens controlados pelo jogador ou NPCs. Você já notou que tende a ser atraído por games voltados para um determinado tipo de personagem? Além desses tipos genéricos de personagens, existem tipos clássicos específicos que frequentemente são usados em games e outras mídias. Esses tipos serão examinados detalhadamente a seguir.

Arquétipos de Personagens Clássicos

O Capítulo 4 introduziu a ideia do *inconsciente coletivo* proposta pelo psicólogo Carl Jung, que constitui a base da nossa conexão com certos tipos de personagens universais. Esses arquétipos são usados em todos os meios de entretenimento para reforçar a conexão do público com a história.

Herói

No Capítulo 4, você aprendeu que o arquétipo do herói é o personagem central de um game para um único jogador. Ao criar um herói, lembre-se de que ele será o avatar do jogador e que, portanto, este deverá identificar-se e estabelecer uma conexão com esse personagem. O Capítulo 4 também discutiu o *monomito* da "jornada

> Tidus, em *Final Fantasy X*, é o protagonista mais extraordinário de um game. Ele segue a jornada típica do herói, mas os criadores do game o levaram a fazer isso de uma maneira extraordinariamente envolvente. Durante toda a história, o jogador, além de acompanhar seu progresso e sua evolução, também vislumbra pessoalmente seus pensamentos, seus temores e sua opinião sobre muitas situações. É um personagem que ganha vida por causa de seu caráter e de sua personalidade, destacando-se do elenco de coadjuvantes.
>
> — *Jacques Montemoino (estudante de Arte e Design de Games)*

Konami Digital Entertainment

Solid Snake é o herói da série *Metal Gear Solid.*

do herói" de Campbell e o processo pelo qual o herói se transforma na forma narrativa clássica. O herói sempre é apresentado com um problema no começo da história e embarca em uma jornada física e emocional para, finalmente, solucionar esse problema. O herói é responsável pela maior parte da ação em uma história, correndo os maiores riscos e assumindo as maiores responsabilidades. Luke Skywalker é um exemplo clássico de personagem de herói.

Sombra

O *sombra* é um personagem extremamente importante porque representa o oposto do herói, sendo geralmente o maior vilão da história. O sombra pode ser o adversário responsável pelo problema do herói. Às vezes, ele permanece oculto até o clímax da história, o que pode intensificar a tensão dramática. Outras, ele representa o lado negro do herói. Isso foi explorado simbolicamente no clássico *O Médico e o Monstro*, de Robert Louis Stevenson. Darth Vader é outro exemplo de um sombra — alguém que passou totalmente para o lado negro.

THQ Inc.

Plankton (de *Sponge Bob: Creature from the Krusty Krab*) é um sombra.[1]

Activision

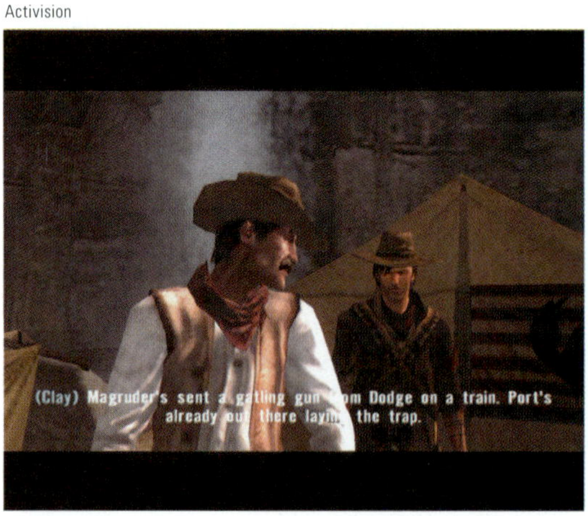

Em *Gun*, o pai (dublado por Kris Kristofferson) é o personagem mentor que treina o personagem do jogador.

Mentor

O *mentor* é um personagem que geralmente guia o herói rumo à ação. No Capítulo 4, vimos que o personagem mentor fornece ao herói as informações de que ele necessita para partir para sua jornada. O personagem mentor é um conselheiro mais velho — alguém que pode já ter estado na mesma situação do herói em algum momento e que pode transmitir-lhe a sabedoria adquirida em sua experiência de uma jornada semelhante. Obi-Wan Kenobi e Yoda são exemplos

[1] No Brasil, Sponge Bob é conhecido como Bob Esponja (N.E.).

de personagens mentores. Na série *Civilization*, os assessores (militar, doméstico, cultural, científico) advertem e aconselham o jogador. Às vezes, um personagem mentor fornece maus conselhos ao herói, induzindo-o deliberadamente a tomar o caminho errado. No tutorial de *Black & White*, um assessor demoníaco fornece apenas conselhos mal-intencionados ao jogador.

Aliados

Aliados são os personagens que ajudam o herói a avançar em sua jornada e também o auxiliam em tarefas que podem ser difíceis ou impossíveis de executar por conta própria. Han Solo e Chewbacca são exemplos de aliados.

Tela de um produto Microsoft, reimpressa com autorização.

Marcus e Dominic são aliados em *Gears of War.*

Guardião

O *guardião* bloqueia o progresso do herói por todos os meios necessários até que ele tenha provado seu valor. Um personagem guardião clássico é a esfinge que guarda os portões de Tebas na tragédia grega *Édipo Rei*. Para obter acesso a Tebas, o herói (Édipo) deve decifrar o famoso enigma proposto pela esfinge. O personagem guardião testa o herói. Tendo respondido corretamente ao enigma, o herói prova estar apto para prosseguir na jornada. Às vezes, o personagem guardião é um servo do sombra. O guardião pode ser um "bloqueio" existente na mente do herói — como indecisão, medo ou desconforto —, que o leva a hesitar em prosseguir na jornada.

Ubisoft Entertainment

Guardiões (guardas) em *Splinter Cell* tentam impedir que o personagem do jogador atinja seu objetivo.

Trapaceiro

O *trapaceiro* é um personagem neutro que gosta de criar confusão. Os personagens trapaceiros podem causar graves danos com suas travessuras, impedindo o herói de prosseguir em sua jornada, mas, geralmente, são apenas personagens brincalhões que fornecem o lado cômico da história. Alguns

Sony Computer Entertainment America

Personagem trapaceiro em *Ratchet & Clank: Size Matters.*

exemplos desses personagens são os robôs C3PO e R2D2. Esses personagens podem ser companheiros do herói ou até sombra.

Konami Digital Entertainment

Meryl Silverburgh é o personagem mensageiro em *Metal Gear Solid: Guns of the Patriots.*

Mensageiro

O mensageiro propicia mudanças na história e fornece orientação ao herói. Um exemplo dessa categoria de personagem é a Princesa Leia cujo pedido de ajuda motiva Luke Skywalker a entrar em ação rumo a uma meta específica.

Além dos arquétipos junguianos, existem outros tipos clássicos de personagens que estão associados a qualquer história, como o *protagonista*, o *antagonista* e os *coadjuvantes.*

Protagonista

O *protagonista* é o personagem principal. Um game para um único jogador é centrado nesse personagem, e a história do game é contada do seu ponto de vista, mesmo que ele não seja jogado em primeira pessoa. O protagonista de *Half-Life*, Gordon Freeman, é fundamental para a ação que ocorre na história.

Quem conduz a história é sempre o protagonista,— *agindo* em vez de reagir, *fazendo as coisas acontecerem* em vez de esperar que aconteçam. Qualquer reação por parte do protagonista está fora do controle do personagem, e, nesse caso, o objetivo imediato da história passa a ser recuperar o controle. Por exemplo, um personagem pode ser provocado por valentões e perder o controle, reagindo fisicamente aos insultos (por exemplo, socando um dos provocadores).

Capcom

Eidos Interactive

Nero, em *Devil May Cry 4*, e Lara Croft, na série *Tomb Raider* (a figura mostra *Tomb Raider: Legend*), são protagonistas.

O protagonista é extraordinariamente forte tanto física quanto moralmente, mas nem sempre é "bom". De fato, é comum que o protagonista tenha um defeito fatal (ou trágico), algo que é universal e indica vulnerabilidade. Isso o torna acessível e humano, permitindo que o público se identifique e simpatize com um personagem que, de outra maneira, seria incomodamente perfeito. O defeito pode ser físico (por exemplo, paralisia, cicatriz, gagueira) ou de personalidade (por exemplo, ambição, teimosia, inveja). Considere qualquer tragédia grega ou de Shakespeare. Em *Édipo Rei*, de Sófocles, o protagonista perde o controle e mata um homem (que, como se descobre subsequentemente, era seu pai). Em *Otelo*, o defeito é o ciúme: o protagonista acredita que sua mulher o traiu, e seu ciúme é tão poderoso que o leva a cometer assassinato. Mesmo o Super-Homem (como é mencionado no Capítulo 4) é gravemente enfraquecido quando é exposto à kriptonita. Seu objetivo é desenvolver um protagonista que seja verossímil, agradável e imperfeito, com a capacidade de crescer e transformar-se no transcorrer da história.

> Usar um personagem principal feminino como Lara Croft foi uma grande ideia. Não estamos mais na época da mulher amarrada aos trilhos do trem e pedindo socorro ao herói. O público ganhou uma protagonista feminina forte e a recebeu de braços abertos.
>
> — *Chris Lenhart (bacharel em Arte e Design de Games)*

Antagonista

O *antagonista* de uma história é o oposto do protagonista. O arquétipo junguiano que descreve o antagonista é conhecido como a *sombra* (ou o oposto). Isso não significa que o antagonista é "mau". O protagonista e o antagonista podem simplesmente ter opiniões opostas: políticas (liberal *versus* conservador), éticas (privacidade *versus* segurança) ou existenciais (negócios *versus* família). Como vimos no Capítulo 4, as histórias extraem tensão dramática do conflito, e essa oposição entre o protagonista e o antagonista é uma forma de conflito.

Quando desejam exatamente a mesma coisa (por exemplo, um objeto amoroso, uma pedra preciosa ou a liderança de um clã), o protagonista e o antagonista tornam-se vinculados na história. Esse efeito é conhecido como *unidade dos opostos* e torna mais relevante qualquer conflito ou competição.

Sega Corporation

Sony Computer Entertainment America

O Dr. Eggman, em *Sonic the Hedgehog 360*, e Diana, Meg e Eleanor, em *Rule of Rose*, representam antagonistas.

Os jogadores podem ser atraídos por uma força maligna em um game. Aqui estão alguns tipos de antagonistas malignos que frequentemente aparecem nas histórias.

Transformacional

Um antagonista *transformacional* é um personagem de anti-herói que poderia ter sido um protagonista. O antagonista é punido no final da história para satisfazer a necessidade de justiça do público. *Carrie*, de Stephen King, é um ótimo exemplo disso: como reação à vitimização a que foi submetida por seus colegas de escola, a protagonista usa seu poder telecinético para a destruição. Embora a raiva e a humilhação sentidas por esse personagem possam despertar sentimentos de empatia no público, seu poder causa a morte de pessoas inocentes. No processo de destruir outras pessoas, ela é morta, e o público sente uma certa sensação de alívio. (O desfecho, porém, sugere que ela pode retornar dos mortos... Fique ligado!)

Nintendo

Nintendo

O antagonista de Mario (à esquerda) é o ganancioso Wario (à direita), grafado com um "M" invertido!

Falsos

Os antagonistas *falsos* são personagens que o público, a princípio, acha que são vilões, mas que acabam sendo inocentes. Esses personagens são populares em histórias de suspense e crime. Às vezes, um falso antagonista acaba sendo o protagonista!

Exagerados

Antagonistas *exagerados* são vilões extravagantes, bizarros e até cômicos, que podem dominar a história, porque muitas vezes são mais interessantes que o protagonista. Alguns exemplos de antagonistas exagerados são o Dr. Evil em *Austin Powers* e a maioria dos vilões de *Batman* (por exemplo, Coringa, Charada e Mulher-Gato).

Realistas

Os antagonistas *realistas* são o oposto dos exagerados, e os mais difíceis de criar. Eles são personagens gentis e razoavelmente "normais" (o que, às vezes, pode torná-los um tanto sinistros, principalmente quando se descobre que ele era o "assassino do apartamento ao lado"). As histórias que contêm antagonistas realistas geralmente também têm protagonistas mais interessantes.

Sony Computer Entertainment America

Coprotagonistas

Os *coprotagonistas* unem suas forças ao protagonista de uma história. Esses personagens frequentemente aparecem em games que exigem equipes, como os games on-line multijogador massivos (MMOGs). Às vezes esses personagens não começam como coprotagonistas, mas como antagonistas. Por exemplo, alguns personagens competem entre si por recursos. Quando um desastre natural ocorre ou um vilão aparece e ameaça esgotar os recursos de todos, os coprotagonistas geralmente se juntam para derrotar o mal maior (um inimigo comum). No Capítulo 6, você verá que os competidores até podem deixar de lado a disputa e cooperar entre si para vencer o game. Isso pode ser aplicado aos papéis de protagonista, antagonista e coprotagonista.

Sony Computer Entertainment America

Os amigos Ratchet & Clank e Jak & Daxter são exemplos de coprotagonistas.

Coadjuvantes

No Capítulo 4, você aprendeu que o Ato I em uma estrutura com três atos introduz um problema para o personagem principal. Os personagens *coadjuvantes* — também conhecidos como personagens *focais* — existem basicamente para impedir que o protagonista deixe o problema de lado. Um exemplo de personagem coadjuvante é o mentor no monomito da jornada do herói de Joseph Campbell. Os personagens coadjuvantes frequentemente dão início à ação na história, às vezes até executando alguma tarefa para o antagonista. Pense nos coadjuvantes como os conjuntos de tropas comandadas por você (o protagonista) e pelo seu inimigo (o antagonista) durante um game de estratégia militar. Esses

Sega Corporation

As tropas em *Medieval: Total War* representam personagens coadjuvantes.

personagens incorporam diferentes pontos de vista à história. Podem ser seus aliados ou os capangas do antagonista.

Elementos do Desenvolvimento do Personagem

O desenvolvimento básico do personagem de uma história envolve as relações entre os personagens e as mudanças que eles podem sofrer durante a história. Dois elementos desempenham um papel significativo no desenvolvimento das relações entre os personagens e nas mudanças que afetam cada personagem: o *triângulo de personagens* e *arco do personagem.*

Diagrama criado por Per Olin

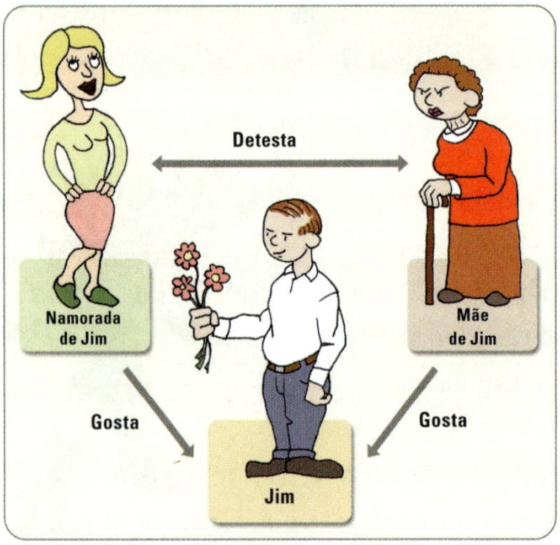

Uma versão modificada do triângulo amoroso, o tipo mais comum de triângulo de personagens.

Triângulo de Personagens

O *triângulo de personagens* representa um importante relacionamento tríplice entre os personagens de uma história. Nessa relação, personagens contrastantes (em geral, o protagonista, o antagonista e um coadjuvante) são conectados em grupos de três. O exemplo mais comum é o triângulo amoroso, em que o protagonista e o antagonista competem pela atenção do mesmo objeto amoroso (um personagem coadjuvante). Uma mesma história pode ter vários triângulos, e o papel do personagem pode mudar com base em cada um desses triângulos. Por exemplo, o mesmo protagonista que está envolvido em um triângulo amoroso também pode estar envolvido em um triângulo profissional no qual compete com um antagonista pelo mesmo cargo em uma empresa. Cada um desses triângulos representa enredos secundários em uma história que devem ser conectados de alguma maneira.

Diagrama criado por Per Olin

Hierarquia Social de Necessidades baseada no modelo de Maslow.

Arco do Personagem

Um protagonista raramente muda durante uma história, mas o personagem sempre *cresce.* Mesmo um protagonista passivo aprende a virar o jogo contra um antagonista e torna--se suficientemente forte para atingir uma meta específica, crescendo como resultado dos eventos da história. O processo de crescimento e desenvolvimento do personagem é chamado de *arco do personagem*. Esse arco tem vários níveis e é ilustrado mais pelo comportamento do personagem do que por monólogos ou diálogos. A compreensão do sistema de valores do personagem é fundamental para seu desenvolvimento. Os níveis de desenvolvimento do personagem a seguir são baseados no modelo de *hierarquia de necessidades* do sociólogo Abraham Maslow. Os níveis começam na menor unidade, o eu, e expandem-se até a maior (e mais abstrata), a humanidade.

Nível 1: Intrapessoal

No nível *intrapessoal*, o protagonista está preocupado somente com suas próprias necessidades e pensamentos.

Eidos Interactive

O protagonista de *Hitman: Blood Money* luta por suas próprias necessidades egoístas.

Nível 2: Interpessoal

No nível *interpessoal*, o protagonista une-se a outro personagem em uma relação bilateral. Esse outro personagem pode ser um amante, amigo, colega ou membro da família. O protagonista deixa de cuidar apenas de si próprio e passa a cuidar também de outro personagem.

Nível 3: Equipe

No nível de *equipe*, o protagonista une-se a um pequeno grupo de personagens que têm interesses em comum. Esses personagens podem ser membros do círculo de amigos, da família, da equipe esportiva ou do clube de atividades do protagonista. A necessidade de pertencer a um grupo é preenchida nesse nível. Um exemplo desse nível ocorre em muitos MMOGs que envolvem a formação de guildas com outros jogadores.

Nível 4: Comunidade

No nível da *comunidade*, a equipe menor passa a fazer parte de uma rede organizada maior, que pode abranger um bairro, uma cidade, uma escola ou uma empresa.

Nível 5: Humanidade

No nível da *humanidade*, o protagonista frequentemente passa pelo que Maslow chama de *autorrealização*: o crescimento espiritual que pode ocorrer quando o protagonista já obteve conforto, amor e aceitação em uma comunidade maior.

Bungie Studios

Na série *Halo*, o Master Chief luta por toda a humanidade.

Às vezes, os protagonistas podem começar em um nível mais alto e descer nessa escala. Michael Corleone, em *O Poderoso Chefão*, é um exemplo. Esses personagens são, na verdade, anti-heróis ou antagonistas transformacionais. O arco do personagem mostra se o protagonista tornou-se melhor ou pior como resultado das experiências da história.

Ponto de Vista

Os games geralmente têm *pontos de vista* (*point-of-view* ou POV) de jogador específicos. Alguns POVs são exibidos por meio do olhar do avatar do jogador, na perspectiva em primeira pessoa, e alguns, na perspectiva em terceira pessoa que, permitem que o jogador observe o avatar.

Primeira Pessoa

No *ponto de vista de primeira pessoa*, o jogador enxerga por meio dos olhos de um avatar. Em um *game de tiro em primeira pessoa* (*first-person shooter* ou FPS), o jogador também vê a mão do avatar segurando a arma na parte inferior da tela. Esse POV, às vezes, pode reforçar a ligação do jogador com o personagem, porque ele entra fisicamente no personagem e não pode observar o avatar separadamente. Entretanto, como o personagem não pode ser visto na tela, esse POV também dificulta a formação de uma imagem mental do avatar pelo jogador. Alguns desenvolvedores usam cenas de corte e sequências programadas dentro do game para lidar com esse problema, alterando a sua perspectiva para que o avatar possa ser visto no POV de terceira pessoa. Como foi discutido no Capítulo 4, essas sequências até podem ser percebidas como uma interrupção e desconectar o jogador do mundo do game. Isso pode ser evitado com a criação de uma sequência cinemática introdutória ao game e com a inclusão de imagens do avatar no sistema de menus da interface do game (discutido mais detalhadamente no Capítulo 8). A embalagem e os materiais publicitários associados ao game (normalmente a cargo do departamento de marketing) também podem exibir imagens do avatar. Os games em primeira pessoa também usam superfícies refletivas (por exemplo, espelhos) para mostrar o personagem ao jogador.

Epic Games

POV de primeira pessoa em *Unreal Tournament 2007*.

Nos RPGs com um único personagem, o protagonista muitas vezes é deixado deliberadamente indefinido por ser *alter ego* do jogador no mundo do game. O processo de criação do personagem nos RPGs proporciona ao jogador a liberdade de personalizar o avatar. Nesse caso, o personagem torna-se o jogador. Nos games em primeira pessoa com uma história, o jogador deve tornar-se o personagem, desempenhando o papel do personagem, como Cate Archer em *No One Lives Forever*, em um processo semelhante à atuação teatral. Diferentemente de muitos games de estratégia e simulações de processos, nos games em primeira pessoa o jogador torna-se o protagonista e começa a jogar com a ação em andamento.

THQ Inc

Tela de personalização do personagem em *WWE Smackdown vs. RAW 2007*.

Identidade em Primeira Pessoa em Filmes

Com base na premissa de que o POV de primeira pessoa poderia ajudar o público a identificar--se com o protagonista, vários cineastas testaram essa técnica na década de 1950. O primeiro e único filme totalmente filmado no POV de primeira pessoa foi *A Dama do Lago* (*The Lady in the Lake*). Embora fosse uma ideia inovadora para a época, os espectadores não se identificavam com o personagem — em parte porque nunca conseguiam formar uma imagem mental dele. Em *Prisioneiro do Passado* (*Dark Passage*), estrelado por Humphrey Bogart, o filme começa com um POV de primeira pessoa (quando Bogart, escondido em uma lata de lixo, é despejado de um caminhão e rola por um aterro). A transição para POV de terceira pessoa ocorre quando vemos o personagem de Bogart, mas não seu rosto, que está envolto em bandagens. Quando as bandagens são removidas, o POV muda novamente para primeira pessoa e, em seguida, volta permanentemente para a terceira pessoa depois que as bandagens são totalmente removidas, revelando uma nova identidade. Nunca vemos o rosto "original" do personagem.

Terceira Pessoa

No *POV de terceira pessoa*, o jogador pode ver o avatar na tela. Isso lhe permite reter uma imagem mental do avatar, mas não proporciona a sensação de realmente habitar o corpo do personagem e ver o mundo por meio dos seus olhos. A capacidade de ver constantemente o avatar pode colocar o jogador no papel de *observador* em vez de *personagem*. Entretanto, os jogadores tendem a estabelecer uma conexão mais próxima com o personagem na tela à medida que o game progride. Ao criar um avatar que será visto na tela, é importante garantir que sua aparência (inclusive o esquema de cores) seja facilmente diferenciável dos demais

Sony Computer Entertainment America

POV de terceira pessoa em *God of War II*.

personagens. Nos games de ação-aventura em terceira pessoa, os jogadores frequentemente veem o game por cima do ombro do personagem.

Como os filmes raramente são filmados no POV de primeira pessoa, um game em terceira pessoa geralmente tem uma aparência mais cinematográfica, e é comum que seus personagens principais sejam promovidos como se fossem estrelas de cinema. O personagem Lara Croft foi a primeira tentativa de criar uma celebridade a partir de um game. O suspense cinematográfico é criado permitindo que o antagonista seja visto na tela, particularmente quando os jogadores conseguem ver uma ameaça — como um inimigo se aproximando — antes do personagem. A resposta emocional também é mais intensa quando simpatizamos com o herói (em vez de nos tornarmos o próprio herói).

::::: O Que Há em um Nome?

Todos os personagens (especialmente o protagonista) devem ter nomes fortes, distintivos e memoráveis, que podem refletir traços da personalidade do personagem. Aqui estão alguns exemplos:

Gordon Freeman (*Half-Life*): o sobrenome ("homem livre") indica um personagem de herói — alguém que deseja ou luta pela liberdade. Isso tem apelo universal.

Max Payne: a possível tradução desse nome como "maximum pain" (dor máxima) sugere alguém que está sofrendo e pode causar muito sofrimento a outros. Como esse personagem é motivado pela vingança da morte de sua esposa, o nome é particularmente adequado.

Valve Corporation

Gordon Freeman na série *Half-Life*.

Duke Nuke'Em: esse nome sugere que o personagem é o "duque" de "nuking" o exterminador de pessoas.

Cate Archer (*No One Lives Forever*): o sobrenome ("archer" significa arqueiro em inglês) sugere que o personagem é preciso e objetivo.

Leisure Suit Larry: esse nome ("leisure suit", traje social) sugere um personagem solteirão que talvez seja metido a conquistador.

Kate Walker (*Syberia*): Walker ("caminhante") é um nome apropriado para um personagem de aventura que passa boa parte do game caminhando por diferentes edifícios, explorando salas estranhas e descobrindo segredos ocultos.

Fox McCloud (*Star Fox*): o nome sugere que o personagem é esperto (como uma raposa, "fox") e passa boa parte do tempo no ar ("cloud", nuvem) e não no chão.

Master Hand (*Super Smash Bros.*): não é por acaso que esse personagem ("master hand", mão dominadora) consiste em uma luva branca que é maior que qualquer dos outros lutadores no game. Os movimentos de Master Hand lembram os movimentos de uma mão, como sacudida, cutucada, pancada, tacada, soco e arremesso.

Protoman (*Megaman III*): o nome sugere que seja o "primeiro" do seu tipo e é! Protoman foi o primeiro robô criado conjuntamente pelos drs. Light e Wiley, o protótipo do que viria a ser o *cyborg* Megaman.

Sam Fisher (*Splinter Cell*): esse agente secreto é bom em "pescaria": prepara iscas para seus inimigos e realiza operações clandestinas.

Sonic the Hedgehog: o apelido Sonic está relacionado à velocidade do personagem, que é mais rápido que a velocidade do som!

Viewtiful Joe: normalmente um Joe banal, esse personagem pode se transformar em Viewtiful Joe, um formidável super-herói virtual com o poder de reduzir ou acelerar o tempo.

Sega Corporation

Sonic the Hedgehog tem esquema de cores, perfil e postura distintos.

Desenvolvimento Visual do Personagem

As características físicas dos personagens de um game são determinadas pela arte, mas também devem estar correlacionadas ao seu papel na história. Por esse motivo, é recomendável desenvolver a personalidade de um personagem antes de criar sua aparência. Se você estivesse criando um personagem de *herói*, como indicaria força com um toque de vulnerabilidade? Talvez pudesse fazê-lo alto e musculoso, mas com aparência melancólica. Se o personagem é um trapaceiro que começa como *aliado*, mas se transforma em uma *sombra*, como forneceria uma indicação visual sutil de que ele não é exatamente o que parece? Você poderia fazer o personagem contrair os punhos periodicamente ou dar-lhe um olhar furtivo.

Os aspectos da aparência física de um personagem incluem gênero, idade, características faciais (inclusive cor dos cabelos e dos olhos), tipo de corpo (alto, baixo, grande, pequeno, musculoso, flácido, angular, arredondado), cor da pele, saúde e anormalidades ou características físicas distintivas (pintas, espinhas, tiques nervosos). Seu personagem também deve ter uma postura característica que o diferencie dos demais. Os jogadores conseguiriam localizar seu personagem entre outros se todos estivessem em uma área escura?

Considere também o vestuário de cada personagem: roupas, armadura, acessórios, como sapatos, óculos, chapéu, luvas ou relógios de pulso. Qual é o esquema de cores do vestuário do personagem? Se o personagem é um protagonista e o game é exibido na perspectiva de terceira pessoa, é importante que suas cores destaquem-se do ambiente e das cores do vestuário de outros personagens do game.

Há acessórios específicos associados a esse personagem? Considere se o personagem portará armas, bolsas, valises e outros itens. Certifique-se de que o acessório é compatível com o personagem. Um ótimo exemplo de acessório de personagem é o chapéu de Odd Job em *James Bond*; esse chapéu só é usado pelo personagem e também funciona como arma.

Blizzard Entertainment, Inc.

NCsoft Corporation

Personagens de *World of Warcraft* e *City of Heroes*.

Magic: The Gathering — Battlegrounds: de 2D para 3D

Wizards of the Coast, Inc. / Hasbro, Inc.

Folha de personagens de *Magic: The Gathering — Battlegrounds*

Nossa equipe trabalhou no desenvolvimento de *Magic: The Gathering — Battlegrounds*, da Atari, para a Wizards of the Coast. Havia muitos desafios na migração de um jogo de cartas bidimensional, baseado em turnos para um game de console tridimensional de luta/feitiçaria em tempo real. Em termos gráficos, as cartas dos personagens originais foram criadas por vários artistas, cada um com um estilo visual próprio — e há milhares de cartas, frequentemente representando a mesma criatura em três ou quatro encarnações diferentes! Levamos algum tempo para encontrar uma interpretação gráfica em 3D que atendesse às nossas restrições técnicas e também às expectativas visuais que o licenciador tinha para o Xbox. Por melhor que fossem os materiais de referência recebidos, sempre era possível obter alguma informação adicional conversando diretamente com o licenciador para extrair todas as histórias pessoais "não escritas" dos personagens e lugares de *Magic: The Gathering* — coisas que podiam parecer insignificantes à primeira vista, mas ajudavam a dar coerência ao mundo e a preservar a fidelidade ao original.

— Christopher Bretz
(Diretor de Arte da Secret Level)

Técnicas

Há várias técnicas artísticas usadas em games que ajudam a transmitir as características físicas dos personagens. O software associado a essas técnicas e as fases da produção de arte para games são discutidos no Capítulo 10.

Arte Conceitual

A arte *conceitual* envolve a criação do personagem visto de diferentes ângulos (frontal, lateral, traseiro) usando rascunhos a lápis ou representações digitais planas. Um perfil ou silhueta distinto é essencial para que o personagem seja instantaneamente reconhecível. O esquema de cores do vestuário do personagem não deve ser excessivamente complexo nem conter mais que três ou quatro cores. Um personagem também deve ter características distintivas, que podem incluir atributos faciais específicos (o bigode de Mario), acessórios (os óculos de Harry Potter) ou até o penteado (as tranças de Lara Croft).

Arte por Mark Soderwall

Desenhos conceituais de personagem criados pelo diretor de arte Mark Soderwall.

Modelagem

A *modelagem* envolve a criação do tamanho e estatura do personagem em 3D (com base em ilustrações bidimensionais). O processo de modelagem começa com a criação de uma *wire mesh* 3D, à qual são aplicadas texturas 2D relacionadas à pele e às roupas do personagem.

Sony Computer Entertainment America

Sony Computer Entertainment America

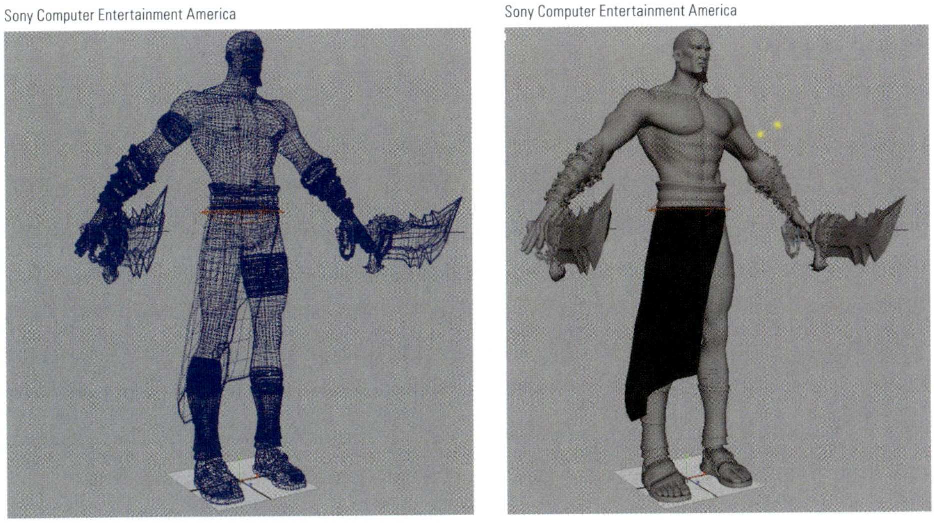

Modelos de Kratos, de *God of War*, em *wireframe* e com sombreamento plano.

A maioria dos programas 3D usa polígonos como elementos básicos porque essas formas geram uma ilusão de tridimensionalidade na superfície bidimensional da tela. O artista começa com um espaço tridimensional de tamanho infinito no computador, definido por seu centro (ou origem). A partir desse ponto, a distância é medida em três eixos: X (de lado a lado, ou horizontal), Y (para cima e para baixo, ou vertical) e Z (para a frente e para trás). Um ponto no espaço pode ser definido por seus valores X, Y e Z. Quando três pontos são definidos, o software do computador os une e preenche o espaço, criando um polígono. Os modelos são construídos unindo vários polígonos ao polígono inicial.

Diferentemente dos filmes e animações para televisão, os modelos tridimensionais nos games devem funcionar em tempo real. Os sistemas de computação gráfica, embora estejam se tornando mais poderosos, ainda impõem limites ao número de polígonos que podem ser movidos. Os modeladores tentam construir modelos eficientes com baixa quantidade de polígonos. À medida que a velocidade do hardware aumentam, os artistas podem trabalhar com mais polígonos, criando personagens com curvas menos angulares e mais detalhes.

Texturização

A *texturização* envolve a criação de texturas superficiais bidimensionais (por exemplo, pele e roupas), conhecidas como *mapas de textura*, que os modeladores aplicam às malhas de fios tridimensionais. Os mapas de textura são usados para dar complexidade à aparência física dos personagens. Ao aplicar texturas, é necessário recortar, remover e planificar as diferentes partes de um modelo para serem pintadas.[2] Alguns programas contêm um programa de pintura integrado que é usado pelos artistas para pintar diretamente sobre o modelo tridimensional. Além dos mapas de textura, há outros mapas que podem ser aplicados aos modelos. Para isso, são isoladas as áreas do modelo que contêm a propriedade do mapa, como reflexão, transparência, brilho e até irregularidades na superfície.

Animação

O movimento dos personagens é gerado por meio de *animação*. A princípio, a *animação rotoscópica* permitia que os movimentos de um ator fossem fotografados e tracejados para dar realismo ao movimento do personagem. Na maioria dos games 2D, a animação é restrita a pequenas áreas da tela que são controladas pelo jogador ou respondem a comandos emitidos pelo jogador. Essas pequenas áreas costumam ser chamadas de *sprites* e podem conter um personagem ou um objeto que se move sobre um fundo estático ou rolante. Os *sprites* são animados em sequências curtas que isolam uma ação individual executada pelo personagem. O processo de animação tridimensional é semelhante à animação quadro a quadro (*stop-frame*). Usando a técnica de *quadros-chave* (*keyframing*), o animador cria cada posição de um movimento e define quadros-chave sequenciais para gerar arquivos de animação.

2 Processo comumente denominado "abertura de malha" (N. T.).

A *captura de movimento*, em que o animador captura os movimentos de pessoas reais colocando marcadores em suas articulações, para monitorar, por intermédio de sensores, as variações de movimento e gerar dados de movimento, vem ganhando popularidade. Todas essas técnicas serão discutidas mais detalhadamente no Capítulo 10.

Mark Soderwall Fala Sobre o Desenvolvimento de Personagens para Games:::::

Mark Soderwall (Diretor de Arte Externo da LucasArts)

Mark Soderwall trabalha no setor de games há 14 anos. Nesse período, ele dirigiu e criou o conteúdo de arte e animação 2D/3D para mais de 21 títulos publicados. Sua carreira começou por acaso depois de vencer um concurso de Arte de Ficção e Fantasia na Califórnia no final da década de 1980, imediatamente após a conclusão do curso secundário. Um dos juízes do concurso era proprietário de um estúdio de games que criava conteúdo exclusivamente para o Nintendo Entertainment System (NES). Mark apaixonou-se por esse trabalho, acumulando experiência e compreensão criativa das ferramentas, técnicas e tecnologias gráficas para computador a cada título finalizado. Esse entusiasmo estimulou sua determinação de expandir os limites da arte e animação gráfica em computador em todas as empresas em que trabalhou na década subsequente. Ele ocupou cargos cobiçados em vários estúdios de desenvolvimento e publicação de produtos interativos no setor: diretor de arte na Virgin Interactive Entertainment, ilustrador sênior na Electronic Arts-Canada, diretor de arte sênior na Atari e, atualmente, diretor de arte externo da LucasArts. Para retribuir o que aprendeu, nas horas vagas Mark também é instrutor profissional de animação e composição avançada de personagens 3D em instituições de ensino como o Instituto de Arte da Califórnia em Orange County.

Há muitas características que diferenciam os personagens de games (daqueles de outras mídias). (...) Uma delas está relacionada aos personagens em um ambiente de game e à forma como se destacam do cenário, mantendo ao mesmo tempo uma complementaridade visual com a aparência e o estilo geral do game.

Como os personagens de um game geralmente precisam interagir com o ambiente (por exemplo, itens utilizáveis, personagens não jogadores), sempre há a preocupação de que eles se misturem ou se percam na cena, dificultando a diferenciação entre o avatar e os demais elementos pelo jogador.

Em um filme, é possível posicionar câmeras onde e quando necessário para manter o foco no personagem. Infelizmente, ambientes de game geralmente não podem se dar a esse luxo.

Técnicas como iluminação distintiva, cores contrastantes, efeitos de partículas e animações exclusivas podem ser aplicadas a um personagem de game para ajudar a diferenciá-lo e impedir que se torne indistinto ou se perca em ambientes complexos ou cenas com muitos personagens.

Capcom

Okami tem um estilo visual característico.

Estilo

Os personagens de um mundo de game geralmente são criados em um estilo compatível com a aparência geral do ambiente do game. (O ambiente será discutido mais detalhadamente no Capítulo 7.) Um personagem com estilo consistente ajuda a manter a harmonia do game. Por exemplo, em muitos games infantis o estilo do personagem pode ser descrito como "fofo". Em *Conker's Bad Fur Day*, personagens "fofos" foram transplantados para um game voltado para adultos — incluindo diálogo vulgar. A ironia funcionou com o público adulto. Se o contrário acontecesse — o vilão de um game para crianças aparecesse como um alienígena no estilo de H. R. Giger —, o resultado poderia aterrorizar o público infantil! Muitos artistas acreditam que devem copiar estilos populares para serem percebidos. Esse mito prevalece em todas as áreas de entretenimento — música, televisão, cinema — e não poderia ser mais falso. Expor-se a outros estilos de arte para games é uma maneira válida de aprender o ofício, mas o mais importante é ter um estilo próprio. Os estilos artísticos usados nos mundos de games serão discutidos mais detalhadamente no Capítulo 7.

Desenvolvimento Verbal do Personagem

A *narração*, o *monólogo* e o *diálogo* são formas de comentário, discussão ou interação verbal entre os personagens de um game. O uso da comunicação verbal em um game pode ocorrer por meio da narração (discutida no Capítulo 9) ou da superposição de texto na tela.

Narração

A *narração* refere-se especificamente aos comentários verbais feitos por um narrador no game. O narrador pode ser um dos personagens não jogador do game ou um personagem narrador especial, cuja única função é informar o jogador sobre a história anterior do game ou fornecer comentários isentos sobre os eventos que ocorrem no game. O narrador pode ou não aparecer visualmente na tela.

Vivendi Universal Games

Ubisoft Entertainment

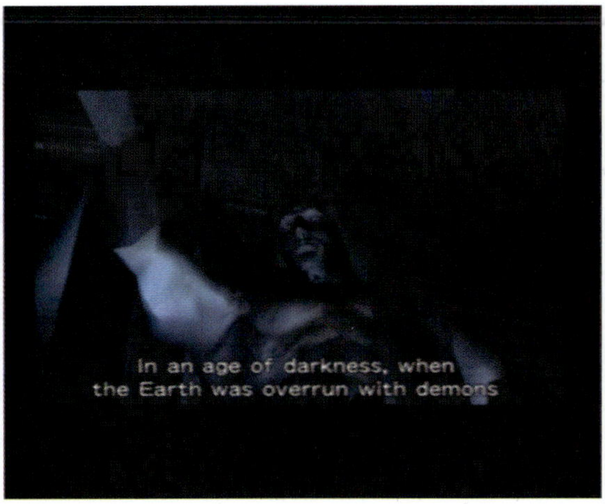

Escape from Butcher Bay é um bom exemplo de narrativa em primeira pessoa, ao passo que *Devil May Cry 2* contém narração de uma perspectiva de terceira pessoa.

Monólogo

Um *monólogo* geralmente é uma fala longa de um dos personagens de um game, com a finalidade de ilustrar as emoções e características de personalidade desse personagem ou revelar seus pensamentos mais secretos. Os solilóquios de Shakespeare — inclusive a angustiada fala do "ser ou não ser" de Hamlet — são exemplos de monólogo.

Diálogo

Tecnicamente, o *diálogo* refere-se à interação verbal entre duas pessoas. Nos games, porém, o termo é usado para designar as interações verbais entre qualquer número de personagens. Lembre-se de que os personagens *fazem parte* da história e não devem falar *sobre* ela. Os eventos que ocorrem na história são muito mais importantes do que aquilo que os personagens dizem. A finalidade do diálogo não se restringe à conversação. Vá até algum lugar público e tente ouvir uma conversa alheia. Provavelmente você demorará alguns momentos para entender o que está sendo discutido. Isso acontece porque a conversação está relacionada a um *contexto específico* e depende quase que totalmente das relações, da história pessoal, da personalidade e da motivação dos interlocutores. Nos games multijogador que permitem a interação dos jogadores por meio de seus personagens, o diálogo geralmente é mais contextualizado (e realista) porque os personagens são pessoas reais. Entretanto, esse tipo de diálogo, normalmente, não colabora para o progresso do game. De fato, como foi discutido nos Capítulos 3 e 4, as conversações durante o game, às vezes, não têm qualquer relação com o game em si. Os diálogos criados para os personagens não jogadores (NPCs), por outro lado, devem atender às finalidades descritas nas próximas seções.

Revelar o Personagem

O diálogo deve revelar o histórico do personagem — inclusive suas características físicas, sociais e de personalidade. (No final deste capítulo é discutida a incorporação dessas características a uma sinopse do personagem.) O texto do diálogo deve refletir o vocabulário específico e a escolha de palavras do personagem. Como cada personagem terá uma determinada maneira de falar, o diálogo dublado deverá refletir também certos padrões da fala, como tom, volume, ritmo, sotaque e eventuais anormalidades da fala (por exemplo, gagueira ou pronúncia defeituosa). Se um dos seus NPCs for uma pessoa impaciente, o dublador deverá falar rapidamente e em tom irritado.

> Kain, da série *Legacy of Kain*, é o meu personagem favorito. Além da voz, que ressoa em minha cabeça, ele é a encarnação perfeita do anti-herói com uma mente e uma presença cativantes.
>
> *— Adam Garner (estudante de Arte e Design de Games)*

Revelar Emoções

O diálogo pode refletir qualquer emoção: raiva, tristeza, alegria, desapontamento, excitação. É importante entender como cada personagem poderá expressar qualquer dessas emoções. Se um personagem impaciente está sempre impaciente, como você mudaria seu tom de voz para indicar que ele está furioso ou *extremamente* impaciente?

Avançar a Trama

O enredo do game pode evoluir por meio de conversações entre os personagens, mas esse método parece forçado. O método preferencial para avançar a trama é a narração. Alguns games tornam-se cansativos quando os jogadores precisam aturar diálogos intermináveis entre os personagens explicando o que está acontecendo na história. Uma alternativa melhor pode ser o uso de texto escrito ou de um narrador para manter os jogadores informados sobre o enredo. Alguns diálogos bem escritos entre os personagens podem avançar o enredo de maneira brilhante, mas isso requer muita sutileza e um bocado de prática.

Revelar Conflitos

Um diálogo pode revelar a existência de algum conflito entre os personagens de um game. Entretanto, uma maneira muito melhor de lidar com conflitos é expressá-los por meio das ações dos personagens. Isso será discutido mais detalhadamente no Capítulo 6.

Estabelecer Relacionamentos

O diálogo pode ajudar a estabelecer os relacionamentos entre os personagens. Quando não é bem escrito, porém, o resultado pode ser desastroso. Talvez você já tenha se deparado com diálogos forçados em games, como aqueles em que os personagens dizem coisas como:

"Lembre-se, você é meu irmão!" ou "Irmão John, ..." para deixar claro ao jogador que os personagens são irmãos.

Comentário sobre a Ação

Alguns diálogos existem para que os personagens possam comentar ou reagir à ação do game. Esses diálogos devem ser escritos com sutileza para evitar bobagens como "Ui, isso doeu!" (a menos que seja um momento cômico) ou "Por que você acha que Mary bateu em Bill?".

Sony Computer Entertainment America

5a.) Plano médio curto — Parte traseira do barco. Escultura de madeira de Atena ocupando a parte traseira do barco.

5b.) Close — Olhos da estátua abrem-se com um brilho.

CORTA PARA:
Ext. Barco/tenda — CONTÍNUO

6.) Plano médio — Exterior da tenda (outro lado). Kratos abre bruscamente a aba da tenda, parecendo muito irritado. Ele sai para a parte traseira do barco.

KRATOS
Dez anos, Atena! Venho servindo os deuses fielmente há dez anos! Quando você cumprirá sua promessa? Quando ficarei livre dessas visões?

CORTA PARA:
7.) Plano médio/longo — Vista lateral do barco. Kratos à frente da estátua de Atena, conversando com ela.

ATENA
Logo, Kratos, mas primeiro você terá de navegar até Atenas, que está sendo cercada neste momento por meu irmão Ares.

CORTA PARA:
KRATOS
Ares é um deus. Zeus não pode ajudá-la?

Este roteiro de *God of War* é um exemplo de exposição reveladora por meio de uma discussão.

Diálogo em *Earth & Beyond*

Electronic Arts Inc.

Este trecho de diálogo de Loric (um NPC) mostra especificamente como o diálogo em games difere de um roteiro para cinema. Os projetistas de games devem prever todas as possíveis escolhas do jogador em um diálogo. Observe que o trecho a seguir pode ser lido mais como um "mapa" dessas escolhas possíveis (de maneira semelhante à árvore da história discutida no Capítulo 4). A parte de Loric no diálogo é muito mais extensa, revelando a personalidade e o estado de espírito do personagem e avançando a história. As falas do jogador, por outro lado, são lacônicas, representando escolhas em vez de revelar sua personalidade (que não pode ser adivinhada pelo projetista). O script pode ser lido como um fluxograma — com instruções "se/então" aplicadas às respostas do jogador. "Se" o jogador escolher a resposta A, "então" Loric dirá o seguinte:

```
                LORIC                         005T
   Deixe para lá. Por que imitar os Antigos e seu
   exemplo celestial se você pode ficar na Estação
   Terra, tomar uma Coca e entediar-se mortalmente?
   Por que sonhar se você pode se desligar? Você
   sabe? Você acha que deWinter está fazendo alguma
   coisa com o ar daqui?

[Se o Jogador responder:]

                        JOGADOR
   Não sei.

                LORIC                         006T
   Respire fundo. Vá em frente. Parece que há alguma
   coisa nele. É como se ela estivesse desesperada
   para que nós achássemos maravilhoso. Ela é dona
   do ar, você sabe.

[Continuar depois de 005]

[Se o Jogador responder:]

                        JOGADOR
   Sim.

                LORIC                         007T
   Eu também acho que sim. Acho que ela está mudando
   as coisas. Coisas que a maioria das pessoas
   considera normais, como o ar. Você sabe há quanto
   tempo não respiro ar puro? Sabe há quanto tempo?
```

```
                LORIC                          008T
        Ah, esqueça. Preciso de dinheiro para ir até
        Deneb. São só dez créditos. Você pode me ajudar?

    [Se o Jogador responder:]

                        JOGADOR
    Esqueça.

                LORIC                          009T
        Só quero ir a algum lugar que não pertença a
        ninguém ou onde nem tudo foi comprado e vendido.
        O que são dez créditos para você?

    [Continuar depois de 008]

    [Se o Jogador responder:]

                        JOGADOR
        Acho que dez créditos não vão me fazer falta...

                LORIC                          010T
        Você fez a escolha certa. Seja generoso com
        os aventureiros, pois você nunca sabe quando
        também será um.

                LORIC                          011T

        Quando chegar lá, eu me lembrarei de você.
        Lembrarei-me de você e de outras pessoas como
        você. Lá serei diferente. Melhor. Tenho certeza.

    [Continuar depois de 009]
```

Movimento

Há várias formas de movimento que devem ser consideradas para todos os personagens.

Midway Games

Personagens de *Mortal Kombat: Shaolin Monks* em posição de combate.

Assinatura

Um movimento de *assinatura* é um movimento de ação (geralmente um gesto) que demonstra a personalidade e o tipo do personagem. Quando um personagem antagonista (digamos, um monstro de garras afiadas) deve despertar medo no jogador, é aconselhável incluir um movimento de assinatura que pareça assustador — por exemplo, fazer o monstro retalhar todos os objetos à sua frente com suas garras.

Sony Computer Entertainment America

Os ciclos de caminhada de Jak e Daxter refletem suas respectivas personalidades.

Ocioso

Um movimento *ocioso* ocorre quando o personagem está "esperando" que algo aconteça — geralmente que o jogador tome alguma decisão relacionada ao personagem. Às vezes, esses movimentos, podem ser cômicos. Leisure Suit Larry, por exemplo, prende a respiração e muda de cor enquanto espera o jogador retomar o controle.

Ciclo de Caminhada

O *ciclo de caminhada* é a ação mais básica do personagem e revela muito sobre sua personalidade. Por exemplo, o ciclo de caminhada confortável, mas dinâmico, de Mario ilustra sua natureza amigável. A importância de refletir os atributos do personagem por meio do movimento não pode ser subestimada. Como foi discutido anteriormente, a captura do movimento é uma das maneiras de se fazer isso.

Antecedentes, História e Evolução

Os antecedentes sociais do personagem incluem raça, religião, classe, vida doméstica, educação, ocupação, habilidades, relacionamentos com outros personagens, inclinações políticas e passatempos. O conceito de evolução do personagem faz parte da história do game, da história do personagem e do conceito de controle pelo jogador discutido no Capítulo 4.

Transformar-se em Outra Pessoa

Muitos MMOGs permitem que os jogadores criem perfis personalizados de personagens. O perfil é um conjunto de atributos associados ao personagem, como nome, sexo, idade, vestuário e cor da pele/dos olhos/dos cabelos. A adoção de personagens do sexo oposto ao do jogador tornou-se prática comum nesses games, permitindo que os jogadores assumam identidades que não têm como explorar no mundo real.

Classe e Raça

Em muitos games, certos atributos do personagem, como classe e raça, podem ser escolhidos pelo jogador. O MMOG *EverQuest*, por exemplo, permite que os jogadores escolham 14 atributos diferentes, cada um dos quais associado a um nível de habilidade específico. Estes são alguns exemplos de games on-line e suas respectivas classes ou raças:

- *World of Warcraft*: humano, *orc* ou *tauren*
- *Allegiance*: Iron Coalition, Gigacorp, Bios, Belters ou Rixian Unity
- *Starcraft*: Terráqueo, Zerg ou Protoss
- *Return to Castle Wolfenstein*: soldado, médico, engenheiro ou tenente

Blizzard Entertainment, Inc.

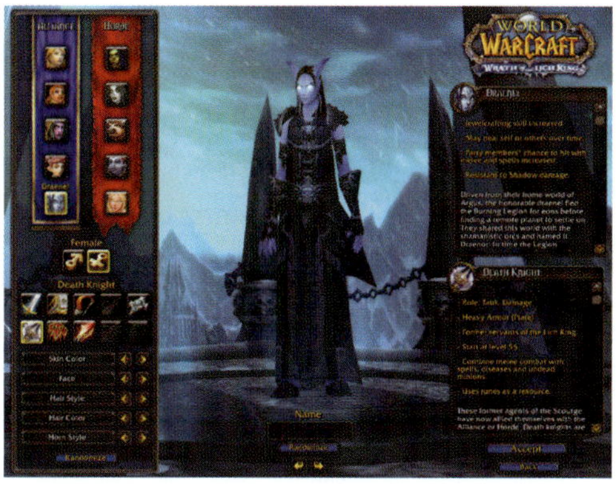

Opções de criação de personagem em *World of Warcraft*.

Habilidade

O progresso do personagem normalmente ocorre por meio de um aumento das suas estatísticas, como força, experiência e habilidade. Os personagens de classes ou raças específicas geralmente são subdivididos em diferentes níveis de habilidade. Um lutador pode ter mais habilidade com uma espada, e outro, com um arco. A maioria dos personagens de games tem pelo menos uma habilidade ou poder especial que os distingue. Se seu personagem corresponde ao arquétipo do herói, crie uma habilidade que satisfaça uma fantasia. Por exemplo, examinemos alguns super-heróis clássicos: o Super--Homem tem visão de raio-X e consegue voar "mais rápido que uma bala". O Homem Aranha pode subir pelas paredes e tem uma intuição excepcionalmente poderosa (sentido da aranha).

Sony Computer Entertainment America

Upgrades disponíveis em *God of War*.

Descrição do Personagem

O primeiro passo do desenvolvimento de personagens é escrever uma *descrição* (também conhecida como *sinopse do personagem*) para cada personagem importante. A descrição é um breve resumo da sua vida. A finalidade da elaboração de uma descrição é explorar profundamente cada personagem para compreender de onde ele vem e quem ele é. Pense nos seus personagens como se fossem pessoas reais. (Mesmo que sejam criaturas de fantasia ou monstros, tente dar a eles algumas características humanas.) Como reagiriam ou se comportariam em situações que não têm qualquer relação com sua história? Como eles se relacionariam com outras pessoas no mundo real? Os detalhes de uma boa sinopse de personagem incluem todos os elementos discutidos neste capítulo, como os seguintes:

- Nome
- Tipo (classe, raça, arquétipo, fantástico/mítico/histórico)
- Sexo/idade
- Aparência física (tipo corporal, altura, cor/estilo dos cabelos, cor dos olhos, tom da pele, roupa, esquema de cores, postura característica, perfil, gestos, expressões faciais, marcas distintivas)
- Antecedentes e história
- Características de personalidade (que devem se refletir na aparência física do personagem: estado de espírito, motivação, tiques nervosos, movimentos ociosos)
- Características vocais (tom e ritmo da fala)
- Relevância para a sinopse da história

Esta é uma descrição do personagem Ariad de *Earth & Beyond*:

> *Ariad: Líder dos Mercadores Jenquai. Jovem, às vezes, parece um tanto superficial, mas é um disfarce para uma negociadora astuta. Ariad pode fisicamente ser descrita como leve, etérea, harmoniosa, quase uma sílfide. Como é usual entre os Jenquai, passou toda a vida em baixa gravidade. É extremamente alta e magra, com dedos longos e membros frágeis e precisos. É extraordinariamente graciosa. Mais artista que comerciante, ela considera o comércio um veículo para atingir a verdade, a ordem e a beleza. Geralmente se veste de maneira simples, mas elegante, usando como adornos uma ou duas bijuterias de beleza inigualável. Tem pouco menos de 30 anos de idade.*

Tendo concluído a sinopse do personagem, resuma a aparência física, os traços de personalidade e a relevância de cada personagem para a história em poucos parágrafos. Use um parágrafo por personagem e identifique cada personagem pelo nome. As sinopses de personagem e os resumos podem ser incorporados à documentação como parte do processo de planejamento. Isso será discutido detalhadamente no Capítulo 11.

Agora que você já aprendeu os fundamentos do desenvolvimento da história do game e dos personagens, chegou o momento de examinar aquele que provavelmente é o aspecto mais distintivo de um game: o *modo de jogar* propriamente dito. O próximo capítulo concentra-se naquilo que os jogadores realmente *fazem* quando jogam um game.

: : :REVISÃO DO CAPÍTULO: : :

1. Como os jogadores podem se identificar com seus avatares durante um game? Qual é a importância da capacidade de personalizar um personagem de jogador? Se você tivesse de criar um personagem baseado em si próprio, que características ele teria?

2. Como os personagens se desenvolvem nos games? Discuta todos os aspectos do desenvolvimento do personagem e associe-os à estrutura da história.

3. Escolha um arquétipo de personagem e discuta sua importância. Por que arquétipos como esse são usados em games, filmes e outras mídias?

4. Cite três dos seus personagens favoritos de games. Por que você gosta desses personagens? Quais são seus tipos e arquétipos de personagem?

5. Se tivesse de criar um personagem baseado em si próprio, qual seria sua aparência? Descreva-se em termos de um personagem de game. Quais são suas características físicas e de personalidade, seus objetivos, seus pontos fortes e fracos, suas preferências e antipatias, seu estado de espírito geral? Discuta outros personagens que poderiam aparecer no game. (*Observação:* esses personagens não precisam necessariamente ser seus aliados; eles podem representar obstáculos que o impedem de atingir seus objetivos.)

6. Crie um nome para um personagem original. Associe o nome às características físicas e de personalidade do personagem. Como o nome do personagem está relacionado ao gênero do game e à forma como ele é jogado?

7. Descreva três personagens associados a uma ideia de um game original. Pelo menos um deles deve ser um personagem de jogador. Que elementos você incluiria em suas descrições dos personagens e como os personagens de jogador e não jogadores difeririam?

8. Como você distinguiria o personagem de jogador principal no ambiente do game? Escolha um dos seus personagens originais e discuta três maneiras específicas de garantir que os jogadores sempre consigam detectar facilmente onde ele está e o que está fazendo.

9. Como as características visuais de um game refletem a personalidade do personagem? Discuta como você usaria o perfil, as expressões faciais, os gestos, as posturas, o vestuário, os movimentos do personagem, o esquema de cores e até os objetos associados para refletir a personalidade de um dos personagens originais que você criou.

10. Utilizando a história original para um game que você criou no Capítulo 4, construa uma cena com cinco páginas envolvendo pelo menos dois dos personagens descritos no exercício anterior. A cena deverá incluir pelo menos um personagem de jogador e um personagem não jogador. Como você diferenciaria as partes do diálogo escritas para os personagens de jogador e os NPCs? (*Observação:* você não está escrevendo uma cena linear, mas uma em que o jogador ainda controla o avatar.)

CAPÍTULO

6

Jogabilidade:

criando a experiência

Perguntas-chave do Capítulo

- Como os desafios e estratégias de um game estão associados à jogabilidade?
- O que são modos de interatividade e como estão relacionados à jogabilidade?
- Qual é a relação entre jogabilidade e história?
- Qual é a diferença entre equilíbrio estático e dinâmico?
- Como o Dilema do Prisioneiro e a tragédia dos comuns podem ser aplicados ao modo cooperativo de jogar?

O que diferencia os games de outros tipos de mídia? Pode-se argumentar que os games oferecem mais interatividade que outras mídias. No Capítulo 2, discutimos o que motiva as pessoas a jogar games. Você percebeu que a maioria das razões, se não todas, tinha algo a ver com o processo concreto de jogar o game? Os jogadores parecem associar suas motivações à realização ou participação em alguma atividade. No Capítulo 4, você aprendeu que a jogabilidade é, na verdade, um recurso narrativo exclusivo do desenvolvimento de games. A experiência de jogar o game é o que realmente permite que a história se desenrole.

Se quiser ler mais sobre esse assunto, consulte o livro *Gameplay Mechanics* (Dunniway/Novak), parte da série *Game Development Essentials*, publicada pela Cengage Learning.

Regras do Jogo

A *jogabilidade* pode ser definida como as escolhas, os desafios ou as consequências enfrentados pelos jogadores ao navegar em um ambiente virtual. Agora que você compreende alguns dos elementos básicos da estrutura narrativa e do desenvolvimento dos personagens, aplique-os à jogabilidade. Pense em como os desafios em um game geralmente estão interconectados, quase como se representassem diferentes eventos da narrativa de uma história. Para cada desafio (ou evento da narrativa), considere as muitas estratégias que podem ser utilizadas por um jogador (ou um personagem da história) para superá-lo. Pode-se argumentar que a jogabilidade é o que torna um game verdadeiramente interessante.

Todos os games têm regras. Mesmo o primeiro game popular para fliperama, *Pong*, tinha instruções simples: "Use o controlador para acertar a bola e obter um placar elevado". Muitos games contêm regras muito mais complicadas. Essas regras são documentadas em um manual de instruções (e, frequentemente, também na tela) para auxiliar o jogador. Nos games mais complicados, guias de estratégia com dicas do jogo podem ser adquiridos separadamente pelos jogadores. Em geral, porém, os jogadores tendem a recorrer aos tutoriais disponíveis no próprio game — e os desenvolvedores encontraram maneiras engenhosas de incluir modos de tutorial imersivos, que usam a história e os personagens do game, para ajudar a "treinar" novos jogadores. As regras de um game também definem as ações ou os movimentos que os jogadores podem fazer (bem como os que não podem). Para formular as regras de um game, é importante compreender primeiramente as condições ou os termos dele. As regras do game devem ser comunicadas aos jogadores. Embora isso possa ser feito por meio de tutoriais e dicas dentro do próprio game, geralmente sem acompanhamento de um manual de instruções.

Jogabilidade *é* a História

Jogabilidade e história são a mesma coisa. Os melhores sistemas de games contam uma história por meio do próprio sistema. Acertamos na mosca quando há uma confluência entre as metas de jogabilidade e os objetivos emocionais da história.

— *Chris Klug (Diretor de Criação da Cheyenne Mountain Entertainment)*

Condições de Vitória

As *condições de vitória* definem como um game pode ser vencido pelos jogadores. Só há um único vencedor ou pode haver vários? O que o jogador precisa fazer para vencer? O jogador precisa resgatar um membro da família sequestrado, matar um dragão, salvar a comunidade de uma epidemia, derrotar uma raça alienígena ou solucionar o mistério da morte de um amigo? Em que ponto do game pode-se afirmar que essa condição de vitória foi satisfeita? No clássico jogo *Batalha Naval*, para duas pessoas, você sabe que ganhou quando seu adversário diz: "Você afundou meu porta-aviões!"

A Linguagem Dinâmica dos Games

Só a contribuição ativa dos jogadores pode determinar o resultado final do game, a especificidade da experiência. Tenho notado que os alunos têm grande dificuldade para assimilar esse aspecto do design de games: o fato de que as decisões do jogador alteram intrinsecamente a natureza do que criaram. Porém, quando compreendem isso e começam a pensar nos games como uma linguagem dinâmica, em vez de tentar impor uma experiência específica aos jogadores, eles percebem como esse tipo de entretenimento pode ser fascinante — tanto para os jogadores como para os designers.

— Tracy Fullerton (Professora Assistente, Diretora Adjunta da Escola de Artes Cinemáticas da USC, Laboratório de Inovação em Games da Electronic Arts)

Allen Varney Fala Sobre a Importância da Jogabilidade:::::

Allen Varney
(designer e escritor)

Allen Varney é um escritor independente e designer de games residente em Austin, Texas. Além de seu trabalho como designer de games para computador para a Origin Systems, Looking Glass e Interplay, Allen projetou uma simulação on-line de liderança empresarial — *Executive Challenge* — que já foi utilizada por importantes empresas e escolas de administração em todo o país. No setor de RPGs baseado em papel e dados, Allen é mais conhecido como o designer da edição de 2004 do clássico *Paranoia*, um RPG satírico de ficção científica.

Um bom design de game define e explora um limite instável entre espaços decisórios. Existem atualmente categorias inteiras de games para computador que, seduzidos pelos gráficos 3D, minimizam as decisões interessantes sobre jogabilidade em favor da exploração ambiental ou de uma narrativa minimamente interativa. São excelentes itens de recreação, mas não são games. Embora muitos usuários de RPGs on-line apreciem o trabalho monótono de concluir um nível como uma atividade recreativa comparável à poda de plantas por pessoas que gostam de estar ao ar livre (como observou Raph Koster), essa "jogabilidade" não contribui muito para a disciplina de design de games.

Muitos games de quebra-cabeça não têm uma condição de vitória. Em *Tetris*, o game simplesmente se torna cada vez mais difícil até que o jogador decida parar. Qualquer noção de vitória provém da comparação da sua pontuação no game com a de outros. (Isso é semelhante à técnica das melhores pontuações utilizada nos jogos de fliperama.) As simulações de processos frequentemente não têm qualquer condição de vitória explícita, mas a capacidade de melhorar o desempenho de seus recursos durante o game é, sem dúvida, um tipo de vitória em progresso. Em *The Sims*, você mantém uma condição de vitória enquanto seu Sim não morre. Múltiplas condições de vitória podem ser incorporadas a um game para permitir que seja

Midway Games

Indicador de vitória em *Mortal Kombat*: Armageddon.

Konami Digital Entertainment

Indicador de derrota em *Karaoke Revolution Party*.

jogado repetidamente e para atrair jogadores com diferentes estilos. Por exemplo, em *Civilization IV*, duas das condições de vitória são conquistar o mundo (o que atrai os aficionados por combate estratégico) e atingir uma cultura dominante (o que atrai os jogadores que preferem atividades de construção e administração).

Condições de Derrota

As *condições de derrota* especificam como os jogadores perdem um game. Há dois tipos de condições de derrota: *implícitas* e *explícitas*. Perder porque você não foi o primeiro a obter a vitória é uma condição de derrota *implícita* comum nos games em que o jogador compete contra outros jogadores ou contra personagens não jogadores (NPCs). Perder porque seu personagem morreu ou seus recursos vitais se exauriram é uma condição de derrota *explícita* comum nos games de construção e administração, como as simulações de processos.

Modos de Interatividade

O conceito de *interatividade* foi introduzido no Capítulo 4 como um elemento narrativo dos games. Há vários tipos de interatividade que afetam a jogabilidade. Em cada um desses modos, o elemento interativo origina-se do jogador, o que demonstra a importância das decisões do jogador no processo do jogo.

Jogador-Game

No Capítulo 3, foram descritos os modos de jogador associados ao número de participantes de um game. No modo monojogador, o usuário interage somente com o próprio game e sua plataforma. Embora possam exibir muitas características humanas (e o jogador possa, ocasionalmente, acreditar que *são* humanos!), os personagens não jogadores são gerados por um sistema de inteligência artificial (IA). A interatividade *jogador-game* é uma forma extremamente comum de interatividade, especialmente quando está associada ao modo monojogador. Esse tipo de interatividade envolve questões como representação espacial, mapeamento, ambiente, atmosfera e conteúdo do game. Os games multijogador que usam o modo de interatividade jogador--game são, na verdade, games monojogador expandidos, porque não há interação entre os jogadores (por exemplo, *Bingo*).

Take-Two Interactive Software, Inc

A interatividade jogador-game descreve como o jogador interage com o ambiente do game (como em *Grand Theft Auto*: *Vice City*).

Jogador-Jogador

No modo multijogador, os jogadores interagem não apenas com o próprio game, mas também entre si. A interatividade *jogador-jogador* é a conexão entre os jogadores: como eles se comunicam entre si e as formas como jogam o game juntos (que podem incluir comportamentos cooperativos ou competitivos). Como vimos com os MMOGs, os desenvolvedores só podem criar o *potencial* de interatividade jogador-jogador, porque não é fácil prever como os jogadores interagirão durante o game. A competição entre os jogadores pode ser estruturada de diversas maneiras. A competição jogador-contra--jogador é comum em games de luta e jogos de tabuleiro clássicos, como o xadrez. Na competição *unilateral*, dois ou mais jogadores competem contra um único jogador (por exemplo, nos jogos infantis de pique ou queimada). No jogo de tabuleiro *Detetive*, um dos jogadores é o criminoso e os demais são detetives. O jogo mantém o equilíbrio entre o criminoso e o grupo de detetives; o criminoso tem todas as informações associadas ao jogo, enquanto os detetives cooperam entre si como um grupo para apanhá--lo. A competição *multilateral* envolve três ou mais jogadores que competem diretamente entre si (por exemplo, *Banco Imobiliário*). Esse é o padrão adotado na maioria dos games multijogador. Entretanto, muitos MMOGs — como *EverQuest* — permitem que os jogadores

Bungie Studios

A interatividade jogador-jogador em equipes ocorre em games como *Halo 2*.

cooperem entre si, formando equipes ou guildas, enquanto competem contra personagens não jogadores (NPCs). (A tensão entre cooperação e competição será explorada mais adiante neste capítulo.) Os esportes coletivos tradicionais, como futebol, basquete e vôlei, baseiam-se na competição entre *equipes*, com grupos iguais de jogadores competindo entre si.

Jogador-Desenvolvedor

Também é possível que os jogadores interajam com as próprias pessoas que desenvolveram o game. A interatividade *jogador-desenvolvedor* geralmente ocorre por meio de salas de bate-papo e fóruns de discussão disponíveis no site do game. Muitos desenvolvedores acompanham com atenção os comentários e preocupações dos jogadores e até participam diretamente das conversações.

Jogador-Plataforma

O modo de interatividade *jogador-plataforma* é a conexão entre um jogador e o hardware e software da plataforma do game. As questões relacionadas à interatividade jogador-plataforma incluem os recursos gráficos ou de áudio do sistema, os dispositivos de controle, a memória, a bateria e a capacidade de armazenagem.

Blizzard Entertainment, Inc.

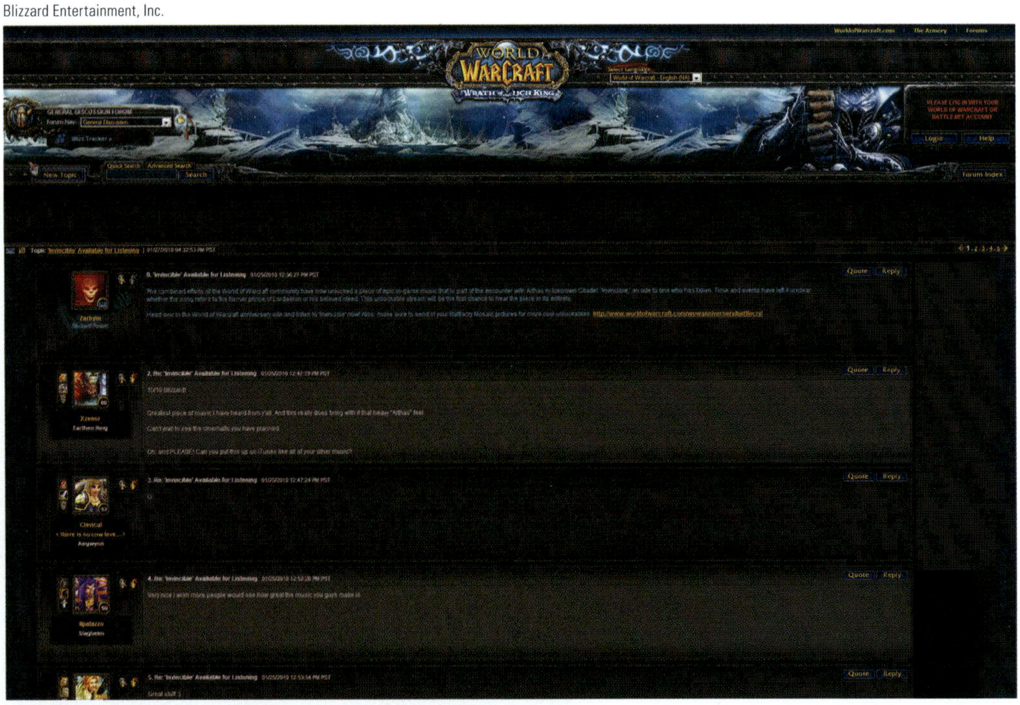

A interatividade jogador-desenvolvedor ocorre nos fóruns oficiais de jogadores, como neste do game *World of Warcraft*.

Nintendo

A interatividade jogador-plataforma refere-se a como os jogadores interagem com os dispositivos de entrada de dados do game, como o controlador do Wii ("Wiimote").

Teoria dos Jogos

Boa parte da jogabilidade consiste na aplicação da *teoria dos jogos* clássica, que descreve os tipos de conflitos existentes nos jogos e a forma como os jogadores podem responder a esses conflitos. A teoria dos jogos é aplicável a games que contêm dois ou mais oponentes. (Um desses oponentes pode ser um NPC que não é controlado por um jogador, mas pelo próprio game.) A compreensão de alguns elementos básicos da teoria dos jogos pode ajudá-lo a garantir que o jogador sinta-se desafiado ao jogar o game. Esses desafios são estreitamente ligados ao enredo da história, e ambos intensificam a tensão dramática do game.

Soma Zero

Jogos de *soma zero* são aqueles em que os interesses dos jogadores são completamente opostos. No xadrez, por exemplo, o objetivo de ambos os jogadores é vencer o jogo. Como só pode haver um vencedor, é impossível que ambos os jogadores eventualmente obtenham o que desejam. Portanto, os jogos de soma zero só podem incorporar o comportamento *competitivo*.

Soma Não Zero

BioWare Corp.

Neverwinter Nights: *Hordes of the Underdark* é um game de soma não zero.

Os jogos de *soma não zero* envolvem situações em que os jogadores *não* têm interesses completamente opostos. Isso é comum nos MMOGs, em que os jogadores formam equipes ou guildas para competir contra NPCs. Nesse caso, os jogadores estão *cooperando* entre si (enquanto *competem* contra inimigos comuns). O cenário torna-se mais complicado quando os jogadores são considerados inimigos, mas devem cooperar entre si para vencer o jogo.

Embora à primeira vista isso possa parecer bastante incomum, trata-se de uma situação corriqueira na vida real. Por exemplo, empresas concorrentes frequentemente cooperam entre si para atingir suas respectivas metas. Por que os shopping centers têm mais de uma loja de departamentos? Uma combinação de cooperação e competição (conhecida como *coopetition*) descreve esse tipo de comportamento.

No jogo de tabuleiro *Lord of the Rings*, criado pelo designer Reiner Knizia, os jogadores (como hobbits) simultaneamente competem e cooperam entre si. Embora somente um hobbit possa vencer o jogo, nenhum deles vencerá se Sauron (representado por uma peça negra com um ameaçador "olho" vermelho) chegar suficientemente perto dos demais para roubar o anel. A estrutura desse jogo explora a tensão entre cooperação e competição.

Dilema do Prisioneiro

O exemplo clássico da teoria dos jogos conhecido como *Dilema do Prisioneiro* ilustra o que acontece quando todos os jogadores tentam competir entre si em uma situação de soma não zero. Como você verá, o resultado pode ser desastroso para todos.

No *Dilema do Prisioneiro*, há dois jogadores envolvidos. Você e seu comparsa são presos por suspeita de furto, mas as autoridades não têm nenhuma prova. Cada um é colocado em uma cela e interrogado. Um acordo é oferecido a ambos: se você denunciar seu parceiro, será libertado. Se não cooperar, as autoridades ameaçam prendê-lo por cinco anos. Como foi separado do seu parceiro, você não sabe se algum acordo foi oferecido a ele e qual seria o teor desse acordo. Você tem duas opções: cooperar com seu parceiro e manter a boca fechada ou competir com ele e denunciá-lo. Sem dispor de qualquer informação adicional, que opção você escolheria?

O que aconteceria se ambos decidissem denunciar-se mutuamente? Ambos seriam libertados? Isso não faz muito sentido para as autoridades. E se ambos decidissem proteger um ao outro mantendo-se em silêncio? Isso significaria que ambos serão aprisionados por cinco anos? Como isso pode ser possível, se nenhum dos dois confessou o crime? Há quatro desfechos possíveis para esse dilema, dependendo de como você e seu parceiro decidam responder:

Diagrama criado por Per Olin

		Seu Parceiro	
		Permanece Quieto	Acusa
Você	Permanece Quieto	1 ano	5 anos
	Acusa	0 ano	3 anos

A matriz de resultados do *Dilema do Prisioneiro* mostra quatro desfechos possíveis.

Recompensa: ambos são recompensados por cooperar um com o outro. (Como nenhum dos dois confessou o furto, as autoridades não podem provar que um dos dois cometeu o crime.) Ambos são pressionados pelas autoridades por um ano, até que elas finalmente desistem (ou vocês são mantidos presos pelo maior tempo possível até que seus advogados consigam libertá-los!). Ambos ganham três pontos.

Punição: ambos são punidos por se denunciarem mutuamente. (As autoridades agora sabem que ambos estavam envolvidos.) Vocês não terão de permanecer presos por cinco anos, mas três anos é uma punição suficiente! Ambos ganham apenas um ponto.

Tentação: você decide abrir a boca, mas seu parceiro se mantém em silêncio. (As autoridades obtêm o que queriam para condenar seu parceiro.) Esse é o melhor resultado para você pessoalmente, mas seu parceiro é penalizado. Você está livre e ganha cinco pontos.

Derrota: você decide se manter em silêncio, mas seu parceiro o acusa. (As autoridades obtêm o que queriam para condenar você.) Esse é o pior desfecho possível para você, mas seu parceiro é colocado em liberdade. Você ficará preso por cinco anos. Você não ganha nada — zero ponto.

Tribes 2 ainda é meu game favorito de todos os tempos. Ele tinha uma combinação perfeita de jogo em equipe, narrativa, estratégia e ação para me manter grudado no teclado.

— Chris Lenhart (bacharel em Arte e Design de Games)

Cada jogador tem duas opções [cooperar/manter-se em silêncio (C) ou desertar/acusar o parceiro (D)], mas terá de fazer sua escolha sem saber o que o outro decidirá. Se um jogador escolher D, ganhará um ou cinco pontos. Se um jogador escolher C, ganhará zero ou três pontos. Se ambos escolherem D, o resultado para ambos será pior do que se tivessem escolhido C.

O cenário descrito ilustra um "turno" em um game que pode ter muitos turnos possíveis. Um game desse tipo também poderia ser jogado em tempo real, com ambos os jogadores registrando simultaneamente suas decisões. O que você acha que aconteceria inicialmente? E se um dos jogadores for traído pelo outro no primeiro turno? Talvez o jogador que acabou de perder cinco anos pense: "Com certeza não vou cooperar da próxima vez!". Quando um jogador toma a mesma decisão que o outro tomou no turno anterior, está adotando uma estratégia conhecida como *olho por olho*. Essa estratégia pode persistir indefinidamente até que ambos os jogadores estejam competindo sistematicamente entre si (e perdendo três pontos por turno). O contrário também pode acontecer: um jogador arrisca-se a cooperar com o outro, que o acompanha e também coopera.

> *Project Eden*, para o Playstation 2, é meu jogo eletrônico favorito de todos os tempos. A jogabilidade era bastante inovadora. Você controlava quatro personagens, cada um com um talento especial para ajudá-lo a passar pelos diferentes níveis do game. Os gráficos do game não tinham nada de excepcional, mas, entre um game divertido e outro com gráficos excelentes, sempre fico com o primeiro.
>
> *— Brian McCabe (estudante de Arte e Design de Games)*

Uma variação da estratégia de *olho por olho* é conhecida como *olho por dois olhos*. Nessa variação, o jogador tende a copiar a estratégia de seu oponente apenas quando ele a utiliza duas vezes seguidas. Digamos que o Jogador A tenha cooperado inicialmente, enquanto Jogador B desertou. Talvez o Jogador A pense: "Não vou ser enganado outra vez", mas reconsidere sua decisão e conceda ao Jogador B mais uma oportunidade de cooperar. Se o Jogador B desertar novamente (duas vezes seguidas — ou "dois olhos"), o Jogador A subsequentemente copiará sua estratégia e desertará na terceira vez. Porém, se o Jogador B tivesse cooperado, o Jogador A teria continuado a cooperar.

Tragédia dos Comuns

Um problema relacionado na teoria dos jogos é conhecido como a *tragédia dos comuns*. Trata-se de uma armadilha social em que uma decisão racional, baseada nos recursos disponíveis, produz um resultado irracional. Em um exemplo do mundo real, digamos que você perceba um resgate de acidente no outro lado da rodovia e reduza a velocidade para ver melhor. Essa é uma decisão racional que satisfaz sua curiosidade e não prejudica ninguém. Entretanto, para ver o acidente, você tem de reduzir a velocidade e dirigir abaixo do limite da rodovia. Ao fazer isso, você alerta outros carros atrás de você para fazerem o mesmo e altera o fluxo do tráfego. Se *todos* atrás de você seguirem sua indicação e fizerem o mesmo, o resultado poderá ser um "desastre" coletivo (um enorme congestionamento).

Da mesma forma, a decisão racional de não votar em uma eleição não prejudica ninguém. Que diferença um único voto pode fazer? Entretanto, se *todos* tomassem essa mesma decisão racional, não haveria eleição.

Embora outros games possam caprichar nos gráficos, os games da série *Zelda* sempre compensaram isso com a jogabilidade. Além de haver um mundo enorme em que você pode viajar, em vez de simplesmente sumir de um lugar e aparecer em outro, eles também proporcionam muitos NPCs com quem você pode conversar, missões para serem cumpridas e variações nas respostas dos NPCs. Há também inúmeras atividades secundárias que tornam o game mais interessante, como explorar, procurar entradas secretas, bater em objetos aleatórios para ver se há alguma reação e simplesmente testar os limites do game em geral.

— *Lisa Hathaway (bacharel em Arte e Design de Games)*

Nos games que envolvem sistemas fechados com recursos limitados, os jogadores podem amealhar todos os recursos para si próprios, gerando inflação e uma economia desequilibrada.

Tipos de Desafios

A jogabilidade envolve uma série de *desafios* interligados. Os tipos de desafios que ocorrem em um game geralmente estão relacionados ao seu gênero. De fato, certos jogadores que se concentram em gêneros específicos tendem a esperar determinados tipos de desafios nesses games e podem considerá-los insatisfatórios se eles não forem compatíveis com o esperado.

THQ

No game de ação *Conan*, os jogadores devem enfrentar o desafio explícito de derrotar os monstros e outros inimigos poderosos.

Electronic Arts

No game de estratégia em tempo real *Command & Conquer III: Tiberium Wars*, os jogadores enfrentam o desafio implícito de escolher as unidades que entrarão em ação.

Implícitos e Explícitos

Um desafio *explícito* é intencional, imediato e frequentemente intenso. Em um game de ação, um desafio explícito pode ser saltar sobre barris rolantes ou para uma plataforma móvel no momento exato. Em um game de aventura, a aparição de uma porta fechada sempre sugere o desafio de abri-la.

Um desafio *implícito* não é adicionado especificamente ao game, mas é uma situação que surge do próprio game. Alguns exemplos seriam determinar como dividir os recursos ou decidir quais unidades entrarão em ação primeiro em um game de estratégia.

Ben Bourbon

Os jogos de tabuleiro, como o gamão, fornecem informações perfeitas aos jogadores.

Informações Perfeitas e Imperfeitas

Quando informações *perfeitas* são fornecidas, todos os jogadores conhecem o estado do jogo durante todo o tempo. As informações perfeitas resultam em desafios *lógicos*, nos quais os jogadores assimilam as informações e as utilizam para decidir qual é a melhor linha de ação. No xadrez, ambos os jogadores sempre estão cientes do estado do tabuleiro e da posição de todas as peças. Isso lhes permite elaborar estratégias que produzam o máximo de benefícios.

Ben Bourbon

Os jogos de cartas, como o pôquer, fornecem informações imperfeitas aos jogadores.

Com informações *imperfeitas*, os jogadores recebem apenas uma fração das informações necessárias para tomar a melhor decisão. Ao contrário do que acontece nos desafios lógicos de games com informações perfeitas, os desafios nesses games também exigem *dedução* (a capacidade de fazer uma suposição sobre a natureza das informações que faltam). Nos jogos com cartas fechadas, todos os jogadores têm informações incompletas, já que não podem ver as cartas dos demais. O jogo *Mastermind* é baseado nessa ideia. O Jogador A oculta informações (a ordem de quatro pinos com seis cores possíveis) do Jogador B, que a cada turno tenta deduzir as informações ocultas conforme o Jogador A fornece feedback sobre o turno anterior. Às vezes, a plataforma do game pode afetar a quantidade de informações fornecidas. No Capítulo 3, vimos que os games para console para jogo *local* não podem exibir informações completas em razão das limitações impostas em compartilhar uma única tela.

Firaxis Games

A névoa de guerra (*fog of war*) é uma maneira comum de representar graficamente as informações incompletas em um game de estratégia como Civilization IV.

Uma maneira padrão de representar graficamente as informações incompletas em um game de estratégia é a "névoa de guerra" — uma situação em que cada jogador só vê as unidades inimigas que estão dentro da linha de visão de suas próprias unidades. O jogador usa dedução para estimar a localização das unidades inimigas. No exemplo do *Dilema do Prisioneiro* da teoria dos jogos, a tensão resulta das informações imperfeitas fornecidas aos dois jogadores sobre cada uma de suas decisões.

O uso de informações imperfeitas em games é comum porque desafia o jogador a interagir e participar mais intensamente do mundo do game. Além disso, esse recurso é associado aos componentes da história para criar uma atmosfera de mistério no game. Com informações perfeitas, não existiriam histórias de detetive, livros de espionagem, novelas — ou qualquer tipo de história com reviravoltas inesperadas (como os filmes *O Sexto Sentido* ou *Os Suspeitos*). As informações imperfeitas apelam para uma característica da natureza humana para atrair os jogadores para o game: a curiosidade.

Conhecimentos Intrínsecos e Extrínsecos

Conhecimento intrínseco é aquele obtido dentro do próprio mundo do game. Por exemplo, um jogador pode descobrir a finalidade de uma máquina mágica depois de obter algumas informações de um NPC alquimista no game. A memória dos feitiços, movimentos combinados, disposição dos labirintos e personalidade dos personagens no game também são formas de conhecimento intrínseco. Os games que dependem inteiramente da memória incluem o game de imitação musical *Simon*, discutido no Capítulo 1.

THQ, Inc

Em *Destroy All Humans! 2*, os jogadores aplicam os conhecimentos adquiridos dentro do game para atingir a meta principal – "destruir todos os humanos"!

Conhecimento extrínseco é aquele adquirido fora do mundo do game e aplicado a ele. Esse tipo de conhecimento pode adicionar um elemento de realismo ao game e frequentemente envolve fatos como "a madeira flutua", "o gelo derrete", "o papel queima", "diamantes cortam vidro" ou "lentes de aumento concentram a luz". Esses fatos amplamente conhecidos podem ser usados para solucionar diferentes enigmas ou superar desafios no game.

Se seu personagem possuir uma lente de aumento e um pouco de papel, você poderá concentrar a luz do sol no papel com a lente para incendiá-lo. Da mesma forma, se estiver preso em uma sala, poderá usar um amuleto de diamante para cortar o vidro. Nos games de conhecimentos gerais, os jogadores dependem exclusivamente desse tipo de conhecimento. Outra forma de conhecimento extrínseco envolve o conhecimento, pelo jogador, das lendas referenciadas no game. Por exemplo, um espelho pode ser usado em um game para detectar um vampiro.

2K Games

Em uma simulação esportiva como *Major League Baseball 2K7*, os jogadores aplicam conhecimentos extrínsecos obtidos fora do game.

Reconhecimento e Associação de Padrões

Os desafios de *reconhecimento e associação de padrões* são comuns nos games de quebra-cabeça como *Tetris*, em que os blocos caem rápido demais para que os jogadores tomem decisões conscientes sobre onde colocá-los. O processo pelo qual reconhecemos ou associamos padrões subconscientemente é relacionado à teoria

Tela de um produto Microsoft, reimpressa com autorização.

Em um game de quebra-cabeça como *Hexic HD*, os jogadores associam padrões como formas e cores.

da aprendizagem. Esse comportamento é comum em muitos games de ação, em que os jogadores simplesmente não têm tempo para refletir e dependem do *raciocínio automático* para dominar o game. Não é de admirar que os jogadores entrem em transe ao jogar esses games!

Electronic Arts

Os jogadores devem navegar pelas ruas da cidade em *Burnout Revenge*.

Percepção Espacial

Nos desafios *espaciais*, os jogadores geralmente têm de se orientar pelos ambientes. Esses desafios são muito comuns em games de quebra-cabeça e simulações de veículos, nos quais toda a experiência do game depende da capacidade de compreender as relações espaciais para chegar ao destino.

Microgestão

Muitos games permitem que os jogadores gerenciem configurações e ações associadas a seus recursos ou personagens. Esse tipo de *microgestão* é uma das maneiras de proporcionar ao jogador muitas opções no game. Por exemplo, digamos que o personagem do jogador esteja sendo ameaçado por vários adversários. O jogador deve decidir como o personagem reagirá a essa ameaça. Se ele tiver uma série de poderes e tipos de armas e puder atacar um oponente de cada vez, o jogador poderá escolher o poder a ser empregado, a arma a ser usada e o oponente a ser atacado.

Electronic Arts

Em *Spore*, os jogadores usam multitarefa para microgerenciar recursos.

A microgestão pode tornar-se particularmente exaustiva quando é combinada ao modo *multitarefa*, em que os jogadores devem fazer essas escolhas simultaneamente. Isso frequentemente é encontrado nos games em tempo real, como os games de estratégia em tempo real (RTS) e games de tiro em primeira pessoa (FPS), que envolvem desafios de reação. Em *Warcraft 3*, as unidades de herói têm muitas habilidades; isso exige que o jogador as microgerencie em combate para maximizar sua eficácia. Entretanto, somente um herói pode ser controlado a qualquer momento, o que força o jogador a executar várias tarefas simultâneas. Em um FPS, a execução de tarefas simultâneas ocorre, por exemplo, quando o jogador precisa dirigir veículos enquanto dispara contra alvos que se movem rapidamente no ambiente do game. Em *Halo*, esse modo multitarefa foi removido, já que o motorista só pode dirigir, enquanto outro jogador viaja "de carona" e dispara a arma. Portanto, nenhum dos dois jogadores está dirigindo e disparando simultaneamente.

Midway Games

Em *Unreal Tournament* 2007, os jogadores devem reagir rapidamente aos desafios.

Tempo de Reação

Os games de ação desafiam o *tempo de reação* do jogador. Isso é particularmente significativo quando a velocidade de resposta do jogador a um desafio está diretamente relacionada à velocidade em que seu personagem reage no game. A reação lenta pode ser uma questão de vida ou morte para o personagem se resultar na perda de uma oportunidade de derrotar o inimigo ou de pegar um tesouro antes que ele desapareça.

> Em um game, a tensão aumenta em um lugar onde estou só — com recursos escassos ou inexistentes — e devo realizar uma tarefa que afeta diretamente o rumo do game. A tensão também aumenta quando estou tentando passar por um ponto em que já falhei diversas vezes.
>
> — *Arash John Sammander (estudante de Arte e Design de Games)*

Desafios e Metas do Game

Todos os desafios discutidos podem ser aplicados a metas específicas dentro do próprio game:

1. **Progresso**: atingir um nível mais alto no game. Cada nível sucessivo pode tornar-se mais difícil, como acontece em muitos games de fliperama, quebra-cabeça e representação de papéis. A passagem de nível também pode tornar o personagem mais poderoso, como em muitos RPGs.
2. **Competição**: fazer algo antes de outro jogador. Esse é um desafio de tempo de reação associado a certos games de ação.
3. **Solução de enigmas:** aplicação de processos mentais à solução de enigmas e códigos misteriosos. Esse é um desafio mental que abrange praticamente todos os tipos de desafios discutidos na seção anterior e é usado, principalmente, nos games de quebra-cabeça e de aventura.

4. **Exploração**: entrar em novas áreas e ver coisas novas. Essa meta satisfaz a curiosidade do jogador e é popular nos games de aventura e RPGs.
5. **Conflito**: discutido no Capítulo 4, geralmente refere-se a divergências ou combates entre personagens e é usado em quase todos os gêneros de games para gerar tensão dramática.
6. **Captura**: tomar ou destruir algo do adversário sem ser capturado ou morto. Essa continua a ser uma das metas predominantes em games de todos os gêneros (inclusive games de ação e de estratégia em tempo real).
7. **Perseguição**: alcançar ou fugir de um adversário, geralmente usando reflexos rápidos ou estratégias de disfarce.
8. **Organização**: dispor os itens de um game em uma ordem específica, geralmente usando estratégias de orientação espacial e associação de padrões (comuns em games de quebra-cabeça como *Bejeweled* e *Tetris*).
9. **Evasão**: resgatar itens ou jogadores e conduzi-los a lugar seguro, geralmente usando raciocínio analítico e gestão de recursos.
10. **Tabu**: forçar os competidores a "quebrar as regras", geralmente envolvendo resistência física ou emocional (por exemplo, *Twister* e *Don't Break the Ice*).
11. **Construção**: construir e manter objetos, uma meta comum em simulações de processos envolvendo gestão e comércio de recursos.
12. **Solução**: solucionar um problema ou um quebra-cabeça antes ou com mais precisão que os competidores, envolvendo raciocínio analítico e aplicação de conhecimentos. Essa meta é comum em games de aventura, que incorporam muitas atividades dedutivas.
13. **Superação**: aplicar conhecimentos intrínsecos ou extrínsecos para derrotar os competidores.

Escapismo e Desafio: Elementos Fundamentais da Jogabilidade

Diferentes gêneros de games enfatizam prioritariamente o escapismo ou o desafio, mas, em última análise, qualquer game é avaliado por sua eficiência no fornecimento de ambos. Escapismo é o poder de transportar o jogador para dentro da narrativa — seja ela a direção de um carro de corrida, a destruição de alienígenas hostis ou a atuação como prefeito em uma cidade batizada com o nome do seu gato. Os gráficos, o som, a história e o roteiro são essenciais para proporcionar um bom nível de escapismo. O desafio dispensa explicações, mas é onde muitos games falham por causa da incapacidade em compreender qual tipo de desafio é mais compatível com o produto. Os jogadores aficionados são uma minoria eloquente, e um game excessivamente desafiador deixa de ser um meio de escape para transformar-se em trabalho.

— Matt Maclean (Designer da Obsidian Entertainment)

Games Evolutivos

Projetar um game evolutivo é como construir uma caixa de areia. Se você der aos jogadores um conjunto de ferramentas (a mecânica) e uma grande área onde podem brincar (o game), eles mesmos descobrirão o que construir na "caixa de areia" e como o game será jogado. (Observação: em filosofia e teoria de sistemas, "evolução" é o aparecimento de sistemas e padrões complexos a partir de interações relativamente simples. Um game evolutivo é um game que pode ser usado criativamente de maneiras que não foram previstas ou planejadas pela sua equipe de desenvolvimento.)

— *Troy Dunniway (Produtor de Criação da Brash Entertainment)*

Equilíbrio

Um game é *equilibrado* quando os jogadores percebem que é consistente, justo e divertido. A facilidade de vencer o game tem uma relação direta com a habilidade do jogador. Eventos aleatórios (por exemplo, a destruição de recursos do jogador quando um meteoro atinge a área) podem ocorrer no game, reduzindo a probabilidade de vitória de um jogador habilidoso. Entretanto, normalmente um jogador melhor deve ser mais bem-sucedido no game que um menos habilidoso, a menos que ele se baseie puramente na *sorte* e não na *habilidade*. Para implementar esse equilíbrio, frequentemente é necessário ajustar um game durante a fase de *testes* (discutida no Capítulo 11). Em um sistema equilibrado para os jogadores, a jogabilidade deve fornecer:

1. **Desafios compatíveis**: os jogadores devem experimentar desafios gradualmente mais difíceis.
2. **Experiências de jogo percebidas como justas**: um jogador não deve ser condenado desde o princípio por causa de seus "erros".
3. **Ausência de estagnação**: os jogadores nunca podem ficar imobilizados e sem rumo.
4. **Ausência de decisões banais**: mesmo nos games que incorporam microgestão, o jogador só deve ser responsável pelas decisões importantes.
5. **Níveis de dificuldade**: os jogadores devem poder escolher um nível de dificuldade, ou o nível deve ajustar-se à habilidade do jogador durante o game.

Equilíbrio Estático

O *equilíbrio estático* está associado às regras do game e à forma como elas interagem. Esse tipo de equilíbrio não depende do tempo e existe antes que o game seja jogado. Por exemplo, talvez as regras indiquem o poderio relativo das unidades em um game de estratégia militar. Os jogadores podem usar essas informações como referência para decidir quais unidades serão colocadas em ação durante o game. Veja, a seguir, algumas maneiras de garantir o equilíbrio estático em um game:

Estratégias Óbvias

Sega Corporation

Em *Medieval: Total War*, certas unidades são mais poderosas que outras em determinadas situações.

Um game deve conter uma ou mais *estratégias óbvias* que sejam superiores a outras possibilidades em muitas circunstâncias. Em *Advance Wars*, cada jogador tem pontos fortes e fracos específicos. Quando está controlando um certo personagem, parte da estratégia do jogador consiste em tomar decisões que correspondam aos pontos fortes desse personagem. Um dos personagens do game, Max, possui poderes que dão mais poder de fogo aos seus tanques, enquanto o fogo indireto de seus veículos de artilharia é comparativamente mais fraco. Quando surgir a opção de usar tanques, os jogadores que estão controlando "Max" tentarão fazer isso — a menos que outras circunstâncias tornem essa decisão desaconselhável.

> Juntar bons personagens e uma história adequada à jogabilidade é a parte mais difícil — e mais necessária — do desenvolvimento de um game.
>
> — *Frank Gilson (Produtor Sênior da Wizards of the Coast)*

Simetria

A *simetria* é a maneira mais simples de equilibrar um game e consiste em fornecer a cada jogador (inclusive NPCs) as mesmas condições e habilidades iniciais. Isso garante que o desfecho do game dependerá de habilidade dos jogadores apenas nos níveis relativos. Isso geralmente funciona bem em games de quebra-cabeça abstratos, mas é difícil de implementar com sucesso em uma simulação de combate real. Não é natural nem realista que exércitos adversários tenham exatamente as mesmas tropas e capacidades — o que tornaria o game muito menos excitante. Entretanto, a simetria é usada com frequência em games de estratégia em tempo real, como *Age of Empires*, e também pode ser eficaz em simulações participativas, como um game de esporte coletivo. No mundo real, os times de fato começam com aproximadamente os mesmos recursos (embora os níveis de habilidade dos membros da equipe sejam diferentes).

Tela de um produto Microsoft, reimpressa com autorização.

Em *Age of Empires*, os jogadores começam o game com os mesmos recursos.

A simetria está associada às relações entre recursos. Há dois tipos de relações simétricas: transitivas e intransitivas.

Uma *relação transitiva* é uma relação unidirecional entre dois ou mais recursos. Por exemplo, você poderia construir um conjunto de personagens (A, B e C) em que

A é mais poderoso que B, que é mais poderoso que C, que não é mais poderoso que ninguém. Como se trata de uma relação hierárquica, é fácil aplicá-la a um mundo com um sistema de castas em que a realeza (A), os mercadores (B) e os camponeses (C) interagem.

Uma das maneiras de utilizar essa relação é fazer todos os personagens começarem como C (ou dar aos jogadores, inicialmente, acesso às unidades ou habilidades C). Conforme o nível de habilidade de um jogador aumentar durante o jogo, ele poderá ser promovido para B, e assim por diante. Nesse caso, embora todos os jogadores comecem com as mesmas condições (simetria), o game exibirá alguma variação caso os jogadores avancem na hierarquia com velocidades diferentes. Essa é uma forma de *progresso* do personagem discutida no Capítulo 5.

Os teóricos de games costumam se referir a uma *relação intransitiva* como "pedra-papel--tesoura" (*rock-paper-scissors* ou RPS) com base no jogo de mesmo nome. No RPS, a pedra derrota a tesoura, que derrota o papel — que, por sua vez, derrota a pedra. Essa relação difere da transitiva porque é circular em vez de linear — cada recurso tem a capacidade de derrotar e ser derrotado por outro. Essa relação não pode ser hierárquica no sentido clássico, pois os personagens mais fracos são capazes de derrotar os mais fortes.

Entretanto, nesse caso os elementos da história podem interagir com a jogabilidade. Por exemplo, o sistema transitivo de castas que acabamos de criar poderia ser transformado em uma relação RPS (intransitiva) se os camponeses (C) recebessem poderes, habilidades ou conhecimentos especiais que lhes permitissem derrotar a realeza (A). Eles poderiam, digamos, invadir o castelo sem serem percebidos! Nesse caso, A derrota B, B derrota C e C derrota A. Esse dispositivo de jogabilidade funciona melhor quando as relações entre os recursos variam durante o game. Por exemplo, e se os camponeses (C) se tornassem incapazes de derrotar a realeza (A), mas desenvolvessem, de alguma maneira, a capacidade de derrotar os mercadores (B)? Para preservar a relação intransitiva, as capacidades dos outros personagens também teriam de mudar de modo que A derrotasse C, C derrotasse B e B derrotasse A. (Cuidado: isso pode resultar em sérios problemas de continuidade da história!) As relações intransitivas também podem ser definidas com base nas

Diagrama criado por Per Olin

Diagrama criado por Per Olin

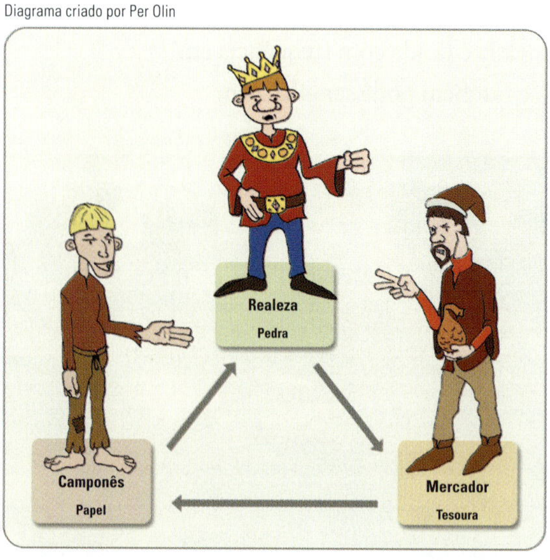

Um sistema hierárquico de castas é um tipo de relação transitiva linear, enquanto um sistema pedra-papel-tesoura é um tipo de relação intransitiva circular.

habilidades reais dos recursos. Por exemplo, os arqueiros (A) podem derrotar a infantaria (B) porque são mais rápidos; a infantaria (B) pode derrotar a cavalaria (C) porque usa armaduras pesadas; e a cavalaria (C) pode derrotar os arqueiros (A) porque consegue chegar até eles antes que disparem repetidamente seus arcos.

Méritos Relativos

Nem todas as relações envolvem transições entre personagens ou recursos inferiores e superiores. De fato, é mais comum que alguns sejam melhores que outros em determinados aspectos. Por exemplo, em *The Sims*, os móveis mais caros são mais atraentes esteticamente, mas os móveis baratos são mais confortáveis. Para tomar uma decisão sobre a mobília que seu personagem adquirirá, é necessário pesar seus *méritos relativos*. Quando se deparam com opções que não são totalmente positivas ou negativas, os jogadores enfrentam um quebra-cabeça decisório.

Electronic Arts

Em *The Sims 2*, os jogadores avaliam as vantagens relativas para tomar decisões sobre questões domésticas.

Criando Escolhas Significativas

A tarefa mais importante de qualquer designer de games é criar escolhas significativas e interessantes para os jogadores. A natureza do que torna uma escolha significativa varia amplamente de game para game. A forma como decido vestir meu personagem é uma escolha significativa em um RPG? Ou a decisão sobre quantas unidades serão criadas para produção e quantas para combate em um game de estratégia em tempo real? Ou a decisão sobre como usar os pontos obtidos nos dados no gamão?

Todos esses exemplos constituem escolhas apropriadas e interessantes para os jogadores. Entretanto, eles não oferecem soluções fáceis para a inclusão dessas escolhas em nossos próprios games. Estudar como outros games criam escolhas é uma maneira de aprender; outra maneira é projetar um game definindo metas de *experiência do jogador* em vez de metas *baseadas em recursos* (por exemplo, "o game estimulará a formação de alianças mutáveis entre grupos de parceiros que negociam entre si" em vez de "os jogadores poderão negociar recursos"). Com esse objetivo em mente, o game poderá ser testado para determinar quando a experiência do jogador funciona da maneira descrita (por exemplo, quando os jogadores estão fazendo escolhas interessantes de parceiros com quem negociam e quando rompem a aliança com um parceiro).

Para aprender a criar escolhas como essas, é necessário entrar na mente do jogador, em vez de concentrar-se na forma como você projetou o game. Uma das maiores dificuldades dos iniciantes em design de games é enxergar além do game imaginado para perceber como ele será jogado na prática. No que os jogadores estarão pensando quando fizerem escolhas no seu game? Como estarão se sentindo? As opções oferecidas são tão diversificadas e interessantes quanto possível? Fazer esses tipos de perguntas significa abrir o processo de elaboração do game ao feedback dos jogadores, e esse é um processo difícil e emocional para a maioria dos designers.

— Tracy Fullerton (Professora Assistente e Diretora Adjunta da Escola de Artes Cinemáticas da USC, Laboratório de Inovação em Games da Electronic Arts)

Combinação

Às vezes, os jogadores podem *combinar* recursos ou personagens para enfrentar um desafio. Por exemplo, em *Advance Wars*, os jogadores podem combinar dois conjuntos de tropas que tenham sido enfraquecidas em combate. A combinação aumenta o poderio de ambos, gerando uma entidade nova e mais poderosa.

Feedback

Enquanto progride, um game pode tornar-se desequilibrado e recuperar o equilíbrio. A tensão entre os jogadores pode ser aumentada com a ajuda do feedback. Por exemplo, se um jogador estiver à frente dos demais, o game pode tornar-se mais difícil para ele, o que seria um *feedback negativo.* Esse jogador pode estar suficientemente avançado para obter os recursos de outro jogador, mas o preço desses recursos será mais alto.

Electronic Arts

Em *Sim City IV*, eventos aleatórios, como desastres naturais, podem afetar o equilíbrio do game.

Por outro lado, se um jogador estiver atrasado no game, seus desafios podem ser mais fáceis, o que seria um *feedback positivo.* Uma das aplicações do feedback positivo é encerrar o game no momento em que fica claro quem ganhou. Em alguns games, os jogadores podem chegar a um ponto em que sabem que vencerão, mas continuam sendo forçados a jogar até que as condições de vitória sejam cumpridas. (Por exemplo, se um jogador derrotou todos os 1.001 monstros, exceto um, é evidente que vencerá o game. Entretanto, se esse monstro remanescente estiver escondido em algum lugar, o jogador poderá gastar horas tentando localizar e derrotar a criatura.)

Eventos totalmente aleatórios devem ocorrer em um game para manter sua imprevisibilidade, mas também podem desequilibrá-lo. Por exemplo, se um vulcão entrar em erupção próximo aos personagens do jogador que está perdendo, sua capacidade de recuperação será gravemente afetada.

Equilíbrio Dinâmico

Os games começam com equilíbrio *estático*, mas, conforme são colocados em movimento pelos jogadores, adquirem um equilíbrio *dinâmico*. É esse equilíbrio *dinâmico* que permite a interação real dos jogadores com o game. Os jogadores podem interagir com o equilíbrio dinâmico por meio da destruição, manutenção ou restauração.

Destruição

Em um cenário de *destruição*, o game é inicialmente equilibrado. Entretanto, em vez de manter esse equilíbrio, o jogador age como uma força oposta e tenta desequilibrar o game.

Eidos Interactive

Em *Just Cause*, o personagem do jogador (o agente da CIA Rico Rodriguez) é uma força destrutiva que desequilibra o game destruindo armas, cometendo assassinatos em público e, em geral, provocando o máximo de caos possível.

Manutenção

No caso da *manutenção*, o game é inicialmente equilibrado. Quando o jogador começa a interagir com o game, surgem forças opostas que ameaçam desequilibrá-lo. O objetivo do game é impedir que essas forças desestabilizem o sistema.

Restauração

Um game de *restauração* é inicialmente desequilibrado, talvez até caótico. Para o jogador, o objetivo é restaurar o equilíbrio, limpando e organizando o sistema.

Firaxis Games

Em *Civilization IV*, o objetivo do jogador é manter o equilíbrio do game por meio da gestão de recursos.

Economias

Economias de games são sistemas em que os recursos se deslocam — tanto fisicamente (de um lugar para outro) como conceitualmente (de um proprietário para outro). Esses recursos podem ser dinheiro, tropas, personagens, armas, propriedades, habilidades — qualquer coisa que um jogador possa "possuir" no game (inclusive informações!). Em um game de tiro em primeira pessoa, geralmente um recurso básico é a munição, que pode ser encontrada ou retirada de inimigos mortos. Esse recurso é consumido disparando as armas. Pontos de saúde também são recursos, consumidos ao levar um tiro e restaurados com kits médicos. Como os recursos interagem entre si, sua produção pelo jogador não pode ser excessiva nem insuficiente, porque isso desequilibraria a economia. Nas simulações de processos, como *Black & White* e *The Sims Online*, a economia do game é equilibrada por meio da manutenção dos recursos e dos cuidados com eles (pelos personagens); o foco desses games são os personagens e suas necessidades.

Capcom

Em *Dead Rising*, o personagem do jogador concentra-se na restauração da estabilidade e do equilíbrio no game por meio do extermínio dos zumbis.

Na economia de um mundo em estado persistente (*persistent-state world* ou PSW), os jogadores podem coletar e negociar itens valiosos. Como milhares de pessoas podem reagir de maneiras que o desenvolvedor não teria como prever, é difícil projetar e fazer ajustes finos em um PSW. O *Ultima Online* foi projetado originalmente para ter uma economia totalmente autônoma e fechada, com um número fixo de recursos. Os jogadores, agindo de uma maneira que não havia sido prevista pelos desenvolvedores, começaram a acumular objetos sem usá-los. Os recursos acabaram, o que provocou inflação na economia do game (com os proprietários cobrando preços ridiculamente altos por esses objetos). Os desenvolvedores finalmente tiveram de descartar o sistema fechado e adotar uma economia aberta, em que novos recursos eram gerados.

Edward Castronova Fala Sobre a Economia do Game em MMOGs:::::

Edward Castronova, Ph.D. (Professor Adjunto de Telecomunicações da Universidade de Indiana)

Edward Castronova formou-se em Relações Internacionais pela Universidade de Georgetown em 1985 e obteve seu doutorado em Economia na Universidade de Wisconsin-Madison em 1991. Nesse período, passou 18 meses estudando a reconstrução e a política social alemã no pós-guerra em universidades e institutos de pesquisa em Mannheim, Frankfurt e Berlim. Após a graduação, foi professor de ciência política, políticas públicas e economia na Universidade de Rochester e na Universidade Estadual da Califórnia, em Fullerton. No outono de 2003, tornou-se professor adjunto de Telecomunicações da Universidade de Indiana. É autor de *Synthetic Worlds: The Business & Culture of Online Games* (University of Chicago Press). Seu estudo "Virtual Worlds" é o texto de economia com maior número de downloads na Social Science Research Network.

Em um contexto de múltiplos jogadores, *todas* as teorias econômicas podem ser aplicadas eficazmente aos games. A economia está relacionada às interações entre seres humanos — portanto, quando seres humanos encontram-se em um mundo de game, atividades econômicas ocorrem. A economia é um elemento crucial para a imersão. Quando é bem projetada, ela permanece em segundo plano, sem ser percebida, atribuindo a cada objeto no game uma sensação constante de valor e, portanto, de realidade. Quando é mal projetada, ela é percebida durante todo o tempo, fazendo itens inúteis parecerem valiosos (e itens essenciais parecerem sem valor).

As leis da economia em um game são as mesmas aplicáveis ao mundo real; apenas as circunstâncias são incomuns. Há milhares de situações econômicas do mundo real que podem ser adaptadas eficazmente aos ambientes de games: diferentes instituições monetárias; leilões sob diferentes regras; resposta da população à falta de produtos; equipes de produção; efeitos da redistribuição de renda; efeitos tarifários; decisões sobre localização e desenvolvimento urbano — e assim por diante!

A Economia de *EverQuest*

Em *EverQuest*, como em muitos outros MMOGs, os personagens adquirem habilidades e objetos que podem ser negociados com outros jogadores usando a moeda do game. Em 2001, alguns jogadores de *EverQuest* decidiram levar a economia para fora do game e começaram a vender seus bens por dinheiro real em sites de leilões e comércio como o eBay. O economista Edward Castronova estudou milhares de transações do *EverQuest* realizadas por intermédio do eBay para determinar o valor econômico gerado no mundo real pelos habitantes de Norrath – o mundo de fantasia de *EverQuest*. O veredito? Em 2002, o produto nacional bruto per capita de Norrath era de 2.266 dólares. (Se Norrath fosse um país real, seria o 77º mais rico do mundo – logo após a Rússia!)

Titus Levi Fala Sobre a Flexibilidade das Economias de Games Multijogador:::::

Kathleen Pittman

Titus Levi (economista e consultor de mídia e artes)

Titus Levi é um economista que presta consultoria a indivíduos e empresas atuantes nos setores de artes e mídia. Seus clientes incluem Interep, Susquehanna e Durfee Foundation. Titus é membro do corpo discente da Escola de Comunicação Annenberg da Universidade da Califórnia do Sul, onde ministrou aulas sobre estratégias comerciais e realizou pesquisas sobre a economia do setor radiofônico. Trabalhou no rádio por mais de uma década, tendo sido apresentador de programas e produtor para as emissoras KUSC-FM e KPFK-FM. Também trabalhou como jornalista independente, tendo se destacado como redator da coluna de novos talentos "Discoveries" para a revista *Keyboard*. Além disso, foi administrador de artes, organizando e produzindo concertos para a California Outside Music Association e o Festival de Los Angeles.

As economias de games adicionam *flexibilidade* à experiência de jogar. Com a inclusão de negociações paralelas e incentivos à criação de novos sistemas, jogadores e outros elementos, o game continua a evoluir e adaptar-se. As economias também fornecem aos jogadores mais razões ou *incentivos* para continuar jogando o game, por causa de sua natureza *dinâmica*, que gera novidades e descobertas. Isso significa que você não se entediará!

Jogabilidade e Design de Níveis

Os elementos de jogabilidade discutidos neste capítulo existem no mundo do game — o ambiente do game, que contém as estruturas, o terreno, os objetos, as texturas e o estilo do próprio game. O *design de níveis*, discutido no próximo capítulo, concentra-se na criação do mundo do game e na incorporação da jogabilidade a ele.

:::REVISÃO DO CAPÍTULO:::

1. Qual é a diferença entre jogabilidade e história? Escolha um game e discuta separadamente sua história e sua jogabilidade. Como esses elementos se juntam durante o game?

2. Como os jogadores tornam dinâmico um game estático e qual é a relação disso com o equilíbrio do game? Compare os elementos estáticos e dinâmicos de um game existente. Como os jogadores modificam o game para torná-lo dinâmico?

3. Quais são os objetivos do jogador em um game de soma não zero? Como o *Dilema do Prisioneiro* e a *Tragédia dos Comuns* podem ser aplicados à jogabilidade? Crie um cenário baseado em uma dessas teorias e discuta como um game que envolva simultaneamente cooperação e competição pode ser atraente e interessante.

4. Jogue um jogo de cartas ou de tabuleiro (como os que podem ser encontrados em Funagain Games [*http://funagain.com*]). Analise as regras, inclusive as condições de vitória, condições de derrota, processo de jogabilidade e objetivos do jogo. O que você faria para criar uma versão digital desse jogo? (Considere a expansão da história do jogo como uma das estratégias possíveis.)

5. Como as metas do game estão relacionadas aos seus desafios e que estratégias podem ser usadas para superar esses desafios? Escolha uma meta de game e escreva um conceito geral (premissa) que incorpore essa meta. Cite três pontos do enredo que incorporam os desafios associados à meta do game que você escolheu. Discuta as várias estratégias que podem ser usadas pelo jogador para superar cada desafio. Ao fazer isso, como você está integrando o jogabilidade à história?

6. Você decidiu criar um game original em que você e outros jogadores devem escapar de uma ilha deserta. Há três objetos que podem ser construídos para ajudar os jogadores a deixarem a ilha: bote, jangada e salva-vidas. O bote é o objeto de escape mais difícil de construir, mas é o mais estável; o salva-vidas é o mais fácil de construir, mas o menos estável, e a jangada está entre esses dois. A relação entre esses três objetos é linear ou *transitiva*. Como você revisaria essa relação (ou alteraria os objetos) para torná-la *intransitiva*?

7. A premissa de um game indica que: "Você é imune a uma doença mortal que provoca o envelhecimento rápido dos seres humanos. Cabe a você encontrar a cura. Use seus poderes de dedução para descobrir a origem misteriosa da doença e encontrar um antídoto — antes que seja tarde demais!" Discuta as condições específicas de vitória e derrota desse game. Usando um gênero de sua escolha, crie um possível conjunto de regras para esse game.

8. Na preparação de um jogo, dois jogadores dividem um baralho com dez cartas entre si e, em seguida, começam a jogar colocando as cartas na mesa em certa ordem, de acordo com as regras do jogo. Cada jogador oculta suas cartas do outro como parte da estratégia do jogo. Entretanto, o Jogador A percebe que sabe o conteúdo da mão do Jogador B, o que elimina a necessidade de dedução. Qual é o problema do jogo e o que você propõe para solucioná-lo? O mesmo problema ocorreria se esse jogo fosse jogado em um sistema de console? E se fosse jogado com computadores em rede?

9. Existem muitos games que se concentram na aplicação de conhecimentos *intrínsecos* ou *extrínsecos*, mas não é comum que ambos os tipos sejam combinados no mesmo game. Crie uma *ideia original* para um game que *use* ambas as formas de conhecimento como elementos da estratégia.

10. A interatividade jogador-jogador *unilateral* não é comum em games eletrônicos. Crie uma ideia original para um game eletrônico que envolva essa forma de interatividade. Como você incorporaria os conceitos de cooperação e competição ao game?

CAPÍTULO 7

Níveis:

criando o mundo

Perguntas-chave do Capítulo

- O que é *design de níveis* e como está relacionado ao modo de jogar?
- Qual é a importância das características estruturais do mundo do game, como duração, disponibilidade, relacionamento e progressão?
- Qual é a importância das características temporais do mundo do game, como autêntico, variável, ajustado pelo jogador e alterado?
- Qual é a importância das características espaciais do mundo do game, como perspectiva, escala e limites?
- Como se obtêm realismo e estilo em um ambiente de game?

O processo de criação do mundo de um game geralmente se concentra no *design de níveis* – uma área do design de games que gera muita confusão. Há quem acredite que os designers de níveis são membros das equipes de arte e dedicam-se basicamente à modelagem tridimensional. Outros acreditam que os designers de níveis são programadores e concentram-se basicamente na programação dos eventos do game. Neste capítulo, adotarei uma abordagem física ou de "espaço-tempo" para discutir o design de níveis, descrevendo como os designers constroem a arquitetura e os efeitos visuais do ambiente físico do game e como dividem a estrutura básica desse mundo em diferentes seções (níveis). (O modo de jogar – que envolve eventos que podem ocorrer em cada nível – está intimamente ligado ao design de níveis, mas esse tópico foi discutido separadamente no Capítulo 6.)

Design de Níveis

Define-se *design de níveis* como a criação de ambientes, cenários ou missões em um game eletrônico. Um designer de níveis geralmente usa ferramentas de design de níveis (ou editores de níveis) como o Valve Hammer Editor (Valve Software), Unreal Editor (Epic Games), CryENGINE (Crytek) ou Aurora Toolset (Bioware) ou programas de edição de gráficos 3D, como 3D Studio MAX, Maya ou Lightwave. Tradicionalmente, o *design de níveis* envolvia a criação de mundos de game para os gêneros de estratégia em tempo real (RTS) ou tiro em primeira pessoa (FPS). Entretanto, essa forma de design agora é necessária para praticamente todos os games, exceto os mais simples.

Considere a função que é desempenhada pelos níveis em um game. Um nível pode introduzir um novo personagem ou objeto, ressaltar um ponto do roteiro (como a descoberta de um segredo ou a prevenção de um ataque) ou criar uma atmosfera por meio de efeitos visuais ou da narrativa. A função do nível deve estar centrada em uma ideia que serve como tema unificador.

Estrutura

Os níveis podem ser utilizados para estruturar um game em subdivisões eficazes, organizar a progressão e aprimorar o modo de jogar. Ao projetar níveis, considere meta, fluxo, duração, disponibilidade, relações e dificuldade.

Meta

Cada nível deve ter um conjunto de objetivos compreensíveis ao jogador. Caso contrário, o jogador estará simplesmente se movendo, atirando, solucionando enigmas e coletando objetos até que apareça algum sinal indicando que o nível foi concluído ou que um novo nível está sendo carregado. Às vezes os desenvolvedores garantem a compreensão dos objetivos de cada nível pelo jogador criando um resumo introdutório, na forma de uma cena inicial ou tutorial interativo no começo de cada nível, e fornecendo acesso a uma tela de status durante todo o game. O jogador também pode ser inserido imediatamente na ação, envolvendo-se em tarefas relativamente fáceis e situações que usam o contexto do próprio ambiente do game para

Ubisoft Entertainment

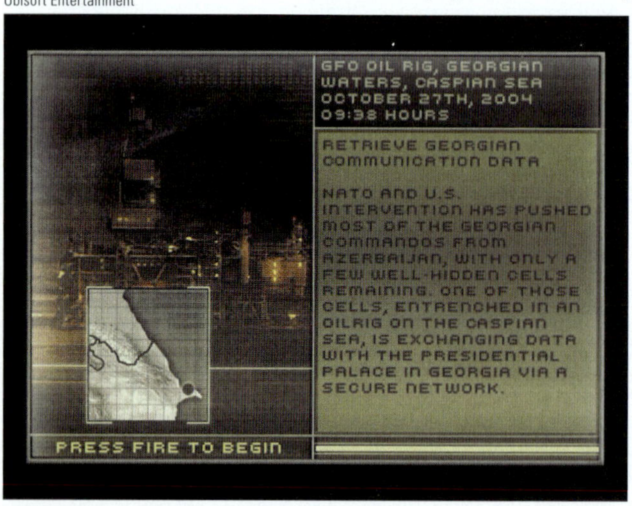

Tutoriais informativos em games como *Tom Clancy's Splinter Cell* fornecem informações ao jogador sobre metas específicas.

ilustrar suas regras. É importante informar o jogador sobre sua posição com relação às metas fornecendo relatórios de progresso, que ajudam a evitar uma derrota inesperada. Tudo isso é aplicável ao modo monojogador. No modo multijogador de games de tiro em primeira pessoa ou de estratégia em tempo real, o foco está no equilíbrio e nas opções estratégicas/táticas disponíveis ao jogador.

Sony Computer Entertainment America

Em muitos games de ação, como *God of War II*, os jogadores devem permanecer em um determinado nível até completar um objetivo específico.

Fluxo

Há duas questões ligadas ao fluxo do game que devem ser levadas em conta ao se projetar um nível. Em primeiro lugar, é necessário garantir que o jogador permaneça em uma área específica de um nível até completar os objetivos necessários. Por exemplo, nos níveis em que a ação ocorre ao ar livre, não há barreiras naturais aos movimentos do jogador. Um jogador pode optar por atravessar correndo as linhas do inimigo em vez de enfrentá-lo em combate (o que, ocasionalmente, pode ser uma estratégia válida). Esse problema pode ser solucionado criando barreiras naturais que são destruídas como consequência do progresso do jogador no nível. Talvez você também queira impedir que o jogador volte a uma área específica depois de cumprir os objetivos associados a essa área. Um método para fazer isso é fechar a área depois que ela é completada pelo jogador (por meio da criação de uma barreira unidirecional, como uma porta que se fecha depois que o jogador passa por ela). Isso também informa ao jogador que ele está progredindo.

Duração

Quanto tempo deve ser gasto em cada nível? Uma regra universal parece ser a de que o jogador deve concluir pelo menos um nível de qualquer game em uma única sessão. Nos games para computador, essas sessões devem ser relativamente curtas, variando de pequenos blocos de 15 minutos para crianças até cerca de duas horas de concentração contínua para jogadores experientes. Nos games para

Nintendo

A duração dos níveis em games de quebra-cabeça, como *Wario: Smooth Moves*, é relativamente curta.

console, os níveis geralmente duram cerca de 45 minutos. Se você optar por desenvolver um game com sessões muito mais longas (por exemplo, games de estratégia como *Age of Mythology* ou *Civilization III*), lembre-se de fornecer regularmente algum indício dos progressos obtidos, como o avanço das tropas ou a conclusão de tarefas.

Disponibilidade

Quantos níveis você incluirá no game? É necessário considerar as várias metas do game e garantir que cada nível cubra uma meta primária. Uma questão mais relevante é o número de níveis que estarão disponíveis ao jogador em um determinado momento. A disponibilidade de apenas um nível de cada vez é eficaz nos games em primeira pessoa que exigem imersão. Se você permitir apenas um pequeno número de níveis em aberto de cada vez, isso pode atenuar a frustração de muitos jogadores de RPG, que talvez tenham vários objetivos a serem cumpridos e precisem mudar de foco. Se você permitir muitos níveis em aberto ao mesmo tempo, isso tende a confundir o jogador; no entanto, esses níveis podem funcionar bem em simulações de processos e games de estratégia em tempo real.

Sony Computer Entertainment America

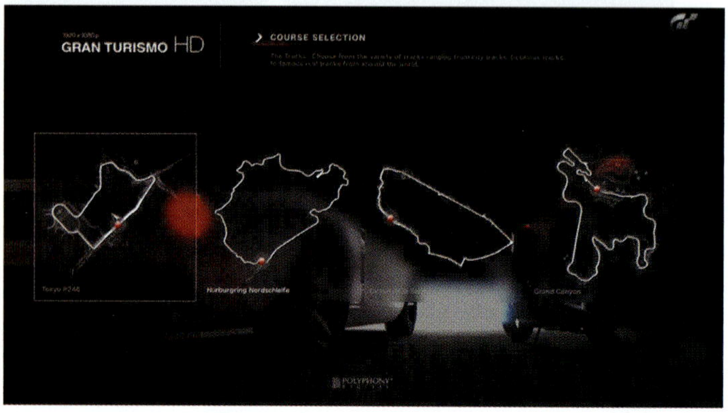

Em *Gran Turismo HD*, os jogadores podem optar entre vários níveis disponíveis ao mesmo tempo.

Relações

Quais são as relações entre os níveis no game? Pense em cada nível como uma cena ou mesmo um episódio em uma história maior. Nos Capítulos 4 e 6, vimos que a história e o modo de jogar são interligados e que a estrutura narrativa geralmente consiste em vários atos ou pontos do roteiro. Nos games de quebra-cabeça, normalmente a única relação entre os níveis é o aumento da dificuldade. Alguns níveis são interligados com base na narrativa, de maneira semelhante ao que acontece em meios tradicionais,

Tela de um produto Microsoft, reimpressa com autorização.

Missão dentro de uma campanha em *Blue Dragon*.

como na televisão. Nesse relacionamento episódico, cada nível é autônomo, com seu próprio roteiro e conclusão. Por exemplo, muitos games de estratégia usam o termo *campanha* para descrever uma série de níveis (conhecidos como *missões*) que devem ser completados para terminar o game. Alguns games contêm várias campanhas, que são independentes umas das outras. Quando termina uma missão, o jogador está mais próximo de completar a campanha.

Progressão

Como você controlará a progressão do game usando o design de níveis? Como foi discutido no Capítulo 6, é importante que a dificuldade de um game aumente progressivamente conforme ele avança. Como nas estruturas de desenvolvimento da história e do personagem discutidas nos Capítulo 4 e 5, o conflito deve ser intensificado em cada nível por meio de uma série de arcos. Varie o ritmo dos níveis, permitindo ao jogador alternar entre o esforço para sobreviver, a exploração sistemática do ambiente ou a reflexão para solucionar enigmas complexos. Mantenha o jogador sempre ocupado com coisas para fazer. Não transforme seu nível em uma cidade fantasma! O desafio é essencial, mas não torne seus níveis tão difíceis que só os especialistas consigam sobreviver, enquanto outros jogadores morram sucessivamente.

Diagrama criado por Per Olin

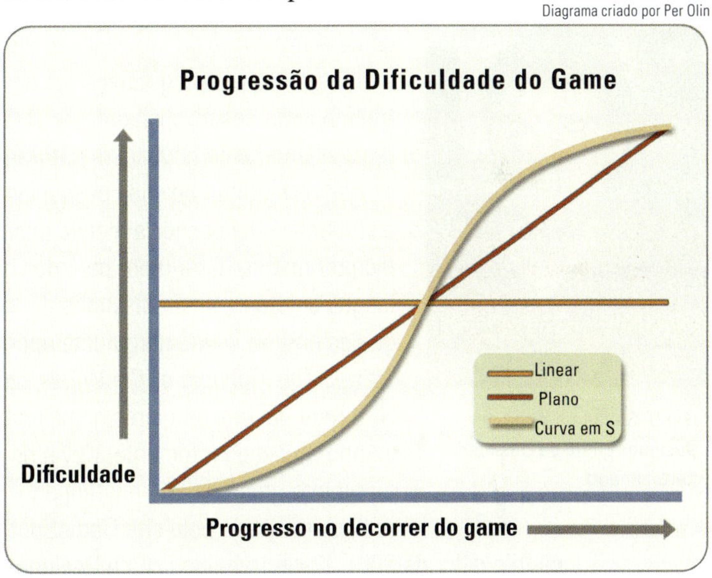

Comparação das progressões linear, plana e de curva em S.

Um game não precisa ser *linear* — consistindo em desafios cuja dificuldade aumenta progressivamente conforme o game avança. Ele também pode ser *plano*, mantendo o mesmo grau de dificuldade de um nível para outro. Há também o modelo da *curva em S*, uma combinação dos modelos linear e plano, que começa com uma seção plana consistindo em um tutorial durante o qual o jogador aprende a jogar. Após esse período de treinamento, o grau de dificuldade aumenta constantemente durante o game até algumas horas antes do seu final, quando ele se torna novamente plano para que os jogadores que chegaram até esse ponto consigam terminá-lo.

Dependendo dos objetivos do nível, talvez seja aconselhável advertir os jogadores sobre perigos iminentes, como um monstro atrás de uma porta ou um franco-atirador em um telhado. Uma das maneiras de fazer isso é por meio de efeitos de áudio (como será discutido mais detalhadamente no Capítulo 9). Também é questionável se os desenvolvedores devem forçar o jogador a enfrentar inimigos poderosos com apenas uma fraqueza, que deverá ser descoberta pelo jogador enquanto tenta derrotar o inimigo. Embora, às vezes, possa ser frustrante para o jogador, isso é feito na maioria dos games em estilo de plataforma para consoles. Para desafiar os jogadores mais hábeis, você pode construir versões mais difíceis dos seus níveis que possam ser acessadas separadamente por esses jogadores ou incorporar diferentes graus de desafios ao mesmo nível. Devem existir também diversas maneiras de enfrentar cada desafio e completar o nível. Em circunstâncias ideais, os diferentes métodos para obter sucesso atrairão usuários com diferentes estilos de jogo.

Kevin Saunders Fala Sobre Design de Níveis :::::

Kevin D. Saunders (Produtor e Designer Chefe da Obsidian Entertainment)

Kevin Saunders programou seu primeiro game, uma transposição do game *Astrosmash* da Intellivision, em um ZX81 aos seis anos de idade. Seu interesse por programação (e games) persistiu até a faculdade, onde trabalhou no desenvolvimento de sistemas de inteligência artificial para processamento da linguagem natural. Sua carreira oficial como designer de games resultou de suas pesquisas de graduação em engenharia ambiental. Essa pesquisa incluía experiências em laboratório que exigiam monitoramento horário por períodos de dois a três dias. Durante esses longos períodos, Kevin dispunha de tempo para explorar o mundo dos games on-line, o que gerou uma oportunidade de trabalhar no game *Nexus: The Kingdom of the Winds*, lançado pela Nexon em 1998, que se tornou um dos primeiros games on-line multijogador massivos do mundo. Subsequentemente, Kevin projetou e produziu Shattered Galaxy, o primeiro game on-line multijogador massivo de estratégia em tempo real, classificado pelo site GameSpot como o melhor game de estratégia multijogador de 2001. Kevin trabalhou como Designer de Games para a Electronic Arts (*Command & Conquer Generals: Zero Hour e Lord of the Rings: The Battle for Middle--Earth*). Na Obsidian, trabalhou em *Star Wars: Knights of the Old Republic II: The Sith Lords, Neverwinter Nights 2* e *Neverwinter Nights 2: Mask of the Betrayer*. É mestre em engenharia pela Universidade Cornell.

Ao projetar um nível, o primeiro passo é fazer um esboço da sua configuração no papel. Esse processo geralmente dura apenas uma hora e consiste em responder perguntas como as seguintes.

- Qual é o objetivo principal do jogador?
- Quanto tempo será necessário para concluir o nível?
- Que emoções o nível tentará provocar no jogador?
- Qual é a ambientação do nível?
- Que elementos artísticos adicionais serão necessários?

- Que recursos (por exemplo, personagens, tropas, itens) estarão disponíveis ao jogador?
- Quem o jogador encontrará?
- Que objetivos secundários ajudarão a conduzir o jogador no decorrer do nível?

Tendo definido os aspectos fundamentais do design, geralmente é aconselhável criar um layout básico do nível e, em seguida, incorporar todas as ações programadas antes de tentar melhorar sua aparência gráfica. A inclusão do script bem no começo do processo de design do nível permite testar sua jogabilidade antes de investir muito tempo na estética. Se um nível é interessante de jogar, você encontrará uma maneira de torná-lo atraente, mas o contrário não é necessariamente verdadeiro. O processo completo de criação e testes de um nível geralmente consome de duas a seis semanas, dependendo das ferramentas disponíveis e do tipo de game.

Tempo

O conceito de tempo foi introduzido no Capítulo 3, na discussão sobre intervalos de tempo (baseados em turnos, de tempo limitado e em tempo real). O tempo também pode ser considerado com relação ao tempo no mundo real. O "tempo do game" pode ser mais lento, mais rápido ou equivalente ao tempo no mundo real. Em muitos games baseados em turnos e games de ação, não há qualquer conceito da passagem do tempo. Tudo permanece parado ou em uma curva contínua até que o jogador interaja com o game de alguma maneira.

Autêntico

Alguns games tentam representar o tempo com autenticidade e usam a passagem do tempo como uma característica do modo de jogar. O cartucho de *Boktai*, desenvolvido para o Game Boy Advance, contém um sensor que detecta a quantidade de luz no ambiente onde o game está sendo jogado. O objetivo do game é trazer vampiros da escuridão para a luz. O game deve ser jogado ao ar livre durante o dia e a luz solar fraca afeta o nível de energia do personagem. Antes de começar a jogar, é necessário informar a hora correta para configurar o game. *Dimitri*, da Lionhead Studios, fornece uma variação do tempo autêntico por meio de seus personagens, que envelhecem progressivamente ao longo do game. Em *Prisoner of War*, da Wide Games, o personagem do jogador deve participar de chamadas de manhã e à noite. Se o jogador estiver ausente durante uma das chamadas, os oficiais do campo de prisioneiros de guerra realizarão uma busca. No game *Shrek*, o jogador pode controlar a hora do dia para realizar diferentes tarefas. *Animal Crossing* também utiliza a data para desencadear eventos especiais.

Konami Digital Entertainment

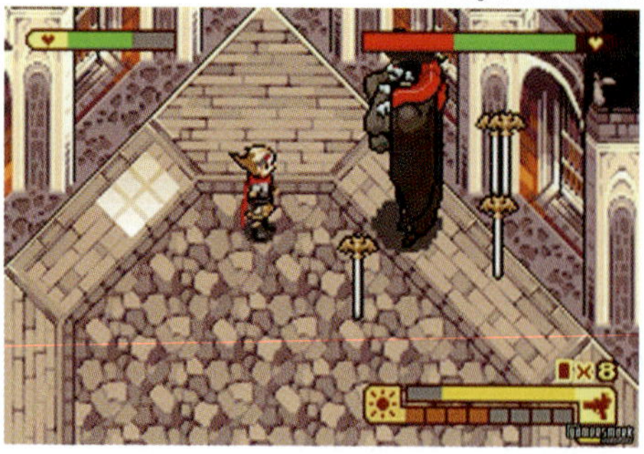

Konami Digital Entertainment

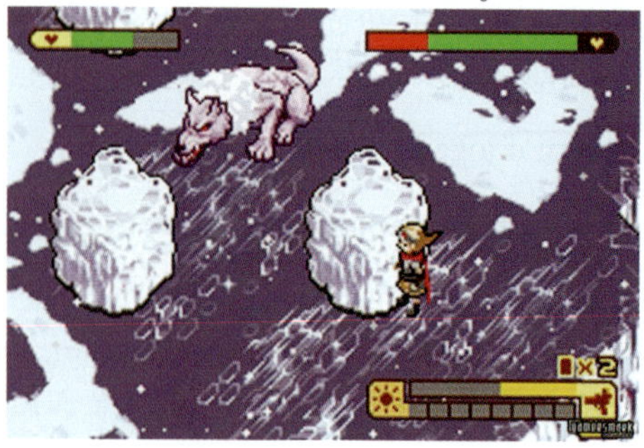

Boktai usa um sensor para detectar a presença de luz diurna.

Limitado

O tempo, às vezes, é implementado como parte do ambiente do game, mas não do próprio modo de jogar. O tempo cria uma atmosfera e fornece alguma variedade, mas não altera o modo de jogar. O tempo do game pode parecer artificial, porque os jogadores são capazes de fazer exatamente as mesmas coisas dc dia e de noite. Entretanto, há alguns poucos games em que o tempo é relevante. Em alguns momentos, o jogador é colocado sob pressão ao receber uma quantidade limitada de tempo do mundo real para realizar algo. Em *Baldur's Gate*, as lojas são fechadas à noite e os personagens estão sujeitos a um maior risco de serem atacados por monstros (no escuro, os monstros são menos visíveis).

Interplay

Baldur's Gate: Dark Alliance II concede aos jogadores uma quantidade limitada de tempo do mundo real para realizar tarefas no game.

Variável

Se o tempo é significativo, o tempo virtual em um game usualmente transcorre muito mais rapidamente do que na realidade e funciona em saltos, evitando os períodos em que nada de interessante aconteça. Os games de guerra normalmente não se dão ao trabalho dc implementar um período noturno ou exigir que os soldados durmam. Como os jogadores em geral desejam jogar continuamente, sem terem de fazer uma pausa e esperar pelo "amanhecer", ninguém sente falta dos períodos noturnos do game. Em *The Sims*, os dias e noites são mostrados porque o game é uma simulação de processo, e a saúde dos personagens depende do descanso e do sono. Entretanto, o tempo acelera quando os personagens dormem.

Electronic Arts

The Sims representa o dia e a noite — mas o tempo acelera quando os personagens dormem.

Ajustado pelo Jogador

Em muitos games de esportes, os jogadores podem modificar o tempo associado aos níveis do game. Por exemplo, em um game de futebol americano, os jogadores, às vezes, podem jogar quartos menores (5 a 10 minutos) do que os quartos tradicionais de 15 minutos do jogo. É importante fornecer opções de tempo aos jogadores sempre que possível. Muitos jogadores não querem gastar uma hora inteira jogando uma partida de futebol americano simulada. Em alguns simuladores de voo, pode haver longos períodos em que nada de interessante acontece. Nesses casos, os jogadores podem ter a opção de acelerar o tempo.

Konami Digital Entertainment

Os jogadores podem ajustar o intervalo de tempo em games de esportes como *Pro Evolution Soccer 2007*.

Alterado

Vários games incorporam o tempo alterado como um efeito. *Max Payne* foi o pioneiro no uso do *tempo da bala (bullet time)* — a técnica de entrar em câmara lenta, retendo ao mesmo tempo a capacidade de mover o ponto de vista da câmera em tempo normal. Como o game modela as balas como objetos reais, é possível ver uma bala voando enquanto esse recurso está ativado. Esse mesmo efeito é encontrado em filmes de ação como *Matrix* e *O Tigre e o Dragão*. Em *Blinx*, o jogador pode voltar o tempo, e em *Prince of Persia: The Sands of Time*, o personagem principal tem o poder de parar o tempo durante o game para não ser derrotado pelos adversários.

Ubisoft Entertainment

O jogador pode parar o tempo em *Prince of Persia*: *The Sands of Time*.

Elementos do Design de Níveis

Design de níveis é o processo de criar um mundo e preenchê-lo com objetivos, objetivos secundários e muitos obstáculos entre o jogador e esses objetivos. Cabe ao designer de níveis criar o mundo do nível; determinar quais inimigos, armas e poderes aparecerão no nível; especificar como e quanto os inimigos aparecerão ou reaparecerão; e ajustar o equilíbrio geral do nível (para que ele não seja muito fácil nem muito difícil). Talvez seja esperado também que o designer de níveis construa um ambiente tridimensional, ou pelo menos alguns de seus elementos, usando programas 3D, como Maya ou 3D Studio Max, e até que programe alguns de seus gatilhos ou outras interações usando linguagens de script. Embora seja limitado pelas regras e pela mecânica projetadas pelo designer-chefe, o designer de níveis também pode propor alterações nessas regras caso essas alterações (a) resultem em um game mais absorvente e (b) não alterem o mundo ou o game a ponto de comprometer a visão global concebida originalmente.

— Richard Wainess, Ph.D. (Pesquisador Educacional Sênior da Universidade da Califórnia, em Los Angeles)

Espaço

O *espaço* incorpora o ambiente físico do game, inclusive perspectiva, escala, limites, estruturas, terreno, objetos e estilo (cor, textura e aparência geral). No Capítulo 5, você conheceu algumas técnicas de criação visual de personagens, como desenho conceitual, modelagem, texturização e animação.

A arte ambiental é criada usando muitas das mesmas técnicas da arte dos personagens, embora, em regra, não seja animada especificamente, mas use alguns efeitos ambientais especiais. Os artistas responsáveis pelo conceito em geral produzem um esboço de uma cena relacionada ao game, que pode refletir o estilo de um nível específico. De posse desse esboço, você pode usar um editor de níveis para construir uma versão tridimensional do nível. Os programas para design de níveis são discutidos mais detalhadamente no Capítulo 11. O editor deve permitir que você visualize o mundo de várias perspectivas (inclusive do ponto de vista do jogador); modifique a geometria durante a inserção dos personagens no mundo; e navegue pelo nível durante sua construção.

Espaços Instanciados

Há cada vez mais games multijogador massivos incorporando espaços instanciados ao seu design para ajudar a solucionar alguns dos problemas que afetam um mundo totalmente persistente. Os espaços persistentes oferecem uma área de jogo aberta em que os jogadores podem interagir espontaneamente com toda a base de jogadores do game, mas não fornecem a orientação necessária para ajudar os jogadores a compreender como obter sucesso e crescer dentro desse game. Por outro lado, os espaços instanciados oferecem uma experiência mais direcionada/guiada para os jogadores, mas exigem muito mais trabalho para serem criados e podem, em princípio, isolar os jogadores de oportunidades para descobrir novos amigos dentro da base de jogadores. Acredito que futuramente compreenderemos melhor os prós e contras do modelo de espaços instanciados, e os desenvolvedores trabalharão para refiná-los.

— Carly Staehlin (Consultora de Design Online da, Carly Staehlin Design)

Perspectiva e Câmera

O Capítulo 5 explicou a importância do *ponto de vista* (POV) de primeira e terceira pessoas para os personagens de um game. O POV está relacionado à *perspectiva* do mundo do game — ou à forma como o jogador vê o ambiente do game.

Onipresente

Na perspectiva *onipresente*, o jogador consegue ver diferentes partes do mundo do game e pode atuar em muitos locais diferentes dele (mesmo que algumas partes, às vezes, permaneçam ocultas). A perspectiva onipresente permite que o jogador observe o mundo do game de cima para baixo. No Capítulo 3, você conheceu as simulações de processos e os games de Deus (ou de brinquedo). *Populous* e *Black & White* foram chamados de "games de Deus" pela imprensa porque não apenas empregavam o POV onipresente, com também permitiam que outros personagens enxergassem o jogador como se ele estivesse acima do mundo do game — como um deus olhando os demais personagens do alto.

Sega Corporation

Medieval III: Total War utiliza uma perspectiva onipresente.

Aérea (De Cima Para Baixo)

A perspectiva *aérea* (ou *de cima para baixo*) mostra ao jogador o game visto de cima — como pelos olhos de um pássaro. Esse ponto de vista é popular em games como a versão original de *Legend of Zelda* e *Pac-Man*.

Courtesy of Rockstar Games and Take-Two Interactive Software, Inc.

Grand Theft Auto utiliza uma perspectiva aérea (de cima para baixo).

Isométrica

Na perspectiva *isométrica*, o jogador pode observar a paisagem ligeiramente inclinada, em um ângulo de 30 a 45 graus. Em um mundo isométrico, é possível criar muitos ângulos diferentes de objetos e, em seguida, colocar esses objetos na tela. Isso lhe permite criar objetos reutilizáveis, eliminando a necessidade de representá-los em tempo real. Essa perspectiva também faz o jogador sentir-se mais próximo e mais envolvido com os eventos do que a vista aérea ou de cima para baixo. Entretanto, o fato de que os artistas precisam criar várias versões diferentes (geralmente quatro) de todos os objetos a partir de cada ângulo pode tornar o processo um tanto tedioso quando a câmera gira. (Muitos games de estratégia e de estratégia em tempo real foram criados em uma perspectiva isométrica tridimensional sem rotação da câmera.) As primeiras versões de *Sim City* e *Civilization* consistiam quase que totalmente de vistas aéreas — basicamente porque o hardware na época não

Firaxis Games

Civilization IV utiliza uma perspectiva isométrica.

comportava detalhes suficientes para qualquer outro ponto de vista. Com o tempo, esses games adotaram uma vista isométrica usando tecnologia 2D para simular um mundo tridimensional, criando um efeito equivalente ao de brincar com modelos em escala, o que é apropriado para simulações de processos!

Rolamento Lateral (ou Vista Plana/Lateral)

No espaço bidimensional, os personagens só podem correr da esquerda para a direita ou mover-se para cima ou para baixo quando saltam. Eles não podem correr em direção ao jogador ou afastar-se dele. Para contornar essas limitações, os games de fliperama 2D clássicos utilizavam a navegação com *rolamento lateral* para criar a ilusão de espaço. O personagem do jogador deslocava-se horizontalmente pela tela, da esquerda para a direita, enquanto o fundo movia-se da direita para a esquerda. Em uma técnica conhecida como *deslocamento em paralaxe*, a câmera move-se em sentido vertical ou horizontal com diferentes camadas movendo-se em diferentes velocidades, o que cria uma sensação de profundidade.

Nintendo

Super Mario Mini utiliza navegação com rolamento lateral.

Design de Níveis para RPGs

Não há muitos problemas de design específicos, contanto que você se limite à fórmula do game de representação de papéis (RPG) (explorar-matar-saquear-vender/aumentar o poder-aumentar o nível-repetir); lembre-se de espalhar bem suas "cenouras" pelo nível (aqui está um item exclusivo, aqui está uma área em que o jogador pode obter uma proeza de bônus, aqui está uma parte do nível em que mais um detalhe do mistério da história é solucionado, aqui está um lugar em que o jogador pode obter uma vista panorâmica do nível); finalmente, se possível, tente proporcionar aos jogadores diferentes opções para perseguir seus objetivos dependendo de como construíram seus personagens (por exemplo, ladrões que podem entrar furtivamente em situações, diplomatas que podem sair de situações com uma argumentação convincente ou pistoleiros que podem matar tudo o que encontram pela frente até o final). Um game deve apelar para o ego dos jogadores, e não há melhor maneira de fazer isso do que oferecer níveis e situações que lhes permitam exercitar as habilidades e recursos em que gastaram mais pontos.

—*Chris Avellone (Diretor de Criação e Designer Chefe da Obsidian Entertainment)*

Mapas de Altitude

Uma técnica popular para gerar paisagens é o mapa de altitude, uma imagem de contorno mostrando a elevação dos pontos de interseção em uma grade tridimensional. Os mapas de altitude geram paisagens tridimensionais bastante convincentes e são criados usando tons de cinza para representar a altitude.

Terreno e Materiais

Os *materiais* do ambiente — como metais, vidro, areia, cascalho, céu e nuvens — influenciam diretamente a aparência geral do game. Um modelo de sombreamento define como os materiais se comportam quando são iluminados. Ele combina os atributos de cada material — como textura, cor, brilho e transparência — com os atributos das fontes de luz, que incluem cor e direção. Isso permite que os materiais sejam sombreados diferentemente dependendo dos seus atributos físicos. O terreno refere-se às texturas que aparecem nas superfícies do solo, como terra, grama, ladrilhos e calçamento.

Microsoft Corporation

THQ

Os interiores feitos de aço, cromados e texturas de madeira em *Gears of War* contrastam com os exteriores feitos de grama, terra e texturas orgânicas em *S.T.A.L.K.E.R.: Shadow of Chernobyl*.

Mapeamento de Normais

A técnica de mapeamento de normais é usada intensivamente no design de níveis e ambientes para aprimorar a aparência de modelos com baixo número de polígonos, acrescentando detalhes ao sombreamento sem usar mais polígonos. O mapeamento de normais é uma aplicação do mapeamento de relevo que simula superfícies desiguais por meio da criação de irregularidades no sombreamento. Enquanto o mapeamento de relevo gera perturbações na normal[1] existente de um modelo, o mapeamento de normais substitui totalmente a normal.

Radiosidade e Efeitos

A *radiosidade* (*iluminação*) é simplesmente um efeito utilizado nos ambientes de games. Sem a aplicação adequada da radiosidade, os jogadores serão incapazes de se orientar no ambiente do game ou de ver e interagir com detalhes que podem ser determinantes para seu progresso no game. A radiosidade também pode ser usada para produzir efeitos de reflexo (na água, no vidro e em outros elementos). Outros efeitos ambientais em games incluem o clima (chuva, neve, raios) e outros movimentos naturais (ondas, vento, flutuação) criados por meio de animação.

1 Normal : vetor perpendicular ao plano. No caso de um modelo 3D, o mapa de normais muda a posição das normais sob a superfície do polígono, indicando direções diferentes para a iluminação incidente na superfície (N.T.)

Ilustração de Travis Castillo

Ilustração de Travis Castillo

Uma cena antes e após a aplicação de radiosidade, criada pelo designer de níveis e ilustrador de ambientes Travis Castillo.

Consistência, Realismo e Imaginação

Um nível funciona como um meio para a manifestação de todos os sistemas do game. Se um game tem tiros, acrobacias e explosões, seus níveis deverão conter uma ampla variedade de situações de tiroteio, cenários que possam ser navegados graciosamente e razões suficientes para mandar pessoas e propriedades para o espaço. Ao mesmo tempo que precisam demonstrar os sistemas, os níveis também devem ser compatíveis com a história e a ambientação. Se uma colônia de alienígenas tiver a forma de uma série de salas quadradas com longos corredores — ou se parecer com um armazém suspeito com algumas texturas estranhas nas paredes —, o game será um desastre. Os jogadores detectam imediatamente o design inadequado de um nível e isso afeta negativamente sua avaliação de todos os outros aspectos do game.

— Matt Maclean (Designer da Obsidian Entertainment)

Escala

A *escala* do espaço do game inclui o tamanho total do espaço físico e os tamanhos relativos dos objetos no game. Como os games de simulação tentam imitar a realidade, o espaço e os objetos nesse gênero devem ter escalas relativas corretas. Nos games que usam a perspectiva de primeira pessoa, geralmente o personagem só enxerga até algumas centenas de metros e, portanto, a escala não é um problema relevante. Entretanto, objetos importantes como chaves, armas e munições devem estar visíveis para que o jogador consiga localizá-los com facilidade. A escala exagerada é usada em *Civilization III* para representar as unidades do personagem, que são maiores que as estruturas, para facilitar a seleção e o gerenciamento pelo jogador. Em games com perspectiva aérea ou isométrica, talvez seja necessário distorcer a escala. Por exemplo, os edifícios geralmente são apenas um pouco mais altos que os personagens do game (o que faz com que a altura dos personagens pareça exagerada). Isso permite que os jogadores vejam os tetos dos edifícios

Tela de um produto Microsoft, reimpressa com autorização.

As tropas têm a mesma altura dos edifícios em *Age of Empires III*.

ou a paisagem sem perder os personagens de vista e também que sejam mostradas as unidades que, de outra forma, seriam ocultas por um edifício.

Electronic Arts

Em *The Sims: Bustin' Out*, motonetas (e uma rede subterrânea de esgotos) permitem que se transite rapidamente pela cidade.

O tamanho do espaço físico do game também pode ser distorcido para acomodar o jogador. A escala do espaço deve ser suficientemente pequena para que um personagem gaste apenas alguns minutos para ir de uma extremidade a outra do mundo do game (a menos que o objetivo do game seja explorar um ambiente detalhado). Por outro lado, a escala do game perde a distorção quando o personagem entra em um edifício e interage com os objetos que ele contém. Nesse caso, o espaço interno do game não é distorcido, mas o espaço externo é. Um bom exemplo disso é *Grand Theft Auto*, em que o jogador consegue levar o personagem rapidamente de um ponto a outro na cidade, mas pode gastar um bom tempo explorando o interior dos edifícios circundantes, que parecem muito maiores por contraste.

Mundos Baseados em Ladrilhos

Um ladrilho (tile) — também conhecido como uma célula — é uma área retangular ou quadrada em um mapa. (Nos mundos isométricos, os ladrilhos quase sempre têm o formato de um diamante.) Um ladrilho pode ter qualquer tamanho, mas geralmente é configurado para ser aproximadamente do mesmo tamanho do personagem que você está usando — ou pelo menos do tamanho da parte do personagem que toca o solo (geralmente seus pés). Os mundos baseados em ladrilhos (tile-based worlds ou TBWs) são comuns nos games de estratégia, como Advance Wars e a série Civilization.

Limites

No Capítulo 4, você aprendeu que os desenvolvedores de games tentam manter o jogador em estado de suspensão da descrença por meio de narrativas imersivas. Muitos games não revelam explicitamente que o mundo do game tem *limites* e que, portanto, é limitado. Como ainda não existe um game que contenha um mundo ilimitado e infinito, os desenvolvedores adotam algumas soluções para lidar com os limites sem afetar a imersão do jogador no game. Alguns games podem revelar explicitamente seus mundos limitados,como estádios de futebol, pistas de corrida ou parques de diversão. Os ambientes subterrâneos ou internos também ajudam a criar limites artificiais. Em outros games, como os simuladores de voo, o mundo plano do game dobra-se sobre si próprio para criar a impressão de um mundo esférico. Outro truque comum para obter esse efeito é usar terrenos que o próprio jogador considera intransponíveis, como cadeias de montanhas ou vegetação espessa. Em muitos games de estratégia em tempo real, a extremidade do mundo é simplesmente um vácuo negro!

Microsoft Corporation

O *Microsoft Flight Simulator X* utiliza limites ambientais arbitrários no ar.

Contexto Cultural

O contexto cultural de um game inclui as crenças, as atitudes e os valores dos personagens que habitam o mundo do game. Essa cultura é refletida nos itens que aparecem no ambiente do game: vestuário, mobília, arquitetura, arte, emblemas, itens religiosos/mágicos, decorações e cenário circundante. Que objetos e estruturas devem existir nesse mundo específico e qual deve ser a sua aparência? Que regras são aplicáveis à cultura do seu game? A consistência é importante aqui. As mesmas regras devem ser aplicadas a jogadores e NPCs (inclusive inimigos).

Realismo

Fotografias e dados reais de altitude do terreno são usados para criar um modelo realista na maioria dos simuladores de voo (como o *Flight Simulator 2002*). Os detalhes adicionais, como árvores, edifícios e tráfego, são gerados processualmente. Até as condições atmosféricas são realistas. Em *True Crime: Streets of LA*, milhares de ruas de Los Angeles foram recriadas para o game.

Considere a quantidade de detalhes que você deseja incluir em seu game. Mais detalhes significam menos velocidade e eficiência. Muitos games de simulação tentam modelar o mundo real, permitindo que os jogadores empreguem o bom senso aplicável ao mundo real para jogá-los. Não obstante, todos os games representam o mundo real com algum grau de abstração e simplificação. Que nível de realismo você pretende atribuir ao mundo do seu game? Em *The Getaway*, 40 quilômetros quadrados de Londres foram recriados usando mais de 20 mil fotografias digitais, incorporando todos os detalhes, de atrações turísticas a becos e céus encobertos. Esse nível de detalhamento resultou em uma simulação instantaneamente reconhecível da vida cotidiana na cidade. Em *Prisoner of War*, as estruturas associadas aos diferentes níveis (como o nível do Castelo Colditz) foram fotografadas centenas de vezes. Essas estruturas foram modeladas em escala e, em seguida, sua escala foi alterada para proporcionar uma arena eficaz para o game sem perder a autenticidade.

Pessoalmente, gosto de observar os pequenos detalhes do ambiente — árvores balançando ao vento, efeitos da água, explosões... Detalhes como esses tornam a minha experiência com relação ao game muito mais divertida.

— *Vincent Ramos (estudante de Design Interativo)*

Activision

Call of Duty 3 utiliza detalhes ambientais para representar de maneira realista o mundo do game.

Hiperrealidade

Às vezes, o uso de uma realidade visual exagerada pode tornar um game mais dramático. Se os padrões atmosféricos reais fossem seguidos estritamente em um simulador de voo, os raios provavelmente não pareceriam tão próximos e ameaçadores. Nos games de esportes radicais, como Transworld Snowboarding, as áreas de salto são mais íngremes do que seriam na realidade.

Estilo

O estilo do mundo do game influencia todos os outros elementos, do personagem e da interface ao manual e à embalagem. Embora os estilos ocidentais de arte para games tendam a ser razoavelmente conservadores, os profissionais formados em programas de arte e design de games nas universidades parecem estar expandindo os limites do estilo — inspirando-se em games mais experimentais produzidos no Japão, como *Rez*, *Freak Out*, *Vib Ribbon* e *Space Channel 5*. A aparência física dos personagens no game *Fable*, da Lionhead Studios, transforma-se conforme eles envelhecem, envolvem-se em batalhas, exercitam-se e bebem — o que resulta em rugas, cicatrizes, músculos e barrigas de cerveja! Os ambientes do game também incorporam detalhes vívidos.

Há duas formas de estilo que devem funcionar em conjunto no game: o estilo dos objetos do mundo e o estilo da arte usada para representar esse mundo. Por exemplo, a paisagem urbana no game pode consistir em casas em estilo espanhol, enquanto o estilo da arte pode ser *anime*. Contanto que cada estilo seja usado de maneira consistente para a respectiva finalidade, a jogabilidade não será afetada.

Os espaços abertos de *Fable* são realistas e espetaculares.

O interior de *Alone in the Dark* é detalhado e misterioso.

Ambientes de Game: Criando a Ilusão

Em geral, quando você pensa na arte de um game, o que vem à mente são os personagens e criaturas, embora o que realmente crie a ilusão de um mundo sejam os ambientes que essas criaturas habitam... Seu game deve ser convincentemente real para inspirar uma sensação de atmosfera e drama e, ao mesmo tempo, deve ser inventivo sem comprometer a credulidade. Tudo é uma questão de combinar e sintetizar, mantendo as aspirações em sua mente mas procurando novas maneiras de organizar todos os elementos.

— Marc Taro Holmes
(Diretor de Art da Ensemble Studios)

Muitos estilos já foram usados à exaustão em games. Não copie um estilo ou ambiente de outro game; em vez disso, tente criar algo novo. Esqueça os mesmos e velhos vilões e ambientes. Pense na emoção que seu mundo deverá despertar no jogador: espanto, medo, excitação, alegria. Isso o ajudará a formular o seu estilo.

Oddworlds Inhabitants

Oddworld: Munch's Oddysee é repleto de personagens e ambientes surreais.

:::: Sombreamento de Célula

Sombreamento de célula (cel-shading) é a arte de representar objetos de modo que pareçam ter sido desenhados à mão para uma história em quadrinhos — em contraste com a representação fotorrealista. Os algoritmos mais simples apenas preenchem o objeto com uma cor sólida e aplicam linhas de contorno reforçadas. Os algoritmos mais complexos fazem sombreamento, levam em consideração as fontes de luz e as sombras ou tentam imitar técnicas de quadrinhos mais estilizadas, como carvão, aquarela ou gravura.

Capcom

Viewtiful Joe usa sombreamento de célula para dar uma aparência bidimensional a um mundo tridimensional.

Neste capítulo, foi explicada a importância do ambiente estrutural, temporal e espacial no mundo do game. No próximo capítulo, deixaremos o mundo do game para examinar a conexão direta entre o jogador e o game.

:::REVISÃO DO CAPÍTULO:::

1. O que é design de níveis e como está relacionado ao modo de jogar, à história e ao desenvolvimento do personagem?

2. Quais são algumas das maneiras únicas em que o tempo — tanto do mundo real como do mundo virtual — é empregado para tornar um game mais absorvente? Crie um conceito original para um game usando um desses métodos. Você consegue pensar em outro método que ainda não foi usado?

3. Quais são alguns dos truques de perspectiva espacial usados ocasionalmente no design de níveis para superar as limitações do ambiente do game? Quais desses truques você incorporaria ao seu game original?

4. Como um game pode manter a autenticidade por meio do design ambiental? Discuta alguns recursos que você usaria para desenvolver um game baseado em regras do mundo real.

5. A tradição de desenvolvimento de games tridimensionais tem sido criticada por ser excessivamente imitativa, criando mundos que não são suficientemente distintos um do outro. Se você tivesse de desenvolver um game tridimensional, como faria para que ele refletisse seu estilo único?

6. Jogue um game de qualquer gênero e analise como ele lida com a estrutura. O game é dividido em níveis? A dificuldade aumenta em cada nível subsequente? O game adota uma progressão linear, plana ou de curva em S?

7. Projete um ambiente de game para a sua ideia de game original. Que materiais ou tipos de terreno você usará? Que tipos de objetos ou estruturas acrescentará ao ambiente?

8. Como o estilo de um game está relacionado à sua atmosfera? Descreva a atmosfera do seu game original. Em seguida, descreva uma cena específica em termos de ambientação e atmosfera — incorporando essa atmosfera à sua descrição.

9. Procure locações para um game e tire fotos de alguns objetos, texturas e cenas interessantes. Incorpore essas texturas aos esboços conceituais de um ambiente original.

10. Como o contexto cultural de um game afeta seu ambiente? Crie uma cultura baseada em sua ideia original para um game e discuta como ela pode determinar o aspecto dos interiores, exteriores, objetos, veículos e estruturas, bem como as regras do mundo do game.

CAPÍTULO 8

Interface:

criando a conexão

Perguntas-chave do Capítulo

- Como as interfaces de games estão relacionadas ao design centrado no jogador?
- Quais são os componentes das interfaces de games?
- Qual é a diferença entre interfaces manuais e visuais?
- Qual é a diferença entre interfaces passivas e ativas?
- Por que a usabilidade é importante no design de interfaces de games?

Uma interface específica de game é a conexão entre o jogador e o game propriamente dito. A principal função da interface é ajudar o jogador a fazer escolhas para atingir certos objetivos no game. A interface é a conexão mais próxima que os jogadores podem ter com o game sem entrar diretamente no próprio game, como os personagens do filme *Tron!* As interfaces de games diferem de outras interfaces porque sua finalidade está vinculada a uma experiência mais imersiva do que navegar na internet, ou mesmo falar ao telefone. Até games que envolvem um único jogador devem proporcionar um nível extremamente alto de interatividade entre o jogador e o game. O jogador deve ser capaz de concentrar-se exclusivamente na experiência do game, sem distrações externas (ambientais) ou internas (mentais). Além de proporcionar essa conexão e imersão, a interface do game também deve cumprir sua função geral: ajudar o jogador a efetivamente *jogar* o game. Para garantir isso, os designers de interface devem compreender as várias tarefas, ações, necessidades e desafios com que o jogador deve lidar em um game.

Se quiser ler mais sobre esse assunto, consulte o livro *Game Interface Design* (Saunders/Novak), parte da série *Game Development Essentials*, publicada pela Cengage Learning.

Design Centrado no Jogador

A importância do design da interface — a conexão entre o jogador e o game — frequentemente é subestimada. Para que a atividade do jogador exista, deve haver uma conexão entre o jogador e o próprio game. Nesse sentido, o design de interfaces está intimamente ligado à ideia de controle pelo jogador.

Tradicionalmente, o design de interfaces é conhecido como design da interface do *usuário*. Um usuário é alguém que utiliza uma certa tecnologia — um site na internet, um computador ou um telefone celular — para obter um resultado específico. O termo foi cunhado no advento da revolução do computador pessoal e, tradicionalmente, caracteriza o usuário como um especialista que compreende plenamente a tecnologia que está usando. Em web design, o termo *usuário* costuma ser alterado para *cliente*, porque representa melhor o papel da pessoa que está usando a interface. Da mesma forma, um *usuário* pode ser designado um *jogador* no design de games.

Gosto de qualquer interface de que não consigo lembrar. Prefiro as interfaces que cumprem bem sua função e ficam fora do meu caminho.

— *Robert Ferguson (estudante de Arte e Design de Games)*

Examinemos o conceito de *design centrado no jogador*. Qual é o público-alvo do seu game? Você está projetando o game para você mesmo, para sua empresa ou para os jogadores? Quem deverá interagir com o game? Em todos os aspectos do design de games, é essencial enfocar constantemente as necessidades, tarefas e escolhas do jogador. Se você perder o jogador de vista, o game será impossível de jogar. A característica mais importante e óbvia de um game que emprega o design centrado no jogador é a própria interface. Quando estiver pensando em como desenhar uma interface que seja elegante, complexa, avançada e espetacular, coloque-se por um momento no papel do jogador e tente perceber se sua grande ideia o ajudará a jogar o game sem gerar frustração! A interface sempre deve ser útil e funcional.

::::: O Que Está Errado Nesta Imagem?

Este anúncio (da American Cybercast, veiculado por volta de 1995) não inclui uma conexão entre a "audiência" e o "conteúdo", o que faz com que o conteúdo pareça uma transmissão de televisão convencional em vez de uma atividade de entretenimento interativo. Você saberia descrever a conexão que está faltando?

A interface permite que o jogador assuma o controle dos personagens, navegue pelo ambiente e tome decisões durante o game. Sem uma interface, um game não seria mais que uma apresentação, uma sequência de animação ou um ambiente estático, um jogo que não pode ser jogado!

Características da Interface e do Game

Você já aprendeu que a finalidade primária de uma interface do jogador é permitir que ele *jogue* o game e que há muitas tarefas, escolhas e necessidades do jogador que devem ser levadas em consideração no design da interface. Dividiremos essas tarefas, escolhas e necessidades em duas categorias: *ações* e *informações*. Durante um game, o jogador precisa acessar informações que talvez não estejam disponíveis nos personagens ou no ambiente do game. Essas informações podem incluir o *status* do jogador — as vidas restantes, a energia consumida e as habilidades obtidas — e mudam frequentemente dependendo de onde o jogador está ou do que decide fazer no game. Todas essas informações devem ser disponibilizadas por meio da interface do jogador. O jogador também executa várias ações no transcorrer de um game. Essas ações podem incluir deslocar-se pelo mundo do game, apanhar um objeto ou disparar uma arma. Cada uma dessas ações deve ser levada em conta na interface do jogador. Você já conheceu algumas características básicas dos games, como o modo de jogar, a história, o personagem e o mundo do game (que, geralmente, é estruturado em níveis). Como esses elementos interagem com a interface do game?

> A maioria dos games existentes continua dando a impressão de ter investido pouco tempo no design da interface, a tal ponto que sua inclusão parece ter sido decidida no último momento.
>
> — *Dave Dawson (Ilustrador Ambiental da Snowblind Studios)*

- **Modo de jogar**: a conexão entre a interface do jogador e o *modo de jogar* é o que realmente garante a interatividade do game. Como você aprendeu no Capítulo 6, o modo de jogar é o ponto central da experiência do game. Ele abrange todas as ações que o jogador executa durante o game. Quando o jogador decide o caminho que seguirá em uma encruzilhada ou tenta decifrar o segredo de um cofre, essas ações devem ser executadas por meio da interface do game. Para projetar a interface de um game específico, é necessário compreender e levar em conta todas as ações possíveis do jogador no game.
- **História**: a interface do game deve refletir a sua *história*. O estilo visual da interface deve incorporar o ambiente, a atmosfera, o período histórico, o ambiente e a cultura do game. Se a interface for criada separadamente, sem um conhecimento do mundo do game, sua presença alienará o jogador do game em vez de intensificar sua imersão na experiência.
- **Personagem**: assim como deve incorporar a história do game, a interface também deve conter alguns aspectos dos *personagens* dessa história. Um jogador que assume o papel do personagem terá necessidades e objetivos específicos, que deverão ser supridos pela interface. Talvez seja essencial que o personagem tenha acesso a certas armas, itens de vestuário, poderes, veículos ou mesmo traços de personalidade. O acesso a esses itens, características e habilidades geralmente ocorre por meio da interface do game ou de

uma interface especializada do personagem. Ao selecionar ou criar um personagem, os jogadores podem usar uma tela de seleção ou personalização de personagens, que é um tipo especializado de interface. Mesmo personagens não jogadores (NPCs) possuem informações associadas que frequentemente precisam ser acessadas pelo jogador. Por exemplo, talvez o jogador queira ver quais tipos de poderes ou habilidades estão associados ao NPC adversário para escolher um personagem com poderes e habilidades compatíveis (ou complementares).

- **Áudio**: alguns desenvolvedores de games consideram o áudio como parte da interface do jogador. O áudio atua em conjunto com a interface visual ou manual para adicionar à experiência uma sensação de realismo ou de percepção tátil. Os tipos de áudio incluem música, efeitos sonoros e diálogo falado/narração. Além de fornecer uma trilha sonora ao game, a música também pode conter informação (por exemplo, avisar o jogador sobre perigos à frente, tornando-se mais dramática antes do aparecimento de um inimigo na tela). Nesse caso, o áudio pode ser visto como parte do componente de informações de uma interface. Efeitos sonoros e música podem ser acionados quando o jogador acessa certas áreas da interface do game. Quando o jogador decide disparar uma arma, geralmente o som do disparo ocorre em resposta à ação do jogador. Quando o jogador abre um porta-joias, a música gerada pelo objeto pode ser disparada pela ação. Uma opção de fala, para jogadores com deficiências visuais, pode estar disponível dentro da própria interface. Se o jogador quiser saber quais itens estão disponíveis no inventário de seu personagem, eles poderão ser "lidos" em voz alta para o jogador, além de serem exibidos. O áudio será discutido mais detalhadamente no Capítulo 9.
- **Mundo**: no Capítulo 7, você aprendeu que o mundo do game pode ser estruturado de diferentes maneiras. Além de ambientes específicos (interiores e exteriores) que refletem a condição e o foco do mundo, um game pode conter mundos paralelos, ou uma série de mundos que se tornam mais ou menos complexos dependendo da ordem em que aparecem em uma sequência. Às vezes, a interface do jogador é modificada, com a inclusão ou remoção de componentes, de acordo com a parte ou o tipo do mundo que está sendo acessado. Uma das maneiras mais comuns de lidar com a estrutura do design de níveis é usar mapas que podem ser acessados por meio da interface do game. Esses mapas podem aparecer na periferia da tela, enquanto o game está sendo jogado, ou serem acessados separadamente, por meio de um sistema de menus.

Como você pode ver, o design de interfaces está relacionado a todos os outros aspectos do desenvolvimento de um game e ajuda a conectar o game ao jogador.

Tipos de Interface

O Capítulo 1 discutiu a história do desenvolvimento de games no contexto das plataformas de hardware predominantes em épocas específicas. Cada uma dessas plataformas tinha interfaces *manuais* (dispositivos de entrada baseados em hardware) e *visuais* (telas baseadas em software) distintas.

Os games de *fliperama* não consolidaram um estilo de interface manual ou visual padrão. Antes que o jogador inserisse uma moeda nesses games, o monitor mostrava o título juntamente com instruções, ou um conjunto de telas que também incluía uma lista com as pontuações mais altas dos jogadores e (mais tarde) uma sequência de demonstração do próprio game. A interface manual geralmente consistia em um botão de início e botões de direção ou um joystick. *Centipede* foi um dos poucos games de fliperama que usaram um *trackball* — dispositivo que viria a se tornar uma interface manual bastante popular (possivelmente porque era mais durável que um joystick). Outras interfaces, normalmente associadas a games de simulação para fliperama, como os games de corrida e tiro, simulavam objetos da vida real (como um rifle, um periscópio ou um volante de direção e um acelerador). As interfaces visuais dos games para fliperama eram relativamente simples, consistindo em informações sobre a pontuação, o nível e o número de vidas restantes. Em razão da relativa simplicidade da tecnologia na época e do modelo comercial das máquinas operadas por moedas, as interfaces visavam prioritariamente à simplicidade e não à estética. Os usuários de máquinas de fliperama não estavam dispostos a gastar tempo lendo complexos manuais de instruções sobre a interface; eles queriam compreender quase instantaneamente como jogar o game, com um mínimo de instruções escritas (que geralmente precisavam caber em uma única tela).

Elementos de uma Interface de Game

A interface é um dos elementos menos compreendidos e mais cruciais de um game. Ela é a conexão entre o jogador e o mundo do game. Os elementos invisíveis da interface [descritos neste livro como a interface *manual*] incluem os controles, as teclas e o mouse, que são usados para selecionar e usar armas, mover-se pelo mundo e comunicar-se com NPCs e com outros jogadores. Os elementos visíveis são os recursos que aparecem na tela para informar ao jogador como está sua saúde, as armas disponíveis e seu estado, a localização dos inimigos, a distância até os alvos, a posição dentro do mundo e qualquer outra informação que seja considerada relevante para o game, em termos tanto do que o jogador pode fazer como do que ele não deve fazer (por exemplo, atacar um inimigo poderoso quando sua saúde está baixa). Embora boa parte — ou a maior parte — do que constitui um bom game (por exemplo, o design de níveis) seja intuitivo, a qualidade de uma interface depende de um grande número de aspectos cognitivos que geralmente são ignorados pelos designers de interfaces, mas que estão pouco a pouco começando a ser levados em consideração pelo setor de videogames. A compreensão desses aspectos pode melhorar consideravelmente a qualidade e usabilidade das interfaces de videogames e, em última análise, da experiência do game.

— Richard Wainess, Ph.D.
(Pesquisador Educacional Sênior da Universidade da Califórnia em Los Angeles)

No Capítulo 1, você conheceu a evolução dos games para *computador*, começando com as aventuras de texto, que dependiam de comandos de duas palavras digitados pelo jogador para navegar pelo game. Neles, a interface manual consistia no teclado do computador (antes do advento do mouse) e não havia uma interface visual. Os jogadores simplesmente tinham de pesquisar os vários comandos para descobrir como se mover pelo game.

Quando os games para computador evoluíram para incluir gráficos, a interface visual ainda era praticamente inexistente. Na maioria das vezes, a tela exibia o que estava acontecendo no mundo do game, mas não mostrava como o jogador podia interagir com esse mundo. A introdução da interface gráfica de *apontar-e-clicar* tornou os games mais acessíveis aos jogadores, atraindo um número de consumidores muito maior.

Interfaces Manuais

Interfaces *manuais* são dispositivos baseados em hardware, como controles, combinações de teclado e mouse e outros dispositivos de entrada com os quais os jogadores interagem fisicamente para jogar o game. Essas interfaces estão intimamente associadas à plataforma de hardware do game.

Sega Corporation

Konami Digital Entertaiment

As interfaces manuais de *Samba de Amigo* e *Dance Dance Revolution* mostram que nem sempre é necessário que os jogadores utilizem as mãos para controlar a experiência do game.

Fliperama

As interfaces manuais de fliperama geralmente são integradas ao gabinete do game e consistem em itens como botões, joysticks e controles deslizantes. Os games de corrida geralmente usam combinações de volante/pedais. Interfaces manuais especializadas foram desenvolvidas para games específicos, como *Silent Scope* (arma), *Karaoke Revolution* (microfone) e *Periscope* (periscópio — surpresa!).

Sega Corporation

Brave Firefighters utiliza uma mangueira de incêndio como interface manual.

Criando um Game para o Wii

Nos Capítulos 1 e 3, você conheceu a fusão do controle remoto com a tecnologia de detecção de movimentos no Wii, o que permite que os jogadores controlem ações no game por meio de movimentos físicos. Que tipo de game seria ideal para esse tipo de interface?

Nintendo

Wii Sports, o título inaugural do console de última geração Wii da Nintendo, incorpora os recursos de detecção de movimento do sistema.

Computador

As interfaces manuais para games de computador quase sempre consistem em uma combinação teclado-mouse. Os jogadores geralmente navegam pelo ambiente do game no computador utilizando o teclado (às vezes, as teclas W-A-S-D ou as teclas de setas), o mouse ou ambos. Combinações de teclas ocasionalmente são usadas para abrir menus na tela ou executar ações rápidas no game.

Os dispositivos periféricos usados em games de fliperama raramente são incluídos nos games para computador. Embora existam muitos outros dispositivos de entrada para computadores (joysticks, conjuntos de volante/pedais, sistemas de manche para simuladores de voo), os desenvolvedores *só* podem presumir que o usuário empregará uma combinação de mouse/teclado.

Console

Os controles para console normalmente consistem em controles de navegação e ação, que são muito mais adequados para games de ação do que a combinação teclado-mouse, pois foram projetados especificamente para permitir reflexos simples e rápidos. Como os games para

> O Wii realmente roubou a cena no campo do design de interfaces manuais (embora, em minha opinião, a PowerGlove do Nintendo sempre tenha sido subestimada)!
>
> — *Jed Smith (Compositor da Betafish Music)*

fliperama (e diferentemente da maioria dos games para computador), os games para console também incorporam dispositivos manuais periféricos — como tapetes de dança (*Dance Dance Revolution*), varas de pescar (*Bass Fishing*), maracas (*Samba de Amigo*) e microfones (*Karaoke Revolution*).

Sony Computer Entertainment America
Anotações por Jason Bramble

Sony Computer Entertainment America
Anotações por Jason Bramble

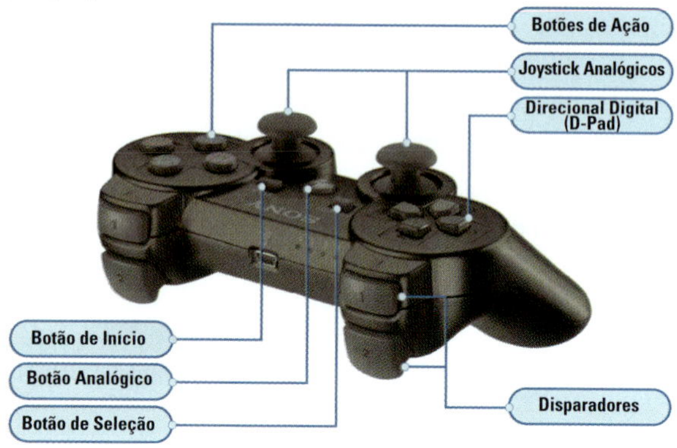

Microsoft Corporation
Anotações por Jason Bramble

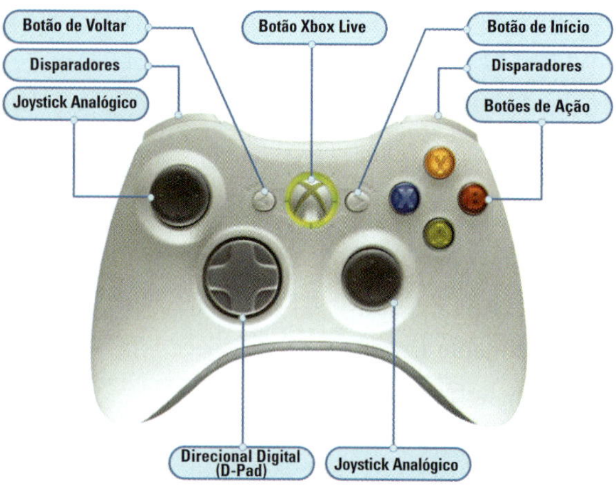

Microsoft Corporation
Anotações por Jason Bramble

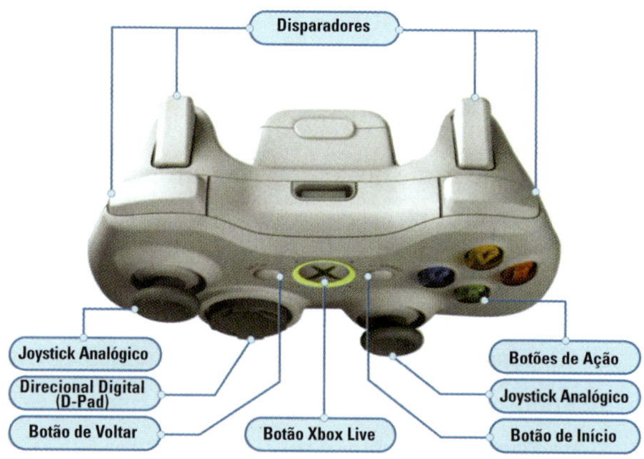

Nintendo
Anotações por Jason Bramble

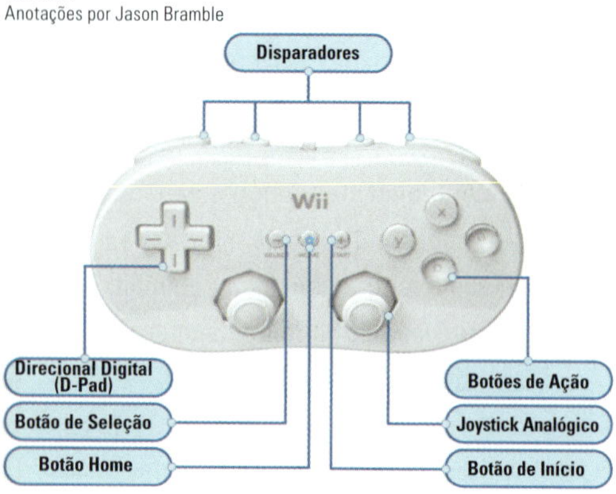

Nintendo

Nintendo

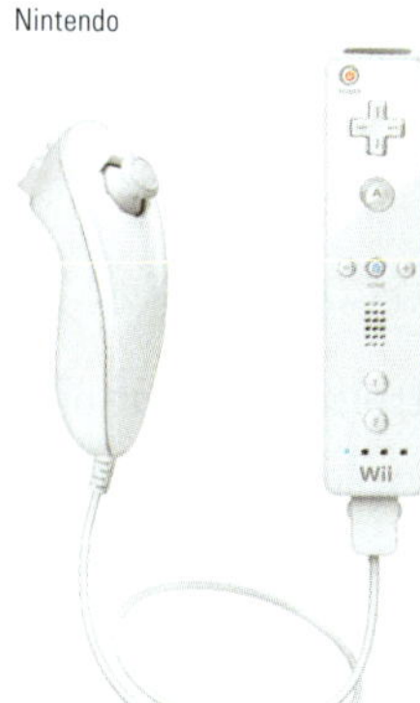

Controles detalhados para sistemas de última geração (PS3, Xbox 360 e Wii).

Cada um dos sistemas de console primários atuais possui um controle exclusivo, com muitas variações fabricadas por outras empresas. As características de cada controle padrão são as seguintes:

- *PS2 e PS3*: dois joysticks analógicos, um controle direcional digital (D-Pad), quatro botões de ação, quatro disparadores (dois do lado esquerdo e dois do lado direito), botões de início e de seleção e um botão analógico. [*Observação*: o PS3 não tem função de vibração (*rumble*).]
- *Xbox e Xbox 360*: dois joysticks analógicos, um controle direcional digital (D-Pad), quatro botões de ação (X, Y, A, B), dois disparadores, botões de início e de seleção e dois botões auxiliares (preto e branco). No Xbox 360, os botões auxiliares foram removidos e dois disparadores adicionais foram incluídos.
- *GameCube*: dois joysticks analógicos, um controle direcional digital (D-Pad), quatro botões de ação (A, B, X, Y), dois disparadores e botões de início e de seleção. Diferentemente dos controles para PS2 e Xbox 360, o controle padrão do GameCube possui um botão de ação principal (A) e outros três (B, X, Y) à sua volta.
- *Wii*: três controles inovadores — clássico, remoto (Wiimote) e *nunchuk*. O clássico contém quatro botões nas laterais, um controle direcional digital (D-Pad), quatro botões de ação (A, B, X, Y), dois joysticks analógicos e botões de início, seleção e Home. O Wiimote contém um D-Pad, disparador B e botões A, 1 e 2, além de botões Home, mais (+) e menos (–). O *nunchuk* contém um joystick analógico, um disparador e um botão C.

Compare essas especificações com o velho joystick do Atari 2600! Todos os controles atuais possuem funções de *rumble* e feedback vibratório para proporcionar uma experiência mais tátil ao game.

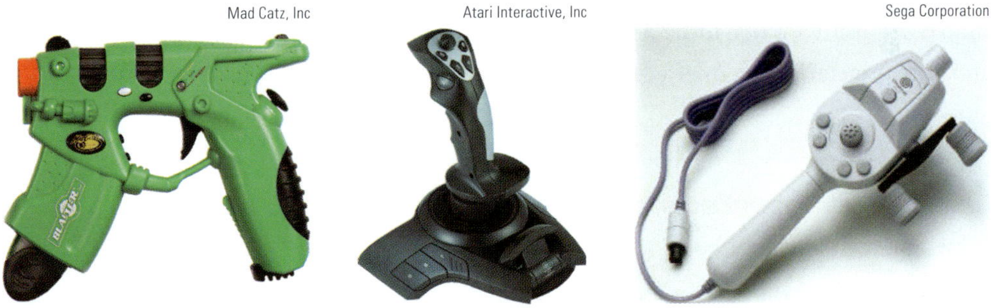

Os controles manuais podem ter diversos formatos (Mad Blaster, à esquerda; joystick, no centro; vara de pescar do *Bass Fishing*, à direita).

Métodos de controle mais complexos são necessários em outros gêneros [games de representação de papéis (RPG), de estratégia em tempo real (RTS) e de aventura]. O estilo da interface de *apontar-e-clicar* surgiu na plataforma de computador por necessidade. Os games de estratégia em tempo real são adequados para a interface de teclado-mouse e ainda não foram adaptados com sucesso para um esquema de controle de console. Ao jogar um RTS no computador, o jogador pode desenhar uma caixa de seleção em torno de várias unidades para selecioná-las. Tradicionalmente, é difícil fazer isso em um sistema de console. Entretanto, foi desenvolvida uma convenção de seleção (popularizada inicialmente em *Pikmin*, de Shigero Miyamoto) que permite aos jogadores pressionar ou manter pressionado um botão para aumentar o tamanho da caixa de seleção. *Goblin Commander* e *The Lord of the Rings: The Battle for Middle-Earth II* são games de RTS que obtiveram sucesso em sistemas de console. Os games multijogador on-line jogados com sistemas de console geralmente usam um fone de ouvido com microfone, uma interface manual que vem ganhando popularidade.

Portáteis

Muitos sistemas portáteis assemelham-se a sistemas de console em miniatura contendo suas próprias telas. Nesse sentido, pode--se considerar um sistema portátil como um cruzamento entre um console e um sistema de computador. Os portáteis também têm seus próprios controles especiais incorporados.

Nintendo

Sony Computer Entertainment America

O design de interface para o DS Lite e o PSP acarreta algumas dificuldades.

Essa categoria inclui sistemas portáteis dedicados, como o Game Boy Advance (GBA) da Nintendo e o PlayStation Portable (PSP) da Sony, e dispositivos multiuso móveis sem fio, como o N-Gage e o QD da Nokia. Ao projetar uma interface do jogador para um dispositivo multiuso como o N-Gage QD da Nokia, que combina a utilidade de um telefone celular com uma plataforma para games, o designer deve certificar-se de que todos os recursos do sistema continuam em funcionamento. Quando um "jogador" se transforma em um "discador", há uma mudança nas necessidades da pessoa que está usando o dispositivo, o que torna a flexibilidade no design essencial. Como você projetaria uma interface para incorporar múltiplos usos?

Design de Interface para Games de Console e de Computador

O controle é um dos fatores (sem um mouse e um teclado, você deve ser cuidadoso com relação às opções e com a navegação feitas a partir dessas opções em um game de console) e a resolução da tela é outro (você deve ser criterioso com o uso de cores e com a resolução: o que parece ótimo em um PC não será visto da mesma maneira em uma TV). Ressalvando-se esses detalhes, as mesmas regras gerais de interface são aplicáveis: tente torná-la discreta, mantenha as etapas de seleção de opções semelhantes lógicas e consistentes em todo o game, tente fornecer ao jogador opções de personalização do controle e garanta que ele conseguirá chegar ao que deseja pressionando apenas o direcional digital (d-pad) e um ou dois botões.

— *Chris Avellone*
(Diretor de Criação e Designer Chefe da Obsidian Entertainment)

Interfaces Visuais

As interfaces visuais são exibidas na tela durante todo o tempo ou podem ser acessadas facilmente pelo jogador usando a interface manual. Há dois tipos de interfaces visuais para games: passiva e ativa.

> Gosto de games que integram a interface ao game e que, se possuir menus, eles sejam em pequeno número. Portanto, não gosto de menus na tela. Acredito que eles reduzem a imersão no game porque nos lembram que estamos "jogando" e não "vivenciando-o". Com que frequência, ao interagir com as pessoas, você vê números e menus aparecendo à sua volta? Outra opção útil é poder ajustar a quantidade de informações mostradas na tela conforme necessário. Isso proporciona mais opções para diferentes tipos de jogadores.
>
> — *Arash John Sammander (estudante de Arte e Design de Games)*

Ativa

Os jogadores podem interagir com uma interface *ativa* — geralmente clicando nos itens exibidos. Isso acontece porque esses itens têm por finalidade serem manipulados de alguma maneira pelo jogador como parte do processo do game. Um dos tipos de interface ativa inclui um *sistema de menus*, em geral facilmente acessível a qualquer momento no game, mesmo que não esteja visível. Um sistema de menus normalmente contém itens que permitem ao jogador tomar decisões gerais relacionadas ao game, inclusive:

- Começar um novo game e reinicializar
- Salvar o game
- Jogar um game salvo
- Acessar um tutorial
- Configurar o game
- Navegar pelo game
- Personalizar seu personagem
- Escolher um modo de jogo (como monojogador ou multijogador)
- Obter ajuda/assistência técnica

Blizzard Entertainment, Inc.

Interface ativa do game *World of Warcraft*.

Outra interface ativa comum é o sistema de *ação* (também conhecido como sistema de comunicação ou interação), que contém escolhas do jogador relacionadas ao modo de jogar. A interface de *ação* aceita comandos do jogador e está relacionada ao nível de controle disponível ao jogador no game. As opções disponíveis nessa interface incluem palavras de ação (como atacar, conversar ou recuperar), permitindo que o jogador entre em combate, explore, comunique-se ou acesse outros elementos relacionados ao modo de jogar (discutido no Capítulo 6). Algumas interfaces de ação, como a de *The Sims Online*, são *radiais*, aparecendo em torno do personagem ou do objeto-alvo. Como muitas dessas ações são relacionadas ao movimento, algumas são processadas pela interface manual. A finalidade principal de uma interface ativa é proporcionar ao jogador mais alternativas de controle. O esquema de controle de uma interface ativa pode empregar botões de seleção, botões de ação, entrada de texto e barras de rolagem.

Passiva

Os jogadores não podem interagir com os itens exibidos em uma interface *passiva*. Isso acontece porque os itens são imutáveis e não podem ser manipulados diretamente pelo jogador sem que isso afete o modo de jogar. Essa interface exibe o *status* do jogador (ou do personagem): pontuação, vidas, energia, tempo restante ou força. Essas informações podem ser espalhadas ou agrupadas em uma área da tela. Por exemplo, os games de fliperama geralmente exibem itens de *status*, como pontuação, vidas e tempo restante, em diferentes áreas da tela (normalmente em cantos separados).

Capcom

Lost Planet utiliza um painel de informações transparente.

As interfaces exibidas na tela incluem *painéis de informações transparentes* (*heads-up displays* ou *HUDs*), que sobrepõem a interface a toda a área de ação do game, e *delimitadores*, que exibem a interface em uma área menor da tela (geralmente em um dos cantos). *Return to Castle Wolfenstein* utiliza um HUD permanente contendo informações sobre energia, munição, orientação e saúde do jogador. Quando o menu de comandos de voz é acessado, ele aparece como um delimitador em uma pequena caixa no canto da tela. Às vezes, o menu de *status* não é exibido na tela principal, geralmente em razão de problemas de espaço. Em vez disso, as informações são acessadas em um menu ou submenu. A principal finalidade de uma interface passiva é fornecer informações ou feedback ao jogador. O esquema de feedback de uma interface passiva pode incluir informações que são necessárias ao jogador para jogar, compreender e apreciar o game, como seu *status* (localização, saúde), suas habilidades e seus objetivos.

> Os games das séries *Zelda* e *Final Fantasy* geralmente têm as melhores interfaces visuais. Elas são sempre eficientes, fáceis de acompanhar e menos invasivas (em termos de HUDs). Consigo obter as informações necessárias sem gastar muito tempo procurando por elas.
>
> — *Lisa Hathaway (bacharel em Arte e Design de Games)*

Utilizando o Design da Interface Para Testar o Modo de Jogar

O design da interface é um excelente campo de testes para os recursos de um game. Quando você tiver uma ideia de um novo recurso (ou de uma melhoria em um recurso existente), considere como a interface funcionará. Se não conseguir desenvolver uma interface que funcione impecavelmente, talvez seja melhor abandonar ou reformular o recurso.

— *Kevin Saunders*
(Produtor e Designer Chefe da Obsidian Entertainment)

Recursos Específicos da Plataforma

É interessante notar que uma interface visual está associada à plataforma de hardware do game. Estas são algumas diretrizes para incorporar recursos específicos da plataforma à interface visual.

Fliperama

As interfaces visuais para games de fliperama geralmente são simples, em parte porque esses games são projetados para serem jogados rapidamente (maximizando a quantidade de moedas inseridas no game). Normalmente, um game para fliperama contém uma tela de instruções seguida de uma série de telas do próprio game, que frequentemente contêm interfaces passivas. Portanto, não chega a ser surpreendente que os primeiros games para fliperama, como *Pac-Man* e *Donkey Kong*, nunca tenham utilizado interfaces ativas, apenas interfaces passivas mostrando as vidas restantes, a pontuação e o tempo restante no game.

Computador

As interfaces visuais para computadores variam dos painéis de informações transparentes (HUDs) a uma série de sistemas de menus que podem ser acessados usando o teclado ou clicando em botões com o mouse. Alguns games empregam um estilo de apontar-e-clicar em que os jogadores clicam em diferentes objetos para acessá-los. Como foi discutido no Capítulo 3, os games baseados em rede local ou LAN permitem que os jogadores ocultem informações uns dos outros, já que não compartilham a mesma tela.

Console

As interfaces visuais associadas à maioria dos sistemas de console são vinculadas à forma como esses games são jogados. De maneira semelhante à plataforma de computador, a princípio muitos games para console ofereciam uma combinação de telas visuais e sistemas de menus ativos. Entretanto, como foi discutido no Capítulo 3, o jogo local em console exige que dois a quatro jogadores compartilhem a mesma tela. Isso significa que nenhuma informação "oculta" pode ser exibida aos outros jogadores. Em contraste, um game multijogador no computador pode revelar a um jogador informações que talvez continuem ocultas ao adversário. Esse conceito pode ser observado facilmente nos jogos de cartas tradicionais, em que os jogadores não têm acesso às mãos um do outro. Outra característica das interfaces visuais para consoles é que muitos jogadores gostam de conectar seus sistemas a telas de televisão muito grandes. Não é tão comum que os consumidores adquiram monitores de computador com tela grande (como as telas para cinema), em parte porque os computadores são vistos como dispositivos multiuso (trabalho e entretenimento) e não possuem uma ênfase especializada (exclusivamente games) como a dos sistemas de console. A possibilidade de exibição em uma tela muito grande frequentemente afeta o design dos games para console em termos de escala e detalhamento muito embora a resolução de uma tela de computador seja mais alta que a de um monitor de TV! As interfaces visuais para Xbox 360 e PS3 consistem no "painel" (onde cada menu de nível superior é chamado de "lâmina") e na XMB (Cross Media Bar), respectivamente.

Portáteis

A principal característica dos sistemas portáteis é o tamanho da tela, que é substancialmente menor que a dos consoles ou mesmo dos computadores. Esse tamanho afeta drasticamente o design das interfaces de jogador para essas plataformas. Componentes da interface visual que normalmente seriam exibidos na parte inferior da tela, por exemplo, são acessados por meio de uma série de menus. O Nintendo DS, com sua tela dupla, proporciona o dobro de espaço. Alguns designers utilizam uma das telas para a interface do game. Outros usam as duas telas para perspectivas duplas (por exemplo, primeira e terceira pessoas simultaneamente e diferentes pontos de vista do game (por exemplo, visão geral e de curta distância: macro e micro).

On-line

Nos games jogados on-line — utilizando hardware de computador ou de um sistema de console —, as interfaces do jogador são afetadas pelo número de pessoas que estão jogando o game simultaneamente. As interfaces para games on-line monojogador geralmente são idênticas às criadas para as respectivas plataformas de hardware. Nos games on-line multijogador massivos (MMOGs), em que os personagens dos jogadores frequentemente interagem entre si e formam equipes (ou guildas), é necessário que as interfaces proporcionem aos jogadores acesso às informações relativas a cada membro da equipe. Essas interfaces também devem permitir a comunicação entre os jogadores (normalmente envolvendo janelas de bate-papo ou fóruns de discussão privados ou públicos).

Componentes

Vários componentes são utilizados na interface visual de um game, seja ela ativa ou passiva. Esses componentes consistem em *informações* que os jogadores acessam ou *ações* que devem executar para concluir tarefas durante o game. Vejamos exemplos de alguns componentes de interface visual amplamente utilizados.

Blizzard Entertainment, Inc.

O design da interface de *World of Warcraft* inclui um grande número de componentes, mas eles não afetam a experiência imersiva do game.

Pontuação

A *pontuação* é um indicador numérico que mede o sucesso do jogador no game. O indicador das maiores pontuações é um registro de pontuações passadas que fornece ao jogador um parâmetro para medir seu desempenho. Esse é o mais simples de todos os indicadores de pontuação básicos e pode ser mostrado na tela continuamente quando a pontuação é uma preocupação central no game.

Sony Computer Entertainment America

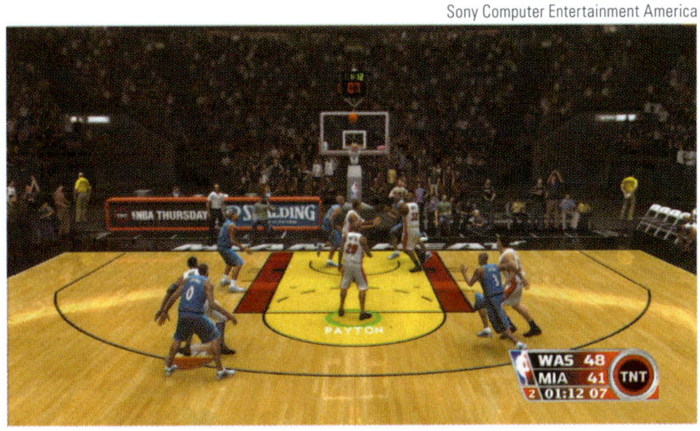

Mostrador de pontuação em *NBA 07*.

Alguns games mostram a pontuação somente quando o jogador completa uma parte do games como uma missão em um game de estratégia. Nesse ponto, o game pode revelar se o jogador obteve não apenas uma pontuação numérica específica, mas também uma nota. No final de cada missão em *Advance Wars*, os jogadores descobrem se receberam uma nota de avaliação tradicional (como A, B ou C) ou uma nota "superior" (designada como S), que é ainda melhor que A! Esse mostrador aparece na tela após o término da missão, mas não permanece visível como uma interface passiva enquanto o game está sendo jogado.

Muitos games não usam um registro permanente de pontuação para avaliar o desempenho do jogador. Em vez disso, o jogador pode acessar uma "pontuação" baseada nos lugares que já explorou no ambiente do game, no número de níveis que conseguiu acessar e no número de obstáculos que conseguiu superar.

Vidas e Energia

As *vidas* restantes costumavam ser mostradas juntamente com o indicador de pontuação. Esse parâmetro indica o número de oportunidades restantes do jogador e costuma ser mostrado por diversos mini-ícones (geralmente representando o avatar do jogador) ou um valor numérico. Os jogos atuais frequentemente eliminam o indicador de vidas restantes e permitem que os jogadores voltem ao jogo (ganhem uma nova vida) indefinidamente. Quando o jogador pode salvar o game a qualquer momento, o conceito de "vidas restantes" deixa de ser relevante. (As questões relacionadas ao salvamento do game serão discutidas mais adiante neste capítulo.) Alguns indicadores de vidas restantes contêm o número de vidas (representado por um número, como 3) e uma representação gráfica (como três bonequinhos representando o personagem do jogador). Os primeiros games para fliperama exibiam as "vidas restantes" do jogador constantemente na tela. Essa informação é essencial para que o jogador avalie sua situação no game. Além disso, ela proporciona ao jogador uma ideia geral do tempo restante no game caso ele continue jogando no mesmo ritmo (e não melhore necessariamente o nível de habilidade).

Nintendo

Capcom

Indicador de vidas restantes em *Super Mario Sunshine* e indicador de energia em *Dead Rising*.

Um componente relacionado, conhecido como barra indicadora de *energia* (ou saúde), é utilizado em muitos games. Esse indicador consiste em uma barra horizontal totalmente colorida. A barra de energia pode aparecer em um canto da tela para indicar a energia que resta ao jogador. Essa barra geralmente é codificada pela cor e também pelo espaço preenchido, sendo ilustrada na forma de uma barra com um "0" na extremidade esquerda e um "100" (representando uma porcentagem) na direita. Quando o jogador está com 100% de energia, a barra é totalmente colorida. Conforme a energia se exaure, a cor diminui da direita para a esquerda, como um termômetro, até chegar a zero. Às vezes, uma cor "positiva", como o amarelo, é usada no lado direito. Quando a energia diminui, a cor pode escurecer, tornando--se vermelha quando o jogador está correndo o risco de perder toda a energia. Nesses casos, o jogador só tem uma vida (que pode ser reiniciada), mas sua quantidade de energia é limitada. Quando a cor da barra desaparece, o jogador morre. Algumas simulações usam mostradores — uma variação da barra de energia — ou bolhas (como em *Diablo* e *Dungeon Siege*).

Mapa

Para que os jogadores tenham uma visão geral do mundo do game e se localizem nele, frequentemente é necessário usar um mapa. Muitos games de estratégia, como as séries *Civilization* e *The Age of Empires*, exibem um mapa na área da interface do game localizada na parte inferior da tela. O mapa do game proporciona uma visão geral (macro) ou detalhada (micro) do game. No modo de visualização macro, o jogador pode ver todos os aspectos do mundo do game; no modo micro, uma pequena parte do mapa é mostrada com mais detalhes.

> Minha interface visual favorita em um game é um mapa. Sem ele, eu estaria perdido.
>
> *— Mason Batchelder (estudante de Arte e Design de Games)*

Geralmente, a visão micro mais próxima é exibida na área da tela principal do game, enquanto a visão macro é exibida como parte da interface. Entretanto, em alguns casos, o jogador pode alternar entre a visualização macro e a micro durante o game. Essa opção pode ser necessária para ver o que está acontecendo em áreas distantes do mundo do game e para ajudar o jogador a responder certas perguntas, como "o que devo fazer se um desastre natural ou as tropas do inimigo estiverem vindo em minha direção"?

Take-Two Interactive Software

Take-Two Interactive Software

Os mapas podem ser elementos eficazes da interface, seja como componentes passivos que aparecem fora do "campo de jogo" do game (*Grand Theft Auto: Vice City*, à esquerda) ou como componentes ativos acessados nos respectivos sistemas de menus (*Bully*, à direita).

Personagem

A interface de *criação de personagens*, às vezes, pode ser uma série altamente complexa de telas que permitem ao jogador criar e individualizar seus próprios personagens. Todos os detalhes, desde aparência física (inclusive roupas, cor dos cabelos/olhos/pele, gênero, grupo étnico, altura e tipo corporal) até som da voz, personalidade, acessórios, raça, classe e até mesmo história/biografia, podem ser selecionados e combinados nessa interface. Esse tipo de seleção é mais popular nos games em que os personagens evoluem continuamente, como os RPGs. Essa interface, que geralmente é acessada durante a configuração inicial do game, também pode estar disponível em qualquer momento para permitir que o jogador volte à interface enquanto joga e modifique as características necessárias.

Electronic Arts

O game *Tiger Woods PGA Tour '06* utiliza a sofisticada interface de criação de personagens Game Face.

Os personagens de jogador geralmente têm uma determinada *combinação de habilidades e atributos* que são intrínsecos ao tipo de personagem selecionado ou podem ser conquistados durante o game. Esses tipos de informações são essenciais para os games em que o personagem evolui, como os games de representação de papéis (RPG). As informações sobre habilidades e atributos são fornecidas durante o processo de seleção ou individualização do personagem, mas também podem ser acessadas durante o game. Como o número de habilidades e atributos pode ser extenso, talvez os jogadores precisem acessar uma janela que ocupa toda a tela, usando a interface manual, para verem todas as opções. A exibição contínua desses tipos de informações na tela enquanto o game é jogado pode produzir uma aparência de desorganização visual. Por esse motivo, alguns games possuem um botão de ação em um dos cantos ou na parte inferior da tela que abre a tela de habilidades e atributos.

O *inventário* associado ao personagem do jogador também é um componente importante da interface do game. Ele ajuda o jogador a verificar os itens que estão disponíveis ao seu personagem, especialmente nos games que envolvem coleta e acúmulo de itens (como os de aventura e RPGs). Alguns desses itens talvez sejam armas que só podem ser utilizadas em certas circunstâncias ou feitiços que devem ser lançados em certos pontos do game. A capacidade de gerenciar esse inventário e verificar quais itens estão disponíveis ao personagem ajuda consideravelmente o jogador a tomar certas decisões durante o game. O inventário pode estar incluído na mesma tela que contém outras informações do personagem (como habilidades e atributos) ou pode ser exibido separadamente. Em ambos os casos, o inventário do personagem do jogador frequentemente necessita de espaço para ser exibido. Portanto, em geral ele é acessado por meio de um menu ou uma interface manual, exatamente como a tela de habilidades e atributos.

Blizzard Entertainment, Inc.

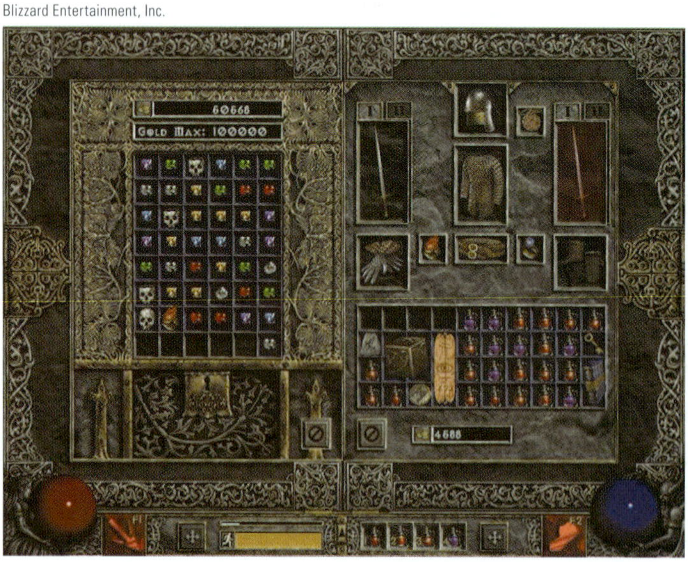

Interface de inventário do personagem do jogador em *Diablo II*.

Tela Inicial

Os primeiros games de fliperama usavam *telas iniciais* contendo o título do game, créditos, instruções e a opção de escolha do modo de jogador (geralmente um ou dois jogadores). Telas semelhantes são usadas em games on-line de quebra-cabeça e de ação e que são mais rápidos. Games mais extensos podem usar uma tela inicial simplificada contendo uma representação gráfica de alta qualidade (frequentemente uma réplica exata da arte da embalagem do game) com apenas um botão de início, ou uma tela mais detalhada contendo um menu de botões com algumas das seguintes funções:

- Jogar
- Modo Multijogador
- Configuração
- Carregar um Game Salvo
- Selecionar o Personagem
- Instruções
- Tutorial
- Sair

Nexon Corporation

A tela inicial de *Crazy Bunker* utiliza uma interface simples, consistindo basicamente em um botão de partida ("go") e campos para o jogador digitar um nome de usuário e senha.

Dependendo de como o game foi projetado, sua tela inicial pode conter uma introdução à atmosfera e ao estilo do game, além da interface do jogador. Ela pode também permitir que o jogador personalize os controles e obtenha ajuda antes de iniciar ou reiniciar o game.

Recursos Específicos de Gênero

A maioria dos gêneros atuais de games utiliza estruturas de conteúdo altamente específicas e estilos de interface previsíveis. O que diferencia esses estilos de interface? Qual é a sua finalidade? Para compreender por que certos estilos de interface são utilizados com determinados gêneros, é importante analisar as metas associadas ao modo de jogar de cada gênero. Examinaremos alguns dos gêneros populares de games descritos no Capítulo 3 e discutiremos os elementos da interface que usualmente estão associados a eles.

Ação

Como os games de *ação* têm um ritmo acelerado, exigindo coordenação visiomotora, movimentos por reflexo e decisões rápidas, os jogadores não têm tempo para interagir com uma interface complexa. Os painéis transparentes de informações

Os painéis transparentes (HUDs) são comuns em games de ação como *Test Drive Unlimited*.

(HUDs) passivos são a melhor opção; os jogadores não podem fazer uma pausa no game para abrir uma série de menus. O painel de *status* — um dos tipos mais simples de interface passiva — permite que os jogadores consultem os indicadores de *status* (vidas, energia, tempo restante, pontuação) associados aos seus personagens enquanto continuam a jogar.

Aventura

Os games de *aventura*, mais que a maioria dos outros gêneros, tentam ocultar o fato de que o jogador está usando hardware para navegar pelo ambiente. Os objetivos do jogador podem incluir a exploração do mundo, a comunicação com outros personagens e a coleta de objetos, sempre de uma maneira que não interfira com a sensação de imersão. A navegação nos games de aventura geralmente é realizada por meio de interfaces de *apontar-e-clicar* ou de *controle direto*. Em uma interface de apontar-e-clicar, o jogador clica em algum ponto da tela e faz seu avatar mover-se para esse local. Em uma interface de controle direto, o jogador conduz o avatar pela tela. O inventário normalmente é mostrado como uma janela instantânea contendo ícones que representam todos os itens que o jogador está carregando.

Em games de aventura como *Syberia*, o movimento do personagem é controlado por meio de uma interface de apontar-e-clicar. Na tela acima, o jogador posicionou o cursor (que tem a aparência de um anel de ouro) na lareira; se ele clicar nesse ponto, o personagem irá se mover em direção à lareira.

RPG

A interface de um *game de representação de papéis* (RPG) costuma ser dividida em três segmentos: gerenciamento do personagem, controle da navegação e inventário. A variedade de ações que podem ser executadas pelo jogador em um RPG geralmente é muito maior que em qualquer outro gênero. Isso resulta em um aumento correspondente da complexidade da interface. Para compensar esse fato, a interface manual em geral é mais sofisticada.

NCsoft Corporation

A interface de RPGs como *City of Villains* contém componentes específicos do personagem, como gerenciamento do personagem, inventário e comunicação.

Simulação

Se todos os games de *simulação* dependem de regras do mundo real, qual é a melhor maneira de projetar uma interface que não prejudique esse realismo? A maneira mais direta de criar uma interface imperceptível é reproduzir os controles que poderiam ser usados no objeto real simulado. Esse recurso é mais eficaz nas simulações de veículos, especialmente simuladores de voo. As interfaces visuais variam de painéis de instrumentos contendo alguns poucos botões (com informações de altitude, velocidade, potência, combustível e coordenadas) até painéis altamente complexos com mais de 40 funções! Esses painéis geralmente têm a mesma aparência dos controles existentes em uma cabine real.

Microsoft Corporation

Os games de simulação exigem componentes de interface realistas, como o complexo painel de controle do *Microsoft Flight Simulator X*.

Esportes

Na maioria dos gêneros, o design da interface só muda em resposta a ações explícitas executadas pelo jogador. Os games de *esportes*, porém, fogem a essa regra, contendo interfaces de usuário que usualmente mudam a cada segundo de acordo com as condições da partida. O aspecto mais difícil do design de uma interface para um game esportivo é a necessidade de mapear atividades atléticas (como saltos) ao dispositivo de entrada do game, que normalmente é um controle manual com botões. Nos games de esportes coletivos, o jogador em geral controla

Electronic Arts

As interfaces de games de esportes coletivos, como o *NCAA Football 06*, permitem que os jogadores controlem um atleta de cada vez.

um atleta de cada vez, o que é indicado por um círculo ou estrela exibido sob ele. Outros símbolos também podem aparecer no campo para ajudar o jogador a ver exatamente onde uma bola arremessada deverá cair. O jogador deve ser capaz de determinar qual atleta estará em controle a qualquer momento. Nesse sentido, as interfaces de games de esportes coletivos são semelhantes às de muitos games de estratégia em que o jogador controla um conjunto de tropas, cada uma das quais pode possuir habilidades diferentes.

Estratégia

A maioria dos games de *estratégia* envolve temas de conquista, exploração e comércio. A estratégia básica do jogador nesses games é a gestão de recursos, que exige decisões sobre aquisições, construções, gastos e intercâmbio de recursos, como alimentos, armas, edificações e unidades (geralmente, tropas militares). As interfaces para esses games são extremamente específicas. De fato, às vezes é difícil diferenciar um game de estratégia de outro examinando apenas instantâneos isolados de suas telas. A visão do game normalmente é em grande escala, exibindo uma paisagem com terreno, estruturas, veículos e unidades.

Os dados nas interfaces dos games de estratégia são apresentados em janelas, que, com frequência, contém um mapa e uma série de ícones que conduzem a informações mais detalhadas. Como esse gênero concentra-se tão intensivamente no gerenciamento de grandes quantidades de informações, é importante dividir essas informações para que os jogadores não tenham de ver tudo de uma só vez na tela. Uma das maneiras de fazer isso é fornecer informações relacionadas ao contexto, que só aparecem quando são necessárias. Outra consideração útil é fornecer um modo para principiantes e um modo avançado, para facilitar o uso por parte de jogadores com diferentes níveis de experiência.

Sega Corporation

O objetivo principal do design da interface de games como *Medieval: Total War* é garantir a gestão eficaz dos recursos pelos jogadores.

Os componentes das interfaces de games de estratégia incluem informações gerais (como um mapa e estatísticas relacionadas à condição do ambiente: temperatura, elevação, população) e informações mais específicas (como indicadores de inventário, habilidades e *status* relacionados a um determinado recurso ou unidade).

Restrições de Interface por Gênero?

Você acha que é necessário ter elementos da interface específicos para cada gênero? Escolha um gênero, analise os componentes da sua interface e considere como você alteraria esses elementos para adequá-los melhor às necessidades e aos objetivos dos jogadores. Que componentes da interface você incluiria em um gênero híbrido ou em um novo gênero criado por você?

Usabilidade

A finalidade básica da interface do usuário é a funcionalidade, não a estética. Quando uma interface é funcional, ela é considerada *usável*. O conceito de *usabilidade* é um vasto campo de estudos em muitas áreas do design interativo, que incluem o desenvolvimento para web, a autoria de DVDs e o design de telas para comunicação sem fio. Como os games representam a forma mais elevada de interatividade, o design centrado no jogador deve incorporar um alto nível de usabilidade. A ideia básica do design voltado para a usabilidade é pensar mais como um engenheiro do que como um artista. Uma interface esteticamente agradável certamente é desejável. Entretanto, uma interface visualmente atraente que não seja funcional será inútil tanto para o jogador como para o desenvolvedor. A função mais importante da interface é permitir que o jogador *jogue o game*! Uma interface é considerada disfuncional quando é:

> Qualquer game que me dê a opção de personalizar minha interface sempre sairá ganhando.
>
> — *Adam Garner (estudante de Arte e Design de Games)*

- **Incompreensível**: contém controles não intuitivos ou gráficos obscuros por causa de um entusiasmo excessivo com a estética.
- **Complexa**: fornece tantas opções que o ponto de partida não é claro.
- **Simplista**: limita as escolhas do jogador em razão da inclusão de poucos componentes.
- **Inconsistente**: confunde os jogadores com conflitos de estilo e de lógica entre a interface e o próprio game ou entre diferentes áreas da interface.
- **Ineficiente**: força os jogadores a interagir muitas vezes com a interface antes de chegarem ao seu destino.
- **Sobrecarregada**: ocupa muito espaço na tela e obstrui a área de conteúdo do game, ou incorpora controles excessivamente agrupados fisicamente difíceis de usar para alguns jogadores

> Usabilidade no design da inferface é crucial. Como os efeitos especiais nos filmes, a usabilidade só deve ser notada quando mal feita. Se bem feita, ela deverá ser sentida tão intuitivamente que quase não será notada.
>
> — *Drew Davidson (Ph.D. e Diretor do Centro de Tecnologia de Entretenimento da Universidade Carnegie Mellon)*

Análise de Tarefas e Necessidades

Ao projetar os componentes da interface, é importante realizar uma *análise de tarefas e necessidades* para determinar se a interface ajudará o jogador a cumprir seus objetivos. Um dos aspectos dessa análise são os testes de usabilidade por frequência. Que tarefas o jogador terá de completar mais frequentemente? E se você, tendo projetado uma interface que requer três ações para acessar a tela de *status* do personagem, descobrir que os jogadores precisam acessar essa tela sempre que seus personagens adicionam novos objetos ao inventário? Talvez uma reformulação simples permita que o jogador acesse essa mesma tela com apenas uma ação; mas o fato é que você presumiu que essa tela não seria usada com tanta frequência. Testar a interface com possíveis jogadores ou com uma equipe interna de testes (discutida mais detalhadamente no Capítulo 10) pode ajudá-lo a evitar remodelagens significativas da interface.

A chave é permitir que o jogador interaja com o game de maneira eficaz. Durante o processo de desenvolvimento de um game, marcadores de lugar são usados no lugar das interfaces visuais para que a usabilidade possa ser testada sem a distração da estética. A aparência visual final só é introduzida posteriormente no processo de desenvolvimento. Considere o exemplo de uma interface de usuário visualmente agradável que os jogadores não conseguem descobrir como usar e compare isso com uma interface desinteressante que é simples e fácil de usar. Em sua opinião, qual game será jogado com mais frequência? Em última análise, qual game terá mais sucesso?

Um termo comumente usado por designers, engenheiros e programadores é *elegância*. Quando um design é eficiente, consistente, claro e funcional, diz-se que é elegante. Na verdade, os designers são solucionadores de problemas, não embelezadores. (A diferença entre um ilustrador e um designer é discutida mais detalhadamente no Capítulo 10.) Ao conectar o jogador ao próprio game, as interfaces ativas oferecem funções de solução de problemas (como salvar o game, acessar um tutorial ou comunicar-se com outros jogadores). Evidentemente, uma interface que seja ao mesmo tempo esteticamente agradável *e* usável proporciona ao jogador o melhor de ambos os mundos!

A Importância dos Testes de Usabilidade

Testar a usabilidade significa colocar o game à disposição de usuários em potencial nas fases preliminares do desenvolvimento para verificar se eles conseguem finalizá-lo. Uma das razões pelas quais os games atraem faixas demográficas tão estreitas é que eles são inacessíveis para a maioria das pessoas. Os testes de usabilidade permitem que os designers verifiquem se o público-alvo conseguirá lidar com as interfaces e o modo de jogar antes que muito dinheiro seja gasto no desenvolvimento. Os designers aprendem muito quando seus games são submetidos a testes de usabilidade e frequentemente acabam modificando interfaces, sistemas de controle e mecânicas de jogo com base nesses resultados.

— Chris Swain
(Professor da Escola de Artes Cinemáticas da USC)

Matt Maclean Fala Sobre Usabilidade *versus* Estética:::::

Matt Maclean
(Designer da Obsidian Entertainment)

Matt Maclean queria ser um designer de games desde os cinco anos de idade e passava os dias quentes do verão escondido dentro de casa, jogando *Ultima IV* no Apple IIe. Matt trabalhou como designer, redator e chefe do controle de qualidade em *Neverwinter Nights 2*, *Starchamber* e *The Lord of the Rings Online Trading Card Game*, bem como no título mais popular do setor: *Unnanounced Project*. Atualmente trabalha como designer na Obsidian Entertainment, projetando sistemas e níveis para um RPG de última geração.

Os designers têm dois objetivos (às vezes, mutuamente excludentes) ao projetar uma interface: imergir o jogador na ação e fornecer a ele as ferramentas para resolver o game. Embora esses objetivos possam competir entre si, o segundo objetivo — a usabilidade — sempre é a principal consideração; sem as ferramentas, ninguém se dará ao trabalho de jogar o game.

Um game de tiro em primeira pessoa pode ter uma interface utilizável que seja totalmente invisível; todas as ações são executadas com um controle, e todas as informações do game são fornecidas dentro do universo do game. *Call of Cthulhu: Dark Corners of the Earth* é um game de tiro em primeira pessoa relativamente simples, embora jamais tedioso, e todas as informações necessárias para solucionar o game são processadas de maneira invisível. Sua saúde é medida por indicações sonoras e visuais (não há medidores específicos), não há um minimapa e todas as suas ações são guiadas pelo controle do Xbox. Esse é um game que o imerge na ação enquanto fornece usabilidade tanto no controle como na interface. *Call of Cthulhu: Dark Corners of the Earth* possui uma interface manual utilizável e funcional, com todas as necessidades de feedback visual do game atendidas por meio de indicações sonoras e visuais que se mesclam ao mundo do game.

EVE Online está no extremo oposto do espectro. O modo de jogar de *EVE* não tem nada de simples. O jogador tem de lidar com viagens espaciais, combate, produção, fabricação, bate-papo, e consultas ao mercado de ações — tantas ações que um controle de console não dá conta do recado —, e a interface do game aparece na tela como uma profusão desconcertante de ícones, planilhas, gráficos e menus suspensos. A interface de *EVE* é chocante e assustadora para novos usuários, mas possui um alto nível de usabilidade: depois de descobrir o que todos esses botões fazem, você poderá executar qualquer tarefa muito rapidamente e até personalizar as configurações da interface para gerenciar melhor as tarefas em questão. Embora essa interface corra o risco de neutralizar a imersão no universo de ficção científica do game (é difícil se sentir como um ás do espaço quando você está olhando para a média diária atualizada dos preços de minério), o game lhe permite desativar toda a interface visual clicando em um botão. Infelizmente, os controles do game exigem que a interface esteja ativa para realizar a maioria das tarefas.

:::::: Uma Interface Dupla?

O Nintendo DS tem a capacidade de exibir duas interfaces ao mesmo tempo. Considere o fato de que uma tela concentra-se em fornecer feedback por meio da exibição de uma interface totalmente passiva, enquanto a outra enfatiza o controle e a entrada de dados do usuário. De que maneiras esse estilo único de interface afeta o design da interface para games?

Nintendo

Kirby: Canvas Curse para o DS.

Acessibilidade

A *acessibilidade* é uma subdivisão da usabilidade que se concentra especificamente nos usuários portadores de deficiências. Segundo a Organização Mundial da Saúde, cerca de 180 milhões de pessoas em todo o mundo são portadores de deficiências visuais. Destas, de 40 a 45 milhões são cegas. Mais de 40 anos transcorreram desde o desenvolvimento do primeiro game para computador, mas os mesmos pré-requisitos são exigidos dos jogadores: visão, audição e funções cognitivas impecáveis. O setor de games exclui muitos (ou a maioria) dos possíveis usuários portadores de deficiências. Compare isso com o setor de desenvolvimento para web, que existe somente desde meados da década de 1990 e vem se concentrando na acessibilidade há anos. Para lidar com esse problema, a Associação Internacional de Desenvolvedores de Jogos (IGDA) constituiu um Grupo de Interesse Especial de Acessibilidade em Games, presidido por Michelle Hinn. Há cinco categorias principais de deficiências que devem ser levadas em conta pela acessibilidade:

- Visuais
- Auditivas
- Motoras
- Da Fala
- Cognitivas

Visuais

As deficiências visuais entre jogadores incluem distúrbios oftalmológicos, daltonismo e cegueira parcial ou total. Para atender aos jogadores com deficiências visuais, a programação da interface deve incluir a possibilidade de usar programas de leitura da tela, como o Jaws, para ler em voz alta as informações exibidas para o jogador. Opcionalmente, os games também devem fornecer recursos de áudio, como diálogo falado e efeitos sonoros, que indiquem ao jogador o que está acontecendo no game. Os jogadores também devem ter a opção de aumentar o tamanho do texto para facilitar a leitura.

Firaxis Games

O esquema de cores de *Alpha Centauri* pode ser alterado para se adequar aos jogadores daltônicos.

É necessário também que o texto possa ser examinado e lido rapidamente pelos jogadores. Para esse fim, o texto deve ser conciso, direto e sem palavras desnecessárias (como os artigos "um", "uma", "o", "a", "os" e "as"), contendo apenas as palavras que são essenciais para a compreensão do significado. Enfrentar textos lineares extensos de diálogos e descrições é tedioso para qualquer pessoa! Esse é um dos problemas intrínsecos dos dispositivos portáteis; para evitá-lo, mantenha as opções de texto sob o controle do jogador. Muitos títulos para o Game Boy Advance permitem que o jogador desative o texto e a história linear clicando no botão de iniciar. (A solução não funcionaria para novos jogadores, que precisam rolar todo o texto informativo para entender completamente o game.) Os manuais de instruções impressos também devem estar disponíveis em braile.

Auditivas

Os jogadores com deficiências auditivas incluem, além daqueles com surdez parcial ou total, os que têm distúrbios auditivos, como os zumbidos constantes nos ouvidos que são comuns entre frequentadores e músicos de concertos e outras pessoas submetidas a sons em alto volume por longos períodos de tempo. (William Shatner e Pete Townshend são dois artistas conhecidos portadores desse distúrbio.) As deficiências auditivas podem ser levadas em consideração

BioWare Corp

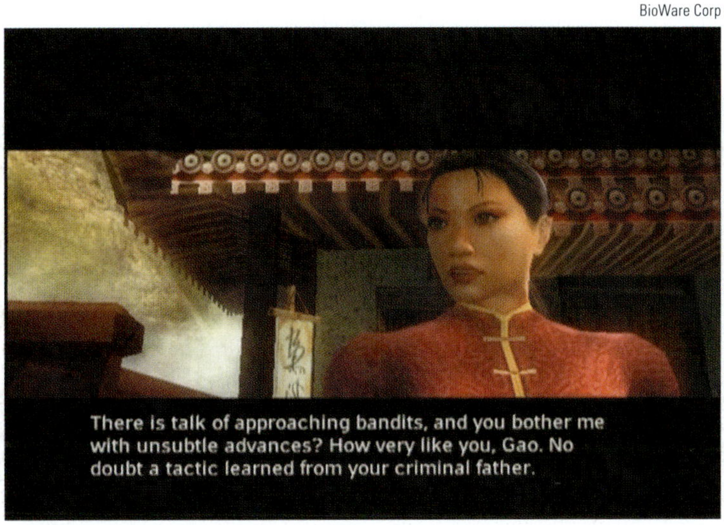

Jade Empire — que exibe legendas para os diálogos entre os personagens — não exige áudio para ser jogado.

evitando o uso do áudio como sinalizador principal dos eventos do game. Legendas e transcrições devem ser incluídas nas cenas de corte e diálogos. A utilização de elementos visuais para os avisos e alertas do game é útil para todos os jogadores.

Majesco Entertainment Corp

O game *Psychonauts* pode ser jogado por pessoas com deficiências físicas utilizando equipamentos especializados.

Sony Computer Entertainment America

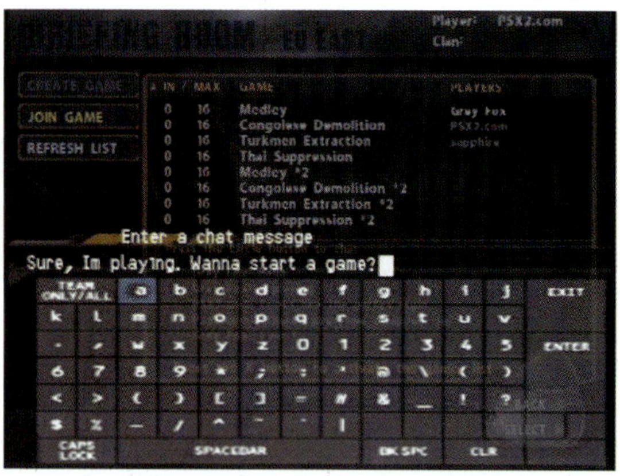

SOCOM: U.S. Navy Seals — um game que utiliza a fala como método de comunicação — oferece aos jogadores a opção de comunicação por texto.

Electronic Arts

The Sims 2 utiliza uma interface baseada em ícones, embora, opcionalmente, os jogadores possam se comunicar por texto.

Motoras

Os jogadores com certas deficiências motoras podem ter dificuldade para usar mouse, teclado, joystick, pedal ou outro dispositivo de controle. Sistemas de menus que contêm botões pequenos podem ser difíceis de usar caso o jogador tenha dificuldade para controlar um mouse em uma interface de apontar-e-clicar. Uma interface de computador pode incluir uma opção de navegação com a tecla de tabulação, eliminando a necessidade de cliques do mouse.

Da Fala

Os jogadores com deficiências da fala têm dificuldade para se comunicar oralmente. Como a maioria dos games é predominantemente visual, as deficiências da fala ainda não se tornaram uma área importante nas pesquisas de acessibilidade. Entretanto, games como *SOCOM: U.S. Navy Seals*, que exigem comunicação verbal entre os jogadores (usando fones de ouvido e microfones como dispositivos de entrada), são impossíveis de jogar para portadores dessas deficiências, a menos que ofereçam opções que não dependam da fala.

Cognitivas

Os jogadores com deficiências cognitivas têm dificuldade para ler, escrever e visualizar relações espaciais. Sistemas de menus complicados, com muitas camadas, devem ser evitados levando-se em conta esse tipo de deficiência. Deve-se usar também frases com estrutura simples e vocabulário acessível para que os jogadores compreendam corretamente as regras do game. Muitos games multijogador on-line exigem que os jogadores comuniquem-se entre si por meio de recursos de bate-papo ou janelas de mensagens instantâneas. Isso pode ser um problema para alguns jogadores que não se sentem à vontade com a comunicação escrita em razão de deficiências cognitivas como a *dislexia*, distúrbio comum que pode levar um jogador a gastar um longo tempo para formular palavras e frases corretamente. Games que exigem respostas escritas com tempo limitado seriam inadequados e injustos para esses jogadores.

Robert Florio Fala Sobre Interfaces Acessíveis:::::

Em 1996, quando tinha apenas 14 anos, Robert Florio sofreu uma lesão da medula espinhal enquanto mergulhava. Após o acidente, ele decidiu investir em seu sonho de tornar-se um designer de games. Robert é tetraplégico e cria todas as suas ilustrações com a boca, usando uma ferramenta conhecida como *mouth stick*. Para ele, a acessibilidade nos games significa "finalmente adquirir o controle de um mundo com o qual não posso mais interagir, reconectando meus sentidos a essas ações". Robert hoje tem 25 anos e vive em Maryland. Atualmente, está tentando obter seu diploma em Arte e Design de Games pelo Art Institute Online. Além disso, está aprendendo a criar seus próprios games de sua casa. Acreditando que muitos jogadores com incapacidades físicas estão em desvantagem ao jogar esses games, Robert espera preencher a lacuna entre jogadores com diferentes níveis de habilidade criando sua própria empresa e influenciando a estrutura dos games. Para esse objetivo, ele vem trabalhando com o Grupo de Interesses Especiais de Acessibilidade em Games da IGDA. Conjuntamente, eles realizam pesquisas e coordenam sessões na Conferência de Desenvolvedores de Games (GDC).

Robert Florio (ilustrador e estudante de Arte e Design de Games do Art Institute Online)

Os games mais acessíveis que já joguei permitem reconfigurar todos os movimentos, selecionar botões especiais e combinar vários botões em um — tudo isso no menu de opções do game. Além de tornar o game mais fácil de ser jogado por pessoas como eu, isso também simplifica os games para outros usuários. O design de muitos games disponíveis no mercado está se tornando cada vez mais complicado, especialmente no que concerne à interação do jogador com o dispositivo de controle e o ambiente.

As interfaces de game tornar-se-ão ainda mais interativas por meio da implementação dos sentidos ao controle e ao ambiente do game. Por exemplo, eu poderia usar minha boca (inspirando e expirando), meu queixo ou meu lábio inferior para certas funções. Talvez seja possível implementar um "controle mental" por meio de chips de computador para pessoas tetraplégicas. Eu adoraria poder, algum dia, fazer exercícios fisioterápicos jogando um videogame especialmente ajustado às minhas necessidades e funções como tetraplégico.

Robert Florio jogando *Tomb Raider: Legends* com o QuadControl, um joystick operado com a boca.

Internacionalização

Os games *internacionalizados* tentam ser utilizáveis por jogadores em qualquer parte do mundo sem que seja necessário desenvolver versões em cada idioma. (No Capítulo 11, você aprenderá mais sobre a *localização* em que diferentes versões de um game são desenvolvidas para idiomas e culturas específicos.) A internacionalização envolve técnicas como o uso de ícones em vez de texto nos botões de menus. Um ícone visual pode ser interpretado e compreendido muito mais rapidamente que o texto equivalente. Os botões devem exibir especificamente símbolos universais (inclusive aqueles que se tornaram padrão para interfaces, como o ponto de interrogação representando "ajuda") para evitar equívocos resultantes do uso de ícones, símbolos, trocadilhos e expressões específicos de uma cultura. Quando é necessário especificar fusos horários, medidas e moedas, essas informações não devem ser tendenciosas em favor de uma determinada região (por exemplo, Hora do Pacífico) ou país (por exemplo, sistema não métrico dos Estados Unidos).

Opções de Salvamento do Game

As várias *opções de salvamento do game* disponíveis a um desenvolvedor levantam a questão do equilíbrio entre *imersão* e *controle do jogador.* (Ambos os conceitos foram introduzidos no Capítulo 4.) A interface ativa no game frequentemente inclui um item de menu "salvar", o que pode, na prática, desconectar o jogador do game e comprometer seu *nível de imersão*. Por outro lado, o salvamento pode ocorrer automaticamente em diferentes *pontos de verificação* (ou marcos de progresso) no transcorrer do game. Embora seja transparente e não desconecte o jogador do game, essa opção de salvamento reduz o *controle do jogador.* Há divergências entre os desenvolvedores sobre qual desses conceitos seria mais importante para o jogador ou para o próprio game. A resposta normalmente depende do gênero e

2K Games

Prey usa o modelo de salvamento rápido, em que os jogadores podem salvar o game instantaneamente a qualquer momento.

da plataforma do game. Examinaremos mais detalhadamente algumas opções de salvamento e sua aplicação a diferentes tipos de games.

Salvamento Rápido

Nos games de ação em que o avatar do jogador corre perigo constante (como os de tiro em primeira pessoa), geralmente o jogador pode fazer um *salvamento rápido* a qualquer momento pressionando um botão em uma interface manual — sem sair do mundo do game. Nesses casos, não há uma interface visual, exceto no que se refere à possibilidade de exibir rapidamente uma confirmação na tela (a palavra "salvo"); mas isso não interrompe a concentração e a imersão do jogador. A desvantagem desse método é que ele só permite salvar uma única instância do game. Às vezes, há vários *slots* de salvamento disponíveis, mas o jogador precisa se lembrar de designá-los depois de pressionar o botão de salvamento rápido. Isso também demanda mais tempo, o que pode ser prejudicial à experiência do jogador durante um game de movimento rápido. Essa opção de salvamento proporciona mais imersão e velocidade em detrimento da flexibilidade e do controle do jogador.

Sony Computer Entertainment America

God of War utiliza o modelo de salvamento automático, que proporciona mais imersão, mas menos controle por parte do jogador.

Salvamento Automático

A opção de *salvamento automático* (também conhecida como *salvamento em pontos de verificação*) oferece o máximo de imersão com o mínimo de controle do jogador. O próprio game salva-se em pontos específicos do seu progresso. Isso permite que o jogador saia do game e volte a ele a qualquer momento sem ter de salvá-lo explicitamente. Os salvamentos automáticos podem ser contínuos, mas é mais comum que ocorram em *pontos de verificação* específicos no game. Esses pontos de verificação não são necessariamente revelados ao jogador, o que pode impedi-lo de desfazer erros anteriores. Entretanto, o jogador pode interromper e retomar o game em qualquer ponto. Os games de ação que oferecem o recurso de "rebobinagem" — como *Prince of Persia: The Sands of Time* e *Blinx* — permitem que o jogador desfaça uma ação. Nos consoles, é muito comum que haja um número limitado de perfis e que o game seja salvo nesses perfis após a conclusão de uma determinada missão. Essa tendência vem ganhando aceitação porque os games on-line baseados em sistemas de console dependem substancialmente de perfis (como os *gamertags* do Xbox Live).

Salvamento em *Slot* ou Arquivo

Alguns games podem ser interrompidos pelo jogador e salvos em uma série de *slots* designados por nome (consoles ou portáteis) ou em um arquivo (computadores) mantido pelo game. Nesse caso, um item "salvar" geralmente é incluído em uma interface ativa do game para facilitar o acesso do jogador a essa opção a qualquer momento durante o game. O jogador pode salvar um número limitado ou infinito (limitado apenas pelo espaço em disco) de games em diferentes pontos do seu progresso, atribuindo nomes distintos a esses arquivos. Esse método de salvamento é considerado o mais prejudicial à imersão do jogador no game. A interface de gerenciamento de arquivos ou *slots* de salvamento é semelhante a um sistema de gerenciamento de arquivos convencional. Mesmo que seja tornado visualmente mais interessante, esse processo sempre desconectará o jogador do game, a menos que seja integrado de alguma maneira à própria experiência.

DreamCatcher Interactive

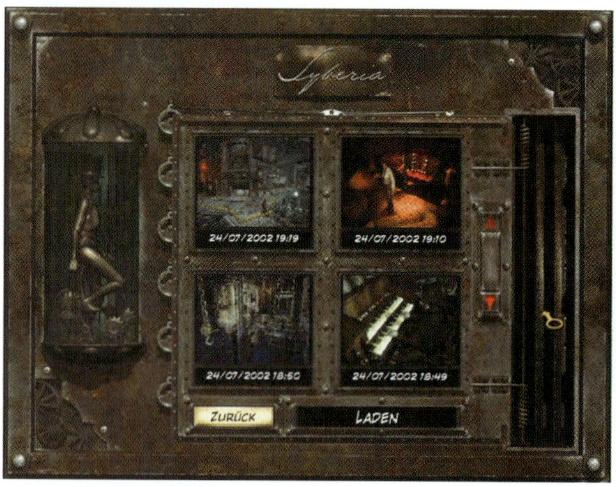

O *Syberia* permite que o jogador salve o game em *slots* e armazene uma imagem reduzida de cada ponto de salvamento.

O Debate Sobre Salvamento de Games

Há divergências entre os desenvolvedores de games sobre conceder ou não aos jogadores a liberdade de salvar o game a intervalos escolhidos. Esse debate concentra-se no efeito do salvamento sobre a experiência do game. Os desenvolvedores de alguns games de quebra--cabeça opõem-se à ideia porque acham que o jogador deve resolver o game com base em sua própria habilidade e não por tentativa e erro. A possibilidade de salvar e recarregar também é contraproducente para sequências de ação ininterrupta. Alguns argumentam que, quando os jogadores podem salvar e recarregar o game em qualquer ponto, não há realmente nada em jogo. E se o avatar do jogador morrer ou perder recursos? Qualquer desastre pode ser revertido simplesmente recarregando o game. Isso, inquestionavelmente, elimina boa parte do desafio.

Por outro lado, há quem argumente que tornar um game mais difícil simplesmente impedindo que o jogador o salve não é uma maneira ideal para se criar um desafio. Com certeza, não demonstra respeito pelo jogador. Para obter um game mais desafiador, crie desafios mais difíceis dentro do próprio jogo! Forçar um jogador a recomeçar um nível ou todo o game em razão de um erro cometido perto do final é um desperdício do tempo do jogador, condenando-o à frustração e ao tédio. Isso deve ser evitado e não incorporado ao game.

Uma solução intermediária é permitir o salvamento a qualquer momento, mas recompensar o jogador de alguma forma por não salvar o game. Em *Alpha Centauri*, esse método é incluído no modo Iron Man. Um game jogado em modo Iron Man é fechado automaticamente ao ser salvo, o que torna ineficaz o processo de salvar-recarregar para desfazer um erro grave. Em compensação, a pontuação final do jogador é dobrada quando ele joga nesse modo. Alguns games, como *Halo*, recompensam os jogadores que terminam o game sem salvá-lo nenhuma vez.

Diretrizes para uma Interface Excelente

Para criar uma excelente interface de game, lembre-se das seguintes recomendações:

- Seja consistente.
- Ofereça atalhos de teclado (como opção para jogadores experientes).
- Forneça feedback.
- Ofereça tarefas definidas.
- Facilite o cancelamento de ações.
- Forneça meios de controle ao jogador.
- Mantenha tudo simples (e não sobrecarregue a memória de curto prazo do jogador).
- Inclua recursos de personalização (e permita que o jogador configure certos aspectos da interface).
- Inclua um ponteiro sensível ao contexto (que muda de forma ao apontar para um objeto de interesse).
- Implemente diferentes modos (inclusive para principiantes e especialistas).
- Utilize convenções estabelecidas (não tente inventar suas próprias convenções).

No próximo capítulo, você aprenderá como o áudio pode aprimorar a atmosfera do game e complementar a interface para ajudar o jogador a conectar-se ao game.

::: REVISÃO DO CAPÍTULO :::

1. Utilizando um dos seus games favoritos como exemplo, discuta as maneiras pelas quais as interfaces do game lhe proporcionam a sensação de controle ao jogar.

2. Como os componentes de uma interface de game operam conjuntamente para tornar o game mais utilizável e funcional para o jogador?

3. Existem muitas interfaces manuais exclusivas — como tapetes para os pés, maracas, microfones ou varas de pescar — que são projetadas para intensificar a experiência do game. Ignorando as sugestões óbvias (como armas para games de tiro em primeira pessoa), recomende uma interface manual exclusiva que poderia ser utilizada como dispositivo manual alternativo em um dos seus games favoritos. Se você tivesse de criar uma interface manual original para seu próprio game, o que usaria? E como isso tornaria mais proveitosa a experiência do game para o jogador?

4. O tema da acessibilidade vem sendo gradualmente reconhecido pelo setor de games. Escolha uma das cinco deficiências discutidas neste capítulo e crie uma maneira original de lidar com essa deficiência em uma interface de game.

5. Sabendo que ainda não há um consenso sobre a questão do salvamento de games, qual opção de salvamento você incorporaria ao seu game e por quê? Você consegue imaginar uma nova maneira de salvar o game?

6. Escolha um game e analise suas características de usabilidade. Sugira pelo menos três melhorias para a interface e crie um esboço mostrando como ela seria redesenhada com base em sua análise.

7. Comece uma análise de tarefas e necessidades de um game fazendo as seguintes perguntas: que tarefas a interface visual permite que o jogador execute? Essas tarefas correspondem a objetivos do modo de jogar? Crie uma análise detalhada de tarefas e necessidades da sua ideia original de game. Forneça uma lista de cinco tarefas necessárias que os jogadores deverão completar para avançar no game. Forneça uma lista dos cinco principais itens ou ações que serão necessários aos jogadores para concluir essas tarefas durante o game. Como sua interface lidará com essas necessidades e tarefas?

8. Construa um modelo simplificado da interface do seu game original. Defina o layout, o conteúdo e os componentes de navegação do seu modelo.

9. Escolha um gênero e discuta as características específicas do design de interface que correspondem a esse gênero. Adicione outro componente de interface, que não tenha sido discutido neste capítulo, para suprir uma necessidade específica do gênero que talvez não seja óbvia à primeira vista.

10. Defina o estilo de interface visual existente em um dos seus games favoritos. E se você tivesse de redesenhar a interface para incorporar um dos outros estilos discutidos neste capítulo? Que alterações você faria? Por quê? Outros elementos (como história, personagem, modo de jogar ou mundo do game) também teriam de mudar?

CAPÍTULO 9

Áudio:

criando a atmosfera

Perguntas-chave do Capítulo

- Por que o áudio é um aspecto importante do desenvolvimento de games?
- Como a voz, os efeitos sonoros e a música são utilizados de maneira eficaz em um game?
- Qual é a diferença entre música em loop e música adaptativa?
- De que maneira a composição de áudio para games é diferente da composição de trilhas sonoras para filmes?
- Quais são os diferentes formatos e ferramentas utilizados no áudio para games?

O áudio é provavelmente a área menos valorizada do desenvolvimento de games, sendo frequentemente relegado a segundo plano. Esse descaso é comum e também acontece em outros setores. Em um filme, o áudio final só é incorporado após o estágio de pós-produção e é considerado uma melhoria, não um aspecto fundamental do projeto. Os desenvolvedores de games concentram-se obsessivamente nos elementos gráficos, na inteligência artificial e no modo de jogar, sem levar em consideração as muitas funções do áudio. Quando a importância do áudio para o game finalmente é percebida, em geral é tarde demais para fazer um melhor proveito dele. Este capítulo fornece uma introdução ao áudio para games (que inclui música, sons e diálogos) e explica como ele pode ser usado de modo eficaz para criar uma atmosfera rica em um game.

A Importância do Áudio para Games

Se quiser ler mais sobre esse assunto, consulte o livro *Game Audio Development* (Marks/ Novak), parte da série *Game Development Essentials*, publicada pela Cengage Learning.

O áudio para games pode consistir em sons sampleados (gravados), como vozes e música; sons de interface, como ruídos eletrônicos e cliques de botão; e efeitos sonoros do game, como explosões e passos. O áudio pode ser extremamente importante para a atmosfera do game, tanto para definir o clima como para alterá-lo. Pode-se usar áudio para fornecer indicações sonoras ao jogador, intensificar sua satisfação e aumentar a qualidade de um game. Embora os elementos gráficos atraiam o jogador para a cena, o áudio exerce um efeito imersivo sobre o jogador que raramente é obtido somente com gráficos. Isso se deve, em parte, ao fato de que os sons da vida real são reproduzidos com muito mais fidelidade em um computador do que os elementos visuais. (Embora uma imagem digital de um gorila batendo no peito possa ser assustadora, compare-a com o rugido ameaçador de um gorila.) Por causa do tamanho limitado da tela, em tese os jogadores podem se sentir alheios ao mundo visual do game. Em contraste, os jogadores podem ser envolvidos pelos sons do mundo de um game, que podem vir de todas as direções.

Russell Burt Fala Sobre Prestar Atenção ao Áudio:::::

Russell Burt (Designer e Engenheiro de Áudio da Faculdade de Design Interativo do Instituto de Arte da Califórnia, em Los Angeles)

Russel Burt vive há 15 anos em Los Angeles, onde trabalhou intensivamente como tecladista, engenheiro de gravação e produtor. Seus créditos em gravações incluem Warrant, Boney James, The Temptations, Bruce Hornsby e Doobie Brothers. Trabalhou também como designer de som e compositor para muitos produtos de áudio, inclusive os audiolivros da série *Star Wars*. Programou e produziu vários títulos de entretenimento interativo em CD e projetos de treinamento empresarial. Atualmente, é professor em tempo integral do departamento de Design Interativo do Instituto de Arte da Califórnia em Los Angeles.

Nunca é demais ressaltar o papel do áudio nos games. Como engenheiro de áudio, tecladista e designer de som, sempre me espanto com a falta de conscientização sobre o áudio em geral. Costuma-se dizer que as pessoas só prestam atenção ao som em produtos de entretenimento quando ele é ruim. Especificamente nos games, o áudio deve ser tratado com sutileza, porque ele cria um clima independentemente de estar ou não sendo ouvido pelo jogador. O áudio pode ser usado eficazmente para diálogos, efeitos sonoros e música; mas, quando usado de maneira incorreta, pode arruinar um projeto excelente em todos os outros aspectos.

No Capítulo 8, você conheceu a importância da interface de um game. Assim como pode reforçar as sensações físicas do jogador, o áudio é um componente essencial dessa interface. Mesmo nos botões do menu, o som transmite uma sólida sensação tátil de chaves sendo acionadas ou botões sendo pressionados. A acessibilidade também deve ser considerada um princípio de usabilidade nas interfaces de áudio. Como alguns jogadores têm deficiências auditivas, é importante que uma indicação visual sempre seja fornecida como complemento de uma indicação sonora, ou pelo menos que o jogador disponha da opção de ativar as indicações visuais. Sempre que há um diálogo falado, deve-se também incluir legendas. Forneça ao jogador a opção de ajustar o volume de áudio do game sem afetar outros sons em seu computador. Por fim, lembre-se de separar os controles de volume para diálogos, efeitos sonoros e música.

Formatos de Áudio para Games

Na década de 1980, o áudio para games era limitado pelo hardware a ruídos eletrônicos simples. A princípio, o áudio em computador era baseado na síntese por *modulação de frequência* (FM), que usa algoritmos para recriar e combinar ondas sonoras de diferentes formatos, frequências e volumes. Em regra, esses sons eram utilizados para simular sons e instrumentos do mundo real, com resultados que deixavam muito a desejar.

Diagrama criado por Per Olin

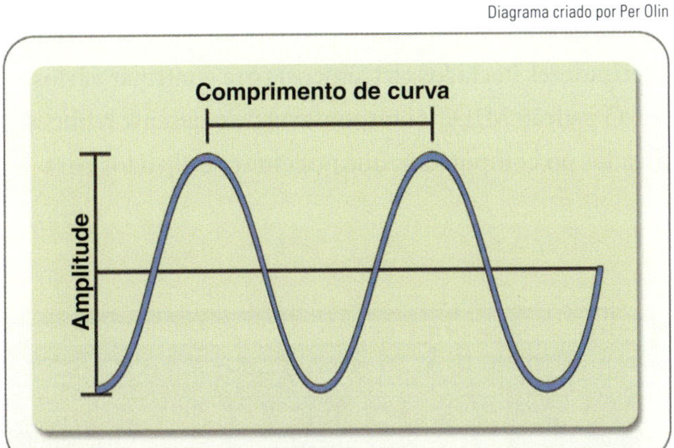

Yamaha Corporation of America

A síntese por FM (utilizada em sintetizadores como o DX7) consiste na geração de sons a partir de dados matemáticos associados às ondas sonoras.

O formato de música MOD (módulo), popularizado pelo Amiga, utilizava amostras reais em vez de aproximações matemáticas. Esse formato permitia usar até quatro trilhas, cada uma das quais podendo reproduzir uma amostra em qualquer tom. Como os computadores dispunham de memória suficiente para armazenar amostras de instrumentos e capacidade de processamento suficiente para manipular o tom desses instrumentos em tempo real, o formato MOD foi uma melhoria significativa sobre a síntese por FM. Essa técnica foi uma versão preliminar do que é conhecido atualmente como *síntese por tabela de ondas*, na qual a criação do áudio baseia-se em uma tabela de ondas sonoras gravadas (ou "sampleadas").

Diagrama criado por Per Olin

Uma configuração MIDI incorpora vários dispositivos diferentes que operam conjuntamente para criar sons.

Seguiu-se a isso o *áudio em trilhas*, que era usado por programas como StarTrekker, ProTracker e ScreamTracker (STM). Paralelamente ao desenvolvimento da síntese por FM e ao áudio em trilhas, a revolução do padrão *MIDI* (*Music Instrument Digital Interface*, interface digital de instrumento musical) também estava tomando forma. Diferentemente do áudio em trilhas (um sistema fechado, baseado na CPU, que armazena instrumentos, aplica efeitos e reproduz o resultado final por meio de um dispositivo), o padrão MIDI incorpora vários dispositivos diferentes que operam em conjunto para criar sons. Uma configuração MIDI pode incluir uma bateria eletrônica, um teclado, bancos de instrumentos, um computador e processadores de efeitos — todos comunicando-se entre si via MIDI. MIDI é uma espécie de protocolo de rede que especifica como as notas musicais serão armazenadas e transmitidas por fio a diferentes dispositivos. Após o advento do MIDI, muitos músicos começaram a usar sintetizadores (teclados eletrônicos) para controlar vários instrumentos em apresentações ao vivo. O padrão MIDI foi responsável pelo desenvolvimento dos sequenciadores, autônomos ou baseados no computador, que podem ser utilizados para gravar, editar e reproduzir música.

Fairlight Instruments Pty Ltd.

E-MU Systems

Tascam

O Fairlight CMI (um produto pioneiro, caro e baseado em hardware), o Emu E4 (uma unidade modular) e o Gigastudio (software) representam três diferentes eras de ferramentas de gravação por amostragem.

Em vez de gerar sons com base em dados matemáticos de ondas, os *samplers* digitalizavam sons a partir de uma fonte de áudio externa (por exemplo, um instrumento musical analógico) em tons específicos e reproduziam esses sons digitalmente.

Tela de um produto Microsoft, reimpressa com autorização.

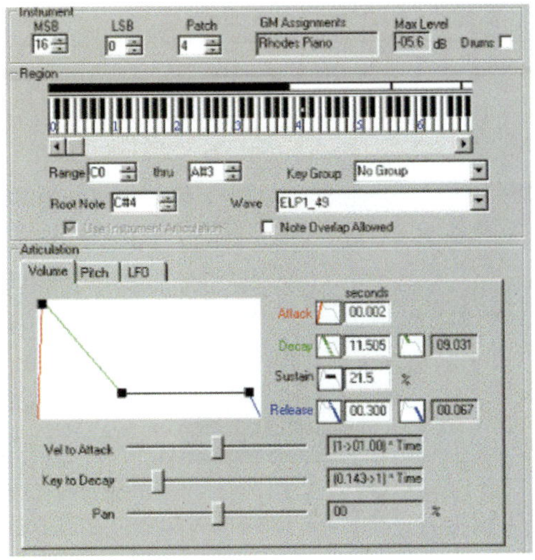

O DirectMusic Producer da Microsoft — que aceita DLS2 — é uma ferramenta popular utilizada por profissionais do setor porque permite criar um áudio dinâmico específico para games.

Na década de 1990, o padrão MIDI e o áudio em trilhas eram as alternativas tecnológicas mais populares para o áudio de games. Os arquivos MIDI geralmente são muito pequenos, porque não armazenam os instrumentos utilizados para tocar a música. Por outro lado, isso significa que a boa reprodução de uma música gravada em MIDI depende da qualidade do hardware e dos instrumentos; mesmo que pareça espetacular na configuração profissional do compositor, o áudio de um game pode deixar muito a desejar no sistema do jogador. O áudio em trilhas era excelente porque, como já continha os instrumentos, o resultado era sempre o mesmo, independentemente do hardware usado para reprodução; no entanto, ocupava muito espaço e consumia muita capacidade de processamento no sistema do jogador.

O áudio em trilhas e o MIDI acabaram se fundindo em 1997 na forma do *DLS1* (*Downloadable Sounds Level 1*), que também permitia que cada instrumento tivesse múltiplas amostras baseadas na frequência. Em 1999, foi introduzido o padrão *DLS2*, uma versão aprimorada que é compatível com o DirectMusic da Microsoft.

Para games comerciais distribuídos em CDs, o padrão *Redbook* (CD) de áudio é o melhor formato para armazenagem de música. O compositor da trilha de um game deve saber qual é a plataforma de hardware de destino para o game e do tipo de música que ela comporta. Os computadores e todos os consoles de última geração permitem usar o padrão Redbook pleno (áudio normal em formato de CD), mas os dispositivos portáteis e games fornecidos via internet frequentemente exigem música em formato MIDI, que não soa tão bem, mas usa arquivos muito pequenos.

Avid Technology, Inc.

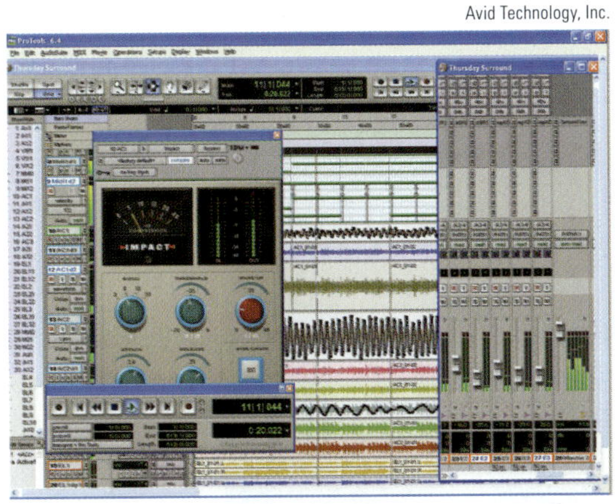

O ProTools é considerado o padrão da indústria para gravação, edição e mixagem de áudio.

Aaron Marks & Lennie Moore Falam Sobre Ferramentas de Áudio para Games:::::

Aaron Marks (Compositor e Designer de som; Presidente da On Your Mark Music Productions)

Tendo ingressado praticamente por acaso no setor de games há quase dez anos, Aaron Marks foi responsável pela música e pelo design de som de games de fliperama com telas sensíveis ao toque, máquinas de bingo e caça-níqueis de classe II, games para computador, games para console e mais de 70 games de cassino on-line. Também escreveu artigos para a revista *Game Developer* e para os sites especializados Gamasutra.com e Music4Games.net. É autor do livro *The Complete Guide to Game Audio*, que abrange todos os aspectos do áudio para videogames, e *Game Audio Development*. Também é membro do conselho consultivo da Game Audio Network Guild (GANG) e continua procurando por bases sonoras definitivas enquanto cria música e sons para diferentes projetos.

Ter um bom programa de edição de áudio é essencial; sem ele, você não conseguirá dar conta do trabalho. Meu editor principal é o Sound Forge, mas também uso o Wavelab e o Goldwave por causa dos recursos únicos. Seja em design de som ou em composição, é importante fazer uma verificação final do resultado para certificar-se de que o arquivo é "saudável" e não contém silêncios ou cortes indesejáveis. Além disso, um bom programa de áudio multicanal, como o Vegas Video, é um complemento útil. A possibilidade de agrupar sons em camadas e ajustar seus parâmetros separadamente de fato melhora o resultado geral, além de facilitar o processo posterior de reedição. Uma ferramenta que se tornou imprescindível para mim é o Batch Converter do Sound Forge. Todos os efeitos sonoros e músicas são criados como arquivos .wav estéreo de 16 bits com frequência mínima de 44,1 kHz. Como costumo criar inicialmente várias centenas de efeitos sonoros e trechos de música para um game, eu poderia gastar um dia inteiro apenas fazendo conversões de sons se não contasse com essa impressionante ferramenta!

Lennie Moore (Compositor)

Lennie Moore desenvolveu carreira em Los Angeles como compositor, orquestrador e arranjador renomado de música para filmes, televisão e games. Suas composições abrangem uma ampla variedade de estilos — do jazz e pop à orquestra sinfônica. Lennie já compôs música para dez filmes e mais de cem comerciais, fez arranjos para outros compositores em dezenas de filmes para cinema e televisão e escreveu, para o game *Outcast*, uma extraordinária partitura sinfônica de 60 minutos para orquestra e coral. Também compôs música para *Lord of the Rings: War of the Ring* e *Plague of Darkness*. Trabalhou com muitas orquestras de todo o mundo como compositor/maestro, inclusive as orquestras sinfônicas de Moscou e de Munique, para a Orquestra da Ópera de San Francisco e outras orquestras em Los

Angeles, Toronto, Seattle e Salt Lake City. Estudou com ícones do jazz como Toshiko Akiyoshi, Julian Priester e Kim Richmond e faz parte do extraordinário corpo discente do Berklee College of Music, onde refinou seus talentos de compositor e arranjador e graduou-se em Música.

Atualmente, utilizo o Cubase SX em um PC, três PCs equipados com o Gigastudio, o Sound Forge da Sonic Foundry, o SawPro (um editor de áudio semelhante ao Pro Tools), os produtos Stylus, Trilogy e Atmosphere da Spectrasonics e toneladas de bibliotecas de *samples*, como Project SAM Brass e Sonic Implant Strings. Quando estou desenvolvendo música para consoles específicos, utilizo o sistema Xact da Microsoft nos títulos para Xbox, o sistema Scream nos títulos para Playstation 2 e o Microsoft DirectMusic Producer nos títulos de Direct Music. (...) Continuamos expandindo os limites diariamente. A qualidade da música, em termos tanto da composição como do som, continua a melhorar à medida que exploramos os ambientes *surround* e melhoramos a resolução de bits do áudio, sem mencionar todas as excelentes ferramentas e recursos tecnológicos disponíveis atualmente.

Efeitos Sonoros

Os *efeitos sonoros* são utilizados em games para fornecer feedback e indicações ao jogador. Em um game de simulação de veículo, pode-se usar efeitos de áudio representando a rotação do motor para indicar quando o jogador precisa trocar de marcha. (O som do motor é gravado com vários microfones em diferentes estágios: ponto morto, aceleração, desaceleração, rotação máxima. Essas gravações são utilizadas como amostras que serão reproduzidas em tempo real quando o game for executado.) O áudio pode ser utilizado para avisar o jogador da aproximação de um inimigo, por meio do som de passos, de uma respiração ofegante ou de um rugido abafado atrás de uma porta fechada.

Enquanto lê este livro, que sons você ouve à sua volta? Na vida real, há sons por toda parte. O silêncio puro só existe em ambientes artificiais, como câmaras à prova de som. Nos games, os sons de fundo podem ser usados para imergir os jogadores no game ao fornecer uma atmosfera realista. Embora não prestem atenção aos sons ambientes em um game, os jogadores perceberiam sua ausência se esses sons cessassem subitamente. Se você já experimentou uma queda de eletricidade súbita, tem uma ligeira ideia de como é essa sensação.

> *Medal of Honor: Allied Assault* tem os efeitos sonoros mais extraordinários de explosões e balas que passam raspando por você. Já me peguei inúmeras vezes movendo a cabeça para tentar desviar dessas balas.
>
> — *Aaron Nash (estudante de Arte e Design de Games)*

Os sons baseados em eventos funcionam como feedback para as ações executadas pelo jogador. Esses sons podem ser realistas, como um veículo acelerando, ou artificiais, como um som especial que ocorre somente quando um feitiço mágico é lançado. Os sons também podem fornecer indicações ao jogador. Se o avatar do jogador estiver sendo

Os melhores efeitos sonoros que já ouvi em um game foram os de *Tony Hawk's Underground*. Eram idênticos aos da vida real — do farfalhar das folhas aos cães latindo e sons de pombos levantando voo.

— *Melissa Adkison (estudante de Arte e Design de Games)*

seguido ao caminhar por uma rua escura, talvez o jogador possa ouvir o som de passos tornando-se cada vez mais alto atrás do avatar.

Um designer de som cria os efeitos sonoros maiores (como aceleração de veículos, explosões e zumbido de máquinas) e os sons complementares menores (como uma chave girando na fechadura, passos, portas que se fecham), também conhecidos como *sons de Foley*. O termo "som de Foley", empregado na indústria cinematográfica, vem de Jack Foley, que participou da transição do cinema mudo para o cinema falado. Ele recriava em um estúdio de gravação certos ruídos que eram difíceis de capturar nos locais de filmagem e os sincronizava com a ação na tela.

Sinto arrepios quando ouço os ruídos de coisas estalando e sendo esmagadas em *Tekken*.

— *Vincent Ramos (estudante de Design Interativo)*

Capcom

Sega Corporation

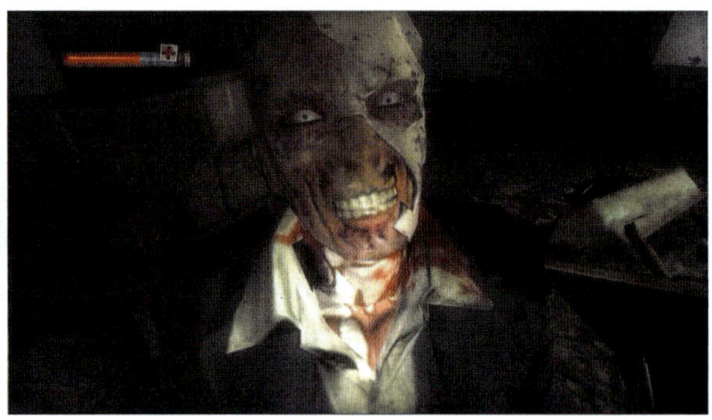

Os games *Dead Rising* e *Condemned* receberam prêmios pelos excelentes efeitos sonoros.

Criando uma Identidade Auditiva

Quando a "sensação" inicial de um *game* é definida, cabe ao designer de som criar uma identidade auditiva para o game que seja compatível com essa visão. Mesmo algo tão simples como um disparo de arma de fogo, por exemplo, deve ser único para cada game. Sei que o designer de som fez um bom trabalho quando ouço um som em outra sala e consigo identificar o game em questão. Às vezes, criar essa "especificidade" pode ser uma tarefa difícil. Todos nós já experimentamos games em que o som não combina com a experiência — e reduzimos o volume ao mínimo... É claro que o som, por si só, não é responsável pelo sucesso ou fracasso de um game, mas jogar um game em que o áudio é prioritário pode ser uma experiência fascinante que o jogador desejará repetir muitas vezes. *Halo* e a série *Medal of Honor* vêm imediatamente à mente. Esses tipos de games obtêm sucesso ao imergir totalmente o jogador no mundo do game, proporcionando uma experiência inesquecível. Como é responsável por um terço da experiência total, o som certamente precisa ser bom!

Quando estou criando, geralmente me concentro totalmente na tarefa à minha frente. Certa vez, para criar os efeitos sonoros de um duelo de espadas, eu estava gravando em meu estúdio todos os sons de colisão e fricção de metal. Os próximos sons na lista eram uma série de efeitos de "espada contra pedra" para serem usados quando o espadachim errasse o adversário e acertasse um dos muitos detalhes de pedra na arena. Sem pensar no que estava fazendo, eu trouxe um punhado de pedras, tijolos e blocos de concreto para a sala de controle, iniciei a gravação e comecei a quebrar coisas e arremessar detritos para todo lado — tentando entrar no espírito da cena e torná-la realista. Quando senti que já tinha material suficiente, parei e dei um passo atrás para contemplar o resultado. Foi quando percebi que tudo estava coberto de poeira e fragmentos de pedra! Eu havia depredado completamente meu próprio local de trabalho! Até hoje ainda encontro resíduos dessa sessão nos lugares mais inesperados.

— Aaron Marks (Compositor e Designer de Som; Presidente da On Your Mark Music Productions)

Os designers de som frequentemente compram bibliotecas completas de sons para ajudá-los a produzir efeitos sonoros importantes e sons complementares. Embora essas bibliotecas possam fornecer sons altamente eficazes, sugiro que sejam usadas apenas como ponto de partida ou para fornecer ideias. Muitos profissionais de áudio para games — assim como os próprios jogadores — já reconhecem alguns dos sons de biblioteca mais usados e acabam se cansando deles. Os melhores designers de som saem a campo com um gravador, capturam sons naturais e os refinam em estúdio para transformá-los em sons originais.

Silent Hill assustou-me tanto na primeira vez que joguei que, literalmente, tive pesadelos. Quando um game utiliza os efeitos sonoros corretamente, eles parecem invariáveis e estruturados de maneira invisível. Eles surgem quando deveriam — não antes, não depois, sem nenhuma preparação. *Silent Hill* me assustou bastante; todas as vezes que ouvia algum ruído, eu ficava branco de medo!

— Stephen Toth (estudante de Arte e Design de Games)

Efeitos Sonoros de Baixo Orçamento

Utilizando um gravador analógico ou digital, você pode capturar efeitos para uma ampla variedade de sons — como tiros e passos — gravando-os no ambiente ou utilizando técnicas de simulação. Aqui estão alguns sons bastante fáceis de simular:

- Colisão de automóveis: encha uma caixa de metal com ferro-velho e pedaços de madeira. Sacuda-a vigorosamente.
- Incêndio: abra um guarda-chuva rapidamente para simular uma erupção de chamas. Amasse papel celofane grosso para simular o crepitar do fogo.
- Colisão corporal: bata em uma abóbora ou melancia com um pedaço de madeira.
- Facadas: insira uma faca em uma fruta macia, como uma laranja ou um melão pequeno.

- Arma sendo engatilhada: acione uma chave de catraca.
- Disparos de arma: bata em um banco de couro com uma vareta fina de madeira, como uma régua (ou dobre um cinto e o estale-o no ar).
- Vento na vegetação: esfregue algumas palhas de vassoura.
- Água fervendo: sopre água com um canudo para formar bolhas.
- Lava vulcânica fervente: ferva farinha de aveia.
- Aviões: ligue ventiladores elétricos.
- Roupas sendo rasgadas: abra rapidamente um fecho de velcro.

Depois de conectar ao computador o dispositivo de gravação, você poderá usar um programa como o CoolEdit para gravar e salvar as amostras no computador.

A série *Resident Evil* possui efeitos sonoros excepcionais porque muitos objetos e armas diferentes foram usados para gerá-los. Um zumbi arrastando-se pelo chão pode ser alguma espécie de fruta sendo esmagada para gerar aquele som pastoso!

— *Mason Batchelder (estudante de Arte e Design de Games)*

Scott Snyder Fala Sobre os Desafios do Design de Som para Games:::::

Scott Snyder (Arquiteto de Áudio da Edge of Reality)

Scott Snyder começou a tocar violão aos quatro anos de idade e a brincar com um gravador de fita aos 16 — quando descobriu as maravilhas da mudança de velocidade e do eco por fita como se estivessem sido ouvidos pela primeira vez. Depois de muitas bandas de bar, shows em cafés e centenas de composições (criadas com muito amor e jamais ouvidas, como ele diz), Scott formalizou sua experiência com áudio trabalhando no exército norte-americano como repórter de rádio. Depois de produzir programas de rádio e de TV para o exército por quase dez anos, voltou para a escola e acabou se formando em Teatro e Design de Som pela Universidade de Illinois em Urbana-Champaign. Foi quando realizou seu primeiro trabalho no setor de games, com uma excelente empresa chamada Accolade em San Jose. Desde então, trabalhou como designer de som, diretor de áudio e faz-tudo sonoro para diversas empresas, como Accolade, Infogrames, Atari, Microsoft, além de um breve período como vice-presidente de marketing de uma nova empresa de tecnologia de áudio e algum tempo trabalhando por conta própria (leia-se: desempregado). Atualmente, trabalha e vive feliz como designer de som (ele se identifica como arquiteto de áudio, porque acha que isso descreve com mais precisão o que realmente faz) para a Edge of Reality em Austin, Texas. E voltou a tocar violão. Foi uma viagem longa e estranha até agora.

Os desafios do áudio para games são muitos e variados. Mesmo com o advento da novíssima geração de consoles, as limitações técnicas que enfrentamos no dia a dia não mudaram. Embora tenhamos mais RAM, taxas de amostragem mais altas, mais canais e mais CPUs, os games que projetamos já incrementaram seu conteúdo para igualar ou superar essas melhorias. Onde antes tínhamos cinco inimigos na tela, agora temos 50 e, consequentemente, temos de lidar com a mesma falta de recursos e os mesmos limites de processamento e problemas de repetição que sempre enfrentamos. A única solução possível é uma implementação mais inteligente.

Os projetos de implementação e os requisitos tanto dos games como dos jogadores estão se tornando cada vez mais complexos. Até o momento, porém, as ferramentas de terceiros não conseguiram acompanhar a demanda ou os requisitos multiplataforma dos desenvolvedores. Além disso, mesmo uma solução de áudio comercial de médio porte requer um bocado de trabalho personalizado. É preciso também levar em conta a instabilidade de algumas dessas soluções, o que faz o designer de som e o programador de implementação se sentirem como se estivessem testando algum produto inacabado de outra empresa. É um desafio que temos de superar todos os dias.

A boa notícia é que os desenvolvedores e jogadores não apenas vêm percebendo as implementações de áudio de boa qualidade, como também passaram a exigi-las — o que requer mais do que simplesmente improvisar uma solução de efeitos sonoros e música de fundo. À medida que os efeitos visuais se tornam cada vez mais realistas, o áudio passa a desempenhar um papel mais importante para reforçar essa ilusão de realidade. Quando isso não acontece, os gráficos logo perdem o interesse.

Depois que todos os problemas técnicos são equacionados, ainda restam os desafios relacionados em como obter ou criar esses elementos. Dependendo das dimensões do projeto, essa pode ser uma tarefa considerável. Gerenciar os arquivos, as metas e a qualidade são os desafios enfrentados pelo designer de som.

Os efeitos e sua implementação devem estar conectados ao game. O design de som tem de ser apenas isso: um design. É muito comum que os sons sejam incorporados às pressas no último minuto, resultando em uma experiência de áudio de baixa qualidade. O design do espaço sônico é onde reside a verdadeira arte: verificar se há espaço para a voz e eventuais efeitos de baixa frequência, se os sons são compatíveis com os objetos de que fazem parte e se o game como um todo foi mixado adequadamente.

A natureza não linear do áudio para games também é um desafio. Nos games, você não sabe exatamente o que vai ser tocado e quando; levando-se em conta a natureza dinâmica da reprodução, o game torna-se uma mídia radicalmente diferente das demais. Além disso, há o incômodo adicional de não saber em que tipo de sistema o usuário final estará ouvindo seu trabalho. Devo mixar para alto-falantes estéreos de 5 dólares? Ou para sistemas surround 5.1? As diferenças de qualidade e de resposta de frequência desses dois extremos são bem... extremas.

Voz

A *voz* é utilizada nos games para diálogos falados e narração. Geralmente as vozes são gravadas por artistas contratados. A leitura dos diálogos e dos textos narrativos pelos artistas é gravada em estúdio. É importante que eles compreendam as características específicas das vozes, como os sotaques e a forma como o desenvolvimento do personagem deve ser revelado na leitura. Os artistas devem ter experiência prévia em trabalhos comerciais de dublagem e narração para filmes, televisão, games ou publicidade.

Como foi discutido nos Capítulos 4 e 5, em um game (ao contrário do que acontece em um filme) a história não é linear. Isso significa que os roteiros de diálogo para o game (com exceção das cenas introdutórias) frequentemente estarão fora do contexto. Os dubladores terão de ler apenas uma ou duas linhas de cada vez ou produzir sons de vitória ou de derrota (como gritos e gemidos) para serem usados em muitas partes do game. O diretor de áudio provavelmente desejará gravar muitas versões de um tipo de som produzido pelos artistas contratados para tornar o game mais realista e variado. Por exemplo, um ogro que grunha da mesma maneira sempre que for clicado soará mais artificial do que se emitir vários tipos de grunhidos diferentes a cada vez. Da mesma forma, um personagem não jogador (NPC) que repita a mesma linha de diálogo cada vez que o jogador se encontra com ele ("Você não deveria seguir nessa direção!") também reduz a experiência imersiva do game. Várias linhas alternativas de diálogo devem ser preparadas para essa finalidade e gravadas pelo mesmo dublador para manter a consistência. Em geral, os melhores games usam 20 ou mais variações dos sons mais comuns.

:::::Dublando Patrick em *Dino Crisis III*

O ator Mike Yurchak dublando "Patrick" — o herói intergalático de *Dino Crisis III*, um especialista em operações especiais que coloca suas tropas em uma enrascada quando elas se deparam com "dinossauros assassinos".

Dublar videogames é um trabalho único e divertido nesse setor. Colocar sua voz em um personagem com poderes extraordinários é fabuloso. Em certos casos, você dubla um pequeno filme de animação (estabelecendo o enredo do game) e depois passa a gravar todas as reações e fragmentos sonoros para a ação que ocorre no game. É uma ótima experiência para trabalhar com outros tipos de animação. Dublar Patrick em *Dino Crisis III* foi quase como ter um exercício de atuação incorporado diretamente ao trabalho. Além de dublar o roteiro escrito, também tive de imaginar Patrick em diferentes tipos de cenários e gravar as reações adequadas. Como Patrick reagiria se fosse estapeado por um urso espacial no final de um dia exaustivo? "UF!" Legal!

— Mike Yurchak (Dublador)

"Ruídos de Morte Convincentes"

Eu estava dublando a personagem feminina do jogador no game *Quake 2* da id Software. Nessa época eu trabalhava para a Crack dot Comm e nossos escritórios ficavam ao lado de uma empresa de legendagem de filmes. Durante uma semana, gravei em arquivos de efeitos especiais uma infinidade de tipos de berros horríveis, ruídos de afogamento, grunhidos de salto e outros fragmentos sonoros. Em certo momento do primeiro dia, um representante da empresa de legendagem veio até nosso escritório perguntar se estava tudo bem. Aparentemente, faço ruídos de morte convincentes [*risos*].

— *Carly Staehlin (Consultora de Design Online da Carly Staehlin Design)*

Bob Bergen & Hope Levy Falam Sobre Prazeres e Perigos da Dublagem:::::

Bob Bergen começou a trabalhar como ator em período integral aos 23 anos de idade. Seu currículo inclui centenas de desenhos animados, comerciais e games, além de participações à frente da câmera em séries televisivas como *The Facts of Life*, *Days of Our Lives* e *Gimme a Break*. Em 1990, o sonho de Bob tornou-se realidade quando ele se juntou ao seleto grupo de dubladores que fazem as vozes dos personagens da série Looney Tunes. Ao longo dos anos, Bob dublou Gaguinho, Piu-Piu, Marvin, o Marciano, Chiquinho Gavião, Silvestre e Ligeirinho em diversos projetos. Por dez anos, ele trabalhou como apresentador principal da Parada de Natal de Hollywood. Após uma apresentação de "teste" de seu espetáculo solo em Burbank, Califórnia, ele foi contactado por Ken Kragen — empresário de Kenny Rogers — para fazer o show de abertura da excursão de Rogers pela Califórnia e Oregon no verão de 1999. Ao retornar dessa excursão, Bob apresentou seu solo na casa de espetáculos Ice House em Pasadena e no Teatro Whitefire em Sherman Oaks. O produtor Ed Gayes ofereceu-se para montar o espetáculo comercialmente no Teatro Whitmore-Lindley em North Hollywood, Califórnia. *Bob Bergen: Not Just Another Pretty Voice* estreou com grande sucesso de crítica e permaneceu em cartaz por três meses. Bob ministra um workshop de dublagem de animação há mais de 15 anos e, atualmente, está trabalhando em diversos projetos que envolvem animação, comerciais e games.

Nos games, os dubladores geralmente atuam sós. Em uma série de animação, os produtores tentam juntar o maior número possível dos membros do elenco numa mesma sessão. Ao dublar games, é necessário gravar todas as opções que o jogador poderá ter durante o game. Isso geralmente consome muito tempo e pode ser um pouco tedioso... Um dos aspectos mais desafiadores da dublagem especificamente para games são os gritos, que às vezes podem forçar *muito* a voz! Mas os bons diretores esperam até o fim da sessão para gravá-los. Minha experiência mais memorável durante uma sessão de dublagem aconteceu quando dublei Luke Skywalker para a LucasArts. Luke tinha de dizer "Veja só o tamanho dessa coisa!". Eu caí na gargalhada e levei um bocado de tempo para gravar essa linha!

Hope Levy pode ser ouvida em *The Matrix: Path of Neo*, *Bratz*, *Polar Express*, *EverQuest II*, *Jumpstart*, *Vampires Masquerade: Bloodlines* e como Rebecca Chambers em *Resident Evil: Biohazard*. Também pode ser ouvida nos desenhos animados e séries *Howl's Moving Castle*, *Madagascar*, *The Fairly Odd Parents*, *Rugrats*, *Ozzy & Drix*, *Invader Zim* e a série japonesa de anime *Shin Chan*. Na tela, Hope foi a Garota do Casamento Grego em *Os Comédias* (*My Big Fat Independent Movie*), co-roteirizado e produzido por Chris Gore da Film Threat e G4 TV. Hope também é a coadjuvante Pam, uma aspirante a rapper em *Uncle P*, estrelado por Master P e Lil' Romeo.

Na dublagem de games, cada emoção — como riso, choro e gritos — deve ser gravada. Cada ação também deve ser gravada; chamamos isso de "esforços", o que inclui socar, ser socado, suspirar, ser atacado, entrar em combate, arrastar corpos e ser arrastado. Além disso, gravamos vários finais para o game para que o jogador tenha mais elementos para experimentar e se divertir. Essa é uma boa ideia, porque nossos personagens podem acabar sendo mocinhos ou bandidos — dependendo do final escolhido pelo jogador. A dublagem de games exige uma energia *infinita*. Trata-se de um trabalho surpreendentemente físico. Nós, dubladores, tendemos a incorporar o personagem... Por exemplo, em uma cena de perseguição, estamos correndo sem sair do lugar — ofegando e bufando. Depois de uma sessão de quatro horas de gritos e de imersão nas ações e emoções que o game exige, ficamos totalmente exaustos!

Música

A *música* nos games é uma maneira de indicar aos jogadores como devem reagir às imagens visuais na tela. A música pode intensificar a excitação da ação, avisar o jogador quando há algum perigo à frente ou criar uma atmosfera mais leve nos momentos cômicos. A *trilha sonora* de um game pode consistir em *música instrumental* e *canções*. A *música instrumental* geralmente é composta especificamente para o game para criar climas e atmosferas. Os compositores frequentemente montam a trilha sonora usando sistemas de gravação caseiros — incluindo um sintetizador ou teclado MIDI conectado a um computador que contém programas de gravação, sequenciamento e mixagem. Nos games com orçamentos maiores, o compositor pode escrever *partituras* para instrumentos reais e gravar a música ao vivo em um estúdio, com uma orquestra ou um grupo de músicos.

Sempre que jogo *World of Warcraft*, quero aumentar o volume da música. A dublagem dos personagens, os efeitos ambientais e alguns trechos musicais bastante profundos, baseados na música de ópera, tornam esse game um prazer para os ouvidos.

— Adam Garner (estudante de Arte e Design de Games)

As trilhas sonoras são gravadas em estúdios caseiros (na foto, o estúdio de Aaron Marks) ou em estúdios de gravação profissionais (Ron Jones regendo).

Uma trilha sonora baseada em *canções* geralmente consiste em músicas já existentes (não compostas especialmente para o game), com vocais, que são licenciadas junto aos respectivos proprietários dos direitos ou gravadoras para serem utilizadas no game. Às vezes, são utilizadas músicas de artistas consagrados para aumentar a popularidade de um game. Isso pode ser extremamente caro e criar vários problemas de direitos autorais. Embora as trilhas sonoras baseadas em canções tenham se provado bastante eficazes em muitos filmes, como *Pulp Fiction* e *Moulin Rouge*, essa eficácia ainda não foi comprovada nos games. Existem também várias alternativas ao licenciamento de gravações conhecidas. Você pode obter uma licença de sincronização, que lhe permite contratar seus próprios intérpretes para criar uma nova versão de uma determinada música. Ou, então, pode adquirir os direitos de uso de canções (e música instrumental) de bibliotecas musicais como a Associated Production Music (APM), que fornece um catálogo inteiro de músicas organizadas por clima e cena.

Sony Computer Entertainment America

Lionhead Studios Limited

Os games *God of War* e *Fable* ganharam prêmios por suas trilhas sonoras épicas e inventivas. (O tema de *Fable* foi composto por Danny Elfman.)

Bill Brown Fala Sobre os Desafios Positivos no Processo Composicional::::

Bill Brown (Compositor e Diretor Musical do Soundelux DMG)

Bill Brown já compôs música para vários diretores e produtores — entre eles Steven Spielberg, Oliver Stone, Clive Barker, Michael Crichton, Gus Van Sant, Michael Mann e Tom Clancy. Suas peças orquestrais evocativas e poderosas continuam a gozar de amplo reconhecimento e a conquistar prêmios especializados, que incluem três indicações para os Prêmios BAFTA na categoria de melhor música. Bill é diretor musical do Soundelux Design Music Group em Hollywood, Califórnia, tendo composto e produzido a trilha sonora de filmes como *Um Domingo Qualquer*, *Ali* e *Encontrando Forrester*. Também compôs a música de filmes para TV, como *Scorcher* e *Trapped*, e games como a série *Tom Clancy's Rainbow Six*, *The Sum of All Fears*, *Lineage II: The Chaotic Chronicle*, *Return to Castle Wolfenstein* e *Command & Conquer: Generals*.

Sempre encaro um desafio como algo positivo no contexto da criatividade. O que é óbvio não me interessa tanto. O que é complexo e multidimensional pode trazer consigo um desafio em alguma parte do processo, e isso é bom! Onde há desafio, há crescimento, e estou sempre constatando que onde há crescimento, há uma grande recompensa. Para mim, o processo de compor música para games não é diferente de dominar qualquer outro meio. Estou apenas praticando e de vez em quando percebo que acabo de atingir um patamar totalmente novo. Essa é uma ótima sensação... e então continuo a praticar.

Novo Meio de Divulgação para Músicos?

À medida que o setor de games continua a atingir uma audiência cada vez maior — e as vendas de música pelos canais de distribuição tradicionais continuam a cair —, tanto as gravadoras como os músicos independentes estão começando a enxergar o setor de games como um novo meio de divulgação para a música. Diferente do público tradicional do cinema e da TV, os jogadores são uma audiência "ativa", manipulando personagens, escolhendo caminhos e, às vezes, mudando o cenário de um ambiente de game. Os games são uma experiência verdadeiramente imersiva e a música que os jogadores ouvem enquanto jogam — seja uma música-tema em loop ou sons adaptativos que se ajustam às ações do personagem — pode causar neles uma impressão duradoura. Quando você considera os games de "mundo em estado persistente", que envolvem os jogadores por semanas ou até meses a fio, não chega a ser surpreendente que a base de fãs da música para games esteja crescendo tanto!

Ron Jones Fala Sobre a Relação Compositor-Desenvolvedor de Games::::

Ron Jones já compôs música para centenas de desenhos animados — entre eles *Os Flintstones*, *Os Smurfs*, *As Novas Aventuras de Scooby Doo*, *Superman*, *Duck Tales* e *Family Guy* (indicado, para o Emmy de Melhor Canção Original). Depois de compor com sucesso a trilha sonora de quatro temporadas de *Star Trek: The Next Generation*, Ron participou de dois games *Star Trek* para computador, ambos campeões de vendas, compondo a trilha orquestral de *Star Trek: Star Fleet Command* e *Star Trek: Star Fleet Academy* para a Interplay. A Associação Nacional de Distribuidores e Fabricantes de Gravações Independentes (NAIRD) concedeu a ele o prêmio de Melhor Álbum de Trilha Sonora do Ano por *Star Trek: The Next Generation — Best of Both Worlds, Parts I & II*, lançado pela Crescendo Records. A Ron Jones Productions mantém um estúdio de última geração, com sistemas completos e atualizados de computadores e software, em Burbank, na Califórnia.

Ron Jones (Compositor da Ron Jones Productions, Inc.)

O aspecto mais desafiador da composição para games é filtrar as diferenças de linguagem dos produtores e designers do game para descobrir não apenas a essência do game, mas também a abordagem musical correta. Na prática, os compositores estão em um planeta diferente da equipe do game. Você precisa se manter fiel ao que sabe que ficará bom e funcionará melhor, e, ao mesmo tempo, fornecer o que os desenvolvedores do game desejam. Trata-se de uma tarefa complexa e delicada, que requer um bocado de paciência e a capacidade de ouvir com atenção.

O Processo de Pré-Produção Musical

Cada estilo musical impõe seus próprios desafios, mas isso é simples em comparação com aquele passo inicial de escrever a primeira nota. Geralmente gasto um bocado de tempo pesquisando o game e tentando compreender a fundo do que se trata antes mesmo de pensar na música. Para mim, provavelmente o aspecto mais difícil é criar um conceito que se ajuste ao game, não chame demais a atenção e seja único. Porém, quando consigo estabelecer uma boa direção, a música flui facilmente. O desafio seguinte é fechar a torneira.

— Aaron Marks
(Compositor e Designer de Som;
Presidente da On Your Mark Music Productions)

Alex Brandon Fala Sobre os Desafios e Sucessos do Áudio para Games:::::

Alex Brandon (Gerente de Áudio da Midway Home Entertainment)

Alex Brandon é atualmente o gerente de áudio da Midway em San Diego. Ele começou a carreira co-projetando, comercializando e gerenciando o game *Tyrian* para a Epic Games. Em seguida, compôs a trilha sonora de *Unreal*, que empregava um sistema de arquivos MOD interativos jamais utilizado antes. De fato, esses arquivos foram adaptados para uso adicional em *Deus Ex*, um game da Ion Storm Austin que se tornou sucesso de vendas. Ambos os títulos ganharam numerosos prêmios e venderam mais de um milhão de cópias. Alex compôs a trilha sonora e criou efeitos sonoros para mais de uma dúzia de títulos desde *Tyrian*, recorrendo intensivamente à tecnologia e à interatividade para que o som e a música reforçassem o conceito dos games como uma forma realmente avançada de entretenimento. Também é membro do Comitê Diretor do IA-SIG (Grupo de Interesse Especial de Áudio Interativo), membro votante da Academia Nacional de Artes e Ciências de Gravação (NARAS) e membro do Conselho Consultivo de Áudio DirectX.

Criar música e efeitos sonoros é fácil. Criar música e efeitos sonoros de boa qualidade é difícil. Integrar eficazmente a música e os efeitos sonoros de boa qualidade é a parte mais difícil. *Deus Ex: Invisible War* e *Thief: Deadly Shadows* são excelentes modelos. De fato, o modo de jogar de *Thief* é conduzido mais diretamente pelo áudio. Por outro lado, gosto muito de *Ballers*. Esse game tem uma trilha sonora licenciada muito apropriada e uma ampla variedade de estilos de *hip-hop* que induzem à repetição.

A Cena Musical Independente

Os músicos independentes — que antes se concentravam em licenciar trilhas e compor música original para filmes — estão começando a se aliar aos desenvolvedores de games.

Os vários recursos on-line para música independente incluem:

- Artist Launch (www.artistlaunch.com)
- CD Baby (www.cdbaby.com)
- Indiespace (www.indiespace.com)
- MP3.com (www. mp3.com)
- Music4Games.net (www.music4games.net)
- SoundClick (www.soundclick.com)

Talvez seja interessante prestar atenção à cena da música independente e licenciar música de artistas que não são contratados por gravadoras. Você encontrará músicas inéditas e criativas (a ótimos preços) que ainda não foram licenciadas. A Indiespace (fundada por Jeannie Novak) presta serviços de licenciamento e supervisão musical desde 1994, fornecendo música de artistas independentes para cinema, televisão, publicidade e projetos de games.

Música em Loop

Alguns games usam *música em* loop para fornecer uma trilha sonora contínua. Se os loops são suficientemente longos, talvez o jogador não perceba que a música está se repetindo. Um compositor também pode criar temas diferentes com início e final idêntico que são agrupados para fornecer variação. Lembre-se de que um jogador pode passar mais de 100 horas com o game e não é uma boa ideia enlouquecê-lo com música repetitiva. Outro problema da música em loop em muitos games atuais é o contexto. Digamos que você está jogando um game que envolve a exploração de uma linda floresta e a música que acompanha a exploração é um tema belo e simples adequado ao ambiente. E se um deus pagão mal-intencionado saltar de trás de uma árvore e tentar hipnotizar seu personagem com uma flauta de Pã? E se o personagem entrar em um transe hipnótico e começar a derrubar árvores, destruindo o lindo cenário? Se a música não mudar nesse ponto para complementar a mudança de clima no game, a experiência imersiva será arruinada. Esse problema pode ser equacionado com o uso de temas distintos relacionados a diferentes eventos que ocorrem no game. Para fazer isso, o compositor deve saber quais caminhos podem ser tomados pelo personagem do jogador, de modo a proporcionar suficiente variedade musical ao desenvolvedor.

Questões Contratuais

Os compositores de trilhas sonoras para filmes são pagos pela partitura e retêm os direitos autorais, que lhes permitem auferir uma renda regular por vários anos após o uso no filme. Os desenvolvedores de games tendem a pagar por minuto de composição acabada, adquirindo todos os direitos e evitando complicações futuras com direitos autorais. Os desenvolvedores também se preocupam com restrições que possam impedi-los de relançar o game em outro formato e gerenciá-lo durante toda a sua vida útil. Um meio-termo comum para os desenvolvedores é fazer um pagamento único pela compra de todos os direitos necessários durante a vida do game, enquanto o compositor retém os direitos sobre o uso não interativo, o que lhe permite revender a música para outros meios.

Compor para Games ou para Filmes

Muitos compositores de trilhas sonoras para filmes estão interessados em migrar para o setor de games. Assim como os roteiristas que eventualmente consideram a possibilidade de escrever scripts para games, os compositores acostumados com filmes enfrentam um período de ajuste a um meio novo e não linear. Na composição para cinema, os compositores podem assistir ao filme concluído e frequentemente trabalham com o diretor do filme na sessão de marcação de áudio. A marcação de áudio consiste em assistir todo o filme e decidir onde a música será usada, calculando os pontos de entrada e saída da música e ocasionais pontos de *destaque* — lugares nos quais a música deverá ser particularmente dramática e coincidir com alguma ação específica, como o disparo de uma arma ou o súbito aparecimento de uma criatura mágica. Em contraste, não existe uma maneira de assistir a um game finalizado. Para ver todos os caminhos que podem ser tomados por um personagem no game, o compositor teria de jogá-lo várias vezes, o que pode consumir centenas de horas. Em vez disso, o compositor deve ver os vários personagens e ambientes utilizados no game, ler a sinopse da história e os perfis dos personagens e receber uma lista de níveis, objetivos associados e elementos do modo de jogar. Nas cenas introdutórias, que são mais semelhantes a minifilmes, a marcação e a inclusão da trilha sonora podem ser feitas de maneira semelhante aos filmes.

Richard Jacques e Rich Ragsdale Falam Sobre Composição para Filmes e para Games:::::

Richard Jacques (compositor)

Com treinamento clássico, um extenso repertório em música orquestral, jazz e outros gêneros musicais contemporâneos e múltiplas premiações, Richard Jacques é um compositor de música para videogames, cinema e televisão. Um precursor no campo da música moderna para games, Richard foi o primeiro compositor para videogames a obter um orçamento substancial para usar uma orquestra sinfônica ao vivo; gravar uma orquestra ao vivo para um videogame produzido para o dispositivo portátil PSP; aparecer em galerias de arte e concertos ao vivo na Europa, no Japão e na América do Norte; e lançar trilhas sonoras de games para venda comercial no Japão, na Europa e na América do Norte. Richard recebeu numerosos prêmios e elogios por sua música, inclusive os prêmios de Melhor Música dos sites GameSpot e GameSpy e o Prêmio de Reconhecimento da Game Audio Network Guild. Também recebeu diversas indicações, inclusive para Melhor Música do Ano, Melhor Música Instrumental Original, Melhor Gravação de Apresentação ao Vivo e Melhor Álbum de Trilha Sonora Original. Um exímio pianista, trombonista, percussionista e guitarrista, Jacques recebeu treinamento clássico na Academia Real de Música em Londres, iniciando sua carreira como compositor residente e, mais tarde, Diretor de Áudio da Sega Europe em Londres. Com seu trabalho multifacetado, variando desde a franquia *Sonic the Hedgehog*, com vendas de vários milhões de unidades, até a revolucionária utilização de partituras orquestrais gravadas ao vivo para títulos como *Headhunter*, *Starship Troopers* e *Pursuit Force*, Richard é um dos compositores mais experientes em atividade no setor de games.

A música para cinema e televisão é linear, mas games são não lineares. Na música para cinema ou televisão, você sabe exatamente o que acontecerá em um determinado momento e pode compor a música com base nessa informação. Em um game, você não sabe o que o jogador fará e, portanto, tem de fazer a música reagir a qualquer situação em que o jogador esteja.

Kevin Ragsdale

Rich Ragsdale (compositor)

Rich Ragsdale cresceu em Nashville, Tennessee. Começou a tocar guitarra aos 16 anos e logo se juntou a bandas locais de punk e heavy metal com nomes estranhos, como Soft Skull Sam e Bombshell. Decidindo levar sua música a sério, estudou violão clássico e depois se matriculou no Berklee College of Music, onde se formou em composição e orquestração para filmes. Em seguida, concluiu o programa de um ano de composição para filmes na USC. Depois de compor a trilha sonora de alguns filmes independentes, Rich começou a escrever música para televisão e games. Compôs também a trilha sonora de vários comerciais e músicas e canções de vários filmes (tanto de estúdio como independentes). Atualmente, é também diretor. Seu filme *Into Something Rich and Strange* ganhou um prêmio de Melhor Curta-Metragem Experimental e um filme de terror (*El Charro*) está em desenvolvimento na Pretty Dangerous Films. Rich compôs a música de vários projetos de games comerciais para Vivendi Universal Games, Fox Interactive e Music Consultants Group. Seus créditos em games incluem *Aliens vs. Predator*, *No One Lives Forever* e *Eight-Legged Freaks* (baseado no filme com o mesmo nome). Sua música foi utilizada nas séries televisivas *Will and Grace* e *King of Queens*.

No cinema e na televisão, o compositor geralmente entra em ação no período de pós-produção. O filme está mais ou menos acabado e, portanto, os parâmetros geralmente são fixos e sua principal tarefa é descobrir o estilo e o som corretos para ele. Nos projetos de games, normalmente sou chamado mais perto do início da produção — mesmo antes que seja possível ter uma ideia clara do aspecto final do game. As cenas de corte e eventos específicos podem ter parâmetros mais definidos no que concerne à duração, mas o game em si é mais fluido e não permite esse nível de precisão.

A Paixão pela Trilha Temporária

Uma *trilha temporária* é um fundo musical alternativo que tradicionalmente é utilizado em um filme para fornecer uma ideia do que o diretor gostaria de ouvir. Geralmente o editor adiciona a trilha temporária a uma versão preliminar do filme e continua a usá-la durante a edição. De fato, às vezes, os editores editam o filme com base na música, o que dificulta a substituição da trilha temporária. É comum que o diretor se apaixone pela trilha temporária, que geralmente consiste na trilha sonora de outro filme ou músicas de artistas conhecidos cujo licenciamento seria incrivelmente caro e impraticável. O compositor, que é trazido na fase de pós-produção, precisa não apenas compor rapidamente a trilha sonora original para que os diálogos, a música e as trilhas de efeitos possam ser mixados, mas também convencer o diretor de que essa nova música funcionará muito melhor no filme do que a trilha temporária. Geralmente o compositor está certo; no entanto, o diretor já ouviu a trilha temporária muitas vezes e resiste a essa separação. Algo semelhante está acontecendo com os desenvolvedores de games. Meu conselho? Incorpore um supervisor musical ou um compositor ao projeto durante a fase de pré-produção. Não espere até que você esteja quase pronto para lançar o game. E mais: se usar uma trilha temporária, tente não se apaixonar por ela!

Greg O'Connor-Read Fala Sobre os Problemas Enfrentados pelos Compositores de Games::::

Greg O'Connor-Read (Fundador da Music4Games, Inc./ Top Dollar Publicity Services)

Como editor da Music4Games.Net e divulgador prolífico da música para videogames, Greg O'Connor-Read aumentou o valor da música para videogames como forma de arte, solidificou o fator de reconhecimento e mérito artístico dos compositores desse tipo de música e consolidou a trilha sonora de videogame como um produto de valor comercial e artístico. Ele desempenhou papel central na promoção de várias trilhas sonoras inovadoras para videogames, incluindo: *Halo 2 Volumes 1 e 2*; *Myst 3-5*; *Hitman 1-4*; *Headhunter 1 e 2*; *Destroy All Humans! 1* e *2*; *Prince of Persia 2* e *3*; *Ghost Recon*: *Advanced Warfighter 1* e *2*; *Splinter Cell: Double Agent*, *Red Steel*; *Jade Empire*; *Fable*; *Advent Rising*; *Kameo: Elements of Power*, *Perfect Dark Zero*; *MediEvil Resurrection*; *Men of Valor*; *Shadow Ops: Red Mercury*; *Indiana Jones and The Emperor's Tomb Uru: Ages Beyond Myst*; *Freedom Fighters*, entre muitas outras. Amplamente reconhecido como principal autoridade e divulgador da música contemporânea para videogames, Greg foi consultor da exposição "Game On" no centro cultural The Barbican, a primeira exposição internacional itinerante celebrando a arte e a cultura do videogame. Em 2003, defendeu com sucesso a atribuição de um Prêmio da Academia Britânica (BAFTA) à melhor música original em um videogame e foi moderador do primeiro seminário da Sociedade de Compositores e Letristas (SCL) sobre "Composição de Música para Games". Em 2006, a GameTrailers TV, controlada pela Viacom, consultou Greg sobre a inclusão da categoria "Melhor Trilha Sonora Original para Videogame" no evento Video Music Awards (VMA) da MTV. Greg foi consultor e moderador do painel sobre música para videogame na Conferência MIDEM de Música Para Imagens de 2007, com a presença do veterano produtor musical Nile Rodgers (Sumthing Else Music Works). É também membro do conselho consultivo da Game Audio Network Guild (G.A.N.G.) e membro afiliado, no quesito Trilha Sonora, da Academia de Artes e Ciências Interativas (AIAS). Foi o primeiro ganhador do Prêmio de Reconhecimento da Game Audio Network Guild, tendo sido mencionado nas publicações *The Hollywood Reporter* e *The Chicago Tribune*, no livro *The Complete Guide to Game Audio* (CMP Books), na revista *Billboard* e no livro da Prima Games *Paid to Play: An Insiders Guide to Video Game Careers* (Random House).

Assim como no cinema, a música nos games estabelece o contexto emocional, proporcionando ao jogador uma conexão emocional com os elementos visuais na tela. A música intensifica a experiência do game. Quando são bem implementados, a música e os elementos visuais imergem totalmente o jogador no ambiente do game. (...) A música é um componente essencial para a elevação da experiência do game. (...) Infelizmente, os compositores de música para games não recebem o crédito que merecem por sua contribuição ao produto final. Em geral, os negócios com compositores de música para games são de aquisição integral, sem pagamento de direitos autorais. Além disso, os compositores que trabalham em games de grande orçamento dispõem de orçamentos menores que os compositores que trabalham em filmes de grande orçamento.

Música Adaptativa

Uma maneira mais imersiva de incorporar música a um game é contratar um compositor para escrever *música adaptativa*, que muda de acordo com as ações do jogador no game. Para isso, é necessário que a música seja composta em segmentos extremamente pequenos e que sinalizadores sejam embutidos no código do game para assinalar as rápidas mutações de estado. No exemplo já discutido na subseção sobre "Música em Loop", a música começaria com o tema simples e belo compatível com o ambiente pastoral. Quando a criatura maligna saltasse de trás da árvore e começasse a hipnotizar o jogador, a música poderia mudar para refletir uma mistura de temas lúdicos, sombrios e hipnóticos. Quando o personagem começasse a destruir o cenário, a música poderia aumentar dramaticamente, enfatizando o tema sombrio. A criação desse tipo de música requer estreita coordenação entre o designer, o programador e o compositor do game. Além de estar familiarizado com o conteúdo do game, o compositor também deve conhecer as diferentes mudanças de atmosfera que deverão ser interpretadas para o jogador.

David Javelosa Fala Sobre Música Adaptativa:::::

David Javelosa
(Compositor e
Tecnólogo musical)

David Javelosa é compositor/tecnólogo e especialista no setor de games, residente em Santa Monica, Califórnia. Anteriormente, trabalhou na Yamaha Corporation of America como divulgador da tecnologia de áudio para games da empresa. É instrutor do programa de Tecnologia de Entretenimento do Santa Monica College, onde ensina desenvolvimento de games e áudio digital. Além disso, compõe música para apresentações na internet e ao vivo. Criou trilhas sonoras para a maioria dos consoles de games e está envolvido com mídia digital desde os seus primórdios. Seus interesses incluem sintetizadores antigos, remixagem de bandas pop e trilhas sonoras de ficção científica, paraquedismo, ciclismo e a educação de seus três filhos. Como "David Microwave", desde 1979 vem lançando gravações com suas bandas Los Microwaves e Baby Buddha, que tocam uma fusão de baladas pop em sintetizador, sons analógicos clássicos, música "lo-fi" para games e temas techno experimentais. Suas gravações já incluíram os músicos veteranos Robert Williams da Capt. Beefheart, Knox Chandler da Psychedelic Furs e Steve Berlin da Los Lobos, entre outros. Seu histórico no setor de música para games inclui cargos de diretor de áudio na Sega e na Inscape, bem como créditos em títulos da Disney Interactive, Microsoft Network, Sony Online, Crave, Psygnosis, Marvel Interactive e Voyager.

Na música adaptativa, abordamos simultaneamente as estruturas vertical e horizontal da partitura. A estrutura vertical descreve a instrumentação, o arranjo e a mixagem da música, às vezes, descritos como a densidade ou intensidade da cena do game. Conforme o jogador entra e sai de situações, a capacidade dessa qualidade de acompanhar o estado do game é muito eficaz.

No eixo horizontal, consideramos a disposição dos segmentos musicais ou o sequenciamento do desenvolvimento musical. Como diferentes temas são associados a cenas específicas ou à aparição de personagens, na prática o jogador desempenha um papel inconsciente na reprodução do arranjo. Quando isso é feito de maneira muito simplista, o jogador pode perceber essas mudanças e passar a "tocar" a trilha sonora, repetindo as transições de cena sem se preocupar com o jogo propriamente dito. Como acontece na maioria das trilhas sonoras adaptativas, quanto mais sutil e transparente for a transição, mais eficaz será a experiência como um todo. As melhores trilhas sonoras são tão bem integradas que tendemos a não percebê-las conscientemente.

Remixagem de Música para Games

Sites como *Overclocked Remix (www.ocremix.org)* levam a estratégia de descoberta musical on-line um passo adiante ao permitir que os fãs remixem suas trilhas favoritas para serem ouvidas por outros. Além de confirmar a popularidade das trilhas sonoras de games, isso também ressalta os aspectos colaborativos da internet. São incluídas críticas de cada *remix* e dicas para criar sua própria remixagem. Muitas músicas disponíveis nesse site são surpreendentemente boas!

Chance Thomas Fala Sobre o Kit de Ferramentas Essenciais de Áudio::::

Chance Thomas (Compositor e Presidente da HUGEsound)

Chance Thomas é compositor e produtor de áudio de títulos de alta vendagem, como *King Kong* de Peter Jackson, *X-Men* e *Lord of the Rings*. Seus projetos ganharam prêmios importantes, como Oscar, Emmy, IGN e GANG. Chance foi o primeiro compositor de música para games a criar a trilha sonora de um filme ganhador do Oscar e a contabilizar mais de um milhão de downloads de sua música para games. Produziu uma das primeiras trilhas sonoras orquestrais gravadas ao vivo e um dos primeiros álbuns de trilha sonora para game comercialmente bem-sucedidos. Seus esforços levaram à inclusão da música para games na premiação do Grammy e à fundação da Game Audio Network Guild. Sua empresa, a HUGEsound, oferece serviços abrangentes de pós-produção de áudio e produção musical a desenvolvedores e editoras inovadores em todo o mundo.

- **Imaginação vívida** — As partituras mais brilhantes sempre começam a tomar forma na oficina musical da mente. Nenhuma tecnologia tem capacidade suficiente para superar a magia que vem do espírito humano.
- **Educação de qualidade** — O aprendizado expande a mente, facilita o fluxo criativo e forja hábitos de disciplina intelectual. A melhor inspiração sem-

pre vem da melhor informação. Livros de referência sobre orquestração, literatura clássica, história da música, teoria musical, grandes obras de arte — tudo isso enriquece a mente e fertiliza o terreno para o aparecimento de ideias inovadoras.

- **Equipamentos confiáveis** — Utilizo o mesmo mixer digital há quase dez anos. Às vezes, minhas sessões duram o dia todo, durante vários dias. Esse mixer nunca me deixou na mão. Isso é importante não apenas porque vivo no Parque Nacional de Yosemite (e, portanto, a horas de distância da oficina mais próxima), mas também porque sempre há um projeto em andamento que precisa ser terminado com urgência. Ficar parado simplesmente não é uma opção no mundo de alta pressão da composição para games e filmes. Meus equipamentos favoritos incluem mixers digitais 02R, monitores Genelec 1031A, processadores de efeitos PCM 90, um velho Mac G3, placa digi HD e 192 i/o, toneladas de equipamentos MOTU, Korg Trinity e vários computadores Dell.
- **Sons incríveis** — Eles devem estimular os ouvidos, fazer sua barriga tremer, acariciar sua alma. (...) Se não for assim, para que se incomodar? Estamos no negócio do som e é essencial ter uma ampla disponibilidade de sons excelentes. Minha biblioteca inclui sons de alta qualidade como os da Vienna Symphonic Library, Garriton Orchestral Strings, Symphony of Voices, Distorted Reality 1 e 2, Voices of Native America, Bizarre Guitar, entre muitos outros.
- **Músicos obsessivos** — O uso de músicos tocando ao vivo pode fazer toda a diferença em uma gravação, para melhor ou para pior, infelizmente. Alguém tocando um Stradivarius ligeiramente desafinado pode fazer seu estômago se contrair desconfortavelmente, enquanto uma execução emocionada e precisa na rabeca antiga do seu avô pode dar asas ao seu espírito. A multiplicação do número de músicos (digamos, até uma orquestra) intensifica exponencialmente essa situação. Não há nada mais frustrante para um compositor do que ouvir sua música tocada insatisfatoriamente por um grande número de músicos. Porém, quando os músicos se empenham na execução, acertam o tom e o tempo e injetam nisso um pouco de paixão, o resultado é maravilhoso.

Tommy Tallarico Fala Sobre a Game Audio Network Guild (GANG)::::

Tommy Tallarico (Presidente da Tommy Tallarico Studios, Inc.; Presidente/Fundador da Game Audio Network Guild [GANG])

A música de Tommy Tallarico é ouvida em todo o mundo em videogames, televisão, filmes, rádio, trilhas sonoras e até em carros alegóricos na parada Rose Bowl realizada no primeiro dia do ano em Pasadena. Seus principais títulos incluem *Earthworm Jim 1* e *2*, *Disney'Aladdin*, *Cool Spot*, *The Terminator*, *Madden Football*, *Prince of Persia*, a série *Test Drive*, *MDK*, *Tomorrow Never Dies*, *Tony Hawk Skateboarding*, *Spider--Man*, *Pac-Man World*, *Knockout Kings and the Blitz*, *Unreal*, *Unreal 2*, *Metroid Prime*, *Scooby Doo*, *Maximo*, *Twisted Metal* e a série *Time Crisis*. Tommy foi o primeiro músico a ter um álbum de trilhas sonoras para games lançado mundialmente (*Tommy Tallarico's Greatest Hits Vol. 1* — Capitol Records). Desde então, mais cinco álbuns de trilhas sonoras foram lançados, inclusive a elogiada trilha sonora de *James Bond Tomorrow Never Dies*. Foi também o primeiro a utilizar áudio 3D em um game (Q-Sound) e teve uma participação importante na incorporação pelo setor de sons surround 5.1 (6 canais) verdadeiramente digitais e interativos. Tommy é fundador e presidente da GANG (Game Audio Network Guild) — organização sem fins lucrativos cujo objetivo é educar e aumentar a conscientização sobre a importância do áudio no mundo interativo (www.audiogang.org). É também membro do conselho consultivo da Conferência de Desenvolvedores de Games e membro do comitê de seleção de indicações da Academia de Artes e Ciências Interativas. Em 1999, foi um dos designers do premiado game de boxe para o N64 *Knockout Kings*, da Electronic Arts, eleito "Melhor Produto de Esportes Para Console de 1999" pela Academia de Artes e Ciências Interativas (AIAS). Também em 1999, teve uma participação fundamental na inclusão da categoria de música para videogame na premiação do Grammy. Tommy fez parte do comitê que solicitou à NARAS a inclusão de trilhas sonoras de games no evento de premiação. Nas horas vagas, Tommy é apresentador, redator e coprodutor do premiado programa internacional semanal de TV *The Electric Playground* (www.elecplay.com) — retransmitido diariamente pela rede Discovery e pela MTV Canadá e ganhador do Prêmio Telly de 2001 como "Melhor Programa de Entretenimento na TV a Cabo". É também apresentador de um programa semanal com meia hora de duração, *Judgement Day*, transmitido pela rede G4, com programação voltada 24 horas por dia aos videogames. Em 2005, lançou o evento itinerante "Video Games Live", realizado no Hollywood Bowl em Los Angeles, Califórnia.

Fundei a Game Audio Network Guild (GANG) basicamente em razão da necessidade de *respeito*. Eu estava farto do áudio ser a última coisa com que todos se preocupavam no desenvolvimento de games. Era ridículo! Percebo que o setor de games está, atualmente, na mesma situação em que a indústria cinematográfica estava na década de 1950. Todos estamos inventando nosso próprio caminho. Entretanto, isso está mudando muito rapidamente. Eu acreditava que, se alguma providência não fosse tomada rapidamente, pessoas que *não* estão envolvidas com áudio seriam responsáveis pela decisão de questões relacionadas ao áudio — e minha intenção era evitar que isso acontecesse. Eu queria que a comunidade de áudio ditasse como as coisas deveriam ser do ponto de vista técnico, mesmo criativo e até mesmo comercial. Se observarmos a indústria cinematográfica, veremos a importância que eles atribuem a todos os aspectos do áudio — da dublagem à música e ao design de som. Muita dedicação e atenção aos detalhes é investida na criação de sons incríveis, porque eles estão cientes da importância do som. Agora o setor de games está começando a pensar da mesma maneira, graças a todos nós, que nos juntamos como uma única voz na GANG.

Os jogadores não são fãs apenas de games, mas também de trilhas sonoras de games. De fato, está comprovado que muitos ouvem a trilha sonora de seus games favoritos enquanto jogam outros games. Em maio de 2003, o compositor e produtor de música para games Tommy Tallarico organizou um concerto ao vivo no Hollywood Bowl, no último dia da Electronic Entertainment Expo (E3) em Los Angeles. O concerto incluiu uma orquestra com 90 integrantes, um coral de 40 pessoas, fogos de artifício e foi transmitido pela TV a cabo. Tallarico também é o fundador da Game Audio Network Guild (GANG) (www.audiogang.org). Outro compositor para games influente e prolífico é George Sanger (também conhecido como "The Fat Man"), que também é autor de um livro (*The Fat Man on Game Audio: Tasty Morsels of Sonic Goodness*) e coordenador de uma conferência anual de especialistas em áudio para games conhecida como Project-Bar-B-Q (www.projectbarbq.com).

Este capítulo encerra a seção deste livro voltada para a criação de conteúdo. Na próxima seção, você conhecerá o processo de desenvolvimento de um game e muito mais, inclusive a montagem da equipe de produção do game, o ciclo de desenvolvimento e a comunidade de jogadores.

:::REVISÃO DO CAPÍTULO:::

1. Quais são as diferentes finalidades do áudio em games? Por que o áudio é um elemento impor tante (embora frequentemente ignorado) do desenvolvimento de um game? Você consegue pe sar em uma finalidade do áudio em games que não tenha sido discutida neste capítulo?
2. Qual é a diferença entre música em loop e música adaptativa em games? Discuta como dois games atuais usam essas formas de música. Por que a música adaptativa às vezes pode ser mais eficaz que a música em loop?
3. Quais são algumas ferramentas essenciais utilizadas por profissionais de áudio no setor de games? O que essas ferramentas ajudam os profissionais de áudio a realizar?
4. Como a voz, os efeitos sonoros e a música são usados eficazmente em um game? Como você integraria essas três formas de áudio ao seu game original? Em sua resposta, considere o gêner o tema, o estilo de jogo, a plataforma e a atmosfera.
5. Compor música para games e para filmes são duas atividades muito diferentes. Analise as diferenças entre esses processos e discuta as principais características que distinguem esses doi meios de comunicação. Associe essas diferenças ao que você aprendeu sobre modo de jogar, história e desenvolvimento do personagem.
6. Como a dublagem de games difere de outros meios de comunicação? Quais são as vantagens e desvantagens de trabalhar como dublador nesse meio? Se você estivesse produzindo uma sessão de diálogo para um game, como alteraria a forma como a sessão é estruturada para extrair melhor desempenho dos atores?
7. Quais são alguns dos problemas enfrentados atualmente pelos compositores para games? Se tivesse de contratar um compositor para escrever a música do seu game, o que faria para lidar com alguns desses problemas?
8. Se estivesse projetando os sons de um game, em quais circunstâncias você criaria seus próprios sons usando procedimentos de simulação (ou gravando sons no ambiente) e em quais usaria materiais preexistentes obtidos em uma biblioteca de sons? Da mesma forma, quando você cri aria (ou contrataria alguém para criar) uma trilha sonora original e quando licenciaria materi preexistentes junto a uma biblioteca ou gravadora?
9. Faça experiências com a simulação de sons e desenvolva novas maneiras de criar efeitos sonor que não foram relacionadas neste capítulo. Utilize um gravador para capturar suas criações. Leve o gravador para onde você for e grave sons únicos do ambiente. Catalogue suas gravações em uma planilha e considere em que tipos de sons de um game elas poderiam ser usadas. Aplique alguns dos sons que gravou ao seu próprio game original.
10. Neste capítulo, você conheceu um pouco da história do áudio para games. Em sua opinião, qu será a próxima etapa de desenvolvimento do áudio para games? Considere as ferramentas, a implementação e as aplicações em sua resposta.

Parte III: Equipe de Estratégia

processo e comunidade

CAPÍTULO 10

Funções e Responsabilidades:

desenvolvendo a equipe

Perguntas-chave do Capítulo

- Quais são as funções empresariais associadas aos estúdios de desenvolvimento de games, editoras, licenciadores e fabricantes?
- Quais são as funções e responsabilidades das equipes de produtores, ilustradores, designers, programadores, redatores, compositores, designers de som e testadores?
- Que técnicas e ferramentas específicas são utilizadas por diferentes membros da equipe durante o desenvolvimento de um game?

Na Parte II, você aprendeu a desenvolver conteúdos atraentes para games. Agora examinaremos o processo real de criação de um game, do começo ao fim. Este capítulo descreve as muitas funções e responsabilidades associadas ao processo de desenvolvimento de um game.

Se quiser ler mais sobre este assunto, consulte o livro *Game Project Management* (Hight/Novak), parte da série *Game Development Essentials*, publicada pela Cengage Learning.

Funções Empresariais

Há várias funções que podem ser desempenhadas por diferentes empresas no processo de desenvolvimento de um game. O *desenvolvedor* (ou *estúdio de desenvolvimento*) é a empresa que cria o game, elaborando o conceito, criando um protótipo e desenvolvendo o produto final.

Frequentemente, uma empresa separada — conhecida como *editora* — financia, divulga e distribui um título. Às vezes, a editora possui uma equipe de desenvolvimento *interna* que cria títulos de games. Activision, THQ e Atari são exemplos de editoras. A Electronic Arts desenvolve internamente os títulos que publica. A Bethesda Softworks desenvolveu e publicou a série *Elder Scrolls* — inclusive *Morrowind*, o popular terceiro capítulo — e também já publicou games desenvolvidos por outras empresas (como *Call of Cthulu*, desenvolvido pela Headfirst).

Criatividade Pura, Trabalho Braçal... e Mendicância

Acho que o aspecto mais desafiador do desenvolvimento de games é a criatividade pura necessária para dar vida aos personagens, ao mundo, às missões e aos eventos. Tendo feito isso, o resto é basicamente trabalho braçal de desenvolvimento. Ah, sim, também é necessário implorar por recursos. E vender a ideia para alguém. E depois pressioná-los. E depois implorar novamente.

— *Chris Avellone*
(Diretor de Criação e Designer Chefe da Obsidian Entertainment)

Quando uma editora financia ou contrata o desenvolvedor externo para criar um título, ele é conhecido como *desenvolvedor terceirizado*. Nesse caso, o desenvolvedor geralmente apresenta um protótipo do game à editora para aprovação antes de dar início ao processo de produção. Alguns exemplos de desenvolvedores terceirizados são Konami, Eidos, Infinity Ward, Secret Level, Liquid Entertainment, Stormfront Studios e Obsidian Entertainment

No Capítulo 3, você aprendeu como o desenvolvimento de games para console difere do desenvolvimento de games para computador, porque há um fabricante envolvido no processo. O fabricante desenvolve o hardware associado à plataforma de um game. Nos games desenvolvidos para uma marca específica de console, o fabricante do hardware (por exemplo, Sony, Microsoft, Nintendo) deve aprovar o protótipo antes que o título entre em produção. Os fabricantes também desenvolvem títulos por conta própria.

Louis Castle Fala Sobre a Administração de um Grande Estúdio de Desenvolvimento de Games:::::

Louis Castle (Cofundador da Westwood Studios; Vice-Presidente da Electronic Arts-Los Angeles)

Louis Castle é cofundador da Westwood Studios e um dos diretores de estúdio da Electronic Arts-Los Angeles (EALA). Como parte da equipe administrativa, Louis é responsável pelos departamentos de programação, arte, áudio e pesquisa e desenvolvimento da EALA, bem como por sua estratégia comercial. A EALA cria produtos para alguns dos segmentos mais bem-sucedidos e conhecidos da formidável carteira da Electronic Arts, inclusive os títulos originais *Medal of Honor* e *Command & Conquer* e os produtos licenciados *Lord of the Rings* e *James Bond*. Louis foi gerente geral da Westwood Studios de 2000 a 2003, ocupando posições nas áreas de criação, negócios e finanças e expandindo a Westwood de dois empregados em 1985 para mais de 250 em 2002 (incluindo a filial de Irvine). Na área de criação, Louis contribuiu para mais de cem games criados pela Westwood como produtor executivo, diretor de criação, diretor técnico, programador e ilustrador. No setor de negócios, foi diretor de operações e diretor financeiro da Westwood Studios de 1992 a 2000, período durante o qual a empresa negociou quatro aquisições multinacionais. Louis é apaixonado pelos produtos e pelas pessoas que os criam. Sua função como vice-presidente da EALA lhe permite utilizar sua considerável experiência em entretenimento interativo para agregar valor a todos os segmentos de criação e desenvolvimento comercial da empresa.

Dirigir um estúdio razoavelmente grande (com mais de 75 funcionários) o distancia da maioria das decisões criativas do dia a dia. Seu papel está mais relacionado à estratégia, ao timing e à escolha dos títulos que devem receber mais recursos e investimentos com base no progresso atual e no ambiente competitivo. Você lida com questões legais, problemas trabalhistas, comunicação com executivos ou investidores e muito raramente tem acesso aos detalhes das operações. Ao contrário do que geralmente se acredita, para alguém que está no topo da hierarquia, quanto maior é a empresa, menos controle você tem. Você é forçado a abrir mão de suas preferências para maximizar seus negócios. Embora tenha adorado dirigir a Westwood Studios no seu apogeu, com 250 funcionários, eu sentia falta do envolvimento nas atividades cotidianas e do foco que tinha quando trabalhava com uma equipe menor.

Um *licenciador* está envolvido quando o conteúdo de um game é adaptado de uma fonte original. As taxas de licenciamento são notoriamente caras, particularmente quando se trata de produtos bem conhecidos. Se você estiver pensando em criar um game baseado em um conceito já existente (e não em uma ideia original sua), não perca tempo com isso enquanto não tiver alguma influência no setor e recursos financeiros para fechar esse tipo de negócio. Mesmo que você tenha o dinheiro, o negócio não é garantido. Talvez algum concorrente já tenha adquirido os direitos, ou você não tenha a credibilidade necessária para convencer o

Ubisoft Entertainment

Foundation 9 Entertainment, Inc.

Tanto *Peter Jackson's King Kong* como *The Matrix: Path of Neo* são games adaptados de filmes.

detentor dos direitos autorais de que criará algo à altura do original, ou ele simplesmente não esteja interessado em vendê-los para ninguém. A New Line Cinema é um exemplo de licenciador, tendo cedido à Electronic Arts os direitos sobre o filme *O Senhor dos Anéis*.

Quando decide publicar seu próprio título para uma plataforma de computador não proprietária, o desenvolvedor não precisa estabelecer uma parceria ou obter a aprovação de outra empresa para iniciar o processo de produção. Esse tipo de desenvolvedor é conhecido como desenvolvedor independente (ou *indie*). As empresas 21-6 Productions (*Orbz* and *GravRally*), Three Rings Design (*Puzzle Pirates*) e eGenesis (*A Tale in the Desert*) são desenvolvedores de games independentes premiados.

Se estiver interessado em criar uma empresa de desenvolvimento de games para produzir seus próprios títulos, você terá de encontrar uma fonte de financiamento com capital suficiente para investir no game (a menos que você também seja independentemente rico!). Entretanto, para atrair o interesse de um possível financiador, você terá de lhe mostrar algo concreto. Caso decida seguir nessa direção, a internet pode ser utilizada como uma fonte de marketing barato e eficaz. (As estratégias de marketing serão discutidas mais detalhadamente no Capítulo 12.)

O mais provável é que você esteja interessado em fazer contato com uma editora, que pode ser ao mesmo tempo uma fonte de financiamento e de distribuição para seu título. As editoras geralmente não têm interesse em ler propostas não solicitadas. A menos que conheça alguém no setor que possa lhe conseguir uma reunião com um editor, você terá de investir seus esforços na conclusão de um protótipo do seu título para ter algo concreto para mostrar aos possíveis editores. Essas pessoas podem ser contatadas em conferências e organizações do setor, como a GDC (Conferência dos Desenvolvedores de Games), a E3 (Exposição de Entretenimento Eletrônico) e a IGDA (Associação Internacional dos Desenvolvedores de Games). (Uma lista de conferências e organizações é fornecida na seção Recursos, no final deste livro.) Mesmo desenvolvedores bem-sucedidos frequentemente precisam desenvolver protótipos para conseguirem um editor.

Christopher Bretz Fala Sobre Arte para Games com Direitos Licenciados:::::

Christopher Bretz é ilustrador nos setores de videogames e entretenimento desde 1994. Atualmente é diretor de arte da Secret Level, sediada em San Francisco, que desenvolve ferramentas, tecnologias e títulos para os mercados de games para console e computador. Chris já trabalhou em todos os aspectos da produção de elementos gráficos para o setor de games: do conceito ao design de interfaces, à modelagem 3D e à animação. Seu trabalho aparece em títulos de games publicados por Nintendo, THQ, LucasArts e Atari.

Christopher Bretz (Diretor de Arte da Secret Level)

Quando trabalha com licenças, você tem a oportunidade de transpor um mundo criativo já estabelecido, rico em detalhes e em história, para um novo meio. Sua tarefa é reimaginá-lo de uma maneira que permaneça fiel ao material original. Esse pode ser um desafio excitante para um ilustrador de games, particularmente quando você já é fã do material original. Entretanto, é inevitável fazer mudanças para acomodar as necessidades de um game interativo — e esse é o verdadeiro desafio. Os licenciadores esperam que aquela característica especial que tornou sua propriedade um sucesso no meio original (por exemplo, filme ou livro) simplesmente seja traduzida para o espaço do game com alterações mínimas. Para um personagem interativo, detalhes como escala e cor ganham uma importância que talvez não tivessem na versão em livro ou filme. Além disso, é necessário lidar com as ideias preconcebidas e as preferências dos criadores do material original que são extremamente zelosos com sua criação, mesmo que nunca a tenham imaginado como um videogame. Por outro lado, essas pessoas também são extremamente úteis, porque entendem o produto licenciado como ninguém e podem oferecer sugestões ou soluções para problemas a partir de uma perspectiva única. Todas as partes querem que a interpretação seja tão fiel quanto possível, porque esse é o mundo que nos interessa e que o público já está acompanhando. Sua responsabilidade, como ilustrador do game, é respeitar aquela estética especial existente no original e garantir que seja mantida na metamorfose para um game.

Independentes: o Advento de uma Nova Fase Áurea?

Os desenvolvedores independentes, adotando como público-alvo o gigantesco mercado de usuários casuais com computadores de baixo desempenho, estão desbravando novos caminhos para além dos inevitáveis clones de *Solitaire* e *Breakout*. Uma fase áurea em qualquer campo criativo em geral requer uma fonte compreensível, previsível e confiável de receita, embora modesta e estritamente limitada, além de alguns poucos visionários carismáticos liderando uma comunidade vigorosa que atribua alto valor à criatividade. Os designers de games independentes oferecidos em esquema de *shareware* ainda não garantiram a previsibilidade de suas modestas receitas, mas estão mais próximos desse objetivo que o setor tradicional de games. Os alicerces da fase áurea estão quase assentados. Os próximos 5 a 10 anos mostrarão o que podemos construir.

— Allen Varney (Designer de games e Escritor)

Grant Collier Fala Sobre a Administração de um Estúdio de Desenvolvimento Terceirizado:::::

Grant Collier (Presidente da Infinity Ward)

Grant Collier atua há uma década no setor de games. Depois de trabalhar um ano com marketing e publicidade, ele passou para o setor de produção, tendo trabalhado em várias editoras. Após vários anos e muitos títulos, migrou para a área de desenvolvimento do setor. Logo depois, Grant e alguns colegas criaram a Infinity Ward.

Minhas tarefas frequentemente envolvem o fornecimento de meios para que os membros da equipe possam trabalhar com eficiência — o que varia desde a compra de equipamentos e a contratação de pessoal até aspectos básicos de recursos humanos. Elimino obstáculos no desenvolvimento de projetos para criar um ambiente de trabalho positivo. Boa parte do meu tempo é gasta discutindo com meus sócios e com a editora a direção de nossos produtos... Atualmente, o planejamento inicial da abrangência de um game é uma tarefa bastante complexa — embora isso possa mudar de acordo com o estágio de desenvolvimento. Nossa equipe de design, nossa administração e nossa editora têm de ceder em diferentes pontos.

Justin Mette Fala Sobre Desenvolvimento Independente de Games:::::

Justin Mette (Presidente da 21-6 Productions)

Em mais de 18 anos de carreira profissional em engenharia, Justin já foi engenheiro sênior de software, arquiteto chefe e gerente de desenvolvimento. Seu histórico de jogador aficionado começou com o Atari 2600. Embora já tivesse usado outras plataformas de games anteriormente, foi o 2600 que realmente despertou nele o vício dos games. Encontrar uma profissão que combinasse suas paixões — o desenvolvimento de software e os games — foi o sonho de toda a vida de Justin, finalmente concretizado em seu cargo mais recente de Presidente da 21-6 Productions.

Acredito que o mercado de distribuição de games on-line é onde a maioria dos desenvolvedores independentes pode começar e obter uma boa renda. Quando você desenvolve um game em 4 a 6 meses, com uma pequena equipe remota, seus custos permanecem baixos e seu retorno sobre o investimento não precisa ser tão substancial quanto no setor de títulos comerciais para computadores ou consoles.

Além disso, você não precisa mais se limitar ao desenvolvimento de jogos de quebra-cabeça para obter sucesso na distribuição de games on-line. Muitas empresas já provaram que isso é verdade com games como *Orbz*, *Marble Blast* e *Tennis Critters* (todos produzidos pela GarageGames).

No ano passado, ocorreu um aumento substancial dos jogadores equipados com Macs no mercado on-line. As receitas de nosso jogo *Orbz* dividiram-se quase igualmente entre usuários do Windows e do Mac em 2003.

Este é um ótimo momento para ser um desenvolvedor independente. A internet permite encontrar pessoas incrivelmente talentosas e trabalhar com elas sem precisar manter um escritório; tecnologias como o Torque permitem o desenvolvimento de games por equipes pequenas e inexperientes; e o crescente mercado de distribuição de games on-line oferece a melhor oportunidade em anos para que os desenvolvedores de games transformem seus sonhos em realidade.

Jason Kay Fala Sobre Maximização de Receitas no Setor de Games::::

Jason Kay é um dos fundadores da Flektor, juntamente com Jason Rubin e Andy Gavin, criadores de *Crash Bandicoot* e *Jak & Daxter*. Anteriormente, trabalhou como consultor para a Home Box Office, Inc., o maior serviço de televisão paga do mundo, participando de vários projetos de games e novas mídias. Antes de trabalhar na HBO, esteve envolvido na venda do serviço de marketing direto Columbia House, Inc., que atualmente pertence à BMG Direct, Inc. Jason começou a carreira no setor de entretenimento como produtor e executivo de desenvolvimento de negócios da Activision. É doutor em Direito pelo Southern California Law Center e bacharel *Magna Cum Laude* em inglês pela Tulane University.

Jason Kay (Cofundador e Diretor de Operações da Flektor, Inc.)

As pessoas costumam dizer que o setor de games está ficando cada vez mais parecido com a indústria cinematográfica. Embora isso seja verdade até certo ponto — os sucessos são mais estrondosos que nunca e os fracassos muito mais catastróficos —, a analogia é imperfeita. O cinema (e, em menor escala, a televisão) obtém suas receitas por meio de uma estratégia de "janelas de oportunidade" que é cuidadosamente elaborada e mantida. Os filmes são lançados primeiro para as salas de cinema nos mercados estrangeiro e doméstico, depois para vídeo caseiro, seguido de *pay-per-view* e, finalmente, para TV a cabo e pública. Essa estratégia maximiza as receitas em uma ampla variedade de mercados e em diferentes níveis de preço. Não há nada parecido no setor de games. Os títulos são vendidos no varejo pelo preço integral e depois com desconto, até serem transferidos para as prateleiras de liquidação e/ou removidos da distribuição. Enquanto a Disney pode relançar desenhos animados "clássicos" para uma nova geração de espectadores em intervalos de alguns poucos anos, em diferentes plataformas de vídeo doméstico (inclusive VHS e DVD) e com preços relativamente baixos, a única maneira de explorar a rentabilidade de games mais antigos é produzir continuações ou refazê-los com custos cada vez maiores. O desafio é encontrar maneiras de explorar melhor as receitas dos títulos de games nos mercados de distribuição de varejo e on-line.

Funções Coletivas

Em tese, um game pode ser criado apenas por um ilustrador e um programador, mas é preciso muito mais que talento artístico e de programação para criar um protótipo funcional que forme a base de um game bem-sucedido. Examinaremos agora as várias funções e responsabilidades associadas às equipes que trabalham juntas no desenvolvimento de um game. Lembre-se de que nem sempre todas essas funções são ocupadas por pessoas diferentes!

Produção

Um *produtor* é alguém que faz as coisas acontecerem. Cabe aos produtores garantir que um game seja lançado dentro do prazo e do orçamento e que todos os envolvidos façam aquilo que devem fazer. Uma das responsabilidades mais importantes do produtor, frequentemente ignorada, é a capacidade de gerenciar pessoas, solucionar conflitos, comunicar-se com clareza e ensinar métodos de construção de consenso. A falta dessas habilidades pode ser problemática para um projeto, resultando em queda do moral da equipe e aumento dos atritos entre os funcionários. O produtor é responsável pelo equilíbrio entre tempo, dinheiro e qualidade em um projeto. O produtor *externo* faz a ligação entre a equipe de desenvolvimento de um game e a editora, enquanto o produtor *interno* trabalha para o desenvolvedor e lidera internamente toda a equipe de desenvolvimento.

John Hight Fala Sobre a Função do Produtor Executivo:::::

John Hight (Diretor de Produção Externa da Sony Computer Entertainment America)

Em 1991, John Hight criou seu primeiro game, *Battleship*, para o aparelho CDi da Philips. Desde então, já trabalhou em mais de 25 games e 9 produtos de entretenimento educativo para diferentes consoles e para PCs. Ele teve a sorte de experimentar o desenvolvimento de games em várias funções diferentes: programador, ilustrador, redator, designer e produtor. Antes de juntar-se à Sony, John ocupou cargos administrativos e de criação na Atari, Electronic Arts, Westwood Studios e 3DO. Como produtor executivo e diretor de design da Electronic Arts, contribuiu para o design e a produção de *Nox*, *Command & Conquer: Red Alert 2* e *Yuri's Revenge*. Atualmente, trabalha em games para o PlayStation 3 para venda no varejo e distribuição digital direta ao consumidor. John formou-se em Ciência da Computação pela Universidade do Novo México e obteve seu mestrado em Administração de Empresas pela Marshall School of Business da Universidade da Califórnia do Sul.

Um produtor executivo decide quais games serão produzidos, quais desenvolvedores trabalharão nele e quanto dinheiro será investido em um determinado projeto. Essa tarefa envolve buscar novos talentos, negociar acordos, solucionar problemas criativamente, montar equipes e, sim, jogar games. Tenho uma equipe de produtores de primeira; cada um gerencia um único game, como se fosse sua própria firma. Cada game começa com uma ideia, que pode ser minha, de um de meus produtores ou sugerida por um desenvolvedor. Trabalhando com meus produtores e seus desenvolvedores, esboço um *conceito geral*. Do conceito, partimos para a *pré-produção* e para a montagem de um *protótipo* funcional. Nossa meta, no final da fase de pré-produção, é ter uma sólida noção do design e da aparência geral do game. Nesse ponto, se o game tem potencial de sucesso, nós autorizamos sua produção. Acompanho cada game até o lançamento, quando recomeça o processo de busca pelo próximo sucesso. (...)

Já trabalhei em produção tanto interna como externa e gosto de passar de uma para a outra. Na produção interna, você realmente se envolve com os detalhes do game. Você estabelece um relacionamento pessoal com todos os membros da equipe de desenvolvimento. Você se envolve no processo diário de tomada de decisões e tem uma sólida percepção da tecnologia e do talento investidos no game. Na produção externa, você tem uma visão mais abrangente e é mais fácil manter a objetividade. Você conhece os produtos de muitos estúdios e vê mais o lado comercial. A produção externa lhe proporciona um conhecimento muito mais preciso das tendências do setor e das preferências dos consumidores.

Produtor Executivo

O *produtor executivo* geralmente é o produtor de nível mais alto em um projeto. Suas responsabilidades incluem o gerenciamento da produção, da proposta e do protótipo e o apoio ao projeto. É comum que um produtor executivo supervisione vários projetos. Em algumas empresas, o produtor executivo também pode ser o diretor do estúdio.

Produtor

O *produtor* é responsável pelo cumprimento das metas do projeto e pelo estabelecimento de políticas. Esse cargo concentra-se em prioridades, prazos, exigências contratuais, pagamentos, elaboração de orçamentos, agendamento, apoio ao pessoal e produção de relatórios para seu superior hierárquico (geralmente um produtor executivo). O produtor ocasionalmente interage com a imprensa e resolve problemas de comunicação com os parceiros (por exemplo, editores, desenvolvedores, fabricantes de hardware, proprietários dos direitos autorais).

Frank Gilson Fala Sobre o Papel do Produtor:::::

Frank T. Gilson (Produtor Sênior da Wizards of the Coast)

Na Wizards of the Coast, Frank Gilson gerencia o desenvolvimento de projetos no departamento de jogos digitais. Antes da Wizards of the Coast, Frank foi produtor na filial da Atari em Santa Monica, Califórnia, gerenciando certos aspectos do desenvolvimento terceirizado, contratando profissionais (como compositores e redatores) e supervisionando o desenvolvimento externo. Foi também produtor adjunto na Blizzard durante o desenvolvimento de *Warcraft III: Reign of Chaos* e da expansão *Frozen Throne*. Trabalhou em garantia de qualidade como engenheiro técnico de GQ (*Diablo 2*), analista chefe de GQ (*StarCraft: Brood War*) e analista de CQ (*StarCraft* e *Mac Diablo*). Antes de ingressar no setor de games, Frank graduou-se em Ciências Comportamentais Matemáticas na Universidade da Califórnia em Irvine, onde estudou modelos econômicos formais, escolhas de eleitores e psicologia.

Parte do meu trabalho como produtor envolve o desenvolvimento de negócios. Temos de olhar para o futuro para determinar quais projetos a empresa deve financiar e quem deve desenvolvê-los. Para isso é necessário examinar as licenças existentes, possíveis novas licenças (por exemplo, da TV, do cinema ou da literatura) e as propriedades intelectuais originais desenvolvidas internamente. Quando um projeto passa a existir, gerencio o relacionamento entre a minha empresa, a editora e o desenvolvedor do game. Contrato a composição e a execução da música, o trabalho de dublagem, a engenharia de áudio e a redação junto a diferentes grupos e indivíduos. Verifico se o projeto tem uma agenda de desenvolvimento consistente para todas as partes e corrijo os problemas que surjam. Também trabalho na promoção interna do projeto, fornecendo informações adequadas ao pessoal de relações públicas e marketing em todo o mundo.

Produtor Adjunto

O *produtor adjunto* ajuda um produtor em um projeto específico, realizando pesquisas, fazendo os contatos com a equipe de desenvolvimento e garantindo o funcionamento impecável de todas as áreas do projeto. Algumas tarefas específicas podem incluir o gerenciamento de recursos, a geração de reproduções da tela[1] para a equipe de relações públicas e a revisão dos marcos fundamentais do projeto. O produtor adjunto também trabalha com produtores terceirizados para a captura de movimentos ou a produção de vídeo cinemático.

Produtor Assistente

O *produtor assistente* geralmente é subordinado ao produtor adjunto e cuida da documentação ou de outros requisitos administrativos relacionados ao orçamento e agendamento de um

[1] São imagens do jogo em desenvolvimento utilizadas para indicar para a imprensa especializada o andamento do jogo e suas qualidades artísticas (N.R.T.).

projeto. Dependendo da empresa, as funções do produtor assistente e do produtor adjunto podem ser intercambiáveis.

"Uma Mente Coletiva!"

O maior desafio provavelmente é manter uma visão coerente. Para que um game funcione, ele deve dar a impressão de ter sido criado por uma única mente (ou pelo menos por uma mente coletiva!). Entretanto, na prática, os games (frequentemente) são criados por 30, 40, 100 ou mais pessoas. A comunicação é crucial e, como em qualquer empreendimento humano, comunicar-se é extremamente difícil.

— *Warren Spector*
(Presidente e Diretor de Criação da Junction Point Studios)

Design

O *design* de games frequentemente é confundido com a *arte* para games. As equipes de design e de arte frequentemente são separadas e alguns designers não têm sequer alguma experiência com arte. Os designers de games assemelham-se mais a engenheiros — adotando uma abordagem de solução de problemas para projetar sistemas funcionais (mundos e interfaces). Alguns designers também têm experiência em criação de scripts ou até em programação, o que os ajuda a transformar em realidade os eventos que projetam para o game. Os *designers de games* concentram-se no modo de jogar, nos níveis e nas interfaces (como verificamos nos Capítulos 6 a 8). Alguns designers de games são visionários que geraram games extremamente bem-sucedidos. Sid Meier (*Civilization*), Will Wright (*The Sims*), Warren Spector (*Deus Ex*), Richard Garriott (*Ultima*) e Peter Molyneux (*Black & White*) formularam novos conceitos de games, criaram narrativas convincentes e incorporaram a mecânica do modo de jogar a mundos virtuais eficazes.

Onde Está o Redator?

Às vezes, um redator é contratado externamente para ajudar a desenvolver a história e os personagens de um projeto específico. Em razão da predominância do modo de jogar sobre a narrativa no desenvolvimento de um game, redatores tradicionais nem sempre são a melhor escolha. Isso tende a mudar à medida que mais desenvolvedores de games tentam melhorar a integração da narrativa ao modo de jogar, enquanto roteiristas de Hollywood e outros redatores profissionais começam a aprender como aplicar suas habilidades a esse meio extremamente diferente. É comum que os próprios membros da equipe de design de um game escrevam a história e os diálogos para suas respectivas missões.

Diretor de Criação

O *diretor de criação* garante a consistência do estilo geral e do conteúdo do game com a visão original do projeto. Pode também ajudar a manter o estilo artístico do game, trabalhando em estreita cooperação com o diretor de arte (discutido mais adiante neste capítulo).

Diretor de Design

O *diretor de design* de um game é outro profissional administrativo que se concentra menos nas tarefas concretas de design e mais no apoio à equipe, documentação e orientação da equipe de design durante a criação de um protótipo do game. Dependendo da empresa e do projeto, essa função pode ser ocupada pelo designer chefe, pelo diretor de criação ou por um produtor.

Designer Chefe

Um *designer chefe* geralmente supervisiona a equipe de design do game e também costuma se envolver diretamente no processo cotidiano de design. As atribuições do designer chefe incluem o desenvolvimento do modo de jogar, a preparação da documentação e o design de níveis.

Chris Avellone Fala Sobre a Função de Designer Chefe::::

Chris Avellone (Diretor de Criação e Designer Chefe da Obsidian Entertainment)

Chris Avellone queria desenvolver RPGs para computador desde que viu um de seus amigos jogando *Bard's Tale 2* em um Commodore 64. Depois de graduar-se em Inglês no College of William and Mary, Chris começou a escrever contos e roteiros para RPG — alguns dos quais foram publicados. Seus textos atraíram a atenção da Interplay, onde trabalhou por quase oito anos antes de fundar a Obsidian Entertainment, Inc., juntamente com outros ex-funcionários da Interplay. Chris trabalhou no desenvolvimento de *Starfleet Academy, Die by the Sword, Conquest of the New World, Red Asphalt, Planescape: Torment, Fallout 2, Icewind Dale 1, Icewind Dale: Heart of Winter, Icewind Dale: Trials of the Luremaster, Icewind Dale 2, Baldur's Gate: Dark Alliance, Lionheart, Champions of Norrath, Knights of the Old Republic II: The Sith Lords* e *Neverwinter Nights 2*. Ele afirma que sua mãe ainda não sabe o que exatamente ele faz em seu dia a dia — e ele também não.

As tarefas de um designer chefe variam diariamente. Em termos gerais, sou responsável pela manutenção da visão do game, da sua mecânica e do seu "nível de diversão"; pela história como um todo (e por elementos específicos do game projetados para levar a história adiante, como parceiros, locais especiais etc.); e pela divisão dos elementos restantes em tarefas assimiláveis pelos outros designers em termos de resumos e visões gerais da área ("O planeta é X, os seguintes eventos devem acontecer nele" etc.), pelo detalhamento da mecânica e do equilíbrio do jogo ("Quero que você supervisione os sistemas de aumento da destreza e da categoria quando o jogador atingir os seguintes objetivos" etc.) e, finalmente, pela coordenação de todas as partes de modo que os programadores, os ilustradores e o produtor recebam tudo o que precisam para continuar trabalhando.

Designer de Interface

O *designer de interface* determina o layout, o conteúdo e as características de navegação e usabilidade da interface do game (ver o Capítulo 8). A equipe de arte pode estar envolvida na criação do estilo da interface, mas isso ocorre após o estágio de design.

Interface de usuário para gerenciamento do inventário em *Diablo II*.

Designer de Níveis

O *designer de níveis* concentra-se na construção do ambiente ou mundo do game (ver o Capítulo 7). Alguns designers de níveis constroem apenas o ambiente físico; outros incorporam o modo de jogar ao mundo do game (ver o Capítulo 6). Os designers de níveis também podem participar da redação das histórias (e até dos diálogos) associadas às missões ou campanhas que projetam.

Nível de *Neverwinter Nights*.

Patricia Pizer Fala Sobre o Maior Desafio de Design:::::

Patricia Pizer debutou no setor de games em 1988, na Infocom, criando games quando eles sequer tinham elementos gráficos. Na década seguinte, trabalhou na Boffo Games, THQ/GameFX, CogniToy e Harmonix Music. Patricia migrou para os games on-line multijogador massivos como diretora de criação da Turbine Entertainment, antes de trabalhar em MMOGs na Ubisoft e no VR Studio da Disney (onde foi criado o *Toontown Online*). Atualmente, Patricia está empregando suas habilidades de design na criação de games de realidade alternativa para a 4orty 2wo Entertainment. Em geral, porém, o que gosta de fazer é jogar games.

Patricia A. Pizer (Designer-Chefe da 4orty 2wo Entertainment)

O aspecto mais desafiador do design de games é não abrir mão de uma ótima ideia porque é tecnicamente inviável, ou mesmo testar uma ideia de game que simplesmente não funciona e ter de recomeçar do zero. Não, talvez a maior dificuldade seja o tempo consumido. Normalmente, um game só começa a ser comercializado pelo menos dois anos (às vezes, até mais) após o início do desenvolvimento. O processo tem um período de gestação extremamente longo. Por outro lado, ver tudo isso ganhar vida é muito gratificante.

Arte

A *arte* de um game envolve a criação da arte conceitual ou dos elementos que serão utilizados. Há quatro tarefas artísticas básicas que diferenciam os artistas de games: desenho (analógico ou digital), modelagem, texturização e animação. Cada artista também se concentra em diferentes aplicações — o que inclui personagens, objetos de cena, veículos, interiores, exteriores, ambiente, efeitos, vídeos introdutórios e interface. As funções dos artistas geralmente são diferenciadas com base na tarefa e no foco da aplicação. Um *artista 2D* cria e refina os elementos artísticos bidimensionais utilizados no próprio game, inclusive texturas dos personagens, ambientes, objetos, interfaces e a embalagem do game (juntamente com o departamento de marketing). Um *artista 3D* cria e refina os elementos artísticos tridimensionais, o que inclui modelagem, mapeamento de texturas e iluminação.

Diretor de Arte

O *diretor de arte* geralmente supervisiona o departamento de arte, controlando os prazos, o desenvolvimento, o orçamento e as contratações. As responsabilidades do diretor de arte incluem a determinação do estilo da arte do game, além de sua atmosfera e aparência geral. O diretor de arte aprimora o processo, a qualidade e a produtividade da criação de arte em toda a empresa.

Marc Taro Holmes Fala Sobre o Papel do Diretor de Arte::::

Laurel Holmes

Marc Taro Holmes (Diretor de Arte da Ensemble Studios)

Antes de se tornar diretor de arte da Ensemble Studios, Marc Taro Holmes foi ilustrador chefe na Obsidian Entertainment e diretor de arte/designer de produção na Turbine Entertainment Software e na Bioware Corp, participando do desenvolvimento de vários RPGs, inclusive *Neverwinter Nights* e *Neverwinter Nights 2*. Depois de se formar em design gráfico pelo Alberta College of Art and Design, trabalhou como ilustrador, diagramou relatórios anuais de empresas e produziu uma grande quantidade de ilustrações com temas de fantasia. Seus hobbies, hoje negligenciados, incluem viajar e preencher cadernos de rascunho.

A função do diretor de arte, na forma como a tenho experimentado, é altamente bipolar. Os diretores de arte devem ser interessados no aspecto criativo do design de produção e no planejamento e monitoramento dos prazos de produção. Na prática, passo boa parte do meu tempo desenhando. Isso geralmente é feito no Photoshop (para economizar tempo com testes de cores e revisões), mas ocasionalmente tiro a poeira dos pincéis e pinto alguns esboços em forma livre. (Isso só ocorre nos estágios iniciais do processo de criação.) Seja qual for o método, meu objetivo é criar um exemplo concreto para orientar o trabalho da equipe — um conjunto de imagens que defina uma linguagem visual. O processo consiste em definir limites e parâmetros por meio de exemplos reais: *esta será a aparência das árvores nesse mundo. Estes são os materiais usados nas vestimentas. Estas pessoas imaginárias terão estes tipos de corpos.* Questões desse tipo devem ser respondidas bem no começo para que, mais adiante, a equipe esteja apta para tomar suas próprias decisões no dia a dia.

Os membros da equipe deverão ser capazes de responder por conta própria: *isto combina com o mundo que estamos construindo? Este personagem tem o estilo correto?* Sei que não posso desenhar pessoalmente todos os objetos de um game (mesmo que eu quisesse, o projeto não pode ter um ciclo de produção de dois anos só para satisfazer meus caprichos). Deve ser um esforço colaborativo, não uma ditadura — e, em última análise, isso é positivo.

Ao mesmo tempo, no outro lado do cérebro, ocupo-me intensamente com o agendamento do projeto: planilhas de Excel, reuniões, e-mails, documentos do projeto, todos esses aspectos administrativos tão divertidos que ocorrem nos bastidores. Um dos problemas de um empreendimento criativo como esse é que o tempo consumido para gerar um trabalho de qualidade é arbitrário. Não é possível dizer a um artista: "Produza algo criativo até sexta-feira, senão..." Nesse tipo de negócio, nossos projetos são definidos pelos recursos que oferecem. Este game tem um ótimo recurso de franco-atirador, aquele game oferece recursos melhores de infiltração silenciosa... Sempre estamos tentando encontrar algo que nos diferencie da multidão. Some-se a isso o fato de que estamos testando novas tecnologias em nossos projetos e o resultado é uma situação realmente volátil na frente de planejamento. Na prática, isso significa que preciso consultar diariamente uma planilha Excel para verificar se estamos dentro do prazo, o que precisará de mais tempo, o que poderá ser cortado para permitir isso e que item está, inacreditavelmente, adiantado com relação ao cronograma. Já ouvi dizer que "nenhum plano sobrevive ao primeiro contato com o inimigo". Em minha experiência, essa é uma verdade inquestionável...

Se você tiver sorte, há um orçamento para permitir que o trabalho seja realizado; contudo, em minha experiência, o game real consome tanto tempo e energia que é preciso varar noites e fins de semana trabalhando para concluí-lo. Parece haver uma regra não escrita segundo a qual um artista que queira criar imagens bonitas tem de sofrer por esse privilégio!

Ilustrador-Chefe

O *ilustrador-chefe* geralmente supervisiona a equipe de arte e também participa diretamente do processo diário de produção da arte do game. Em sua maioria, os cargos ocupados por ilustradores chefes são baseados em sua especialização — por exemplo, Ilustrador Principal de Conceito (ou Roteiro), Modelador-Chefe, Texturizador-Chefe e Animador-Chefe.

Artista Conceitual

O *artista conceitual* geralmente cria desenhos e esboços do ambiente, dos objetos e dos personagens do game. Roteiros ilustrados (*storyboards*) são usados durante o processo de desenvolvimento do conceito e normalmente são incluídos na documentação do conceito. (Consulte a seção sobre Documentação no Capítulo 11, para obter mais detalhes.) O artista conceitual pode ser crucial para obter um acordo de publicação ao fornecer uma maneira barata de visualizar o game antes que seja desenvolvido.

NCsoft Corporation

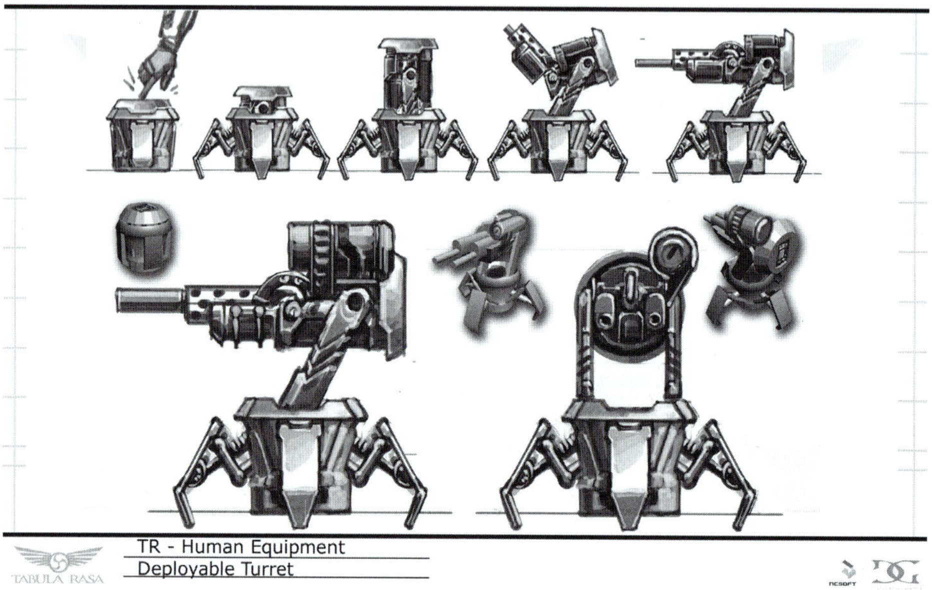

Tudo começa com a arte conceitual — como neste exemplo (uma torre de tiro) de *Tabula Rasa*.

Ilustrador Técnico

Alguns artistas preenchem a lacuna entre arte e programação. Eles compreendem os requisitos técnicos da produção de objetos tridimensionais e o mecanismo do game. Ajudam a definir padrões de uso das ferramentas, trabalham na "linha de produção" da arte e verificam se os elementos gráficos foram criados e armazenados nos formatos apropriados. Geralmente são especialistas em programas gráficos específicos e na criação de scripts.

Modelador

A *modelagem* envolve a criação de elementos tridimensionais a partir de desenhos bidimensionais, usualmente personagens, objetos, ambientes e estruturas do game. Os modeladores criam todos os elementos gráficos finais do game, a menos que ele esteja sendo criado em um sistema bidimensional (ou baseado em *sprites*). São eles que criam estruturas poligonais tridimensionais a partir da arte conceitual e aplicam texturas a essas estruturas, em um processo conhecido como *skinning* (aplicação de texturas ou texturização).

Às vezes, os modelos são criados a partir do zero em um programa específico, ou então gerados com base em imagens digitalizadas de modelos tridimensionais reais, esculpidas em argila, que são importadas para programas como o 3D Studio ou o Maya. Os modeladores ambientais (ou de cenários) criam os espaços e mundos tridimensionais habitados pelos personagens, começando com formas geométricas que são combinadas e reformuladas até produzir o ambiente do game. Depois de concluir a estrutura 3D do game, o modelador incorpora os efeitos de sombreamento, texturização e iluminação. Os tipos de modeladores baseados na finalidade artística para o game incluem Modelador de Personagens, Modelador Ambiental e Modelador de Estruturas.

Wizards of the Coast, Inc./Hasbro, Inc.

Wizards of the Coast, Inc./Hasbro, Inc.

Malha de fios (*wireframe*) e modelo usados para criar Mishra em *Magic: The Gathering — Battlegrounds*.

Texturizador

Texturização é a criação de imagens bidimensionais que são mapeadas, ou aplicadas, a modelos tridimensionais. Esses mapas de textura incluem as superfícies dos personagens (pele, roupas), das estruturas (interiores/exteriores de edifícios) e objetos (veículos, objetos de cena). Às vezes, os texturizadores fotografam uma superfície existente, que é digitalizada e importada para um programa gráfico como o Photoshop para ser retocada. Outro método de texturização é a criação da textura a partir do zero, camada por camada, utilizando um programa gráfico.

Meta Motion

Animador

Animação é a aplicação de movimentos aos objetos e personagens do mundo do game. Além dos movimentos e efeitos que ocorrem dentro do game, alguns animadores também se envolvem na criação das animações introdutórias *(cinematics)*. No Capítulo 5, você aprendeu que os movimentos de um personagem podem revelar sua personalidade. Os animadores devem compreender o desenvolvimento dos personagens. As técnicas empregadas na animação incluem o método de *quadros-chave* ou *keyframing* (em que o animador cria cada pose de um movimento e gera quadros-chave sequenciais para gerar os arquivos de animação) e a *captura do movimento* (em que o animador captura os movimentos de uma pessoa real, colocando marcadores nas articulações dessa pessoa para acompanhar seu movimento e gerar dados sobre ele). Os tipos de animadores baseados em diferentes aplicações são Animador de Personagens, Artista de Animações Introdutórias e Artista de Efeitos.

Uma alternativa à animação baseada em quadros-chave (*keyframing*) são os dispositivos de captura do movimento ("mocap"), como o Gipsy 3W da Meta Motion, que permitem aos animadores capturar os movimentos e gestos reais de atores.

Programação

A *programação* de um game pode envolver uma infinidade de atividades, desde a criação do *motor (engine) do game* (seu código principal) até o desenvolvimento interno de bancos de dados e *ferramentas* gráficas, de áudio e de construção de mundos virtuais usadas pelos outros membros da equipe durante o processo de produção para gerenciar os itens existentes e criar imagens, sons e mundos de games.

Diretor Técnico

O *diretor técnico* cria o desenho técnico do projeto, supervisiona sua implementação em todas as fases da produção e seleciona as ferramentas, o hardware e os padrões de programação.

Programador Chefe

O *programador chefe* (normalmente subordinado ao diretor técnico) geralmente supervisiona a equipe de programação e também pode participar diretamente do processo diário de programação.

Programador do Motor

O *programador do motor* cria o mecanismo básico do game, que normalmente processa a renderização gráfica e a detecção de colisões entre os objetos do game. A detecção de colisões envolve a verificação das interseções entre os objetos do game e o cálculo da trajetória, do momento do impacto e do ponto de impacto. O termo "motor do game" (em inglês, *game engine*) surgiu em meados da década de 1990 quando a id Software começou a licenciar o software básico utilizado nos games *Doom* e *Quake*, o que gerou um fluxo adicional de receita para a empresa. Isso permitiu que outros desenvolvedores projetassem seus próprios conteúdos e elementos gráficos utilizando o motor do game da id Software em vez de começar de zero.

KyungMin Bang Fala Sobre a Função de Programador-Chefe::::

Depois de se formar em Engenharia Elétrica e Ciência da Computação, com ênfase em redes e gráficos, pela Universidade Nacional de Seul, KyungMin Bang começou a trabalhar como programador de games na Nexon em 2000. KyungMin também chefia o *Projeto NG* (um novo game 3D de golfe on-line) na Nexon.

KyungMin Bang (Diretor de Projeto e Programador Principal da Nexon)

Como programador-chefe, meu foco principal está no projeto de sistemas e gerenciamento de prazos. Há muitas maneiras técnicas de implementar um determinado recurso em um game. Minha responsabilidade é projetar todo o sistema de implementação desse recurso e liderar o processo de programação. Minha equipe tem quatro programadores, para quem preciso criar uma agenda de trabalho e uma lista de tarefas extremamente detalhada. Por exemplo, para implementar uma tarefa (recebida da equipe de design) como "dois personagens jogam golfe no ambiente on-line", as etapas do processo incluiriam:

- Criar um plug-in para o 3D Studio Max para exportar o modelos de personagens.
- Aprimorar o mecanismo de renderização.
- Criação da linguagem script do jogo.
- Projetar a sincronização em rede.
- Projetar o protocolo de rede.

Eu teria de separar essas tarefas, atribuí-las aos programadores e verificar diariamente a proporção de cada tarefa que foi concluída.

Programador de Ferramentas

O *programador de ferramentas* projeta as ferramentas que ajudam os membros das equipes de arte e de design a transformar seu trabalho em código de programação para inclusão no game. Esse programador pode, por exemplo, criar editores de níveis para ajudar os designers na criação de mundos ou programar plug-ins para programas gráficos como 3D Studio Max e Maya, com o objetivo de facilitar a criação de elementos do game pelos artistas. Ele também projeta ferramentas de monitoramento do desempenho, bem como mecanismos de scripts.

John Ahlquist e Denis Papp Falam Sobre a Programação de Motores e Ferramentas para Games::::

John Ahlquist
(Fundador da Ahlquist Software)

John Ahlquist desenvolveu as ferramentas e o motor dos games *Command & Conquer: Generals — Zero Hour* e *The Lord of the Rings: Battle for Middle-Earth* da Electronic Arts. Atualmente, dirige a Ahlquist Software, que desenvolve software de games para diversos clientes. Anteriormente, trabalhou para a Altsys/Macromedia no desenvolvimento do Aldus FreeHand e foi um dos criadores do Macromedia Fireworks. Antes da Macromedia, John trabalhou por vários anos na Texas Instruments, programando ferramentas de CAD para circuitos integrados no Departamento de Automação de Design. É faixa preta de segundo nível em tae-kwon-do e joga videogames desde o advento de *Pong*.

Minha primeira responsabilidade é analisar o que os designers e artistas querem que o mecanismo e as ferramentas do game façam e, com base nessas informações, projetar e implementar soluções eficientes. A *eficiência* depende de dois fatores. O primeiro é o desenvolvimento rápido do código, já que sempre temos recursos demais para tempo de menos. O segundo é o desempenho real do motor durante a execução. As ferramentas são menos cruciais, mas o desempenho do motor é extremamente importante. Minhas tarefas incluem praticamente qualquer coisa, desde o projeto e a implementação de uma ferramenta de layout de mapas (chamamos a nossa de Worldbuilder) até a criação de uma transição com efeito de embaçamento a partir do clipe de um *trailer* de filme. Na fase final de desenvolvimento do game, minhas principais responsabilidades passam a ser a depuração e a otimização do código.

Denis Papp (Diretor de Tecnologia da TimeGate Studios)

Denis Papp trabalha na TimeGate Studios desde 1999, tendo nesse período conquistado prêmios de Melhor RTS do Ano, Melhor Game de Estratégia do Ano e Melhor Expansão do Ano. Ele iniciou sua carreira profissional no setor de games na BioWare em 1996, como programador chefe do título *Shattered Steel*. Em seguida, desenvolveu uma das primeiras inteligências artificiais eficientes para o jogo de pôquer, *Loki*, para sua tese de mestrado junto ao Grupo de Pesquisa de Games da Universidade de Alberta. Seus interesses no campo da programação de games incluem arquitetura de motor, inteligência artificial, linhas de produção de última geração e qualquer coisa relacionada a programação. Seu game favorito é *NetHack*. Aqui estão suas dicas de gerenciamento de projetos de games usando motores e ferramentas:

Com o motor:

- Projete uma estrutura que minimize a probabilidade de erros de programação onerosos e maximize a probabilidade de que sejam localizados quando ocorrerem.

- Com C++, concentre-se na memória e nos erros de apontadores.
- Design orientado a objetos (OOD) eficiente: código contendo dependências que abranjam múltiplos módulos é frágil e de difícil compreensão.

Com ferramentas:

- Mantenha as coisas intuitivas.
- Automatize tudo o que puder: não espere que os usuários memorizem procedimentos.
- Compreenda a distinção entre erros de dados do usuário e erros de lógica de programação.
- Incorpore procedimentos de verificação de erros de dados e forneça mensagens descritivas.
- Torne os avisos visíveis e tente implementar uma política de zero avisos.

Motores de Game para Desenvolvimento Independente

Com os horários de trabalho incertos dos desenvolvedores independentes (geralmente à noite após um emprego diurno ou nos fins de semana), simplesmente não há tempo para desenvolver um motor de game próprio e, mesmo assim, ganhar dinheiro com seu negócio. Em vez disso, gaste o tempo projetando e desenvolvendo um game divertido. Mesmo com um motor de game sofisticado como o Torque (da GarageGames), a versão 1.0 do nosso primeiro game 3D, *Orbz*, levou 3 meses para ser desenvolvida, e outros 3 meses foram gastos por uma equipe de cinco pessoas para desenvolver a versão 2.0. Nosso título mais recente, *GravRally*, que também usa o Torque, conta com uma equipe de oito pessoas e está em desenvolvimento há 9 meses, faltando ainda alguns meses para que esteja concluído. Como você pode ver, mesmo com alguma experiência e usando um excelente motor de game, projetar e desenvolver games divertidos consome muito tempo. A outra razão para usar um motor de game existente é a fase de testes. O desenvolvimento de games para computador impõe uma pesada carga de testes com muitas combinações de hardware diferentes (por exemplo, CPU, memória, sistema operacional, placa de vídeo, placa de som). O uso de um motor de game comprovado reduz significativamente a necessidade de testes e viabiliza o desenvolvimento independente de games para computador.

— Justin Mette (Presidente da 21-6 Productions)

Programador Gráfico

O *programador gráfico* (uma mescla de programador e ilustrador), também conhecido como programador 3D, é responsável pelas soluções de programação para problemas gráficos específicos do game. Esse programador deve conhecer a programação de animação e efeitos usando APIs (interfaces de programação de aplicativo) gráficas como DirectX e OpenGL.

Programador de Rede

O *programador de rede* ocupa-se especificamente dos componentes multijogador de games on-line e deve conhecer gerenciamento de banco de dados, arquitetura cliente/servidor, segurança e programação usando protocolos de rede como TCP/IP, Winsock e UDP. DirectPlay (a interface de rede do DirectX) é uma ferramenta popular de programação para rede. Ocasionalmente, o programador de rede também precisará ter conhecimentos sobre protocolos sem fio (Bluetooth, infravermelho).

Programador de Inteligência Artificial

O *programador de inteligência artificial* (IA) dedica-se à criação de comportamentos que dão a impressão de comportamento inteligente. Essa "inteligência" geralmente é exibida pelos personagens não jogadores (NPCs) do game e pelos "jogadores virtuais" (aqueles que não são percebidos pelos jogadores, como um enxadrista adversário em um game de xadrez tradicional). A IA de um game envolve respostas a estímulos, localização de caminhos, planejamento estratégico e até mesmo diálogos. Certos elementos de design relacionados ao modo de jogar, como o equilíbrio e o fluxo do game, também são incorporados pelo programador de IA para que o game seja desafiador e divertido de jogar.

Se quiser ler mais sobre o assunto, consulte o livro *Game Artificial Intelligence* (Ahlquist/Novak), parte da série *Game Development Essentials*, publicada pela Cengage Learning.

Programador de Áudio

O *programador de áudio* implementa os sons e a música do game. Suas responsabilidades incluem o acesso eficaz à placa de som do usuário, o carregamento de diferentes formatos de áudio e a programação da música.

Programador de Física

O *programador de física* pesquisa, desenvolve e otimiza os efeitos físicos, os sistemas de colisão, os sistemas de partículas e as dinâmicas de corpo. A física de um game pode incluir a gravidade, a viscosidade da água e até a *cinética inversa* (IK, *inverse kinematics*) e outros movimentos atribuídos aos NPCs.

Programador de Interface

O *programador de interface* projeta e cria sistemas expansíveis e personalizáveis de interface gráfica do usuário. Os sistemas avançados de interface do usuário (UI, *user interface*) para games podem conter scripts e efeitos especiais, como transparência, animação ou efeitos de partículas para os controles.

Programador Adjunto

O *programador adjunto* (ou *júnior*) adiciona pequenos elementos ao projeto do game, utilizando ferramentas e linguagens próprias da empresa desenvolvedora para programar eventos ou ações em um game. Às vezes, essa responsabilidade pela criação de scripts é atribuída a membros da equipe de design que tenham as habilidades necessárias. Nesses casos, um designer de games com alguma experiência em programação cria eventos relacionados ao modo de jogar para uma missão ou campanha específica.

Jay Gawronek Fala Sobre a Evolução das Funções de Desenvolvimento

Jay Gawronek atua no setor de games desde 1988, quando foi contratado como programador em linguagem de máquina pela Icon Design, Ltd., empresa britânica responsável pela criação de games de 8 bits para o Commodore 64, Sinclair Spectrum e Amstrad CPC. Seu primeiro game foi publicado menos de um ano depois. Desde então, Jay já desenvolveu games para todos os principais sistemas de console e a maioria dos computadores domésticos mais populares. Em 1995, mudou-se do Reino Unido para Austin, Texas, e começou a trabalhar para a Acclaim Studios-Austin. Atualmente é diretor técnico da Rainbow Studios, uma subdivisão da THQ no Arizona.

Jay Gawronek (Diretor Técnico da Rainbow Studios)

Em mais de 20 anos de trabalho no setor, minhas funções mudaram consideravelmente. Originalmente, fui programador em linguagem de máquina para computadores de 8 bits — por sorte, o único programador de games apoiado por um ilustrador. Todo o design era feito por mim ou pelo ilustrador; não me lembro de ter trabalhando com um designer em tempo integral até a era do SNES/Genesis.

Então, conforme as equipes cresciam, passei a assumir funções de chefia. Em minha carreira, ocupei muitas vezes o cargo de programador chefe. Eu era a pessoa que fazia a maior parte do trabalho e o contato a quem os dirigentes recorriam quando precisavam adicionar novos recursos (e incontáveis horas adicionais de trabalho!) ao game.

Agora temos equipes muito maiores, com diferentes cargos de chefia especializados, como de rede, de IA, de ferramentas e de renderização. A função de programador chefe mudou ao longo dos anos. Atualmente ela depende substancialmente do controle de prazos e da delegação de tarefas.

Como Diretor Técnico, gerencio vários grupos de programadores. Agora trabalho em um nível mais alto e não tenho mais tempo para o trabalho de programação, algo de que tenho muita saudade.

Áudio

Como foi discutido mais detalhadamente no Capítulo 9, o *áudio* para um projeto de game pode incluir música, efeitos sonoros e diálogos. Algumas empresas não têm equipes ou departamentos de áudio próprios e recorrem a serviços de áudio terceirizados.

Diretor de Áudio

O *diretor de áudio* é responsável pela administração do departamento de áudio; pela comunicação com o programador (ou equipe) de áudio para garantir que os elementos de áudio sejam incorporados adequadamente ao game; pela contratação de profissionais, como compositores, designers de som e dubladores; e pelo licenciamento de músicas existentes para utilização na trilha sonora de games.

Compositor

O *compositor*, que escreve a trilha sonora de um game, geralmente é terceirizado. Diferentemente do compositor da trilha sonora de um filme — que compõe a música para diferentes cenas exibidas de maneira linear —, o compositor de um game não tem a possibilidade de ver todo o game antes de compor a música. Como foi discutido no Capítulo 6, é comum haver há muitos caminhos que o jogador pode escolher em um game. A música deve ser composta para se adequar a cada um dos possíveis caminhos, bem como aos eventos que podem ocorrer.

Designer de Som

O *designer de som* é responsável pela criação dos efeitos sonoros e sons ambientais do game. Essa função geralmente envolve a coleta de sons do ambiente com um gravador de áudio, a edição desses sons e sua incorporação ao motor do game (ou o fornecimento de recursos para essa finalidade ao programador de áudio). Infelizmente, os designers de som recorrem com frequência excessiva aos sons existentes em bibliotecas que podem ser adquiridas ou baixadas gratuitamente da internet. Embora possam ser úteis, esses sons tendem a ser usados à exaustão por causa da facilidade com que são obtidos.

Dublador

Um *dublador* (também conhecido como *ator de voz*) normalmente é contratado externamente para fornecer os elementos de narração e diálogo do game. Um único projeto pode incluir vários dubladores, cada um fornecendo a voz de um personagem.

Testes e Controle de Qualidade (CQ)

Os *testes* de um game consistem em jogá-lo antes do lançamento para determinar se é ou não *jogável*: ou seja, isento de erros, consistente e divertido. Assim como ingressar na indústria cinematográfica como entregador de correspondência, começar sua carreira no desenvolvimento de games como testador interno é uma boa oportunidade para fazer contato com quem decide. Além do mais, essas pessoas estão interessadas na sua opinião! Quando um testador acha que um produto não é jogável, o produtor em geral leva essa informação muito a sério e pede à equipe de desenvolvimento que faça as alterações necessárias para que ele seja aprovado no teste de jogabilidade. Os administradores da empresa consideram os testadores uma amostra dos jogadores que comprarão o game. Se não for comprado pelos jogadores, o produto fracassará. Os testadores concentram-se no "fator de diversão" do game: usabilidade, lógica e funcionalidade. As técnicas usadas incluem os testes de *caixa preta* e de *caixa branca*. Nos testes de caixa preta, o testador não sabe o que está errado com o game e deve descobrir isso durante o processo de teste. Nos testes de caixa branca, o testador consegue detectar os problemas do game quase instantaneamente ao executá-lo com um depurador ligado para revelar erros de programação.

O *controle de qualidade (CQ)* costuma ser confundido com os testes. Diferentemente dos testes de jogabilidade e compatibilidade, o CQ envolve o estabelecimento de normas e procedimentos para o desenvolvimento de um game. As funções de CQ incluem monitoramento, avaliação do produto e auditoria para garantir que o game satisfaça as normas de documentação, design, programação e codificação definidas pelo desenvolvedor e pela editora. As funções de CQ e testes frequentemente são combinadas na mesma equipe, embora, às vezes, uma ou ambas as funções sejam terceirizadas. A conformidade é extremamente importante na publicação de títulos para consoles e nos games sujeitos a acordos legais/contratuais.

Gerente de Testes

O *gerente de testes* é responsável por múltiplos projetos de games. Vários testadores chefes são subordinados ao gerente de testes, que, às vezes, também gerencia o orçamento de testes e é quem responde à administração superior para garantir que os produtos que estão em testes serão concluídos dentro do prazo.

Testador Chefe

O *testador chefe* geralmente supervisiona a equipe e também participa diretamente do processo diário de testes de um projeto de game específico. As responsabilidades do testador chefe incluem a localização de erros e inconsistências relacionadas à geometria 3D, modelagem, texturização, estética e lógica do game. O testador chefe também controla o processo de entrada de dados dos testadores de jogabilidade; certifica-se de que eles estão procurando por erros nas áreas corretas do produto; determina se os erros são suficientemente

O "Fator Diversão"

Tornar um game divertido é o aspecto mais desafiador do processo de desenvolvimento. Em comparação com isso, tudo o mais torna-se irrelevante. Um game deve ser suficientemente familiar para tornar-se acessível ao público-alvo, mas diferente o bastante para que seja visto como novo e estimulante. Criar um game é basicamente um exercício de equilíbrio. Você deve localizar e testar diferentes sistemas, ser crítico com recursos que não agregam diversão ao game, mas ao mesmo tempo deve ser capaz de defender aqueles que precisam apenas de alguns ajustes para se transformar em algo notável.

— Mark Terrano
(Diretor de Design da Hidden Path Entertainment)

importantes para serem corrigidos; e resume o estado atual do projeto, verbalmente ou por escrito, quando solicitado.

Testadores de Compatibilidade e Formato

Os *testadores de compatibilidade* (games para computador) e de *formato* (games para console) trabalham para uma editora e têm a missão de determinar se um game é compatível com diferentes plataformas, funcionando igualmente bem em todas elas, bem como nas interfaces manuais a que se destina. Se um game foi desenvolvido para várias plataformas de console, ele funciona igualmente bem em todas? Todos os controladores permitem que o game seja jogado sem dificuldades? Os testadores de compatibilidade podem testar joysticks, mouses, controladores, padrões de sistemas operacionais e placas de vídeo/som e também devem estar familiarizados com as linguagens de programação e de script subjacentes nos sistemas que estão sendo testados. Nos games para computador, os testadores de compatibilidade podem verificar também se o game funciona adequadamente em máquinas que atendam às especificações mínimas de hardware.

Testadores de Produção, Controle de Qualidade e Regressão

Os *testadores de produção* (desenvolvedor), de *controle de qualidade* (editora) e de *regressão* geralmente ocupam funções internas remuneradas com duração de 4 a 6 meses. Esses testadores também fazem sugestões para melhorar, acrescentar ou remover recursos, podendo comparar o game com possíveis títulos concorrentes. Como são funções internas, essas ocupações oferecem muitas oportunidades de fazer contatos. Os executivos e dirigentes da empresa visitam o departamento de testes, observam as reações dos testadores e ouvem suas opiniões. As ferramentas usadas pelos testadores incluem programas de planilha, como o Excel, e de controle de erros, como o TesTrack Pro. Os testadores de regressão concentram-se especificamente em verificar se certos problemas (até os mais graves e de alta prioridade) foram corrigidos.

Testadores de Jogabilidade, Usabilidade e Beta

Quando um game está no estágio beta (discutido no Capítulo 11), *testadores beta* voluntários são recrutados (geralmente pela internet) para testar o game na privacidade de seus lares. Ser um testador beta é a maneira mais fácil de obter experiência no setor. Como os testes beta não ocorrem internamente na empresa, a participação na fase beta não oferece oportunidades de contato direto; mesmo assim, ela inclui algum contato e comunicação on-line com funcionários do alto escalão da empresa. Uma desvantagem dos testes beta para o desenvolvedor é que não é possível observar as reações dos testadores durante o processo. Os testadores beta de jogabilidade e de usabilidade normalmente são integrantes do público-alvo que já têm alguma familiaridade com o game. Os testes de esforço ou de progressão são uma forma de testes beta na qual um game é jogado integralmente, do começo ao fim, para determinar se é usável e jogável.

Testadores Focais

Testadores focais são integrantes do público-alvo (e, às vezes, de outros grupos) recrutados localmente, por pouca ou nenhuma remuneração, para jogar o game e determinar quais aspectos são mais atraentes. O departamento de marketing geralmente conduz esses testes, que são semelhantes à montagem de grupos focais para discutir as opiniões de um segmento do público-alvo sobre um novo produto ou serviço.

Marketing

As funções associadas à venda do game para o público são separadas das funções associadas à equipe de desenvolvimento. O Capítulo 12 discute detalhadamente todas essas funções (que incluem promoção, vendas, publicidade, relações públicas e gestão comunitária).

Ferramentas

A equipe de desenvolvimento do game utiliza diversas ferramentas em cada fase do desenvolvimento para planejar, orçar, agendar, criar e testar games.

Design de Níveis

As ferramentas utilizadas no design de níveis geralmente são exclusivas e desenvolvidas internamente pelos programadores de ferramentas. Frequentemente são lançadas versões específicas delas junto com o game para permitir que os jogadores criem seus próprios mundos. Ferramentas de construção de níveis e de mundos são incluídas com vários games, como *Neverwinter Nights* (Aurora Toolset), *Half-Life* (Valve Hammer Editor), *Unreal* (Unreal Editor) e *Far Cry* (Editor Sandbox da CryENGINE).

BioWare Corp.

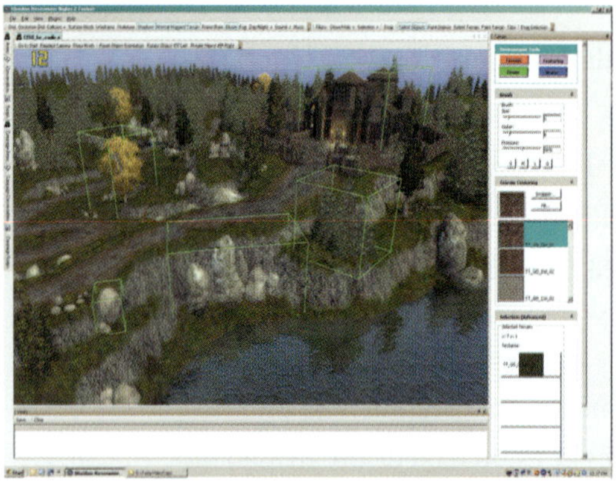

Valve Corporation

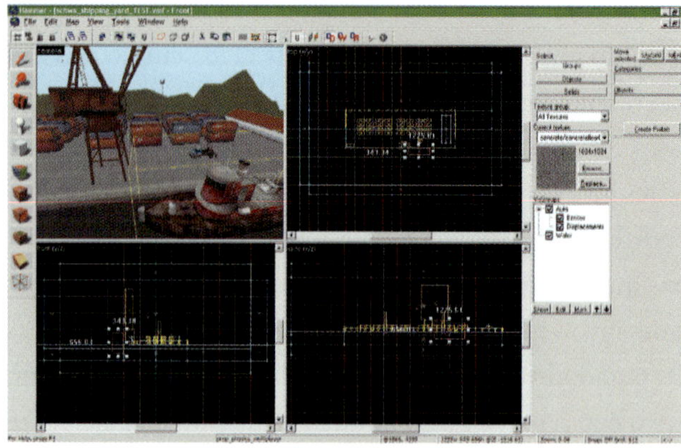

O conjunto de ferramentas Aurora da BioWare é incluído com o game *Neverwinter Nights;* o editor Valve Hammer, da Valve Software, com o game *Half-Life*.

Electronic Arts

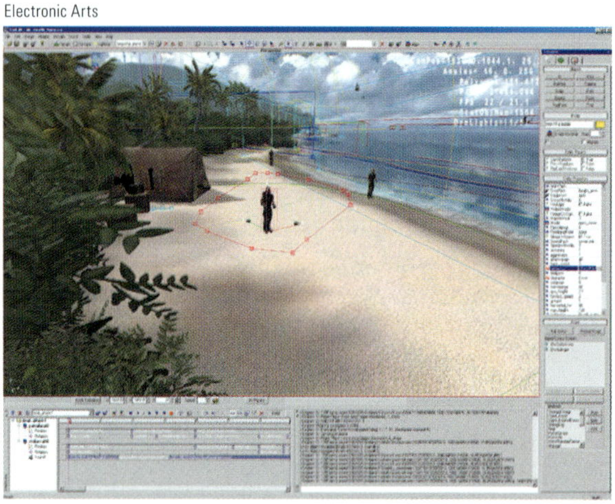

Epic Games

O CryENGINE Sandbox Editor da Crytek é incluído com o game *Far Cry*; o Unreal Editor, da Epic Games, com o game *Unreal*.

Programação do Mecanismo do Game

Os programadores utilizam uma ampla variedade de ferramentas para construir mecanismos de games. Vejamos alguns exemplos:

- *Compilador*: essa ferramenta traduz o código escrito pelo programador para o código de máquina que o computador entende. O compilador GCC faz parte do Projeto GNU, apoiado pela Free Software Foundation. Outros compiladores incluem o produto de freeware DJGPP, o Microsoft Visual Studio e o Metroworks CodeWarrior.
- *Depurador*: essa ferramenta é utilizada depois que um programa é compilado para localizar defeitos (bugs) no código e ajudar a corrigi-los. O depurador GNU Visual é gratuito e pode ser encontrado facilmente on-line. O Microsoft Visual Studio contém um depurador, e o GDB é o depurador mais comum do sistema UNIX.

- *IDE (Ambiente de Desenvolvimento Integrado)*: um IDE é uma ferramenta que integra todos os aplicativos em um único ambiente para o programador, aumentando sua produtividade ao eliminar o tempo gasto trocando de aplicativo. O RHIDE funciona com o compilador gratuito DJGPP.
- *API (Interface de Programação de Aplicativo)*: uma API é uma interface que facilita a vida do programador ao fornecer soluções pré-construídas cujo código subjacente pode ser utilizado, evitando que ele precise desenvolver seu próprio código para essas funções. A API OpenGL (Open Graphics Library) da SGI é uma ferramenta flexível e poderosa que permite renderizar gráficos de alta qualidade de diversas maneiras.
- *SDK (Kit de Desenvolvimento de Software)*: um SDK é um conjunto de ferramentas projetadas para ajudar no desenvolvimento de uma tecnologia específica. O popular SDK DirectX da Microsoft contém ferramentas que ajudam a utilizar o DirectX, uma API poderosa que controla gráficos 3D, sons e entrada de dados de interfaces manuais.

::::: *Shattered Galaxy*: o Bug "Menos"

Nexon Corporation

Como programador de *Shattered Galaxy*, certa vez tive de aplicar uma extensa correção ao game. (Isso é comum nos MMOGs, em que novos conteúdos, regiões, elementos gráficos, melhorias da interface e outros recursos precisam ser acrescentados regularmente para manter o game em evolução.) Imediatamente após a aplicação da correção, encontrei um defeito estranho no game e não tinha a menor ideia da causa. Tentei quase tudo o que podia para corrigir o problema. Como o game era comercializado (os usuários pagavam taxas de assinatura para jogar), era essencial localizar o problema no menor tempo possível. Depois de quase 12 horas de investigação, finalmente descobri que eu havia cometido um erro banal, colocando um sinal de menos ("–") antes de um "1" no código. Por causa de um mero sinal de menos inserido por engano, mais de cinco mil jogadores simultâneos tiveram problemas enormes para jogar o game!

— KyungMin Bang (Diretor de Projeto e Programador Principal da Nexon)

As linguagens de programação mais populares usadas pelos programadores de games são C, C++, Visual Basic e Java. Os sistemas operacionais incluem Windows 95/98/2000, XP, NT, Macintosh, UNIX e Linux. No Capítulo 3, você conheceu as várias plataformas usadas no desenvolvimento de games e as respectivas marcas. A maioria dos programadores conhece os requisitos associados à programação de games para sistemas de consoles domésticos, computadores pessoais e dispositivos portáteis. As principais marcas são Sony (PS3, PS2, PSP), Nintendo (Wii, GameCube, DS, Game Boy Advance SP) e Microsoft (Xbox 360, Xbox).

Existem também outros programas, como Flash MX, Java, GameMaker (www.gamemaker.nl), Torque (www.garagegames.com) e The Games Factory (www.clickteam.com), que podem ser usados para desenvolver mecanismos de game personalizados.

YoYo Games

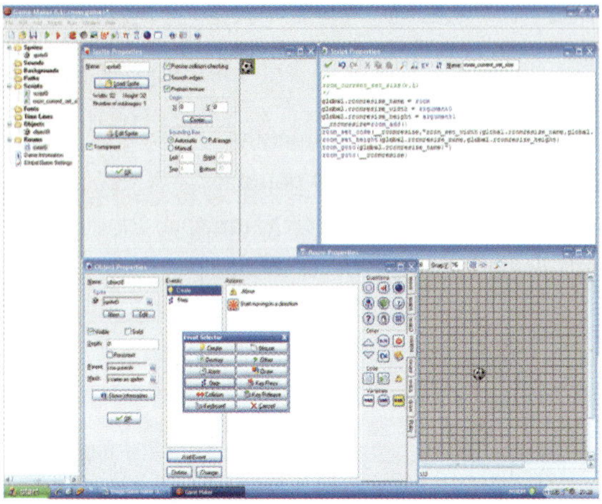

GarageGames

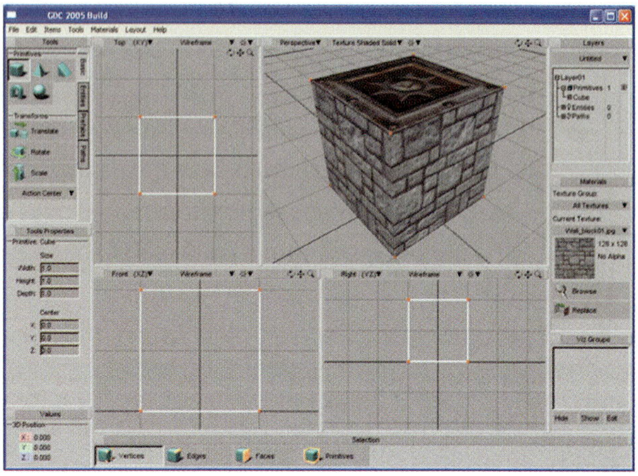

Game Maker (gratuito) e Torque (licença de 100 dólares para desenvolvedores independentes) são excelentes mecanismos de game de baixo custo.

XNA: Igualdade de Condições para Programadores

A Microsoft abriu as portas para que os desenvolvedores independentes criem seus próprios games para PC e para a plataforma Xbox 360 usando o seu XNA Game Studio Express. Embora não seja o primeiro conjunto de aplicativos de desenvolvimento para console a ser disponibilizado, certamente é o mais barato, exigindo apenas uma assinatura anual de 99 dólares para obter acesso a milhares de recursos para games oferecidos pela Microsoft e outros parceiros de destaque. O XNA permite que desenvolvedores amadores coloquem suas ideias criativas em prática e compartilhem seus games com os amigos por meio da rede Xbox Live. O XNA Game Studio Professional promete desenvolvimento e distribuição de nível comercial, bem como acesso à rede Xbox Live para recursos multijogador. A Microsoft espera desenvolver um sistema de grande escala que permita aos desenvolvedores amadores colocar suas criações à venda por meio da Xbox Live Arcade e, mais adiante, introduzir um sistema de inserção com avaliação pelos usuários semelhante ao estilo do YouTube.

— Jason Bramble
(Fundador e Presidente da Deadman Games, Inc.)

:::: *Orbz*: Um Defeito Criativo!

GarageGames

Um dos momentos mais memoráveis do desenvolvimento de *Orbz* aconteceu nos estágios iniciais de design do game. A princípio, estávamos desenvolvendo um game de golfe com algumas características originais. Certo dia, dois de nós jogávamos juntos usando o protótipo de um novo campo. Estávamos testando um novo código de pontuação que era acionado quando os alvos eram atingidos com a bola de golfe. Sem perceber, cometi um erro no protótipo que fazia o alvo desaparecer quando era atingido. Durante essa sessão de teste, percebemos esse defeito e começamos a jogar de maneira diferente, tentando ver quem conseguia obter mais estrelas antes que o tempo se esgotasse. Nós nos divertimos tanto com essa nova maneira de jogar que mudamos o design do game. Em vez de construir um campo de golfe, decidimos criar um game totalmente baseado nesse conceito simples de obtenção do maior número de estrelas/pontos. Dois meses depois, surgiu *Orbz*: um game com características únicas que foi muito elogiado pela originalidade e pelo nível de diversão (tendo sido considerado o Melhor Game de 2003 pela *PC Magazine*). Aprendemos uma grande lição com *Orbz*: testar nossas ideias em protótipo com frequência e o mais cedo possível. [*Nota da Autora*: a criação de protótipos e os testes de jogo serão discutidos mais detalhadamente no Capítulo 11.] O que está escrito no papel nem sempre se traduz bem para o modo de jogar, e é melhor descobrir isso antes que seja tarde.

— Justin Mette (Presidente da 21-6 Productions)

Flash e os Recursos Multiusuário do Flash Communication Server

O software Flash sempre foi uma excelente ferramenta para desenvolvimento de games em razão de sua versatilidade de metodologia. Pode-se projetar praticamente qualquer tipo de game com elementos gráficos, de animação, de texto e de interatividade, todos criados no mesmo programa. Eu uso o Flash para ensinar conceitos de programação interativa, e os alunos conseguem gerar desde games simples até os complexos durante o curso. Eles aprendem conceitos fundamentais e avançados de programação em ActionScript enquanto se divertem com o desafio de implementar uma ideia de game, o que lhes permite ver e compartilhar os frutos de seu trabalho no final do curso. O Flash Communication Server fornece mais flexibilidade para jogos com seus recursos multiusuário. Ele permite que os usuários se comuniquem e joguem o mesmo game por uma rede ou mesmo pela internet. Sua implementação é relativamente simples, contanto que o próprio servidor seja configurado e mantido corretamente. A disponibilidade desses recursos expande as possibilidades de design de games e estimula os criadores de games a irem além de seus horizontes anteriores. Agora a programação multiusuário está disponível a todos.

— Russell Burt (Instrutor de Design Interativo do Instituto de Arte da Califórnia, em Los Angeles)

Greg Costikyan e Matt Saia Falam Sobre o Desenvolvimento de Games para Dispositivos Móveis:::::

Greg Costikyan (Diretor-Presidente da Manifesto Games)

Greg Costikyan é diretor-presidente da Manifesto Games (www.manifestogames.com), uma revendedora on-line de games criados independentemente. Ele já projetou mais de 30 jogos de tabuleiro e games de representação de papéis (RPG) on-line, para computador e para dispositivos móveis publicados comercialmente, inclusive cinco títulos premiados para a Origin. Seus títulos mais conhecidos são *Creature That Ate Sheboygan* (jogo de tabuleiro), *Paranoia* (RPG de mesa), *MadMaze* (o primeiro game on-line a atrair mais de um milhão de jogadores) e *Alien Rush* (game móvel). Seus games já foram selecionados em mais de uma dezena de ocasiões para inclusão na lista Games 100 da *Games Magazine*, uma relação anual dos cem melhores games disponíveis no mercado. Foi incluído na Galeria de Personalidades dos Games de Aventura por sua longa lista de realizações nesse campo e ganhou o Prêmio Maverick de 2007 por sua incansável promoção dos games independentes. Também escreve um dos blogs mais lidos sobre o desenvolvimento e o setor de games (www.costik.com/weblog).

Java é uma linguagem interpretada e, como tal, sempre é executada mais lentamente que o código de máquina nativo em qualquer plataforma; os games, por outro lado, sempre foram aplicativos altamente exigentes em termos de processamento. Apesar disso, no mundo dos dispositivos móveis, as linguagens J2ME (Java 2 Micro Edition) e BREW (Binary Runtime Environment for Wireless, da Qualcomm) predominam, em boa parte porque já existe uma base substancial de aparelhos portáteis instalada que conseguem executá-las. Conforme os telefones inteligentes (usando-se esse termo em sentido genérico para incluir tanto os dispositivos baseados nos sistemas operacionais Symbian e Palm como o sistema operacional Smartphone da Microsoft) ganhem espaço no mercado, pelo menos os games móveis de primeira linha deverão migrar para aplicativos em C++. Acredito que J2ME e BREW sobreviverão como maneiras de implementar games pequenos e leves para públicos de massa instalados por meio da rede sem fio.

Matt Saia (Diretor de Criação da Abandon Mobile)

Matt Saia tem uma reputação de alto nível em design adquirida em mais de 12 anos de trabalho com produtos tanto interativos quanto cinemáticos. Antes da Abandon Mobile, Saia foi diretor de design na Lucky Chicken Games, onde criou *Casper: Spirit Dimensions* — indicado para o prêmio de Melhor Game de Plataforma de Ação do Ano pela Sony 3rd Party. Outros títulos incluem *Hot Wheels: Stunt Track Driver*, *Tyco RC: Assault with a Battery*, *Robotech: The Macross Saga* e *Underworld: The Eternal War* — baseado na popular série da Sony Pictures. Seu trabalho na Lucky Chicken culminou com o campeão de vendas *NHRA Drag Racing*, que projetou e produziu. Também formou uma comunidade on-line para apoiar o título e escreve uma coluna específica para a NHRA (National Hot Rod Association) sobre como trabalhar com os pilotos e fãs para criar o melhor game possível. Atualmente, Matt dedica-se à introdução da próxima geração de games móveis, que serão mais divertidos de jogar e criados especificamente para dispositivos móveis.

Os games de dispositivos móveis incorporam algumas das tecnologias mais promissoras disponíveis. Eles já têm recursos on-line incorporados e agora estão introduzindo gráficos 3D superiores aos do PSP. Em pouco tempo, a plataforma móvel deverá se tornar a mais desejável para games, caso consiga superar os diferentes obstáculos impostos pelas operadoras e a percepção do público em geral sobre games de dispositivos móveis. Trabalhar com tecnologia 2D, atualmente, é a melhor maneira de atingir o maior grupo possível de jogadores. O desenvolvimento de games é semelhante ao processo utilizado nas primeiras plataformas, como NES e SNES. As limitações de paleta restringem o detalhamento gráfico, e as rígidas limitações de memória determinam o que pode ser incluído no game. Um desenvolvedor que se familiarize com essa tecnologia em seus estágios iniciais poderá criar games móveis eficazes. É importante especializar-se em uma tecnologia que faça seu game chegar ao maior número possível de jogadores e aprender as limitações dessa tecnologia.

As plataformas móveis impõem várias limitações relevantes que afetam a forma como os games são criados. O desenvolvedor inteligente percebe esses desafios antecipadamente e prepara-se para eles. Os dois principais obstáculos são a adaptação para outros sistemas e o design específico para a plataforma. Existem, literalmente, centenas de plataformas que devem ser levadas em consideração para distribuir seu game para as massas. À primeira vista, pode parecer que só existem BREW e J2ME, mas a gama de aparelhos em cada linha varia substancialmente. Uma das atividades que consomem mais tempo e dinheiro é adaptar o game para todas essas plataformas preservando a qualidade. A melhor maneira de lidar com isso é planejar com antecedência ou desenvolver um sistema que realize essa adaptação. Os sistemas de adaptação acarretam suas próprias desvantagens, pois a qualidade de cada compilação depende do sistema. A solução real seria a unificação tecnológica na outra extremidade do espectro: o fabricante. Isso facilitaria substancialmente a tarefa dos desenvolvedores de criar games de qualidade para todos os aparelhos, evitando ao mesmo tempo os problemas de produção e os custos associados ao fornecimento de suporte abrangente. É de se esperar que futuramente começaremos a ver alguns esforços para transformar essa ideia de unificação em realidade. O segundo obstáculo significativo está na área de design. Nos dispositivos móveis, como nos games bem-sucedidos para outras plataformas, o projeto deve levar em conta as limitações e os pontos fortes da plataforma. Atualmente, a plataforma móvel não é muito apropriada para games de ação rápida. Os botões da maioria dos telefones portáteis não são configurados para registrar toques como os botões de um controlador de videogame tradicional. Games baseados em turnos e games com mecânica de controle mais flexível são mais adequados para dispositivos móveis. A boa notícia é que há uma infinidade de games que podem ser criados especificamente para dispositivos móveis, assim como para qualquer outra plataforma. Gaste algum tempo planejando seu game e teste a jogabilidade em um telefone celular.

Bill Louden Fala Sobre o Papel dos Serviços On-line:::::

Bill Louden (Professor do Austin Community College; pioneiro do setor de games on-line)

Bill Louden é um dos precursores dos setores de games on-line pela internet e MMOGs (games on-line multijogador massivos). Foi membro fundador da CompuServe e fundador e presidente do GEnie, na General Electric Company, de 1985 a 1991. Em 1982, na CompuServe, Bill projetou e desenvolveu *MegaWars*, o primeiro game multijogador comercial. *MegaWars* era um game de ficção científica e exploração espacial baseado em equipes com vários jogadores. O game funcionou continuamente por mais de 18 anos e só foi tirado do ar em 2000. Bill também desempenhou um papel central na produção, licenciamento e publicação de mais de duas dezenas de games multijogador que ajudaram a consolidar as empresas Mythic Entertainment, Kesmai e Simutronics. Atualmente, ministra cursos relacionados ao setor de games para computador no Austin Community College e cursos de graduação em Administração de empresas na Universidade de Phoenix Online, onde é professor titular da faculdade de Administração de Empresas.

Em 1982, quando dirigia o setor de games da CompuServe, comprei uma cópia de *DECWAR* em fita magnética por 50 dólares e logo descobri que não funcionava como eu esperava. Além disso, ele violava os direitos autorais de Star Trek e de muitas outras marcas e precisava ser modificado substancialmente para se tornar um produto comercial. Portanto, fiz alterações significativas no *DECWAR*, projetando o game para a linguagem Fortran IV da CompuServe. O game *MegaWars* foi desenvolvido juntamente com o "Mago de 10 de Dezembro", Russ Ranshaw. Também tive de remover todos os nomes relacionados a Star Trek que eram protegidos por direitos autorais (eliminando os romulanos etc.) e desenvolver um novo cenário/roteiro, transformando *MegaWars* no primeiro MMOG comercial. Ele entrou em operação na CompuServe em 1982 e funcionou continuamente até 1998.

As principais alterações de design foram a inclusão de diferentes classes de espaçonaves e objetivos, componentes de estratégia off-line e de construção de mundos, estratégia de exploração, economia planetária, combate ao vivo entre equipes e recursos abrangentes de colaboração dentro de uma equipe. Quando o game foi lançado em 1983, era um produto muito mais complexo e comercialmente estável que o *DECWAR* original, do qual poucas características foram mantidas.

Em 1985, deixei a CompuServe e convenci a divisão de Serviços de Informação da GE a montar um serviço público semelhante usando a folga de capacidade noturna de seus computadores *mainframe*. Esse serviço, batizado por minha esposa como GEnie ("GE Network for Information Exchange"), custava 5 dólares por hora tanto para 1.200 como para 300 bps — metade do que a CompuServe cobrava para 1.200 bps.

Também convenci a GE de que, para que o serviço fosse bem-sucedido, seria necessário implantar games on-line no GEnie. Assim, em 1986 contratei Kesmai para reescrever o *MegaWars I* e o lancei novamente no GEnie como *Stellar Warrior*. O game permaneceu ativo por vários anos e só parou de funcionar quando a GE jogou a toalha e tirou do ar todo o serviço GEnie, alguns anos após minha saída.

Arte

As ferramentas de software 3D mais populares utilizadas pelos artistas de games incluem os programas 3D Studio Max e Maya. Ambos definem os padrões do setor, com uma ampla base de usuários instalados, utilitários de construção de mundos e modelagem de personagens e recursos aprimorados de animação. Um programa igualmente popular de arte para games é o Lightwave; seus módulos de modelagem e layout oferecem soluções poderosas para animação e modelagem. Outros programas incluem o Bones Pro (plug-in de deformação esquelética), Zbrush, SoftImage e Mirai. O Adobe Photoshop é o software padrão para gráficos vetoriais e de mapa de bits usado pelos ilustradores 2D para games. Outros produtos da Adobe usados no setor são: Painter, After Effects, Illustrator e Premiere.

Autodesk, Inc.

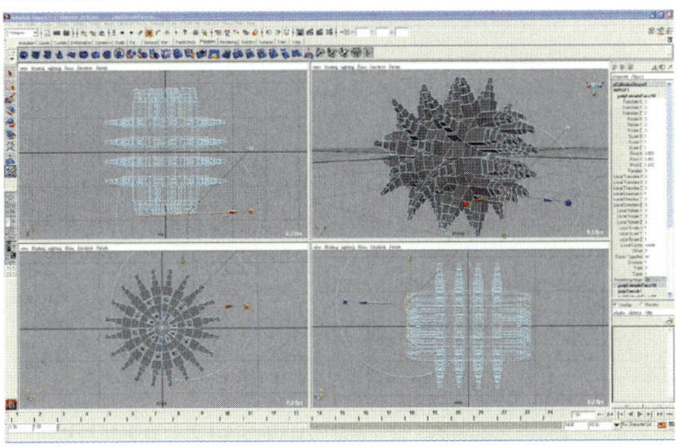

Autodesk, Inc.

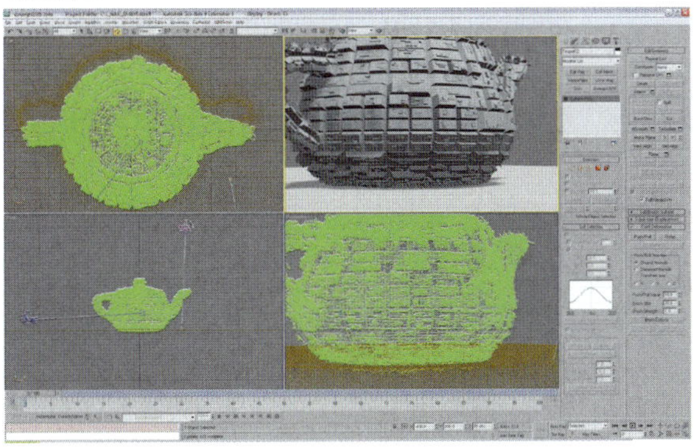

3D Studio Max e Maya são as principais ferramentas artísticas do setor de games.

Motores de Game como Ferramentas Artísticas

Quando finalmente chega o momento de incorporar a arte ao motor do game, a capacidade de realizar iterações rápidas na plataforma de destino é fundamental, de preferência fazendo as alterações necessárias dentro do próprio motor. Para a Secret Level, o motor Unreal tem sido uma ferramenta importante, porque permite que nossos artistas transfiram seu trabalho e o vejam "dentro do game", proporcionando o máximo de controle sobre o resultado artístico. Além disso, ele é suficientemente versátil para ser utilizado em outros gêneros além dos games de tiro em primeira pessoa.

— Christopher Bretz
(Diretor de Arte da Secret Level)

O Mundo dos Games Depende das Ferramentas

Se a sua ferramenta é ótima para gerar árvores, mas não se dá bem com arquitetura, seu game será ambientado em uma floresta, independentemente do que o documento de design possa dizer. Da mesma forma, se seu editor de efeitos de partículas trava constantemente e não salva os valores, provavelmente você acabará criando um mundo de game que só oferece dez poderes mágicos. Se criar efeitos de partículas divertidos, talvez o resultado seja um luminoso mundo de fantasia repleto de neblina, vagalumes e lanternas de papel.

— Marc Taro Holmes
(Diretor de Arte da Ensemble Studios)

Áudio

As ferramentas de criação de áudio para games incluem o DirectX Audio da Microsoft (e sua ferramenta de composição, o DirectMusic Producer), o ProTools da Digidesign (presente em praticamente todas as atividades que incluam música, inclusive a indústria cinematográfica e os estúdios de gravação) e o Logic da Emagic (que é um sequenciador, um dispositivo que grava e reproduz informações de controle para um instrumento eletrônico, como um sintetizador). O SoundMAX Smart Tools da Analog Devices permite que os designers de som criem conteúdo de áudio interativo não repetitivo, de modo que os efeitos sonoros de um game não soem sempre idênticos nem ocorram em intervalos regulares. como um pássaro cantando exatamente da mesma maneira a cada cinco segundos. Para obter mais detalhes sobre as ferramentas de áudio, consulte o Capítulo 9.

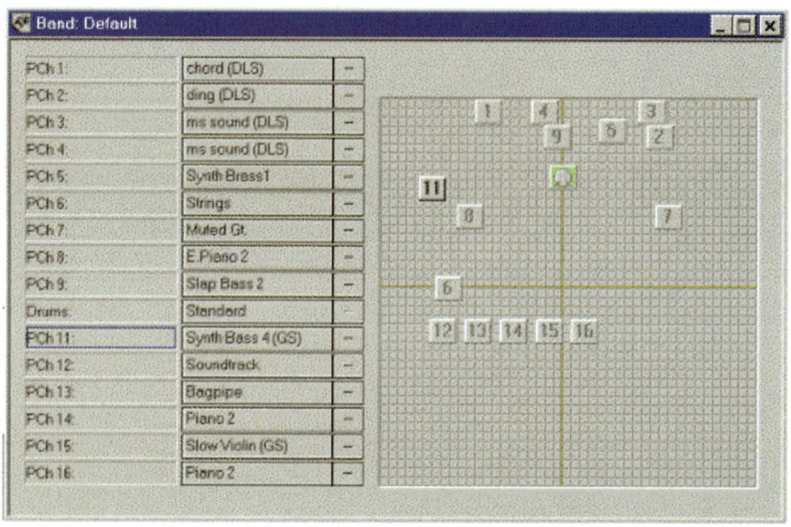

O DirectMusic Producer é um dos programas mais utilizados para áudio em games.

Agora que você já tem alguns conhecimentos básicos sobre as funções e responsabilidades associadas à equipe de desenvolvimento de um game, examinaremos o processo de desenvolvimento de um game do princípio ao fim — e mais além. O próximo capítulo discute as fases do desenvolvimento de um game, do conceito ao seu lançamento.

:::REVISÃO DO CAPÍTULO:::

1. Como os estúdios de desenvolvimento, editores, licenciadores e fabricantes de um game interagem para colocar um game no mercado?

2. Analise as diferentes áreas de equipes (produção, design, arte, programação e testes) e discuta como a equipe de produção de um game difere de outras equipes de produção no setor de entretenimento.

3. Quais funções em uma equipe de desenvolvimento de game são particularmente especializadas e quais são mais genéricas? Por que isso acontece e como afeta o processo de desenvolvimento de um game?

4. É comum que as funções de ilustrador e designer sejam confundidas. Quais são suas diferenças? Usando um game eletrônico como referência, cite três exemplos de uso da arte e três de uso do design no game. Esse game utiliza com sucesso a arte e o design?

5. Monte uma equipe para seu game original. Quantos artistas, designers, programadores e produtores você terá em sua equipe. Por quê? Que tipos de especializações usará? Considere as características únicas da sua ideia de game.

6. Experimente alguns dos motores de games e editores de níveis discutidos neste capítulo (por exemplo, Gamemaker, Torque, Aurora, CRYengine, Valve Hammer Editor e Unreal), relacione seus recursos e compare-os. Qual mecanismo ou editor lhe agradou mais e por quê?

7. Em sua opinião, por que o 3D Studio Max e o Maya são padrões para a criação de arte para games? Você tem preferência por um desses dois programas? Experimente ambos e veja qual funciona melhor para você. Compare-os com outros programas de arte para games, como o Lightwave.

8. Quais são os prós e os contras de operar um estúdio de produção independente de games? Como essa estrutura difere dos desenvolvedores e editores terceirizados? Se você dirigisse um estúdio independente e só pudesse contratar inicialmente dois membros para sua equipe, que funções eles teriam?

11
CAPÍTULO

Produção e Administração:

desenvolvendo o processo

Perguntas-chave do Capítulo

- Quais são os componentes de cada fase do processo de desenvolvimento de um game?
- Quais são algumas maneiras eficazes de gerenciar equipes de desenvolvimento de games?
- Quais são as diferentes formas de documentação utilizadas no desenvolvimento de um game?

Agora que você já tem uma compreensão básica das funções e responsabilidades dos membros da equipe de desenvolvimento de um game, examinaremos o processo de desenvolvimento do game propriamente dito. Este capítulo aborda todas as fases do desenvolvimento de um game: conceito, pré-produção, protótipo, produção, alfa, beta, ouro e pós-produção. Também são discutidas as técnicas de gestão utilizadas por produtores de games; o desenvolvimento de habilidades de liderança nesse setor não pode ser relegado a segundo plano. A seção final do capítulo aborda as funções e características da documentação de um game.

Fases do Desenvolvimento

Se quiser ler mais sobre o assunto, consulte o livro *Game Project Management* (Hight/Novak), parte da série *Game Development Essentials*, publicada pela Cengage Learning.

Há várias fases no processo de desenvolvimento: conceito, pré-produção, protótipo, produção, alfa, beta, ouro e pós-produção. Cada fase envolve certos membros da equipe de desenvolvimento do game e concentra-se em objetivos específicos.

Conceito

A fase de desenvolvimento do *conceito* começa quando uma ideia de game é criada e termina quando é tomada a decisão de começar a planejar o projeto (também conhecida como fase de *pré-produção*). Durante a fase de conceito, a equipe de desenvolvimento pode ser bem pequena, podendo incluir apenas um designer, um programador, um ilustrador e um produtor. O objetivo do desenvolvimento do conceito é decidir em que consiste o game e transmitir essa ideia a outras pessoas por escrito. O documento de conceito, descrito mais adiante neste capítulo, é o resultado da fase de desenvolvimento do conceito. Os objetivos são identificar um público-alvo, avaliar os recursos da empresa e identificar um conceito que seja atraente aos desenvolvedores e tenha um mercado potencial. Frequentemente são considerados vários tratamentos resumidos de design do game.

Gordon Walton Fala Sobre a Criação de Excelentes Games::::

Gordon Walton (Diretor de Estúdio Adjunto da BioWare Austin)

Gordon Walton produz games e gerencia seu desenvolvimento desde 1977. Antes da BioWare, foi vice-presidente, produtor executivo e gerente de estúdio da Sony Online Entertainment em Austin, trabalhando em um produto não divulgado e em *Star Wars Galaxies*. Foi também vice-presidente e produtor executivo de *The Sims Online* na Electronic Arts/Maxis e ocupou a mesma posição na Origin Systems, onde gerenciou o game *Ultima Online*. Foi vice-presidente executivo e gerente geral da Kesmai Studios, supervisionando o desenvolvimento de vários MMOGs, inclusive *Air Warrior* e *Multiplayer Battletech*. Gordon foi proprietário e administrador de duas empresas de desenvolvimento, tendo sido também gerente de desenvolvimento da Three-Sixty Pacific e da Konami of America, Inc. Pessoalmente, já desenvolveu mais de 30 games e supervisionou o desenvolvimento de mais de 200.

Precisamos tornar nossos games mais *divertidos* e aumentar substancialmente a qualidade. Além disso, precisamos trabalhar com outros temas além de fantasia medieval ou ficção científica... Por fim, os desenvolvedores precisam de *tempo* e *recursos* suficientes para tornar um game excelente — em vez de apenas bom.

O Setor de Games: Vítima do Próprio Sucesso?

Desenvolver um game é como tentar montar um avião enquanto se aprende a voar nele. Para mim, o movimento mais difícil é integrar todas as partes díspares — modo de jogar, som, motor 3D — em um formato coerente dentro do que parece ser um prazo impossível. Acredito que o setor tem sido vítima do seu próprio sucesso. Os melhores designers e programadores de games disponíveis no mercado vêm surpreendendo as pessoas com tanta frequência que, quando aparece um game realmente sólido que não tem algum aspecto inovador, os fãs se decepcionam.

— *Jason Kay (Diretor de Operações da Flektor)*

Daniel James Fala Sobre o "Clique Conceitual" :::::

Daniel James é fundador e diretor-presidente da Three Rings, uma empresa de San Francisco que desenvolve e opera games on-line multijogador massivos voltados para o mercado de massa de usuários casuais. O game *Yohoho! Puzzle Pirates* da Three Rings combina quebra-cabeças acessíveis e divertidos com a profundidade de um mundo social persistente, enquanto *Bang! Howdy* é um game de estratégia on-line ambientado em um mundo de faroeste movido a vapor. Antes da Three Rings, Daniel prestou serviços de consultoria em design de games, tendo trabalhado por vários anos no game *Middle-Earth Online*, e ajudou a fundar duas lucrativas empresas de internet no Reino Unido: Avalon e Sense Internet.

Daniel James (Designer e Diretor-Presidente da Three Rings)

Para mim, o momento mais memorável do desenvolvimento de um game é quando ocorre o "clique" conceitual — o começo do processo de desenvolvimento, só comparável aos momentos em que jogadores reais participam do game, quando você sente que esse "clique" tornou-se realidade. A parte mais difícil? Os últimos cinco por cento, o polimento... deixar tudo perfeito.

Pré-produção

Tendo despertado o interesse de alguém no conceito, você terá chegado ao momento de desenvolver a proposta e entrar na fase de planejamento (ou *pré-produção*) do desenvolvimento. A documentação adicional desenvolvida nessa fase inclui o guia de estilo da arte e o plano de produção. Essa fase termina com a criação do documento de design do game (DDG) e do documento técnico de design — discutidos mais adiante neste capítulo.

Rade Stojsavljevic Fala Sobre o Desafio da Pré-produção ::::

Rade Stojsavljevic (Produtor Executivo da Activision)

Rade Stojsavljevic trabalhou em vários games de diferentes gêneros — inclusive RPGs on-line multijogador massivos e games de estratégia em tempo real, aventura, estratégia e simulação militar. Na Electronic Arts, trabalhou em *Lord of the Rings: The Battle for Middle-Earth* e *Command & Conquer: Generals — Zero Hour*. Na Activision, trabalhou em *X-Men* e *True Crime: New York City*. Na Westwood Studios, trabalhou em *Earth & Beyond Online*, *Command & Conquer: Tiberian Sun*, *Firestorm* e *Blade Runner*. Antes da Westwood e da Electronic Arts, Rade foi designer de som e editor de vídeo para alguns desenvolvedores de games de menor porte.

Eu costumava pensar que finalizar um projeto era o processo mais difícil, mas mudei de ideia. Depois de terminar alguns títulos, você já sabe o que é necessário para finalizar um game. Agora acho que a parte mais difícil do projeto de desenvolvimento é a pré-produção. Gerar novas ideias para um game é difícil, mas o verdadeiro desafio é determinar quais dessas ideias são realmente boas e quais, utilizadas conjuntamente, poderão gerar um sucesso. Se os objetivos da pré--produção não forem estabelecidos com precisão, mais adiante você acabará tendo de trabalhar muito mais para tornar o game divertido e bem-sucedido.

Protótipo

O próximo objetivo das equipes de desenvolvimento de um game é criar um *protótipo* concreto. A definição usual de um protótipo no setor de games é algo como o seguinte: "Um item de software operacional que captura na tela a essência do que torna o game especial, o que o diferencia dos demais e o que o tornará bem-sucedido". Entretanto, antes de ingressar no reino virtual, certamente é útil criar um protótipo de baixa fidelidade (geralmente em papel, usando cartões, painéis, ladrilhos e/ou miniaturas) do game e testá-lo internamente para garantir que a mecânica do modo de jogar é impecável e o game é divertido e atraente. A preocupação excessiva com o estilo visual e as características de programação de um protótipo digital frequentemente distrai os designers e evita que se concentrem nos fundamentos do game — o modo de jogar propriamente dito.

Começando ou não com um protótipo analógico, a criação de um protótipo digital é essencial para o processo de desenvolvimento e pode ser o item mais relevante para a decisão de levar ou não o projeto para o próximo nível. As editoras e outras fontes de financiamento gostam de ver o game na tela e compreender sua ideia imediatamente. Caso não consigam assimilar sua visão em um ou dois minutos, será muito menos provável que concordem em financiar o restante do projeto. Às vezes uma equipe de desenvolvimento estará criando, durante o processo de desenvolvimento, novas tecnologias que serão utilizadas no game final. Como no estágio de protótipo ainda será muito cedo para que essa tecnologia esteja disponível, tente apenas simular a aparência do game quando ela for utilizada. Por exemplo, você pode fazer um pré-processamento de elementos visuais que serão acionados em tempo real no game final.

Também é útil preparar demonstrações independentes provando que os vários elementos tecnológicos planejados são viáveis. O protótipo acabado mostra sua visão, confirma que o seu programa de produção é realista e que você conseguirá traduzir sua ideia em realidade. É comum que motores de game sejam utilizados para criar protótipos, mesmo que a tecnologia a ser empregada no game final seja totalmente nova.

Brenda Laurel Fala Sobre os Testes de Jogabilidade de "Faz-de-Conta"::::

Brenda Laurel, Ph.D. (Professora Titular do Curso de Bacharelado em Design do California College of the Arts)

Como designer, escritora, pesquisadora e artista, Brenda Laurel presta serviços de consultoria em design de interação e pesquisa. Desde 1976, seu trabalho concentra-se no design da experiência, narração interativa e interseção de cultura e tecnologia. Em 1996, foi cofundadora da Purple Moon (adquirida pela Mattel em 1999) com o objetivo de criar mídia interativa para meninas. A empresa foi baseada em quatro anos de pesquisas sobre gênero e tecnologia na Interval Research Corp. Em 1990, foi cofundadora da Telepresence Research, que desenvolvia tecnologias e aplicativos para realidade virtual e presença remota. Seus outros empregadores incluíram a Atari, a Activision e a Apple. Brenda editou *The Art of Human-Computer Interface Design* (Addison-Wesley, 1990) e escreveu *Computers as Theatre* (Addison-Wesley, 1991 e 1993) e *Utopian Entrepreneur* (MIT Press, 2001). Seu livro mais recente é *Design Research: Methods and Perspectives* (MIT Press, 2004). Além de suas atividades como palestrante e consultora, Brenda integra o conselho consultivo de várias empresas e organizações, entre elas a Cheskin, o Instituto de Pesquisas de Comunicação da Austrália e o Programa de Estudos Comparativos de Mídia do MIT. É membro do comitê executivo da Associação de Narrativa Digital e participa da Association of Computing Machinery (ACM), da International Game Developers Association (IGDA) e do American Institute for Graphic Arts (AIGA). Antes da posição que ocupa atualmente no California College of the Arts, foi professora titular do programa de graduação em Mídia do Art Center College of Design.

Durante a fase de testes do protótipo da série *Secret Paths* na Purple Moon, demos às crianças bonecos de papel representando animais, plantas e outros objetos da natureza e pedimos que montassem uma peça teatral com eles. Esperávamos que criassem algo parecido com o conteúdo de *Secret Garden*, em que as crianças experimentam aventuras mágicas juntas. Mas as meninas nos surpreenderam: todas acreditavam que "a natureza" era um lugar para onde iriam sós. Elas não cuidariam dos animais (contrariando nossas expectativas sobre instinto maternal), porque esperavam que outros animais e criaturas mágicas tomassem conta deles. O que elas *queriam* — e o que demos a elas — era um refúgio e um espaço para reflexão pessoal.

Tracy Fullerton Fala Sobre o Processo de Criação e Testes do Protótipo:::::

Tracy Fullerton (Professora Assistente da Escola de Artes Cinemáticas da USC e Diretora Adjunta do Laboratório de Inovação em Games da Electronic Arts)

Tracy Fullerton é designer de games, escritora e educadora, com 15 anos de experiência profissional. Atualmente é professora assistente da divisão de Mídia Interativa da Escola de Artes Cinemáticas da USC, onde atua como diretora adjunta do Laboratório de Inovação em Games da Electronic Arts. Seus créditos mais recentes incluem a consultoria discente para os premiados games *Cloud* e *flOw*, criados pelos estudantes, e a atuação como designer do game *The Night Journey*, um projeto único mesclando game e arte realizado com o artista de mídia Bill Viola. É também autora do livro *Game Design Workshop: Designing, Prototyping, and Playtesting Games*. Foi uma das fundadoras do desenvolvedor de games para iTV Spiderdance e ocupou os cargos de diretora de criação e produtora na empresa nova-iorquina de design R/GA Interactive por vários anos. Seu trabalho já recebeu vários prêmios do setor, incluindo Melhor Game de Tabuleiro Familiar da Academia de Artes e Ciências Interativas, menções na Interactive Design Review da *ID Magazine* e no anuário Communication Arts Interactive Design, vários prêmios New Media Invision, Best of Show da iMix, Prêmio de Inovação Digital Coast, Nombre D'Or da IBC e Melhor da Web da *Time Magazine*. Em dezembro de 2001, foi incluída na lista das cem mulheres mais influentes no setor de entretenimento publicada pela *Hollywood Reporter*. Possui mestrado pela Escola de Cinema e Televisão da USC e é membro fundador do Grupo de Profissionais Interativos da Academia de Artes e Ciências da Televisão. É também membro ativo da Academia de Artes e Ciências Interativas e da Associação Internacional de Desenvolvedores de Games, prestando assessoria às oficinas de Televisão Aprimorada da AFI-Intel.

Os elementos mais significativos das fases de criação e testes do protótipo são: *quando* e *com que frequência* isso é feito, *com quem* isso é feito e *o que* é feito com o feedback obtido. Hoje em dia, é comum que os protótipos sejam criados como demonstração para vender ideias. Embora seja válido obter financiamento para uma ideia, essa é uma das piores razões para criar um protótipo.

Os protótipos proporcionam uma oportunidade de fazer perguntas aleatórias e inusitadas e de testar ideias que o atraem, mesmo que pareçam inadequadas. São uma oportunidade de aprender e, para os designers de games, de experimentar mecânicas totalmente novas. Costumo recomendar a criação de protótipos no estágio mais precoce possível de uma ideia. Recomendo também testar esse protótipo, por mais primário ou inadequado que possa parecer.

Com quem esses testes de jogabilidade devem ser feitos? Evidentemente, testar com sua equipe principal de design é uma opção, mas que tipo de feedback você obterá? Fundamentado, mas não exatamente objetivo. Tão logo o protótipo esteja funcionando e consiga, mesmo que precariamente, dar a impressão de um game, sugiro que você recrute testadores objetivos entre seu público-alvo. Seriam pessoas que você não conhece. O que você aprenderá com elas é extremamente valioso — e provavelmente penoso de ouvir.

A incorporação do feedback é um dos elementos mais cruciais para justificar as fases de criação e testes de um protótipo. O processo será uma perda de tempo se você não for receptivo às mudanças. Além disso, ele não fará sentido se não houver metas de experiência do jogador que você está tentando atingir, porque isso o levará a ser influenciado pelos comentários dos testadores, que sempre esperam que um game seja uma cópia do último game que apreciaram. Em última análise, minhas recomendações são: crie um protótipo tão logo seja possível, teste-o com frequência e defina claramente as metas que está tentando atingir para saber como incorporar da melhor maneira o feedback que receberá.

Criação do Protótipo na Fase Preliminar

Criar um protótipo na fase preliminar significa concentrar a atenção da equipe em protótipos rudimentares, mas jogáveis, no início do processo de design, antes que uma equipe de produção completa esteja disponível. Um pequeno grupo de designers pode criar rapidamente uma versão jogável de uma ideia, consumindo recursos de produção extremamente baixos. A ideia é testar e revisar seguidamente o protótipo rudimentar utilizando a pequena equipe até desenvolver um sistema de jogo realmente interessante. Só então a ideia deverá ser colocada em produção e uma equipe completa, incorporada ao projeto.

— Chris Swain (Professor da Escola de Artes Cinemáticas da USC)

Produção

Depois que o protótipo for aprovado, a equipe de desenvolvimento deverá estar pronta para entrar na fase mais extensa: a *produção*, quando o game é efetivamente desenvolvido. Essa fase geralmente dura de 6 meses a 2 anos, resultando em um game acabado. Você provavelmente já ouviu falar dos períodos de "esforço concentrado" — quando cem ou mais horas de trabalho semanal são exigidas da maioria dos membros da equipe, na reta final da produção, quando muitos deles passam semanas dormindo em camas improvisadas no próprio escritório. Esse desastre não precisa necessariamente acontecer. Na verdade, o que acontece é que muitas equipes de desenvolvimento calculam erroneamente o tempo necessário para concluir um projeto. Alguns projetos recebem um prazo impossível, inferior a seis meses, na tentativa de gerar um produto acabado para as compras de Natal ou outra data relevante. Um desastre ainda maior pode ocorrer quando projetos com prazo de 2 anos (ou mais) passam por um frenesi de última hora, o que frequentemente resulta na desistência de parte da equipe, deixando os membros restantes sobrecarregados de trabalho. Em princípio, 2 anos podem parecer um longo tempo, levando a equipe a passar 1 ano e meio trabalhando mais lentamente do que seria normal. Como foi discutido no Capítulo 10, cabe aos gestores garantir que um projeto seja concluído dentro do orçamento e na data estipulada, sem que isso resulte no abandono em massa de funcionários descontentes. (Observação: as próximas fases do ciclo de desenvolvimento de um game podem diferir, dependendo do projeto e da editora.)

Desafios da Produção de um Game: "Já Chegamos?"

Todas as facetas do processo de produção de um game devem ser bem administradas; caso contrário, o processo todo será afetado. Se não fizer um planejamento adequado durante a fase de pré-produção, você sofrerá mais tarde. Se não conseguir prever eficazmente suas tarefas, ficará sobrecarregado. Se não gerenciar sua equipe de modo a evitar que o pico de desempenho seja atingindo muito cedo ou muito tarde, as consequências aparecerão mais adiante. A parte que menos me agrada é a fase intermediária. Quando está tendo ideias interessantes e planejando, você está se divertindo. Quando está chegando ao fim, mesmo trabalhando dobrado, pelo menos você sabe que tem um game quase terminado e já enxerga a luz no fim do túnel. A parte intermediária, porém, é difícil. O game ainda não está realmente definido e ainda há muito caminho pela frente, mas as expectativas são altas e você tem de lidar com a pressão constante dos executivos, que, como crianças em uma viagem longa, ficam repetindo: "Já chegamos?"

— Graeme Bayless
(Presidente da Kush Games, uma divisão da 2K Sports)

Localização

Se um game será vendido em um mercado cujo idioma é diferente daquele para o qual foi originalmente desenvolvido (por exemplo, um game norte-americano vendido no mercado alemão), a equipe de desenvolvimento precisará "localizar" o conteúdo do game para os respectivos mercados-alvo. Além da tradução idiomática (texto e voz), a localização também inclui a modificação do conteúdo para atender às normas desse mercado específico (por exemplo, regras sobre violência, linguagem vulgar e conteúdo sexual). É importante lembrar que alguns idiomas, como o português, usam mais caracteres por palavra que outros. O modo de jogar também é adaptado para se adequar às preferências do mercado.

Um Número de Equilibrismo: Criatividade e Negócios

O aspecto mais complexo do processo de produção de um game é equilibrar a criatividade com os requisitos comerciais e profissionais impostos à produção. É muito difícil criar um ambiente em que os artistas se divirtam e, ao mesmo tempo, terminem seu trabalho dentro do prazo e do orçamento. Acredito, porém, que é esse equilíbrio que leva à criação dos melhores games.

— Starr Long
(Produtor da NCsoft Corporation)

Alfa

A fase *alfa* é o ponto em que um game pode ser jogado do começo ao fim. Talvez haja algumas lacunas e os elementos artísticos não sejam definitivos, mas o motor e a interface do usuário estão completos. Em vez da construção e criação, a fase alfa é voltada para o acabamento e os ajustes finais no game. Caso haja detalhes que precisem ser abandonados para cumprir o prazo de lançamento, esse é o momento de fazê-lo. Durante a fase alfa, o departamento de testes testa cada módulo do game pelo menos uma vez, cria um banco de dados de defeitos e um plano de testes e registra os defeitos e os resultados dos testes de desempenho. Testadores temporários de jogabilidade são incorporados à equipe nessa fase para localizar problemas. É a primeira vez em que o game é visto por pessoas externas à equipe de desenvolvimento. Para passar pela fase alfa, os seguintes elementos do game deverão estar concluídos:

- percurso completo de jogo (ou seja, ele é jogável do começo ao fim);
- texto no idioma básico;
- interface básica, com documentação preliminar;
- compatibilidade com a maioria das configurações de hardware e software especificadas;
- requisitos mínimos do sistema testados;
- maioria das interfaces manuais testadas quanto à compatibilidade;
- arte e áudio temporários;
- recursos multijogador testados (quando aplicável);
- rascunho do manual do game.

Mark Mencher, em seu livro *Get in the Game*, fornece uma excelente descrição dos itens necessários (como os da lista anterior) para passar por uma fase de desenvolvimento e seguir para a próxima. (*Observação*: Para alguns estúdios, a *criação de uma versão de demonstração* — exigida por algumas editoras — é a fase imediatamente subsequente à fase alfa.)

Meios-termos na Arte para Games

Como artista de games, você frequentemente estará criando projetos e esperando que a tecnologia funcione como foi prometido — ou então você já criou boa parte do material e, quando o game está quase terminado, aparece algo novo que torna supérfluo tudo o que foi feito até então. É nesse ponto que você precisa decidir: o plano original será mantido, mesmo correndo o risco de o game parecer ultrapassado, ou você jogará fora todo o trabalho anterior e tentará dominar a nova técnica no tempo que lhe resta? Essa é sempre uma decisão difícil.

— Marc Taro Holmes
(Diretor de Arte da Ensemble Studios)

Beta

Depois de passar pela fase alfa, o game entra na fase *beta*. Nessa fase, a ênfase está na correção de problemas. Todos os materiais já foram incorporados ao game, e o processo de produção terminou. Na fase beta, o objetivo é estabilizar o projeto e eliminar o maior número possível de defeitos antes que o produto comece a ser vendido. Testadores beta são recrutados on-line para testar a jogabilidade do game. Os objetivos dessa fase incluem a detecção de todos os defeitos e problemas de desempenho significativos; a realização de testes completos, com correção dos problemas e ajustes de desempenho; e a realização de testes em todas as plataformas compatíveis. Se o game tiver sido desenvolvido para uma plataforma de hardware proprietária — como um sistema de console —, o fabricante do hardware em questão testará o game para certificar-se de que atende aos seus padrões de qualidade; isso é feito antes que o game entre na fase ouro (descrita na próxima seção) e é conhecido como *certificação* (primária, secundária e final). Os games desenvolvidos para a plataforma de computador pessoal são testados quando à compatibilidade para verificar se há configurações de hardware em que eles não funcionam.

Os últimos dias ou semanas dessa fase constituem o que costuma ser chamado de período de *congelamento do código*, durante o qual todo o trabalho é finalizado e começa a preparação da mídia para reprodução do game. Essa mídia (geralmente em forma de disco) é submetida a testes e as únicas alterações permitidas no game são aquelas que solucionam problemas urgentes encontrados durante essa fase final de testes. Os seguintes elementos deverão estar concluídos para que o game passe pela fase beta:

- código;
- conteúdo;
- texto em diferentes idiomas;
- navegação pelo percurso do game;
- interface do usuário;
- compatibilidade de hardware e de software;
- compatibilidade da interface manual;
- arte e áudio;
- manual do game.

As principais melhorias introduzidas durante a fase beta incluem o desenvolvimento das versões finais do código e do conteúdo do game, juntamente com seu manual e suas interfaces manuais.

Saber Quando Parar

Para mim, a parte mais difícil do desenvolvimento é decidir quando parar. Em última análise, qualquer game sempre pode ter um pouco mais disso ou daquilo e um ou dois recursos adicionais. Cabe a você estabelecer um limite, quando o título será dado por terminado e lançado no mercado. Isso sempre gera um frenesi final de trabalho nas equipes mais dedicadas. Uma boa equipe de administração canaliza essas horas extras para tornar um bom produto excelente e não para simplesmente se livrar dele de qualquer maneira.

— Louis Castle
(Co-Fundador da Westwood Studios; Vice-Presidente da Electronic Arts-Los Angeles)

Desenvolvimento Rápido

A necessidade de *desenvolvimento rápido* é o aspecto mais problemático da programação de um game. O tempo sempre é curto e o projeto muda constantemente, porque cada iteração revela novos problemas visuais e de jogabilidade; além disso, os designers sempre conseguem imaginar mais coisas interessantes do que nós conseguimos programar. Temos de identificar o subconjunto de recursos possíveis que gerará o máximo de eficiência dentro do tempo limitado de programação. Em seguida, temos de programar isso de modo que os designers possam começar a construir o game e identificar o que está faltando, repetindo esse processo até chegar o momento do polimento final. Sempre há mais coisas para polir do que tempo disponível, mas é o polimento que torna um game excelente.

— John Ahlquist
(Fundador da Ahlquist Software)

Ouro

Tendo passado pela fase beta, o game entra na fase *ouro*. Ele é enviado para o fabricante depois que um dos discos mestres é testado meticulosamente e considerado aceitável. Na fase ouro, a administração superior já avaliou o produto e o banco de dados de defeitos (bugbase) e concordou que ele está pronto. A fabricação dura várias semanas, durante as quais a mídia é gerada e embalada. Ao sair da fase ouro, o game é lançado no mercado. É cada vez mais comum que a fase de fabricação seja totalmente eliminada, porque a popularidade dos downloads digitais vem reforçando a tendência das vendas on-line (virtuais) em lugar do fornecimento de produtos físicos (reais).

:::::Superando as Expectativas com *Civilization II*

Em 1995, quando eu estava trabalhando no desenvolvimento de *Civilization II*, morei por um ano em Yorkshire (Inglaterra) durante o estágio de magistério de minha mulher. Nessa época, eu passava o dia digitando em um pequeno computador portátil em nossa sala de estar. A administração nos dizia que esse game com certeza não venderia muito bem e, portanto, era considerado de baixa prioridade para recursos, marketing etc. Porém, quando voltei para os Estados Unidos, certo dia eu estava perambulando pelo estúdio e vi pessoas de todos os tipos jogando a versão beta de *Civilization II* — inclusive muitas que não tinham qualquer relação com a equipe do game e trabalhavam em outros departamentos, como marketing e documentação. Quando percebi que tínhamos "contaminado" totalmente a empresa, foi uma ótima sensação — porque nesse momento tive certeza de que o game venderia bem, apesar das baixas projeções de vendas (que nós ultrapassamos em 40 vezes)!

Firaxis Games

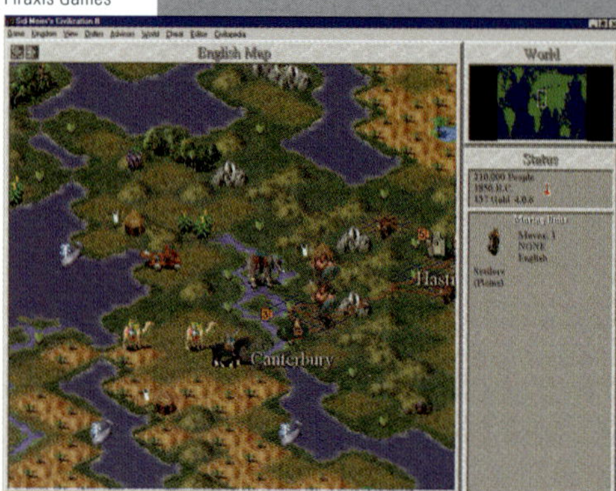

— Brian Reynolds
(Diretor-Presidente da Big Huge Games)

David Perry Fala Sobre o Fantástico Bloco de Código de 100 Milhões de Dólares:::::

David Perry (Diretor-Presidente da GameConsultants.com)

David Perry é um veterano do setor de videogames que começou aos 15 anos de idade, há mais de 25 anos, escrevendo livros sobre programação de videogames em sua terra natal, a Irlanda. Desde então, já desenvolveu 32 games (dos quais 24 foram programados por ele). Seus games mais conhecidos são *The Terminator*, *Teenage Mutant Ninja Turtles* e *Disney's Alladin*. É membro do conselho consultivo da Conferência de Desenvolvedores de Games e um palestrante frequente em eventos do setor. Em 1993, Perry fundou a Shiny Entertainment. Sob sua direção, a Shiny obteve sucesso de crítica e de mercado, construindo uma reputação de empresa relevante, visionária e inovadora que está sempre expandindo as fronteiras do mundo dos games. Os últimos lançamentos da Shiny foram baseados na continuação do bem-sucedido filme de ação *Matrix* da Warner Bros, de Joel Silver, dirigido por Larry e Andy Wachowski. A colaboração resultou na venda de aproximadamente seis milhões de cópias (mais de 300 milhões de dólares) no varejo, colocando o título em primeiro lugar nas listas de mais vendidos.

Em *Disney's Alladin*, eu estava trabalhando com um grupo de excelentes profissionais tentando cumprir um prazo extremamente curto. Em meu computador havia um pequeno arquivo que era inútil para o mundo. Porém, quando pressionei a tecla Return, nosso trabalho terminou, nós pudemos relaxar, os dados foram armazenados em um cartucho, e aquele pequeno bloco de código que havíamos construído com tanta dedicação passou a valer mais de 100 milhões de dólares. Até hoje fico espantado com isso.

Biscoitos Durante o Esforço Concentrado

Eu estava trabalhando em um projeto interativo para um prestador de serviços no setor de alimentos e o programador chefe pediu demissão no pior momento possível: apenas algumas semanas antes do prazo final. Adivinhe quem teve de ocupar seu lugar? Como tínhamos um programador a menos, tive de fazer um bocado de horas extras para terminar o trabalho. Felizmente, o projeto terminou bem, mas essas últimas semanas são um borrão em minha memória. O lado positivo é que o produtor entendeu nossas necessidades e nos forneceu tudo o que precisávamos. Lembro-me de ter comido um bocado de biscoitos.

— Russell Burt (Faculdade de Design Interativo, Instituto de Arte da Califórnia, em Los Angeles)

Depois de Cruzar a Linha de Chegada...

Como a maioria dos desenvolvedores, as memórias que mais prezo são aquelas em que a equipe está reunida, com olhos turvos pela falta de sono, comemorando quando nosso game finalmente é liberado para fabricação. Depois que algumas cervejas são consumidas, inevitavelmente rememoramos os eventos, tanto divertidos quanto dramáticos, que nos levaram até esse dia. Meus melhores amigos são meus colegas.

— John Hight (Diretor de Produção Externa da Sony Computer Entertainment America)

:::::Uma Utopia Futura

Mattel, Inc.

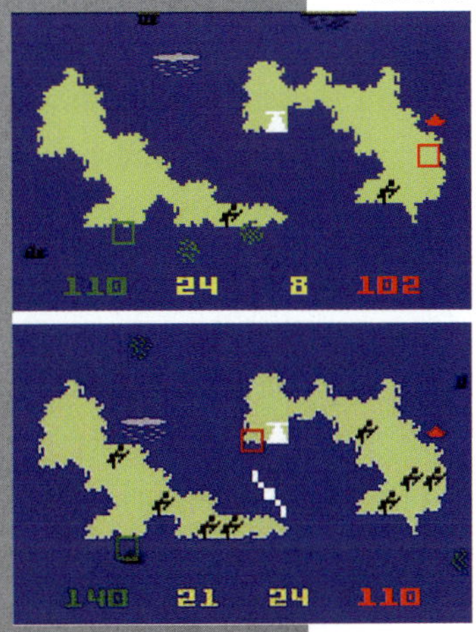

Criar o primeiro game de beisebol para computador e o primeiro game de representação de papéis para computador foi muito divertido, mas na época nunca me ocorreu que alguém poderia perceber ou se importar com isso. Éramos estudantes universitários criando games para nossos colegas em computadores *mainframe* e não tínhamos a menor ideia de que isso viria a se tornar uma indústria. Lembro-me da minha surpresa quando meus games foram compartilhados com outras universidades espalhadas pelo país e comecei a receber cartas dos jogadores. Quando *Utopia*, meu primeiro game para a Intellivision, tornou-se um sucesso em 1982, eu tinha vontade de me beliscar e pensava: "Como é possível que alguém seja pago para escrever games"?

— Don Daglow (Presidente e Diretor-Presidente da Stormfront Studios)

:::::"Um Enorme Café da Manhã no Denny's": Finalizando *Age of Empires*

A Ensemble Studios era uma empresa nova e esse era nosso primeiro título... Todos estávamos entusiasmados e dispostos a criar o melhor game possível. Em uma equipe com pouco mais de dez pessoas, havíamos trabalhado dia e noite durante quase um ano e estávamos completamente exaustos naqueles últimos dias. Os testadores da Microsoft nos acompanhavam passo a passo e jogávamos partidas multijogador até 4 horas da madrugada praticamente todas as noites. Definimos para nós mesmos uma meta de cem games jogados de ponta a ponta sem travamentos, erros ou problemas no modo multijogador para que considerássemos o produto pronto para ser lançado. Estávamos sem dormir, tendo trabalhado ininterruptamente nas últimas 48 horas, mas tão estimulados pela sensação de que estávamos perto da chegada que nos sentíamos como alpinistas chegando ao cume da montanha. Quando a equipe de testes declarou que o game havia entrado na fase ouro e estava pronto para fabricação, tomamos um enorme café da manhã no Denny's. Brindamos com suco de laranja, rimos e dormimos uma semana inteira. Foi terrível e, ao mesmo tempo, maravilhoso. Nunca me esquecerei disso.

— Mark Terrano (Diretor de Design da Hidden Path Entertainment)

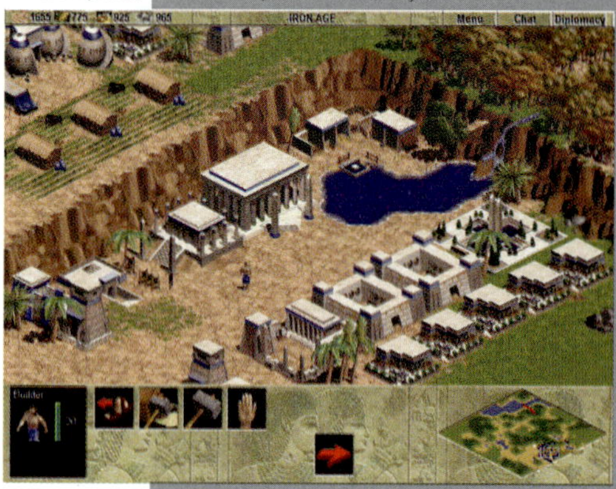

Pós-produção

Durante a fase de *pós-produção* (ou *pós-lançamento*), várias *versões* subsequentes também podem ser lançadas para substituir e melhorar o game original, aumentando sua longevidade. Essas novas versões são oferecidas gratuitamente e criadas por meio de aplicação de correções, atualizando-o com conteúdos adicionais que aprimoram o game original. Uma *correção* também pode ser aplicada para corrigir falhas de programação — que não são necessariamente problemas graves e, às vezes, solucionam pequenas dificuldades, como fazer o game funcionar adequadamente em uma configuração de hardware incomum. As *atualizações* — conteúdos adicionais criados para aprimorar o game original — também são lançadas durante essa fase. Geralmente, são criadas para estender a vida útil do game original. As *expansões* são games baseados no tema do game original (e, às vezes, em sua história e seus personagens). Trata-se de games autônomos que exigem seu próprio software (e em alguns momentos também o software do game original) para funcionar. Essas adaptações custam menos que o game original, mas raramente são gratuitas.

John Comes Fala Sobre Gestão Voltada Para o Sucesso:::::

John Comes (Designer Chefe da Gas Powered Games)

John Comes nasceu em Reading, Pensilvânia, e cresceu perto de Cleveland, Ohio. Formou-se em Engenharia Mecânica pela Universidade de Akron. Após a universidade, John e seu irmão mais velho escreveram integralmente o game de aventura multiusuário (MUD) *Wolfshade*, o que resultou em sua contratação pela Westwood Studios como designer de conteúdo sênior de *Earth & Beyond*. Na Electronic Arts de Los Angeles, trabalhou na produção de *Command & Conquer: Generals — Zero Hour* e *The Lord of the Rings: The Battle for Middle-Earth*. Seu título mais recente na Gas Powered Games é *Supreme Commander*.

Esqueça os processos de desenvolvimento excessivamente hierárquicos e opte pela agilidade. A produção de games depende da iteração: produzir um documento detalhado de design e transferi-lo para a equipe de produção. Uma excelente maneira de obter sucesso é manter sua equipe ágil e gerar um game que seja jogável nas fases iniciais do processo.

Envolva seus designers com o mecanismo do game. Todos os artistas sabem usar as ferramentas de seu ofício — e isso não deve ser diferente nos games. Um pintor sabe usar pincéis e tinta. Os músicos sabem tocar seus instrumentos. Os cineastas estão no cenário dirigindo, sentados na sala de edição ou observando a cena pela câmera. Os designers de games devem estar editando dados, construindo níveis e alterando o modo de jogar. Tire seus designers do Word e do Excel e coloque-os no motor do game.

Gestão

Como foi mencionado no Capítulo 10, cabe ao produtor equilibrar tempo, dinheiro e valor ao longo de um projeto. Se o game tem um ciclo de produção curto, o produtor deve se certificar de que a qualidade do produto não será afetada pela pouco tempo disponível. Isso pode ser feito ajustando o orçamento, adiando a data de lançamento ou restringindo ou reestruturando o conjunto de recursos ou a abrangência do game. O produtor também deve elaborar um plano de desenvolvimento estruturado para o projeto.

Assistindo ao Nascer do Sol

Minha experiência mais memorável durante o desenvolvimento de um game foi observar o sol nascer a partir de uma sala de conferências. Não foi uma experiência agradável; eu estava trabalhando 90 horas seguidas em cinco dias. Tenho o prazer de informar que esses dias agora pertencem ao passado. As empresas do setor estão aprendendo, e o trabalho ininterrupto tende a se tornar tão obsoleto quanto os sprites.

— John Comes (Designer Chefe da Gas Powered Games)

Ed Del Castillo Fala Sobre Como Ser um Membro Valioso da Equipe:::::

Edward A. Del Castillo (Presidente da Liquid Entertainment)

Ed Del Castillo fundou a Liquid Entertainment com Mike Grayson em 1999 e trabalhou como diretor de criação em *Battle Realms* e *The Lord of the Rings: War of the Ring*. Na Origin Systems, trabalhou em *Sid Meier's Gettysburg*, *Alpha Centauri* e *Ultima: Ascension*. Foi produtor em *Command & Conquer*, *Command & Conquer: Red Alert* e todas a expansões e versões desses títulos para outras plataformas. Seu primeiro trabalho no setor foi na Mindcraft Software, onde começou no departamento de atendimento ao consumidor e chegou ao departamento de design, tendo participado do desenvolvimento de games de tiro em primeira pessoa (RTS) e games de representação de papéis (RPG). É formado em Economia, com especialização secundária em Psicologia e Artes Visuais, pela Universidade da Califórnia em San Diego (UCSD). Seus games mais recentes incluem *Dungeons & Dragons: Dragonshard* e *Star Wars: Empire at War — Forces of Corruption*.

Quando comecei minha carreira, minha tarefa era atender telefones e despachar pedidos, trabalhando em uma mesa dobrável. Nos períodos de inatividade, eu lia revistas e esperava por uma chamada ou um pedido. Em vez de desperdiçar meu tempo, eu me ofereci para escrever o manual do game *Siege*, prometendo que, se não gostassem do resultado, eles poderiam simplesmente jogá-lo fora. Era uma proposta sem riscos para eles. Como gostaram do meu trabalho, pedi para ajudar no desenvolvimento do game, novamente sob as mesmas regras do manual. Acabei construindo todos os níveis do game, além de realizar uma parte considerável do design. Depois disso, meu chefe veio até mim e disse: "Não sei por que estamos lhe pagando para atender telefones"! Fui promovido e foi assim que me tornei um designer.

Acho que essa história é importante porque é um exemplo real de três princípios:

- O trabalho duro e a dedicação sempre rendem frutos.
- Nunca avalie seu sucesso com base apenas no cumprimento das tarefas que lhe são atribuídas. Quando você se limita à descrição do cargo, isso é o que se espera. Você está apenas passando de ano, mas não está recebendo a nota máxima. Acredite, seu chefe também vê isso da mesma maneira.
- Se quiser um cargo, um aumento ou uma promoção, primeiro você terá de dar conta da tarefa!

Desenvolvimento Iterativo

Lembre-se de que o desenvolvimento de um game assemelha-se mais ao desenvolvimento de produtos de software do que ao de outras formas de entretenimento. Assim como o conteúdo dos games não tem qualquer relação com o cinema, o processo pelo qual eles são desenvolvidos é totalmente diferente da produção de um filme. O processo de desenvolvimento *iterativo* — utilizado no desenvolvimento de software e de conteúdo para a internet (discutido detalhadamente em *The Design of Sites*, de Van Duyne e outros autores) — também parece funcionar bem no desenvolvimento de games. Esse modelo incorpora um processo circular em três estágios: design, protótipo e avaliação.

Diagrama criado por Per Olin

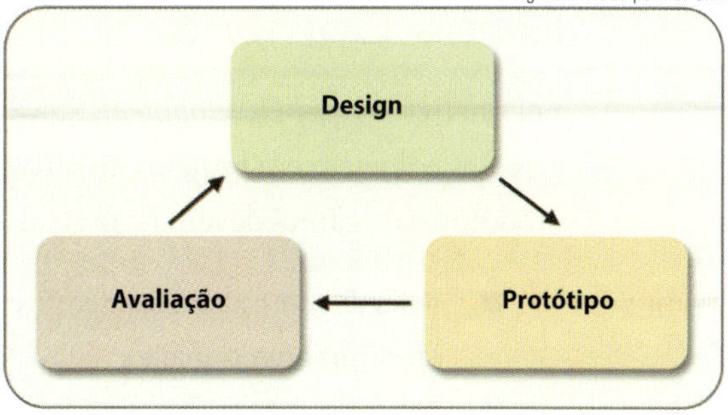

Os três estágios do processo de desenvolvimento iterativo.

Após a fase de *design* (que abrange o planejamento e a pré-produção), um *protótipo* é desenvolvido. Depois que o protótipo é executado e testado durante a fase de *avaliação*, a equipe decide o que funciona e o que não funciona e volta à fase de design para modificar o protótipo (disponibilizando-o novamente para testes). Esse processo é repetido indefinidamente, conforme necessário, até que o game deixe de ser um protótipo e torne-se um game completo. A chave desse modelo é o refinamento contínuo do design do game com base no que foi criado até o momento. Nunca construa elementos que talvez não sejam necessários mais adiante. Cada protótipo deve ter seu próprio ciclo integral de desenvolvimento, com os requisitos associados, o produto a ser fornecido e os prazos. Essa abordagem iterativa é o contrário do método caro e demorado de "folheamento a ouro", em que os membros da equipe continuam acrescentando itens supérfluos ao produto. Sempre que possível, inclua jogadores em potencial na fase de avaliação para que eles opinem sobre a usabilidade, o modo de jogar e o "fator de diversão" do game. Isso permite que o jogador participe do processo de desenvolvimento (reforçando a conexão entre jogador e desenvolvedor mencionada nos capítulos anteriores) e, geralmente, é utilizado em games que podem ser testados on-line com facilidade durante a fase beta.

Competições de Código às Quatro da Manhã

Fui o programador de um título para SNES que realmente nos custou um bocado de sangue, suor e lágrimas. Na época, o programador para Genesis e eu trabalhávamos lado a lado. Programávamos diferentes áreas do game para nossos respectivos consoles e depois adaptávamos o trabalho um do outro para nossos sistemas. (Em outras palavras, ele programava as colisões em linguagem assembly para o processador 68000 do Genesis e eu convertia o código para ser executado no processador 65816 no SNES.) O que tornava isso divertido é que eu e o outro programador competíamos furiosamente. Por volta da metade do projeto, ele começou a escrever o código de uma maneira única que era realmente benéfica para o Genesis; para mim, porém, o processo de conversão para SNES era complexo e demorado. Para não ficar por baixo, comecei a fazer o mesmo. Como o projeto já estava atrasado e estourando os prazos, ambos trabalhávamos exaustivamente para lançar o game. Uma noite, por volta das quatro da madrugada, eu estava convertendo código assembly e lembro-me de que, quando pressionei a tecla Assemble, surgiram centenas de erros. Quando examinei o código que havia escrito, percebi que eu estava tão cansado que havia convertido do 68000 para 65186 e também para Z80 (o processador do Sinclair Spectrum)!

— Jay Gawronek (Diretor Técnico da Rainbow Studios)

Erros Comuns

Em seu livro *Rapid Development*, Steve McConnell identifica vários erros clássicos que os gerentes cometem em projetos de software e discute os problemas causados por esses erros. Os produtores de games devem ficar atentos a alguns desses erros:

- Falta de motivação: conheça os membros da equipe do seu projeto e dê-lhes razões para fazer um bom trabalho.
- Falta de capacitação: contrate as pessoas mais capacitadas para a sua equipe, não aquelas que têm maior disponibilidade para trabalhar no projeto.
- Funcionários difíceis: quando alguém não se dá bem com o restante da equipe, isso pode afetar o moral e a eficiência do projeto. A remoção do componente problemático da equipe aumentará a produtividade mesmo que os outros membros tenham de trabalhar um pouco mais para compensar sua ausência. (Eles ficarão mais felizes!)
- Ambiente restrito: a maioria dos ambientes de desenvolvimento consiste em cubículos barulhentos e apertados ou em pequenas salas em que os funcionários são amontoados sem qualquer privacidade. Há divergências quanto ao que seria mais produtivo: permitir que os membros da equipe trabalhem em suas próprias salas (ou em espaços amplos) ou estabelecer uma cultura que estimule a comunicação frequente entre os membros da equipe.
- Monitoramento insuficiente: é importante monitorar o progresso de todos os membros da equipe para determinar se você está dentro do prazo.
- Lista de tarefas incompleta: algumas tarefas demoradas são negligenciadas e omitidas no plano do projeto. Isso inclui, por exemplo, entrevistas, reuniões, revisões e dias perdidos em razão da participação em conferências e outros eventos especiais.
- Incompreensões: é importante que cada tarefa seja explicada claramente. O que significa criar uma versão de demonstração para uma feira do setor? O que será necessário para isso?
- Tarefas imprevistas: os dirigentes podem impor tarefas inesperadas (às vezes de última hora) que não foram incluídas no plano do projeto. Presuma que isso acontecerá e inclua algum tempo para essas ocorrências no plano do projeto.
- Demora para corrigir erros: alguns desenvolvedores acreditam que é perda de tempo corrigir erros de programação antes dos estágios finais do processo de desenvolvimento. Entretanto, a correção de erros frequentemente revela outros ocultos e também pode gerar erros novos!

Cumprimento dos Prazos

O aspecto mais desafiador do desenvolvimento de um game é terminá-lo no prazo. É fácil gastar cinco anos experimentando o que você gosta ou não gosta, mas a coisa muda de figura quando há um prazo a cumprir. O tempo é algo que todos nós temos, e sempre teremos, dificuldades para administrar. Tendo dito isso, se fosse fácil, *todo mundo* estaria criando games!

— David Perry
(Diretor-Presidente da GameConsultants.com)

Conheça Suas Limitações

A maioria dos desenvolvedores de games também são jogadores — e estamos sempre dizendo coisas como "Eu poderia fazer isso melhor" quando jogamos nossos games favoritos. Nos primeiros anos, achávamos que seríamos capazes de desenvolver aqueles títulos AAA [de alta qualidade] para console, mas estávamos enganados. Precisávamos de muito mais experiência com a tecnologia, com a gestão de equipes remotas e com a harmonização de todos os talentos criativos necessários para produzir um game excelente. A compreensão dos limites de sua equipe é fundamental para o sucesso de qualquer projeto. Não inclua no game recursos que ninguém de sua equipe tenha desenvolvido antes ou que sua tecnologia (por exemplo, o motor do game) não comporte. Você só estará criando problemas para si próprio, e o projeto poderá sair facilmente de controle à medida que você se aprofunda nisso.

— Justin Mette (Presidente da 21-6 Productions)

Recuperação de Erros

Os produtores de games também devem evitar a armadilha de tentar a recuperação de erros de gestão comuns das seguintes maneiras:

- Adiando a solução do problema: isso geralmente ocorre no início do projeto, quando há um atraso inesperado que afeta a programação. Não faça planos para recuperar o tempo mais adiante; resolva o problema imediatamente.
- Impondo horas extras obrigatórias: embora a imposição de pequenas quantidades de trabalho adicional ocasionalmente possa ser eficaz por um curto período para cumprir um prazo importante, períodos prolongados de horas extras obrigatórias podem resultar em uma queda de produtividade significativa. Conforme ficam mais cansados, os membros da equipe tendem a cometer mais erros, o que resulta em mais testes e procedimentos de correção. O aspecto mais importante é a motivação, que é considerada essencial como fator preditivo da produtividade e começa a despencar quando os funcionários são forçados a trabalhar além do expediente. Em vez de impor horas extras, peça aos funcionários que tentem otimizar ao máximo suas horas de trabalho normais.
- Acrescentando mais pessoas ao projeto: isso pode funcionar no início, quando a mão de obra disponível para um projeto é insuficiente. Entretanto, se o projeto se atrasar nos estágios mais avançados, a inclusão de mais pessoas quase nunca ajudará a colocá-lo em dia. Os novos funcionários terão de se inteirar dos detalhes do projeto e outras pessoas terão de reduzir o tempo investido no trabalho para treiná-los. As reuniões tenderão a ser mais demoradas e mais incompreensões poderão ocorrer.
- Realizando mais reuniões: interromper o fluxo de trabalho de uma equipe com a realização de reuniões de atualização sobre o andamento do projeto pode reduzir significativamente a produtividade. Cada vez que você interrompe pessoas que estão imersas em trabalho intelectual, todos os problemas que elas estão tentando resolver são abandonados — e o processo de solução de problemas terá de ser retomado do princípio mais adiante. Um dia de trabalho repleto de reuniões, relatórios e outras interrupções é praticamente uma garantia de queda da produtividade.

A gestão de projetos de games requer muita inspiração, energia, dedicação e paciência, bem como a capacidade de delegar tarefas. Se estiver interessado em gerenciar uma equipe de desenvolvimento de games, é aconselhável que obtenha algum treinamento nas áreas de liderança, gestão de projetos, administração de empresas e até habilidades genéricas de comunicação interpessoal.

Gerenciando os Últimos 20%

Os 20% finais do processo de produção de um game são os mais difíceis. É nessas semanas cruciais que você precisa de disciplina para se concentrar no que realmente importa. Como produtor executivo, você tem de manter seu entusiasmo e sua diplomacia operando no máximo de capacidade. A equipe precisará de você para arbitrar divergências e manter a clareza de objetivos.

— John Hight
(Diretor de Produção Externa da
Sony Computer Entertainment America)

Gestão Eficaz

Estas são algumas diretrizes para uma gestão eficaz:

- Peça opiniões em vez de dar ordens.
- Envolva toda a equipe no estágio de planejamento e, quando necessário, seja flexível com os prazos.
- Estimule os funcionários a discutirem seus problemas com você antes que saiam de controle.
- Não entre em pânico quando surgirem problemas e nunca os personalize.
- Antes de tomar decisões, inteire-se dos fatos e veja se a equipe consegue chegar a um consenso.
- Proporcione aos funcionários várias horas de trabalho diário sem interrupções.
- Seja franco com a equipe e não oculte informações (mesmo quando achar que talvez eles não consigam lidar com elas).
- Não trabalhe apenas o número regular de horas se tiver pedido à sua equipe para fazer horas extras.
- Não faça promessas aos funcionários para induzi-los a fazer sacrifícios pessoais em benefício do projeto.
- Forneça recompensas significativas aos funcionários quando o projeto for concluído.

Graeme Bayless Fala Sobre Gestão Eficaz de Projetos de Games:::::

Graeme Bayless (Presidente da Kush Games — uma divisão da 2K Sports)

Graeme atua no setor de desenvolvimento de games há 25 anos e dirige o desenvolvimento de games para computador há 18 anos. Em sua longa carreira, já produziu mais de 60 títulos e trabalhou em praticamente todos os tipos de games, de simulações militares a games de ação, de RPGs a esportes, de filmes interativos a games de estratégia. Já foi programador, produtor, diretor, designer chefe e até gerente de controle de qualidade. Antes da Kush/2K, trabalhou para a Crystal Dynamics, Eidos, Sierra, Sega e Electronic Arts. O próprio Graeme admite que é viciado em games e, quando não está trabalhando e examinando documentos de gestão, pode ser encontrado jogando praticamente qualquer tipo de game disponível no mercado. Além dos games para computador, ele também é aficionado por games de tabuleiro com miniaturas, cinema, literatura e astronomia.

Regra 1: Seja honesto, principalmente consigo mesmo. Isso pode parecer ridiculamente óbvio, mas na verdade não é. Sua integridade é crucial para seu sucesso na vida, tanto profissional como pessoal. Se não tiver isso, você não tem nada. Além disso, porém, há um aspecto mais sutil: a incrível capacidade do ser humano de se autoiludir. Digamos que você é o produtor de um grande projeto que está no meio do seu ciclo de produção. A administração superior lhe pede para fazer uma alteração significativa que não foi incluída no cronograma. Presumindo-se que não sejam fornecidos recursos adicionais e que não haja alterações no cronograma, isso significa que você provavelmente terá de cortar algo para encaixar essa mudança, certo? Bem, é extremamente comum que os produtores simplesmente aceitem a modificação e esperem "encontrar tempo em algum lugar" — basicamente se convencendo de que não é uma mudança tão difícil ou tão extensa quanto sabem que é. O resultado? Um esforço condenado ao fracasso e uma equipe desmotivada. Em suma, nunca tente iludir a si próprio ou aos outros para acreditar em coisas que não são factíveis. Se for sempre honesto, poupará para si próprio um bocado de dores de cabeça.

Regra 2: Aprenda a dar um passo atrás. Os produtores quase sempre vêm da "infantaria": são ex-programadores, ilustradores, designers, redatores ou testadores. Entretanto, o trabalho do produtor não tem qualquer relação com qualquer uma dessas funções. A menos que esteja fazendo expediente duplo (e, se estiver, pare e releia a Regra 1), é importante que não tente ser produtor mantendo ao mesmo tempo seu trabalho anterior. Se for um ex-designer, deixe o trabalho de design por conta do designer. Comente e transmita a sua visão, mas deixe que façam seu trabalho. Você é um facilitador, não um executor.

Regra 3: Se não fizer mais nada, comunique-se. Você terá dado um passo importante rumo ao sucesso se conseguir manter todo mundo informado e se comunicando — mesmo que não faça mais nada na equipe. Cada dia perdido porque alguém não entendeu que as ordens mudaram é um dia que você desperdiçou porque não conseguiu manter o fluxo de comunicação dentro da equipe. Se fizer isso muitas vezes, seu game será gravemente afetado. Há um milhão de maneiras de manter as vias de comunicação abertas. Encontre a que for melhor para você e use-a constantemente!

Saia da Frente

A experiência ensinou-me que a melhor maneira de gerenciar um projeto é escolher as pessoas certas e sair da sua frente. Gosto de dizer às minhas equipes que o produtor executivo de um projeto é apenas o escravo de nível hierárquico mais alto — meu trabalho é garantir que eles tenham tempo, equipamentos e espaço para fazer o deles. Esse método de gestão nunca falhou. Em regra, uma equipe que recebe a oportunidade de assumir o controle não apenas floresce: ela passa a exibir um desempenho além de qualquer expectativa. Isso significa que os líderes devem se conter e deixar que seus subordinados façam o trabalho divertido; sempre há aquela tentação de botar o dedo na torta e mexê-la um pouco. Afinal, é para isso que estamos no setor de desenvolvimento de games: para criar games divertidos. Entretanto, os dirigentes devem resistir a essa tentação e proporcionar às suas equipes espaço suficiente para que expandam seus limites e sejam criativas.

— Jessica Mulligan (Produtora Executiva da Sunflowers GmbH)

Ouça Sua Equipe!

Os bons líderes de projetos são mestres em sua disciplina; os grandes líderes de projetos são gestores flexíveis e acessíveis. Os desenvolvedores de games tendem a ser passionais em suas opiniões sobre o que é melhor para um game, bem como em sua ética de trabalho quase suicida. Todos os bons ilustradores, programadores, designers, produtores e testadores têm opiniões arraigadas sobre como um projeto deve ser conduzido. É impossível contentar a todos, mas é crucial ouvir e levar em consideração as opiniões de todos os membros da equipe, mesmo quando suas ideias são inviáveis. Líderes de projetos que conseguem ouvir pacientemente e recusar ideias com diplomacia são fundamentais para extrair o melhor desempenho (e o melhor game) de suas equipes.

— Matt Maclean (Designer da Obsidian Entertainment)

Starr Long Fala Sobre os Mantras da Gestão do Desenvolvimento de Games:::::

Starr Long (Produtor da NCsoft Corporation)

Starr Long trabalha na produção de games há mais de 14 anos. Foi o primeiro Diretor de Projeto do sucesso comercial *Ultima Online*, trabalhando juntamente com Richard Garriott, criador da série *Ultima*. Starr subiu internamente na hierarquia da Origin Systems, começando no departamento de controle de qualidade de *Wing Commander*, *Ultima* e muitos outros títulos. Atualmente, está trabalhando com Richard Garriott no desenvolvimento do game *Tabula Rasa* para o gigante coreano dos games on-line NCsoft, criadores da franquia Lineage, o maior game on-line do mundo.

Mantra 1: "Nenhuma quantidade de ego vale qualquer quantidade de talento". Desenvolvedores com uma atitude profissional são um requisito indispensável. Não há nada mais prejudicial ao desempenho de uma equipe que os atritos internos — geralmente resultantes do conflito de egos. O ego bloqueia o ciclo de feedback e faz com que as pessoas se apeguem às suas próprias ideias, tornando-se inflexíveis.

Mantra 2: "Se você não está se divertindo enquanto cria o game, os jogadores não se divertirão ao jogá-lo". Proporcione à sua equipe uma atmosfera tranquila e profissional. Organize eventos de confraternização e de reforço da camaradagem. Sempre mantenha a equipe em um tamanho razoável; ter mais de 25 pessoas em uma mesma equipe é arriscado. Equipes grandes têm dificuldades para se comunicar e permanecer em sincronismo. Com equipes maiores, os gestores (inclusive chefes e produtores) gastam tempo demais gerenciando pessoas em vez de gerenciar o projeto.

Mantra 3: "Seja um líder e não apenas um gerente". Admita seus erros e aprenda com eles. Use a inspiração, não a humilhação. O reforço positivo é muito mais poderoso e motivador que o reforço negativo. Mantenha toda a equipe permanentemente informada sobre o estado do projeto, adotando um nível sistematicamente alto de comunicação; sempre seja descritivo nas reuniões do grupo e forneça relatórios regulares (por exemplo, diários, semanais ou mensais) à sua equipe.

Mantra 4: "A ficção explica o modo de jogar; portanto, o modo de jogar não deve ter de explicar a ficção". O design de um game, antes de mais nada, deve se concentrar na forma como ele é jogado. Nem mesmo o gênero precisa ser definido antes que a mecânica do game seja esboçada.

Mantra 5: "Nenhum plano sobrevive ao contato com o inimigo". A pré-produção do design do game deve se limitar à elaboração de um cronograma geral. O design detalhado será desenvolvido juntamente com a equipe de programação à medida que ela implementa um determinado sistema.

Mantra 6: "É um game, mas também um serviço". Os games on-line têm necessidades específicas. Tenha em mente que um game on-line é, ao mesmo tempo, um serviço e um game e não apenas um desses. Lembre-se também de que um game on-line é um game — não um mundo nem uma simulação.

Mantra 7: "Estável, rápido, divertido — nessa ordem". Se o game não for estável e não tiver uma taxa confiável de atualização da tela, seu grau de diversão não terá qualquer importância.

Richard Garriott Fala Sobre Momentos Inesquecíveis no Desenvolvimento de Games:::::

Richard "Lord British" Garriott (Diretor de Criação da NCsoft)

Um legítimo veterano do setor de games para computador, Richard Garriott é mais conhecido pela criação e publicação de um campeão de vendas, a série *Ultima* — incluindo o primeiro game on-line comercialmente bem-sucedido, *Ultima Online*. Em uma carreira que abrange mais de duas décadas, Richard recebeu numerosos prêmios, que incluem sua inclusão entre os "15 Integrantes Mais Influentes do Setor" da *Computer Gaming World*, "Elite Norte-Americana" da *Next Generation*, "Deuses dos Games" da *PC Gamer* e "Designer do Ano" da *PC Games*. Ele e seu irmão, Robert, também foram considerados "Empreendedores do Ano" pela *Inc. Magazine*. Em um setor cuja popularidade atualmente é comparável à da indústria cinematográfica, Richard Garriott é um dos poucos "astros" amplamente reconhecidos. Seu primeiro game foi publicado quando ainda era um adolescente. Sob o pseudônimo "Lord British", Richard criou o *Ultima I* (e, subsequentemente, toda a série *Ultima*). Quando *Ultima II* foi lançado em 1982, ele já era disputado pelas editoras por sua excelência e visão criativa. Em 1983, Richard e seu irmão Robert constituíram a Origin Systems, Inc. A empresa, sediada em Austin, Texas, é reconhecida como um dos líderes mais inovadores no mundo constantemente mutável do software de entretenimento. Em 1992, a Origin foi adquirida pela Electronic Arts, líder global no setor do software de entretenimento. Na Origin, Richard continuou a acrescentar novos episódios à série *Ultima*, tornando-a uma das séries mais bem-sucedidas e de maior duração na história do software de entretenimento. Em 1997, Richard e sua equipe criaram um novo gênero com *Ultima Online*, um game tecnologicamente revolucionário. O sucesso contínuo desse game é medido pelas centenas de milhares de pessoas que continuam a jogá-lo em todas as partes do mundo e pela explosão de games on-line que ocorreu desde seu lançamento. Richard aposentou-se da Origin em abril de 2000 e formou a Destination Games com o irmão Robert. Em 2001, a Destination Games tornou-se parte da NCsoft, onde Richard continua a desenvolver produtos inéditos e inovadores.

Depois de 25 anos, há muitos momentos inesquecíveis! Estas foram algumas de minhas experiências favoritas:

- Ser morto (inesperadamente e dentro do game, é claro) no final da versão beta de *Ultima Online*.
- O protesto em grande escala de usuários "bêbados e nus" em *Ultima Online*.
- Sessões musicais improvisadas de madrugada na Origin.
- A cena das "Crianças Assassinas" que aparece em todas as versões de *Ultima* desde *Ultima IV*. Quando desenvolvi o *Ultima IV*, criei um game para testar as virtudes dos jogadores. Uma das coisas que fiz foi incluir uma sala cheia de

crianças malignas que atacavam o jogador quando ele entrava nela. Eu sabia que isso produziria uma discussão entre os jogadores sobre como sair vivo da sala sem ferir as crianças, o que poderia acarretar a perda de pontos de moralidade. No fim, os jogadores não podiam ser feridos. Entretanto, minha própria família achou que isso era terrível. Eles acreditavam que eu seria visto como alguma espécie de advogado do diabo que defendia a violência contra as crianças. Esse problema, porém, nunca existiu. Ninguém jamais reclamou. Assim, em todas as versões de *Ultima* subsequentes a *Ultima IV*, sempre incluímos uma sala de "Crianças Assassinas" para relembrar essa situação especial.

- Pegar um dos nossos desenvolvedores incluindo sua própria porta dos fundos[1] (sala secreta) em uma das primeiras versões de *Ultima*, o que forçou toda a equipe a modificar a sala imediatamente antes do lançamento para que esse truque ficasse fora de alcance dos jogadores. Um dos nossos desenvolvedores criou uma sala secreta na qual podia manter todos os equipamentos necessários para vencer o game. Se isso chegasse ao conhecimento do público, teríamos fornecido uma trapaça para que os jogadores chegassem ao fim do game sem tê-lo concluído realmente. Portanto, o que fizemos foi modificar a sala de modo que, quando o jogador entrava pela porta dos fundos, em vez de encontrar uma grande quantidade de equipamentos gratuitos, ele se deparava com Lord British, que exclamava: "Como ousa trapacear neste jogo?!" e o matava instantaneamente. Esse *Ultima* foi salvo no último minuto.
- Pregar peças nos funcionários e "modificar" ligeiramente seus escritórios enquanto eles estavam viajando. Foram tempos inesquecíveis!

Documentação do Game

A documentação do game é criada durante as fases de conceito, pré-produção e produção para informar os membros da equipe e parceiros em potencial (como a editora, o fabricante ou o licenciador) sobre os componentes do projeto. A documentação atende a duas finalidades: garantir que os membros da equipe compreendam suas respectivas funções no processo de desenvolvimento e convencer outras empresas a desenvolver, financiar a produção ou ajudar de outras maneiras a transformar o game em realidade. Lembre-se de que as descrições e os elementos da documentação citados a seguir são apenas para sua orientação. Ainda não existem normas estritas de documentação no setor, embora os itens a seguir representem os componentes essenciais necessários para proporcionar uma base sólida.

[1] Do inglês *back door*, o termo diz respeito à inclusão, não autorizada, por um programador, de alguma característica no jogo ou programa de computador que permitiria a quem soubesse do *back door* obter alguma vantagem sobre o jogo ou software (N.R.T.).

Don Daglow Fala Sobre a Relação Entre Tecnologia e Criatividade:::::

Don Daglow (Presidente e Diretor-Presidente da Stormfront Studios)

Don L. Daglow é presidente e diretor-presidente da Stormfront Studios desde que fundou a empresa em 1988. Os principais títulos da Stormfront incluem o game de ação-aventura *Eragon* (Xbox 360, PS2, Xbox, PC; publicado pela Vivendi Universal Games, baseado no filme da 20th Century Fox) e *The Lord of the Rings: The Two Towers* (PS2/Xbox, publicado pela EA, baseado no filme de Peter Jackson). Descrito pela Electronic Games como "um dos produtores mais conhecidos e respeitados em toda a história do setor", Don recebeu em 2003 o Prêmio CGE por "realizações inovadoras que moldaram o Setor de Videogames". Antes de fundar a Stormfront, foi diretor de desenvolvimento de games para Intellivision na Mattel, produtor na Electronic Arts e diretor da divisão de Entretenimento e Educação da Broderbund. Projetou e programou o primeiro game de beisebol para computador em 1971 (um feito registrado na Galeria da Fama do Beisebol em Cooperstown), o primeiro game de RPG para computadores mainframe (*Dungeon* para mainframes PDP-10, 1975), o primeiro game de simulação (Intellivision *Utopia*, 1981) e o primeiro game a usar múltiplos ângulos de câmera (Intellivision *World Series Major League Baseball*, 1983). Foi um dos designers do título *Earl Weaver Baseball* (1987), inscrito na Galeria da Fama dos Games para Computador, e da primeira aventura gráfica on-line multijogador massiva, o original de *Neverwinter Nights*, para a AOL (1991-1997). Em 2003, foi eleito para o conselho de diretores da Academia de Artes e Ciências Interativas. Foi também um dos vencedores da competição New Voices, do National Endowment for the Humanities, para peças de teatro. É formado em Redação pelo Pomona College, com mestrado pela Claremont Graduate University.

O aumento exponencial da capacidade do hardware inverteu a relação entre criatividade e tecnologia que predominou nos últimos 25 anos. Nos primórdios dos games para computador, tínhamos grandes sonhos de produzir games visualmente espetaculares. Porém, os limites de resolução da tela, memória, tamanho dos cartuchos (lembra-se deles?) e velocidade de processamento impunham sérias restrições à tradução do conceito em realidade. Os programadores gastavam mais tempo fazendo os games caberem em máquinas primitivas do que com o processo criativo em si. Continuamos sonhando com games excitantes. Mas, hoje em dia, as únicas limitações estão em nossa capacidade de criá-los e na necessidade de encontrar editoras que se disponham a financiar o custo de produção, que varia de 5 a 20 milhões de dólares.

O Debate sobre Documentação de Games

Há controvérsias no setor sobre a eficácia de criar uma documentação detalhada durante o processo de planejamento de um game. Na prática, muitos elementos de um game mudam drasticamente durante as fases de pré-produção e produção, seja por problemas relacionados à implementação, cronograma, orçamento ou tendências do mercado seja apenas porque um alto executivo mudou de ideia. Se possível, deve-se evitar a produção de documentos enciclopédicos relacionados ao design de um game. Durante a fase de pré-produção de *Ultima Online II*, o produtor Starr Long e sua equipe gastaram quase três meses produzindo "um detalhado documento de design com 150 páginas. Acabamos alterando completamente pelo menos 75% do design, o que tornou inútil boa parte desse trabalho". Continua a ser uma boa prática colocar o projeto de um game em um formato estruturado na fase inicial para que a equipe de desenvolvimento compreenda a visão do projeto, mesmo que isso venha a mudar ao longo do percurso. Apenas evite a "síndrome da dissertação documental"!

Brian Reynolds Fala Sobre Começar de Zero:::::

Brian Reynolds, veterano com 15 anos de experiência no setor, é reconhecido como um dos designers de games mais talentosos e produtivos. Homenageado pela revista *Game Magazine* como um dos 25 "Deuses dos Games", Reynolds supervisionou o design de uma série ininterrupta de games de estratégia bem-sucedidos, inclusive *Civilization II*, que vendeu vários milhões de cópias, *Alpha Centauri* e *Rise of Nations*, bem como novos games como *Rise of Legends* e *Catan Live*. É altamente considerado por seu domínio da arte da programação, uma dupla especialização que lhe proporciona a vantagem considerável de poder transformar suas próprias visões em realidade, consolidando sua reputação de produzir games de estratégia altamente refinados. Como diretor-presidente da Huge Games, Brian concentra-se nas atividades criativas da empresa, dedicando a maior parte de seu tempo ao desenvolvimento direto de novos conceitos e protótipos de games.

Brian Reynolds (Diretor-Presidente e Diretor de Criação da Big Huge Games)

Acredito que começar um game totalmente novo a partir de zero é o aspecto mais preocupante do processo. Por um lado, você tem uma infinidade de opções criativas; por outro, a maioria delas não leva a lugar algum. Criar algo que seja novo e inovador, mas também funcional e reconhecível como um game que as pessoas queiram comprar e jogar, pode ser extremamente difícil. Para isso, é necessário dividir o problema em etapas menores e solucioná-las uma de cada vez.

Conceito

O documento de *conceito* (também conhecido como documento de *venda*) é o resultado do estágio de desenvolvimento do conceito. A principal finalidade desse documento é transmitir o objetivo e a finalidade do game proposto. O documento ajuda a administração (ou um possível investidor ou editor) a avaliar se a ideia do game é viável, oportuna e factível. A finalidade desse documento é vender a ideia às fontes de financiamento, editoras ou outras instâncias decisórias na empresa. O documento não deve ter mais que cinco páginas, e sua criação não deve consumir mais que uma semana. O produtor ou o diretor de criação geralmente é responsável pela preparação desse documento. São descritos a seguir vários componentes que devem ser incluídos.

Premissa

Também conhecida como *conceito geral*, a *premissa* é a ideia básica do game, como é explicado no Capítulo 4. A premissa consiste em uma ou duas frases endereçadas diretamente ao jogador, descrevendo a atmosfera e o "diferencial" do game. Pense na premissa como algo que será utilizado nos cartazes e na parte frontal da embalagem do game, próxima ao título.

Motivação do Jogador

Como você aprendeu no Capítulo 6, a maioria dos games tem condições de vitória e derrota. A declaração de *motivação do jogador* deve abordar sucintamente a condição de vitória do game. Como o jogador vence? O que motivará o jogador a realmente ir até o final do game? Por exemplo, talvez o jogador seja motivado pelo desejo de competir, solucionar quebra-cabeças ou explorar.

Diferencial

O que torna seu game único? Por que o público preferirá jogar o seu game em vez dos títulos do concorrente? Seu *diferencial* é aquilo que destaca seu título dos demais. Por que o game deve ser desenvolvido? O que o torna especial? Descreva sucintamente e forneça argumentos que comprovem o diferencial, usando não mais que um parágrafo. Talvez seja útil relacionar também os recursos específicos que tornarão o game excepcional — o que pode ser qualquer coisa, desde um estilo gráfico incomum até uma tecnologia avançada da engine do game. Pense no diferencial como o conteúdo que será incluído no verso da embalagem do game.

Público-alvo

O *público-alvo* é a parte do público de jogadores que terá maior probabilidade de jogar o game. No Capítulo 2, você conheceu os aspectos demográficos, psicográficos e geográficos dos usuários de games. Aplique essas informações ao tipo de jogador que mais apreciará o seu game. Lembre-se de incluir uma faixa etária específica. O público-alvo também está relacionado ao gênero do game. O comprimento dessa seção não deve ser superior a um parágrafo.

Você Quer Que Eles Espirrem!

Não fique achando que todo mundo jogará o seu game, porque isso não acontecerá! A chave aqui é enfocar grupos menores de pessoas que não apenas desejarão jogar o seu game, mas que também levarão seus amigos a fazê-lo. O guru do marketing Seth Godin chama essas pessoas de "espirradores" que disseminarão o "vírus da ideia" para outras. (As estratégias de marketing são discutidas mais detalhadamente no Capítulo 12.)

Gênero

No Capítulo 3, você conheceu todos os *gêneros* básicos que têm sido utilizados para classificar games. Esses gêneros não são baseados no cenário ou na atmosfera, como acontece nos meios de entretenimento tradicionais, como o cinema, mas no modo de jogar ou estilo do game. Que gênero você escolherá para seu game? Se estiver pensando em combinar gêneros (criando um *híbrido*) ou inventar um gênero novo, tenha em mente que o setor tende a considerar isso um empreendimento arriscado. Se estiver buscando fundos ou parcerias externas, lembre-se de que os editores e financiadores deverão ser convencidos de que seu híbrido inovador ou gênero totalmente novo será um sucesso. Como não é possível analisar o desempenho de vendas de games do mesmo gênero, seus parceiros em potencial poderão hesitar em investir seu dinheiro e credibilidade em algo que não é absolutamente seguro. Se o gênero escolhido já estiver consolidado, gaste algumas palavras para especificar e definir o gênero com relação ao seu game. Se estiver usando um gênero original ou um híbrido, descreva-o em um parágrafo.

Lionhead Studios Limited

Seu game será uma simulação de processo, como *The Movies*, em que os jogadores poderão criar conteúdo original?

Classificação Etária

No Capítulo 3, você conheceu as várias classificações fornecidas pelo Comitê de Classificação de Software de Entretenimento (ESRB). Indique qual será a classificação ESRB esperada para seu game e o porquê.

Seu game terá a classificação "E", para qualquer tipo de público, como *Viva Pinata*?

Plataforma de Destino e Requisitos de Hardware

No Capítulo 3, foram descritas as várias plataformas utilizadas no desenvolvimento de games: fliperama, consoles, dispositivos portáteis (por exemplo, telefones celulares, dispositivos sem fio e PDAs) e computadores pessoais (PCs). Na maioria dos casos, é necessário algum relacionamento com o fabricante do hardware associado à plataforma específica. Como foi discutido no Capítulo 3, a plataforma de computador dispensa esse requisito porque não é uma plataforma proprietária. A plataforma móvel requer um relacionamento com um prestador de serviços que atue como editora. Os principais fabricantes de plataformas de console atualmente são Sony, Microsoft e Nintendo. Os fabricantes de portáteis incluem Nintendo, Sony e Nokia.

Sua plataforma de destino será um dispositivo portátil, como o DS Lite?

Escolha uma plataforma de destino para seu game e indique se também pretende adaptá-lo para outra plataforma. Se estiver desenvolvendo originalmente para o Windows PC, indique se pretende criar uma versão para Macintosh. Sua escolha de plataforma primária estará intrinsecamente ligada ao público-alvo e ao gênero. Discuta sua plataforma de destino primária e o motivo dessa escolha em um parágrafo. Se também pretende desenvolver para outras plataformas, discuta também as razões para essa decisão. Lembre-se de incluir os requisitos técnicos mínimos e recomendados para a plataforma primária escolhida.

Desenvolvimento para Dispositivos Móveis: O Problema da Diversidade

O maior problema que afeta o desenvolvimento para dispositivos móveis no momento é a diversidade de plataformas. Os elementos gráficos frequentemente precisam ser reformatados para cada novo tamanho de tela; os telefones de diferentes fabricantes oferecem suporte a diferentes versões de Java; e a integração com a operadora acarreta outras dificuldades. Alguns desenvolvedores oferecem suporte a até 80 versões diferentes em um único game.

— Greg Costikyan (Diretor-Presidente da Manifesto Games)

Licença

Se o seu game será adaptado de uma propriedade sujeita a licença, indique isso. Você fez um contrato de exclusividade com o licenciador? Inclua informações adicionais sobre a popularidade dessa propriedade e seu apelo em mercados específicos. Quase todos os games de esportes incluem o uso sob licença de logotipos, nomes e elementos característicos de times.

Atari, Inc.

Você terá recursos orçamentários para obter a licença de uma propriedade cinematográfica, como a Atari fez com a Warner Bros' para produzir o game *The Matrix*?

Análise Competitiva

Selecione de três a cinco títulos bem-sucedidos disponíveis atualmente no mercado e discuta como seu título poderá competir com cada um deles. Lembre-se de associar essa vantagem competitiva ao diferencial do game. Use um parágrafo por game, incluindo título (como cabeçalho secundário), gênero e uma descrição de sua premissa. O mais importante é explicar como o game competirá eficazmente com cada um desses games. Como ele se diferenciará dos outros e no que ele será melhor?

Microsoft Corporation

Algum dos seus concorrentes é um sucesso de vendas, como *Gears of War* da Epic Games?

Objetivos

Quais são suas expectativas para a experiência do usuário com o seu game? Que sensações você está tentando produzir? É importante ir além da ideia de "diversão". Você está tentando fornecer emoção, tensão, suspense, desafio, humor, nostalgia, tristeza, medo ou uma simplesmente uma sensação difusa de contentamento? Você quer que os jogadores criem suas próprias histórias e personagens? Discuta como o game atingirá esses objetivos.

Proposta do Game

A *proposta* do game é um complemento do documento de conceito, descrevendo mais detalhadamente todos os componentes do documento anterior. A finalidade da proposta é apresentar os detalhes do game a uma empresa ou possível parceiro que já esteja interessado na ideia (talvez depois de ler o documento de conceito). Esse documento é muito mais longo que o documento de conceito — geralmente de 10 a 20 páginas — e também pode ser usado para explicar detalhadamente o game a possíveis membros da equipe antes que eles comecem a planejar seu desenvolvimento. O produtor e os diretores das equipes de arte, programação e design participam da elaboração desse documento. (Às vezes um tratamento narrativo é adotado nesse estágio, abordando-se especificamente a premissa e os elementos da história, como a história anterior, a sinopse da história e as descrições dos personagens, nas seções subsequentes.) Todas as seções incluídas no documento de conceito devem constar da proposta. Além disso, as seguintes seções devem ser incluídas:

Gancho

Um *gancho* é um elemento que atrairá os jogadores para o game e os manterá nele. Por que alguém compraria esse game? Escolha de três a cinco de suas melhores características para responder a essa pergunta. Os ganchos podem ser baseados nos aspectos visuais, no áudio, no modo de jogar, na história ou na atmosfera, qualquer coisa que, em sua opinião, atrairá e manterá a atenção do jogador.

Modo de Jogar

No Capítulo 6, você conheceu alguns dos elementos básicos do *modo de jogar*. Esta seção deve relacionar de 10 a 20 elementos que descrevam a experiência de jogar o game. Que tipos de desafios o game apresenta? Que caminhos o jogador pode escolher? Discuta as atividades em que o jogador pode se envolver, como exploração, combate, coleta de objetos, solução de problemas, construção, administração ou cooperação com outros jogadores.

Recursos On-line

Se o seu game deverá incluir um componente multijogador on-line, discuta os recursos pertinentes nesta seção. Você pode incluir aqui elementos relacionados ao trabalho cooperativo em equipe, serviços de localização de jogadores de nível compatível e modos de jogador contra jogador (PvP, *player vs. player*).

Tecnologia

A seção de *tecnologia* é opcional e deve ser incluída apenas se você pretende incorporar ao game tecnologias especiais de software ou de hardware. Se pretende licenciar um motor de game de terceiros, discuta seus recursos aqui. Você incorporará recursos inovadores, como metamorfose de personagens e reconhecimento de voz?

Características da Arte e do Áudio

Discuta nesta seção as características únicas da arte ou do áudio, especialmente se puderem ser utilizadas como argumentos de venda do game. Você licenciará músicas já existentes para o game? Pretende contratar um compositor conhecido para escrever a trilha sonora? Usará técnicas de captura do movimento de pessoas relevantes do mundo real no processo de animação dos personagens? Talvez seja útil fornecer exemplos de mídias populares relacionadas.

Detalhes da Produção

Inclua uma seção discutindo os detalhes da produção, inclusive a equipe de desenvolvimento, o orçamento e o cronograma. Qual é o estágio atual da produção? Você já desenvolveu um protótipo ou ainda está no estágio de desenvolvimento do conceito? Descreva em poucas frases toda sua equipe de desenvolvimento e use subtítulos para apresentar cada membro da equipe e sua função esperada no projeto. Escreva parágrafos curtos (uma a três frases) descrevendo a experiência, os créditos anteriores e a qualificação para a função de cada membro da equipe. Forneça uma estimativa aproximada de quanto espera gastar no total. Apenas como orientação, 500 mil dólares significa que você vê o game como um projeto pequeno e 5 milhões de dólares significa que você espera que ele seja um grande sucesso. (Se estiver desenvolvendo o game em esquema independente, seu orçamento será consideravelmente menor.) Além disso, seu orçamento dependerá substancialmente da plataforma. Um game de primeira linha baseado na internet ou para dispositivos móveis pode custar apenas 100 mil dólares; entretanto, um título AAA para PS3 pode custar 25 milhões de dólares. (Considere que um MMOG de primeira linha pode chegar facilmente ao dobro desse valor!) Você também pode propor uma data de conclusão para o produto e alguns prazos intermediários. Lembre-se de que os elementos de orçamento e cronograma incluídos na proposta não são finais. Em vez disso, eles indicam à editora o nível de ambição do projeto. É comum incluir também um orçamento preliminar detalhado para cada fase.

História Anterior

No Capítulo 4, você aprendeu que a história anterior é uma descrição sucinta de tudo o que aconteceu antes do início do game. Resuma a história anterior do seu game em um parágrafo curto. (A história anterior também será incluída no tratamento, se pertinente.)

Sinopse da História

O Capítulo 4 discutiu os componentes de uma narrativa convincente. Descreva a sinopse de sua história em um parágrafo. Não detalhe os diferentes pontos do enredo; limite-se à ideia principal. Concentre-se nos aspectos dela que podem ser únicos ou emocionalmente atraentes. Inclua também uma discussão sobre como o modo de jogar (discutido no Capítulo 6) refletirá a história. O que o jogador fará no game? Que tipos de ambientes ou cenários o jogador encontrará? (A sinopse da história também será incluída no tratamento, se pertinente.)

Descrição dos Personagens

No Capítulo 5, você aprendeu a elaborar uma breve descrição de cada personagem. Incorpore esses resumos dos personagens, com um parágrafo, à sua proposta (e ao tratamento, se aplicável). Informe o nome de cada personagem principal (como um subtítulo) e inclua a descrição física, características de personalidade, antecedentes/história e relevância para a história do game.

Proteção de Direitos Autorais

Se você pretende fornecer cópias de seus documentos de conceito ou de proposta a possíveis editores, desenvolvedores ou investidores, adote algumas medidas de proteção da sua propriedade intelectual. Se quiser indicar que não autoriza a produção de cópias para distribuição, inclua a frase "Confidencial — Não Distribuir" na página de título e no cabeçalho ou rodapé de todas as páginas subsequentes. Forneça cópias somente a um grupo selecionado de pessoas. Numere cada cópia e registre o nome da pessoa ou da empresa associada a cada número. Você também pode solicitar que cada pessoa que terá acesso à cópia assine um acordo de confidencialidade — um contrato curto, com uma página, indicando que o destinatário compromete-se a preservar a confidencialidade do seu documento e das ideias que ele contém em troca da autorização para vê-lo. Embora seja uma prática comercial comum, é importante ressaltar que alguns editores (ou outras fontes de financiamento) podem se sentir incomodados com isso e recusar-se a assinar o acordo. De fato, a maioria das editoras tem seus próprios acordos de confidencialidade e é comum que insistam em usar esse formato. Por outro lado, alguns investidores estão acostumados a receber acordos de confidencialidade e não farão qualquer objeção a assiná-los. Um acordo de confidencialidade mútuo também é uma opção; isso assegurará que os direitos e obrigações são mútuos e não unilaterais. Sempre defina claramente que os documentos lhe pertencem incluindo seu nome na página de título e um aviso de direitos autorais no cabeçalho ou no rodapé de cada página. O formato do aviso de direitos autorais é "© [ano] [titular dos direitos autorais]". O meu, por exemplo, seria o seguinte: © **2007 Jeannie Novak**.

Análise de Riscos

Esta seção discute tudo o que pode dar errado com o projeto e como você deve se preparar para lidar com esses problemas, caso ocorram. São alguns riscos comuns a que os projetos estão sujeitos:

- Dificuldades de recrutamento de mão de obra.
- Atrasos na entrega de materiais (como os kits de desenvolvimento de software dos fabricantes de consoles).
- Dependência de fontes externas para componentes tecnológicos cruciais.
- Desenvolvimentos tecnológicos competitivos.
- Tecnologias experimentais ou decisões de design que podem afetar o cronograma.
- Normas de proteção dos ativos.

Esta seção também deve incluir seus comentários sobre quais partes do projeto são relativamente seguras. Se alguns riscos tradicionais já estiverem cobertos, indique isso. Por exemplo, talvez você já tenha montado toda a equipe.

Orçamento de Desenvolvimento

É provável que uma editora exija um *orçamento de desenvolvimento* (ou análise de lucros e perdas) na fase de proposta. Trata-se de uma estimativa dos custos da produção do game até seu lançamento no mercado, juntamente com estimativas de todas as receitas previstas. Sua empresa provavelmente terá uma declaração de lucros e perdas disponível. Se você for um desenvolvedor independente apresentando uma proposta a uma editora, não terá acesso às estruturas de custo da editora. Nesse caso, em vez do documento de lucros e perdas, você terá de incluir seu orçamento de desenvolvimento. São citados a seguir alguns itens que deverão ser relacionados. (Uma discussão detalhada sobre esses itens está além do âmbito deste livro, mas a lista deve lhe dar uma ideia geral do que é esperado.)

- *Custos diretos*: são calculados multiplicando as estimativas de pessoas por mês pelos salários do grupo e somando a esse valor os custos de equipamentos, custos fixos e eventuais custos externos (taxas de licenciamento e serviços terceirizados como som, música, redação ou efeitos gráficos especiais).
- *Custo das mercadorias vendidas (COGS)*: é o custo dos materiais físicos tangíveis incluídos no produto do game, como embalagem, disco, caixa protetora do disco e manual.
- *Marketing*: a equipe de marketing precisará elaborar uma estimativa dos gastos com a promoção do game na mídia impressa, e televisiva, on-line e por meio de folhetos ou painéis de exibição em pontos de venda.
- *Fundo de desenvolvimento do mercado (MDF)*: são os custos pagos pela editora às lojas no canal de varejo por espaço proeminente e destaque nas laterais das prateleiras, sinalização especial e anúncios rotativos.
- *Estimativas de receita*: considere o preço unitário do game e o tamanho do mercado-alvo. Presumindo-se que apenas uma parte do público-alvo compre o game, qual deverá ser a receita proveniente das vendas? Se estiver propondo um game multijogador on-line baseado em um modelo financeiro de assinatura mensal, inclua também a renda mensal prevista a partir dessa fonte de receita.
- *Provisões*: inclua provisões para devoluções, despesas gerais da empresa e cálculos de pagamentos de direitos autorais caso o game seja baseado em uma licença externa.
- *Retorno do investimento (ROI)*: isso deve demonstrar que a empresa poderá lucrar mais investindo em seu game do que em algum empreendimento menos arriscado, como depositar o dinheiro no banco e receber juros por dois anos.

Arte Conceitual

Se possível, inclua ilustrações conceituais e esboços dos personagens e cenas relacionadas ao game. Os personagens devem ser mostrados de frente, de perfil e de costas. Forneça também algumas simulações bidimensionais de telas do game mostrando seu ambiente e seus personagens principais. Descreva o estilo artístico que pretende usar no personagem e no cenário do game. Será semelhante ao de histórias em quadrinhos, gótico, realista, surrealista, hiperrealista?

Arte por Mark Soderwall

Exemplo de arte conceitual produzida pelo diretor de arte Mark Soderwall.

Documento de Design do Game

O *documento de design do game* (DDG) é muito mais longo que os documentos de conceito ou de proposta. Geralmente com 50 a 200 páginas, seu objetivo não é vender a ideia. Em vez disso, a única finalidade do DDG é ser usado como guia de referência durante o processo de desenvolvimento do game. O DDG concentra-se no modo de jogar, na história, na interface e nas regras do game. Ele deve especificar as regras do game com um nível suficiente de detalhamento para que você, em tese, possa jogar o game sem usar um computador. (Na verdade, jogar uma versão em papel de um game é uma maneira barata de obter feedback sobre o seu design — e a criação de protótipos em papel sempre deve ser considerada durante o processo de desenvolvimento.) Em razão do comprimento do DDG, deve haver um índice após a página de título. O documento mudará quase diariamente à medida que o projeto evoluir. É importante que ele esteja disponível em rede e os membros da equipe de desenvolvimento possam fazer alterações nele a qualquer momento. Além dos itens incluídos na proposta do projeto, o DDG deverá incluir os elementos discutidos nas próximas seções.

Interface do Game

No Capítulo 8, você conheceu os elementos de uma interface de game funcional. Nesta seção, você deverá descrever cada interface passiva e ativa que pretende incluir no game. Inclua os seguintes itens:

- Elementos que pretende incluir em cada interface.
- Tempo de produção necessário.
- Custo de produção.
- Necessidade de cada interface e dos elementos associados.
- Viabilidade da interface para o público-alvo e o gênero.
- Características de utilização.

Firaxis Games

Você irá usar uma árvore de tecnologia semelhante à de *Civilization IV* como parte da sua interface?

Habilidades e Itens dos Personagens

O Capítulo 5 descreveu as habilidades e os itens do personagem que podem existir em um game. Discuta as habilidades adquiridas, inatas, de combate e de defesa de cada personagem controlado pelo jogador e personagem não jogador (NPC). Que armas e itens avulsos cada personagem poderá controlar ou encontrar durante o game? Incorpore a cada descrição a arte conceitual e a sinopse incluídas na proposta.

Nintendo

Os personagens portarão itens simbolizando suas habilidades ou poderes (como a chave inglesa de Andy em *Advance Wars 2*, que simboliza sua habilidade intensificada de consertar seus equipamentos)?

Mundo do Game

O Capítulo 7 abordou os níveis associados ao mundo do game. Descreva os elementos presentes em cada nível, inclusive efeitos cinemáticos, arte, modo de jogar, animação, personagens, itens coletáveis e itens perigosos no cenário.

Motor do Game

Há muitas divergências entre as equipes de programação, design e arte com relação às limitações associadas ao motor do game. É importante que todas as equipes estejam em sintonia e que os designers e artistas criem mundos e elementos artísticos para o game conhecendo essas limitações. Inclua nesta seção informações da equipe de programação sobre o que o motor do game pode ou não fazer. Os elementos desta seção podem incluir:

- Número de personagens que podem estar presentes na tela simultaneamente.
- Número de animações por personagem.
- Restrições ao ponto de vista da câmera e do game.
- Polígonos disponíveis por nível e por personagem.
- Número de cores por mapa de textura.
- Compatibilidade com controladores especiais (interfaces manuais).

GarageGames

Você irá usar um motor que suporta duas plataformas (PC/Mac), como o *Torque*, para desenvolver o game?

Lembre-se de que o DDG pode variar de acordo com os detalhes de um projeto específico e há muitos modelos diferentes disponíveis. (Um modelo de DDG e um exemplo real são fornecidos no CD que acompanha este livro.)

::::: Command & Conquer: Generals — *Zero Hour*: Desenvolvendo um Motor de Game Proprietário

Electronic Arts

O principal desafio associado ao desenvolvimento de um motor de game proprietário [em oposição ao licenciamento de um motor preexistente] é a necessidade de implementar todos os recursos a partir do zero. Como resultado, geralmente não há tempo suficiente para refinar o game. Às vezes, parte dessa tarefa pode ser incorporada ao pacote de expansão. Nesse particular, acho que fizemos um excelente trabalho com *Command & Conquer Generals: Zero Hour*. Havendo um motor decente para ser licenciado, eu optaria pela licença. Nós criamos o motor RTS Sage para *Command & Conquer: Generals* a partir do zero — em parte porque não havia qualquer motor RTS disponível para ser licenciado. Entretanto, reutilizamos a biblioteca 3D e o método de processamento visual de outro título da Electronic Arts. Sou favorável ao reaproveitamento máximo do código existente. Em geral, adaptar o código existente é muito mais rápido que escrevê-lo a partir do zero.

— John Ahlquist
(Fundador da Ahlquist Software)

Guia de Estilo da Arte

A finalidade do *guia de estilo da arte* ou *plano de ilustração* (consistindo basicamente em um conjunto de ilustrações) é estabelecer a aparência geral do game e fornecer uma referência para o trabalho de outros ilustradores. Esse documento geralmente é elaborado pelo artista conceitual e pelo diretor de arte para garantir que um estilo consistente seja adotado em todo o game. Dependendo do gênero, parte das ilustrações incluídas nesse documento pode estar na forma de esboços a lápis, mas sempre é útil ter algumas imagens digitalizadas que reflitam a aparência final do game. Deve-se incluir também uma biblioteca de referência visual que reflita a direção que a arte deve tomar. As imagens dessa biblioteca podem ser provenientes de qualquer publicação impressa ou site da Web, mas devem ser utilizadas apenas como referência e nunca no produto final!

Documento Técnico de Design

O *documento técnico de design* é baseado no documento de design do game e, geralmente, é redigido pelo gerente ou diretor técnico do projeto. Esse documento descreve aspectos específicos do motor do game — o software em que o game se baseia — e o compara a outros motores disponíveis no mercado. Ele define: como será feita a transposição do conceito do game para o software (conhecida como *roteiro de produção de tecnologia*); quem participará do desenvolvimento do motor; que funções cada pessoa deverá desempenhar; quanto tempo será gasto para concluir cada tarefa; que ferramentas básicas serão utilizadas para construir o game; e quais itens de hardware e de software deverão ser adquiridos.

Brian Fargo Fala sobre Limitações Técnicas:::::

Brian Fargo (Diretor-Presidente da inXile Entertainment)

Brian Fargo tem mais de 20 anos de experiência no setor de publicação de software, o que inclui a fundação da Interplay Entertainment Corp em 1983. Quando estava na Interplay, Brian estabeleceu uma parceria com a Universal/MCA e, subsequentemente, colocou as ações da empresa no mercado em 1998. Além da Interplay, Brian constituiu uma empresa de entretenimento on-line em parceria com a Softbank em 1996 e foi membro do conselho de diretores da Virgin Europa após sua aquisição pela Interplay em 1998. Também fez parte da diretoria da Associação de Software Digital Interativo (IDSA) [atualmente conhecida como Associação de Software de Entretenimento (ESA)] e foi palestrante principal em eventos importantes do setor, como E3, Global Gaming Forum e a Conferência de Desenvolvedores de Games.

O aspecto mais complexo do desenvolvimento é prever com antecedência todos os problemas técnicos. Sempre digo que os games são divertidos de começar, mas extremamente difíceis de terminar. Essas decisões preliminares são cruciais para determinar se o produto final será capaz de atender aos objetivos que o game se propõe. Um game excelente pode ser arruinado por um problema técnico, como a taxa de redesenho da tela, a memória de texturas ou problemas de renderização.

Plano do Projeto

O *plano do projeto*, geralmente preparado pelo produtor, descreve o percurso que será adotado para desenvolver o game. Começando com as listas de tarefas básicas descritas no documento técnico de design, ele estabelece dependências, acrescenta horas operacionais e transforma tudo isso em um cronograma real. O plano final do projeto inclui um plano de recursos, um orçamento, um cronograma e os marcos intermediários que ajudarão a monitorar o progresso do projeto.

O *plano de recursos* é uma planilha relacionando todas as pessoas envolvidas no projeto, quando começarão a trabalhar e quanto de seus salários será dedicado ao projeto. Ele obtém no documento técnico de design as datas das aquisições de hardware necessárias para apoiar o pessoal envolvido e estima quando os custos externos (como a mão de obra terceirizada) serão contraídos. Depois de aplicar os custos fixos, você poderá usar esses números para calcular os requisitos financeiros mensais e o orçamento geral do game. O plano do projeto é revisto e atualizado durante todo o transcorrer do projeto. Alguns produtores usam programas de gestão de projetos (como o Microsoft Project) para essa finalidade. Lembre-se de que é fundamental respeitar o cronograma e cumprir o prazo final de lançamento. Se o projeto sofrer atrasos por falha de planejamento, você poderá vender menos unidades que o previsto, porque todas as atividades publicitárias e jornalísticas, inclusive pré-avaliações e avaliações do produto, são agendadas pelas equipes de marketing e relações públicas para coincidir com a data de lançamento do produto.

Plano de Testes

Um *plano de testes* geralmente é criado pelo departamento de controle de qualidade. Ele consiste na construção de hipóteses a serem testadas e na criação de uma lista de verificação discriminando cada aspecto ou área que deve ser enfocada durante o processo de testes. O plano de testes documenta esses procedimentos e descreve como o game será testado. Ele é revisado sistematicamente durante o processo para abranger áreas novas ou modificadas.

Este capítulo descreveu detalhadamente o processo de desenvolvimento de um game, inclusive suas fases, estratégias de gestão e documentação. No próximo capítulo, passaremos do funcionamento interno de um estúdio de desenvolvimento de games para um tema mais público: a assistência e as atividades de marketing voltadas para a comunidade de jogadores antes e após o lançamento de um game.

:::REVISÃO DO CAPÍTULO:::

1. Cite as diferentes fases do processo de desenvolvimento de um game e discuta a finalidade e a importância de cada fase.

2. A liderança é uma capacidade importante, embora frequentemente subutilizada, na gestão do desenvolvimento de um game. Por que isso acontece e que estratégias são utilizadas pelos produtores e outros gestores ao liderar equipes de desenvolvimento de games?

3. Escolha três formas de documentação de um game e discuta a importância de cada uma para o processo de desenvolvimento. Descreva três componentes de cada forma de documentação. Em sua opinião, por que é necessário incluir esses componentes na documentação?

4. Escreva um documento de conceito para seu game original. Concentre-se em como vender a ideia do game. Por que o game será bem-sucedido no mercado?

5. Prepare um documento de design para seu game original, concentrando-se nas características únicas que ele terá e nas funções e responsabilidades do pessoal envolvido em seu desenvolvimento. Depois de ler esse documento, sua equipe deverá ter uma ideia bem clara de como desenvolver o game.

6. Qual é a importância do design iterativo? Discuta as três fases do design iterativo e o que acontece em cada uma delas. Como essas fases estão interligadas? Como o mercado de jogadores é envolvido no processo de design iterativo?

7. Se você estivesse liderando o projeto de desenvolvimento de um game, que estratégias adotaria para equilibrar o tempo, o custo e a qualidade?

8. Desenvolva um protótipo analógico (versão de mesa) ou digital do seu game original. Que elementos você incluirá no protótipo? Forneça as razões para não incluir certos elementos nesse momento. Peça a um grupo de pessoas para testar a jogabilidade do seu game e fazer comentários sobre a mecânica do modo de jogar, história/personagem, atmosfera, funcionalidade e "fator diversão".

12
CAPÍTULO

Marketing e Manutenção:

desenvolvendo a comunidade

Perguntas-chave do Capítulo

- Quais são as atribuições das funções associadas ao marketing — como publicidade, relações públicas, vendas e promoção?
- Quais são as funções de assistência ao cliente no setor de games?
- Como são criadas e mantidas as comunidades de fãs?

Compreender a comunidade de jogadores de um game é essencial para desenvolver uma campanha de marketing eficaz. Cultivar essa comunidade estenderá a longevidade do game, aumentará sua popularidade e permitirá a introdução de expansões, atualizações e mesmo games novos para uma base de usuários fiéis. As comunidades on-line são essenciais para os games on-line. Todos os canais de comunicação on-line (como fóruns de discussão, e-mails, mensagens instantâneas, salas de bate-papo, boletins de notícias) devem ser disponibilizados permanentemente aos jogadores.

Marketing

O *marketing* envolve a divulgação do game junto a um determinado mercado--alvo de jogadores (conforme foi discutido no Capítulo 2) e o convencimento desse público de que deve adquirir o game. A editora do game (que pode ser independente ou parte do estúdio de desenvolvimento do game) geralmente assume a responsabilidade pelo marketing. No Capítulo 2, você conheceu os aspectos geográficos, demográficos e psicográficos — métodos utilizados para segmentar um mercado em nichos menores com maior probabilidade de comprar o game. Várias funções são agrupadas sob o rótulo geral de marketing, inclusive publicidade, relações públicas, vendas e promoção. Todas utilizam esses métodos, ao mesmo tempo em que apoiam e cultivam comunidades de jogadores. Às vezes, essas funções são divididas em departamentos separados, mas todos usam princípios de marketing para atingir seus objetivos.

> Os anúncios que mostram o game sendo jogado são, na minha opinião, os mais persuasivos. Nos comerciais de marketing de um game utilizados atualmente, em geral o trailer exibe sequências cinemáticas do game para demonstrar a qualidade visual, mas costumo perder o interesse quando só é mostrada a aparência do game quando não está sendo jogado.
>
> *— Jacques Montemoino (estudante de Arte e Design de Games)*

Como foi discutido no Capítulo 2, o marketing de massa tradicional tenta convencer o maior número possível de pessoas a comprar seu produto. Em contraste, o marketing de nicho é direcionado a um segmento menor do mercado abrangendo os usuários que se tornarão fãs incondicionais do seu produto. O analista de marketing Seth Godin, autor de *Purple Cow*, chama esses primeiros usuários de "espalhadores" (*sneezers*), porque disseminam individualmente a mensagem de marketing (o "vírus da ideia") para amigos, familiares e colegas. Em vez de tentar convencer todos os usuários de games a comprar o produto (isso nunca acontecerá!), pense no tipo específico de pessoa que não deixaria passar a oportunidade de jogá-lo. Um bom começo é examinar o gênero do game. Se o seu game é um RPG, você realmente acredita que os usuários de games de ação poderiam se interessar em jogá-lo? Talvez alguns o façam, mas por que perder tempo concentrando-se nos usuários de games de ação quando você desenvolveu um game que tem mais apelo entre os jogadores de RPG? Para refinar ainda mais seu nicho de mercado, considere o cenário, a história e os personagens do game — bem como o ambiente, os níveis e o modo de jogar que você incorporou a ele.

> Geralmente só presto atenção ao que as editoras têm a dizer sobre o game na parte traseira da caixa. Os comerciais raramente me interessam, porque em geral são animações processadas fora do game.
>
> *— Brian McCabe (estudante de Arte e Design de Games)*

Ivo Gerscovich Fala Sobre Estratégias de Marketing Eficazes para Games:::::

Antes de ingressar no setor de games, Ivo Gerscovich trabalhou em *Professional Sportscar Racing* (uma série de corridas de automóveis incluindo Porsches, Ferraris, Lamborghinis e outros carros esporte de ponta). Em seguida, ajudou a lançar a Fox Sports Interactive, que introduziu vários videogames de esportes baseados nos eventos esportivos transmitidos pela Fox Television. Na Fox Interactive — divisão da Fox Television que cuida de videogames baseados em filmes e TV —, Ivo foi responsável pelo marketing e promoção de títulos como *Buffy: The Vampire Slayer*, *X-Files*, *Aliens* e *Die Hard*. Na Vivendi Universal Games, foi diretor de marketing ou diretor de gestão global da marca em *Robots*, *The Incredible Hulk: Ultimate Destruction*, *Ice Age 2: The Meltdown* e *Eragon*.

Ivo Gerscovich (Diretor de Marketing e Diretor de Gestão Global da Marca da Vivendi Universal Games)

Minha função principal como diretor de marketing é trabalhar com uma equipe de marketing talentosa para desenvolver uma visão clara e um plano de marketing sólido para um produto e depois garantir que a equipe permaneça focada na execução dessa estratégia. Minhas responsabilidades diárias incluem: gestão de orçamento e lucro; análise de mercado (análises do ambiente competitivo e das tendências de vendas); desenvolvimento de planos de marketing e gestão da marca; publicidade; apoio às vendas; intermediação entre a Vivendi e o grupo de marketing internacional, o licenciador e os estúdios de entretenimento. Estas são algumas das estratégias que recomendo para um marketing de game eficaz:

- **Utilize o marketing para destacar o produto**: hoje em dia, o maior desafio para qualquer profissional de marketing é fazer seu novo videogame ser percebido pelos consumidores e pelo importantíssimo canal de varejo. Para que um game seja bem-sucedido, a comunicação de marketing deve estar "acima do ruído" que se refere ao bombardeio de milhares de mensagens de marketing relativas a centenas de videogames feito ao consumidor. A concorrência entre os games por espaços privilegiados nas lojas, pela atenção do consumidor e por sua preferência de compra é tão intensa que tudo o que um profissional de marketing faz deve ser voltado para a diferenciação do game nesse mercado altamente competitivo. Os pontos restantes apenas detalham melhor esse ponto inicial.
- **Crie expectativa com relação a um produto**: estimule a curiosidade e a expectativa sobre um game disseminando informações *prévias* entre os jogadores e nos canais de varejo que os atendem. Os varejistas de videogames (lojas) ouvem os clientes. Portanto, quanto mais consumidores estiverem falando sobre um produto, maior será o interesse das lojas em tê-lo em suas prateleiras. Essa é uma área em que os profissionais de relações públicas realmente podem ajudar, espalhando "segredos dos bastidores" e "análises preliminares" na TV, na mídia impressa, em canais on-line e no rádio para estimular a expectativa entre os jogadores muito antes de o game ser lançado.

- **Seja diferente — e consistente:** para diferenciar seu produto em um mercado superlotado, comunique os aspectos dignos de atenção e os recursos únicos do modo de jogar de seu produto. Pergunte a si mesmo "o que torna esse game excelente?" e martele sistematicamente essa ideia em todas as suas comunicações de marketing.
- **Desenvolva uma campanha de publicidade eficaz**: os materiais publicitários são responsáveis por boa parte da tarefa de transmissão da mensagem de marketing para a audiência mais ampla de jogadores que você pretende atingir. Portanto, é essencial criar uma campanha de alta qualidade, que force os consumidores a interromperem o que estiverem fazendo para prestar atenção à sua mensagem.
- **Deixe que testem seu game**: quando o game é bom, permitir que as pessoas o experimentem por meio da distribuição de "demos" antes do lançamento ou montar quiosques em eventos locais para que os usuários o joguem pode realmente ajudar a estimular a demanda. Entretanto, a produção de "demos" ou a contratação de pessoas para trabalhar nos eventos em locais públicos pode ser muito custosa!

Merchandising e Produtos Associados

O marketing dos games e séries de alto orçamento — especialmente aqueles que têm personagens bem conhecidos, como Lara Croft e Mario — geralmente, é complementado por produtos associados, como filmes e livros ambientados no mundo do game, bonecos ou propriedades licenciadas, como histórias em quadrinhos e *mangás* (quadrinhos japoneses).

Godin também sugere que o marketing comece com o próprio produto. Os exemplos do que ele chama de produtos "notáveis" incluem aqueles que têm um design industrial exclusivo — como o Mini Cooper, um carro que faz seu próprio marketing quando é dirigido pelo proprietário. O processo de marketing começa no estágio de conceito, quando a *premissa* (ou *conceito geral*) do game e seu *diferencial* são incorporados ao documento de *conceito* (discutido no Capítulo 11). O que torna o game realmente único? Por que o público-alvo seria induzido a jogá-lo e a comentar isso com outras pessoas? Por que eles prefeririam seu game aos títulos concorrentes? É comum que as equipes de marketing usem a premissa do game para ajudar o público a formar uma imagem mental dele.

Um dos elementos mais significativos de qualquer campanha de marketing é o uso eficaz de um site na internet para a empresa ou para o próprio game. Como será discutido mais adiante neste capítulo, as comunidades on-line de fãs constituem a base de boa parte do marketing verbal de um game. O conceito de disseminação de um "vírus de ideia" pelo "espirro", proposto por Godin, pode ser implementado facilmente no mundo on-line. Isso se deve ao que Malcolm Gladwell (autor de *The Tipping Point*) chama de *efeitos de rede.*

Como foi explicado no Capítulo 3, games on-line são games que operam em rede. Isso significa que os jogadores interagem por meio de uma rede (a internet) à qual seus computadores estão conectados. A internet não é um sistema de transmissão, mas de comunicação — mais semelhante a um telefone que à televisão. Entretanto, diferentemente de uma chamada telefônica envolvendo duas pessoas, a internet permite a interconexão livre e simultânea de diversas pessoas situadas em todas as partes do mundo. Essa capacidade de comunicação é particularmente evidente no e-mail, que permite o envio simultâneo de uma mensagem para milhares de pessoas, que, por sua vez, podem encaminhá-la para mais pessoas, e assim por diante (o que explica a existência do spam). As estratégias on-line que se beneficiam dos efeitos de rede incluem grupos de notícias e fóruns, salas de bate-papo, blogs, boletins informativos, links recíprocos, programas de afiliação e sites de fãs. Essas estratégias serão discutidas na seção "Comunidade", mais adiante neste capítulo.

::::: Arte da Embalagem do Game

NCsoft Corporation

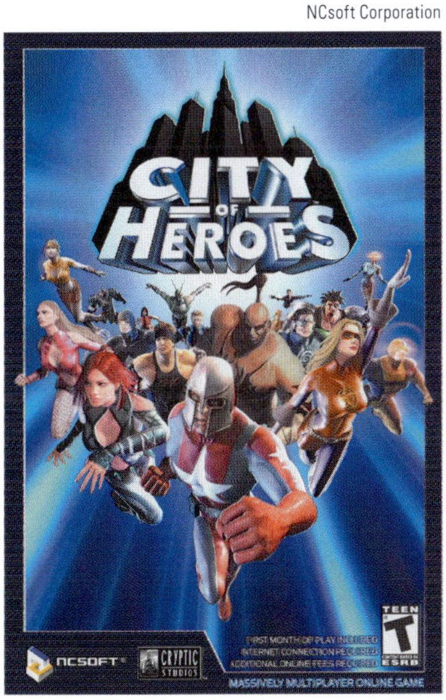

NCsoft Corporation

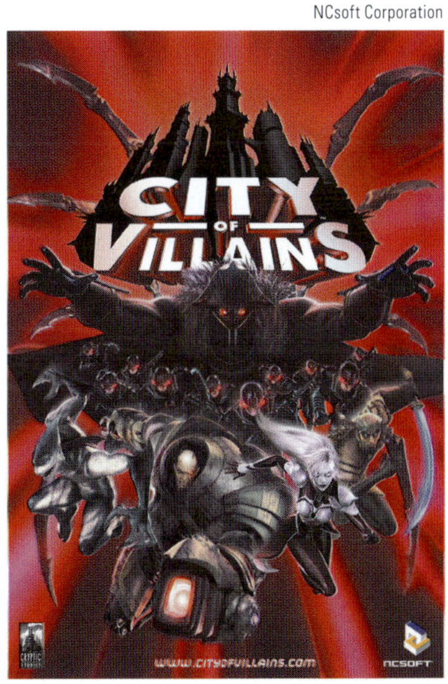

Arte da caixa dos games *City of Heroes* e *City of Villains*.

Alguns ilustradores especializam-se na criação de arte para materiais de marketing, como a embalagem dos games. Esses artistas não estão necessariamente na equipe de desenvolvimento, mas podem fazer parte do departamento de marketing. Por esse motivo, a arte da embalagem do game pode conter ilustrações que não refletem necessariamente a arte vista no próprio game.

Mercado Casual *versus* Dedicado

Como foi discutido no Capítulo 2, há uma tradição no setor de games de dividir a comunidade de jogadores em dois segmentos: jogadores casuais e jogadores dedicados. O jogador casual é alguém que raramente joga e pode ser atraído mais pelo apelo comercial de um game (por exemplo, uma adaptação de um filme ou livro popular, como *O Senhor dos Anéis*). O jogador dedicado é alguém que joga regularmente e, em geral, aprecia os recursos competitivos e as funções mais complexas do modo de jogar. O marketing de massa seria a abordagem empregada com jogadores casuais, enquanto o marketing direcionado seria mais apropriado para jogadores dedicados. Entretanto — como foi mencionado no Capítulo 2 —, essa segmentação do mercado entre jogadores casuais e dedicados não é ideal. Uma abordagem mais adequada seria dividir o mercado por gênero, plataforma, geografia e aspectos demográficos e psicográficos.

Sara Borthwick Fala Sobre a Função do Gerente de Marketing On-line:::::

Sara Borthwick (Consultora de Marketing e Gestão de Produtos de Mídia Digital)

Sara Borthwick trabalhou como gerente de marketing on-line na Atari e na Encore Software. Foi também consultora de marketing para a Fandango e a Accenture Strategy Consulting. Já promoveu quase cem games, inclusive *Dragon Ball Z: Budokai, Neverwinter Nights, Enter the Matrix, Civilization III, Test Drive, Unreal Tournament 2003, Backyard Sports, Horizons* e *Sacred.*

Nas empresas maiores, o profissional de marketing on-line é responsável pela elaboração da estratégia e das comunicações de marketing, enquanto um produtor on-line cria os sites, os anúncios e outros materiais on-line. Nas editoras menores, minhas responsabilidades cotidianas incluem praticamente qualquer coisa relacionada à internet, o que pode ser dividido em seis áreas básicas:

1. publicidade on-line
2. sites
3. varejo on-line
4. boletins informativos e programas de fidelização
5. assistência à comunidade/presença local
6. pesquisa

Em uma semana típica como gerente de marketing on-line, minhas atividades são as seguintes:

- Comunicar uma estratégia de marketing/comunicação ("marcom") à vice-presidência para obter recursos orçamentários para publicidade on-line. Negociar uma campanha com representantes de vendas de anúncios de sites de games direcionados e dar início à fase de criação do produto com um designer, enquanto otimizo uma campanha já em andamento. Ajustar o texto promocional para fins de otimização nos mecanismos de busca e visitar sites direcionados para verificar como os concorrentes estão anunciando seus produtos.

- Criar páginas do produto ou coletar informações de produtores e gerentes da marca para atualizar o site. Incorporar novas tecnologias úteis e garantir que os sites sejam fáceis de usar, relevantes e transmitam uma visão apropriada da editora. Contratar designers para criar sites de títulos específicos, de modo a proporcionar aos usuários informações suficientes para que tomem uma decisão de compra.
- Desenvolver campanhas promocionais para aumentar as receitas da loja virtual da empresa. Verificar se a navegação no site é intuitiva e convincente. Trabalhar com a equipe de vendas para aumentar os pedidos e as vendas no varejo dos parceiros on-line da editora (como Amazon.com, EBgames.com e BestBuy.com).
- Expandir o banco de dados de clientes com consumidores preferenciais qualificados. Estimular as compras contínuas na loja virtual por meio de promoções e as compras de múltiplos produtos por meio de boletins informativos direcionados.
- Fornecer uma estrutura para que os fãs dos produtos da editora interajam entre si, com a editora e com o desenvolvedor. Ouvir. Lidar com reclamações pertinentes da maneira mais direta possível. Localizar e explorar a base existente de usuários de produtos semelhantes, estabelecendo relacionamentos com formadores de opinião na comunidade de jogadores por meio de atividades de divulgação personalizadas.
- Estimar o nível de expectativa dos consumidores antes do lançamento de um game, coletando e analisando dados internos e registros de páginas acessadas no site da Web. Obter opiniões qualitativas de jogadores sobre produtos concorrentes semelhantes e sobre sua experiência preliminar com os games. Investigar novas tecnologias, atitudes e comportamentos dos consumidores e oportunidades de marketing.

O setor de games é extremamente volátil. Os games são uma mescla de arte e tecnologia. A qualquer momento, pode surgir um problema inesperado que provoque atrasos na produção ou a eliminação de elementos importantes de um game. Isso, por sua vez, pode levar ao adiamento da data de lançamento em meses ou até anos, forçando a equipe de marketing a reavaliar e, às vezes, refazer toda a campanha de marketing. A capacidade de reagir rapidamente às mudanças, sem que isso afete o planejamento prévio — além de habilidades de comunicação extremamente desenvolvidas —, é essencial para o sucesso no marketing de games. Finalmente, o conhecimento dos games e da mentalidade dos jogadores também é necessário para produzir comunicações de marketing criativas e eficazes e para conquistar o respeito dos desenvolvedores — alguns dos quais têm mentalidades de estrelas do rock!

A Relação entre Arte e Marketing

A pior coisa que pode lhe acontecer é ter um game excelente de que ninguém jamais ouviu falar. Não queremos isso, mas também não queremos distrair a equipe dos prazos rígidos. Portanto, geralmente cabe ao Diretor de Arte alimentar a voraz máquina de marketing com reproduções da tela, ilustrações, uma ou outra arte conceitual que ficou particularmente interessante... qualquer coisa que possa ser usada para construir uma boa imagem do projeto.

— Marc Taro Holmes
(Diretor de Arte da Ensemble Studios)

Publicidade

A equipe de *publicidade* tenta atingir o mercado por meio de anúncios pagos nos canais de comunicação, como televisão, rádio, revistas, jornais e sites. Na abordagem de marketing direcionado, os anúncios são adquiridos em canais voltados para games ou até dedicados a um gênero específico, como a revista *Computer Gaming World* (voltada para a plataforma de games para computador), o canal de TV a cabo *Tech TV* (voltado para tecnologia de ponta) ou o site *Just-RPG.com* (voltado para games de RPG e aventura).

Os anúncios de *Grand Theft Auto* atraem a atenção do espectador exatamente como um ótimo trailer de cinema ou *machinima* — incorporando-o instantaneamente à ação, contando parte da história e surpreendendo-o com música espetacular.

— Jed Smith
(Compositor da Betafish Music)

Digital Extremes

Capcom Co., Ltd. Reprodução autorizada.

Cartazes e papéis de parede para computador (como estes de *Dark Sector* e *Lost Planet*) são usados para promover games.

Por Que é Tão Importante Atingir o Mercado da Geração do Milênio?

A Geração do Milênio é a maior em termos demográficos. À medida que amadureçam e definam um estilo geracional específico, seus integrantes tornarão obsoletos muitos formatos culturais padronizados populares na era da Geração X, as décadas de 1980 e 1990. Quem não compreender os aspectos únicos dessa geração estará lutando sua "última guerra" e criando mídia para uma cultura jovem que já não existe mais. Além disso, a Geração do Milênio está mais familiarizada com os games que a anterior e provavelmente os transformará em sua mídia predominante quando amadurecer.

— Pete Markiewicz, Ph.D.
(Instrutor de Design de Mídia Interativa do Instituto de Arte da Califórnia em Los Angeles)

Marketing Multitarefa

O aspecto mais difícil do processo de marketing de videogames é lançar muitos títulos em um curto período de tempo. Naturalmente, o terceiro e o quarto trimestres são os principais meses para lançamentos, porque é quando o setor de games mais vende. E as equipes de marketing devem ser capazes de lidar simultaneamente com múltiplos títulos e tarefas, trabalhando com prazos rígidos a qualquer momento para estar a postos nessas datas cruciais. Há um número gigantesco de providências que devem ser tomadas na área de marketing como preparação para o lançamento de um game. Para lançar vários títulos ao mesmo tempo — o que exige que você se familiarize com novas propriedades, conduza análises de mercado, desenvolva planos de marketing, crie embalagens atraentes e anúncios espetaculares, gerencie orçamentos, e assim por diante. Você terá de chegar mais cedo e sair mais tarde do trabalho. Por outro lado, é isso que torna o marketing de games tão excitante e gratificante!

— Ivo Gerscovich
(Diretor de Marketing e Gestão Global da Marca da Vivendi Universal Games)

Relações Públicas (RP)

A função da equipe de *relações públicas (RP)* é informar o público sobre o game — frequentemente muito antes que ele seja lançado. As atividades de RP incluem contatos com os serviços informativos e a impressa especializada em games em diferentes meios: revistas, jornais, rádio, televisão e sites da Web. Suas metas incluem obter análises prévias, críticas, entrevistas, matérias e capas. A equipe de RP geralmente usa materiais produzidos pelas equipes de arte, design e programação, como versões de demonstração, vídeos, arte conceitual e reproduções da tela, para montar kits de divulgação em formato analógico e digital para os canais de mídia.

Diários do Desenvolvedor: uma Estratégia Única de RP

Os *diários do desenvolvedor*, como os que são encontrados em sites de games e de notícias sobre games (por exemplo, *gamespy.com*), podem ser encarados como uma maneira usada pelo desenvolvedor para comunicar suas experiências aos jogadores, reforçando, assim, o vínculo desenvolvedor-jogador. Os diários também são uma excelente estratégia de marketing, permitindo que o público conheça o game antes que seja lançado. O envolvimento direto dos desenvolvedores no processo de RP faz com que as notícias sejam vistas como informações legítimas, e não como "propaganda".

Vendas

A equipe de *vendas* mantém relacionamentos com compradores de lojas de varejo virtuais e físicas, atacadistas, lojas de descontos, cadeias de locação de vídeo e fabricantes de hardware. Seu objetivo é não apenas distribuir o game nesses canais, mas também colocá-lo em posição de destaque nas lojas. A equipe também tenta fazer acordos com os fabricantes de sistemas para que o game seja incluído com a plataforma de hardware.

Promoção

A *promoção* consiste na realização de eventos, concursos, testes, premiações e atividades de merchandising para despertar o interesse do público em um produto. O merchandising promocional pode incluir adesivos, cartazes, bonés e camisetas exibindo a arte de capa do game. Esses materiais podem ser distribuídos gratuitamente a possíveis consumidores em lojas de varejo de games ou oferecidos com o próprio produto. Os concursos podem incluir prêmios em dinheiro ou em mercadorias aos jogadores que vencerem torneios do game. Uma das formas mais comuns de promoção para jogos on-line por assinatura é disponibilizar para download uma versão de demonstração, válida por 10 a 30 dias, para os clientes em potencial. Os eventos especiais podem incluir o registro dos interessados no game em lojas, demonstrações prévias em conferências, conversações on-line com os desenvolvedores do game e painéis educacionais para jogadores interessados em aprender a criar games.

> Permitir que eu jogue uma versão de demonstração do game — a abordagem de "experimentar antes de comprar" — é a forma mais poderosa de promoção. Convencer um articulista especializado e respeitado a escrever uma crítica detalhada do game também é muito útil.
>
> *— Dave Dawson (Ilustrador Ambiental da Snowblind Studios)*

Assistência ao Cliente

A equipe de assistência ao cliente é responsável pelas dúvidas e pelos problemas relacionados ao game. Os problemas podem variar de dificuldades técnicas para carregar o software do game até reclamações sobre comportamentos inadequados de outros jogadores (especificamente em games multijogador on-line). Uma prática comum nos games on-line multijogador massivos (MMOGs) era transferir parte das tarefas de atendimento ao usuário a jogadores experientes, que se ofereciam para participar voluntariamente como *mestres do game* (GMs), também conhecidos como guias, conselheiros ou companheiros. Como foi explicado no Capítulo 3, os GMs surgiram em *Dungeons & Dragons*® como aqueles que podiam mudar a direção do game. Os GMs on-line estão na linha de frente do atendimento ao cliente, atuando como mediadores entre os desenvolvedores e os usuários do game. Suas responsabilidades incluem penalizar jogadores que incomodam outros ou tentam fraudar o game; ajudar novos jogadores a se familiarizarem com o game; responder às perguntas que surgem durante o game; aceitar feedback dos jogadores.

Os membros da comunidade de jogadores de *City of Heroes* sempre são muito solícitos e o modo jogador--contra-jogador nunca é imposto. Considerando as funções de bate-papo e os ícones de emoções que permitem que você se expresse fisicamente, eles realmente fizeram um ótimo trabalho na criação de uma comunidade integrada.

— *Chris Lenhart (bacharel em Arte e Design de Games)*

Os jogadores da comunidade de *Neverwinter Nights* geralmente são solícitos e respeitosos, e é muito provável que você encontre servidores repletos de jogadores maduros.

— *Lisa Hathaway (bacharel em Arte e Design de Games)*

Carly Staehlin Fala Sobre a Importância das Comunidades de Jogadores On-line::::

Carly Staehlin atua no setor de games para computador há mais de sete anos. Na Origin Systems, introduziu o primeiro departamento de serviços à comunidade on-line no setor de games on-line multijogador massivos — um modelo que foi seguido por muitas outras empresas. Trabalhou em muitos títulos da série *Ultima* e foi também produtora de *Ultima Online* no apogeu de seu sucesso comercial. Também trabalhou com Richard Garriott e Starr Long no projeto do game on-line multijogador massivo *Tabula Rasa*, a ser lançado pela NCsoft.

Carly Staehlin (Consultora de Design On-line da Carly Staehlin Design)

A comunidade on-line que existe por causa de um MMOG, *mas fora dele*, tende a representar não mais que 30% da base de jogadores. Isso significa que 70% dos jogadores, embora joguem o game, provavelmente nunca visitarão o site e se comunicarão com o pessoal de suporte do game, apontarão defeitos ou interagirão de qualquer outra maneira com o desenvolvedor.

Tendo em vista essas proporções, talvez se possa imaginar que a comunidade externa ao game não é tão importante. Afinal, o procedimento padrão é investir energia naquilo que é visto e apreciado por 70% dos jogadores, atribuindo menor prioridade àquilo que afeta os 30% restantes. Entretanto, acredito que a comunidade externa que se desenvolve em torno de um game enriquece o ambiente do game para todos os jogadores. Os “líderes” dessa comunidade externa ao game tendem a ser muito ativos no ambiente do game. Seu nível relativo de contentamento e satisfação com o game pode ser medido, até certo ponto, pelo número de atividades de grupos de que eles também participam, ou ajudam a criar, dentro do game. Esses líderes fornecem mais conteúdo e entretenimento dentro do ambiente do game para todos os jogadores — inclusive aqueles que sequer percebem que estão interagindo com uma espécie de "líder comunitário". Por outro lado, acredito que um MMOG pode perfeitamente dispensar qualquer tipo de suporte on-line adicional fora do game, especialmente quando o game inclui os recursos "fora-do-game" tradicionais dentro de si próprio. Quando os conceitos de comunidade começarem a ser bem compreendidos, talvez precisem ser menos distanciados do próprio game; de fato, uma integração mais próxima pode ser benéfica.

Qualquer maneira de proporcionar ao jogador mais conteúdo, recursos, atenção ou oportunidades de diversão relacionadas a um game certamente o ajuda a ser mais bem-sucedido do que seria na ausência desses elementos. Além disso, não acredito que isso esteja limitado aos MMOGs, como se pode ver pelas comunidades de games de tiro em primeiro pessoa e de autores de modificações de games (*modders*).

Site Oficial

Uma das ferramentas de marketing individuais mais importantes é o site oficial do game, que também pode ser uma excelente fonte de assistência ao cliente. Independentemente do game ser ou não jogado on-line, os usuários tenderão a consultar o site em primeiro lugar em busca de notícias, atualizações ou assistência técnica. Os usuários também desejarão fornecer feedback sobre sua experiência com o game; portanto, lembre-se de que disponibilizar um fórum de debates para essa finalidade.

Electronic Arts

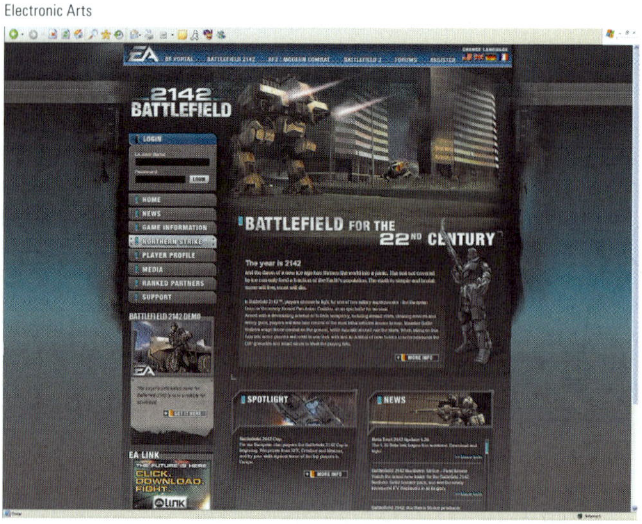

O site oficial de *Battlefield 2142*, da EA, fornece reproduções da tela, informações sobre a história e os personagens e notícias para jogadores reais e potenciais.

Tutoriais

Se você lançar um game multijogador on-line, forneça tutoriais em tempo real aos novos jogadores. O game on-line *Shanghai Dynasty* oferecia sessões semanais de aprendizagem prática. Além de fornecer a assistência necessária aos novos jogadores, essas sessões também proporcionavam aos desenvolvedores feedback sobre o conteúdo do game, programação, design e aspectos psicográficos, inclusive opiniões e preferências da comunidade de jogadores.

Fóruns de Jogadores

CCP

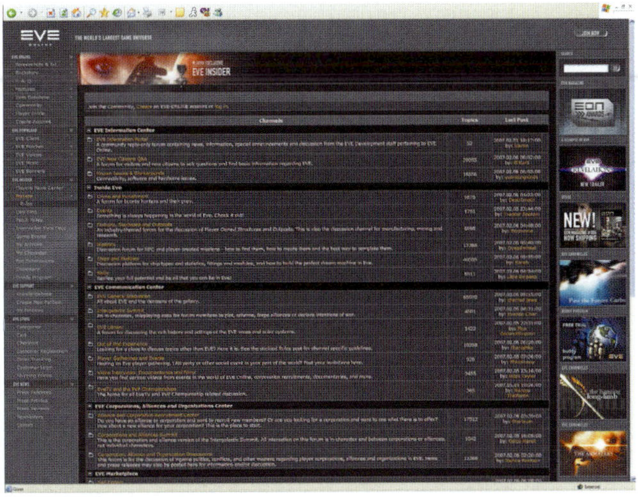

O fórum de jogadores *EVE Online* permite que os jogadores compartilhem suas experiências com o game.

Os *fóruns de jogadores* já existiam na internet muito antes da comercialização da rede. Por esse motivo, os membros de grupos criados nessa época tendem a reagir negativamente às técnicas de marketing ostensivas. Não obstante, esses grupos contêm os "espalhadores" ideais, porque seus membros são altamente focados no tema do grupo. Se ainda não houver um grupo de discussão formado em torno do seu game, crie um e controle-o. Associe-se a outros grupos de discussão (*groups.google.com*) voltados para o gênero ou a plataforma do seu game e participe deles, fornecendo aos usuários todas as informações que lhe forem solicitadas sem tentar vender o game ou qualquer material associado. Não crie novos temas de discussão (que poderão dar a impressão de marketing ostensivo), mas participe das discussões iniciadas pelos usuários. Obtenha feedback do grupo sobre como aprimorar o game.

Boletins Informativos

Ofereça aos jogadores a opção de se cadastrarem para receber *boletins informativoss* on-line, que são enviados regularmente aos jogadores. Não inclua os jogadores automaticamente na lista de distribuição do boletim, mas permita que eles optem por se *associar* (e por *cancelar a assinatura* quando não estiverem mais interessados). O boletim informativo pode conter informações sobre atualizações, expansões, dicas do game, outros produtos lançados por sua empresa, convites para participar de testes beta, promoções e qualquer outro assunto relacionado ao game (ou à sua empresa). Os boletins informativos permitem lembrar a comunidade de jogadores do seu game e demonstrar que você se importa com seus clientes.

IGN Entertainment, Inc

O *GameSpy Arcade* (*gamespyarcade.com*) contém um serviço de localização de jogadores compatíveis.

Localização de Jogadores Compatíveis

Se o seu game for on-line, considere a possibilidade de oferecer a seus clientes um serviço de *localização de jogadores compatíveis*. Serviços existentes, como o *GameSpy Arcade*, permitem que os jogadores encontrem possíveis adversários e membros de equipe com base nos games dotados de modo multijogador instalados em seus respectivos sistemas. Durante o processo de localização de jogadores compatíveis, os jogadores podem determinar que outros jogadores estão conectados e que games estão jogando no momento. Os jogadores também podem enviar convites para outros jogadores, solicitando uma sessão do game. (É interessante notar que os serviços de localização de jogadores compatíveis utilizam muitos dos recursos encontrados nos sites de formação de casais!)

Shattered Galaxy: Apoio às Comunidades de Jogadores Por Meio de Canais de Comunicação Interativos

Um dos métodos mais eficazes de apoiar comunidades on-line de jogadores é o uso de canais de comunicação *interativos*. A abertura do diálogo com os jogadores atende a dois objetivos principais. Primeiro, pode ser uma maneira eficaz de conhecer as opiniões e os desejos dos jogadores. Segundo, proporciona aos jogadores uma sensação de participação, aumentando sua fidelidade ao game e ao desenvolvedor.

A comunidade *Dark Mystics*, formada por jogadores de *Shattered Galaxy*, mostrou sua fidelidade ao game formando as letras "DM" com personagens do game.

Não é necessário que os canais de comunicação interativos sejam de alta manutenção. Em *Shattered Galaxy*, fizemos uma pesquisa entre os jogadores que se desconectavam do game para perguntar sua opinião sobre os elementos do game e as novas alterações. Além disso, os jogadores podiam votar em nosso site sobre recursos ou problemas que gostariam que abordássemos. Esses métodos deram aos jogadores uma voz, permitindo que ouvíssemos o que eles diziam com um mínimo de esforço de nossa parte.

Os sistemas de BBS (quadros de avisos) são, em minha opinião, um método altamente ineficaz de interagir com comunidades de jogadores. Constatamos que menos dos 5% dos jogadores participavam ativamente do BBS interno do game, enquanto mais de 30% participavam das pesquisas de opinião. Os quadros de avisos podem ser importantes, mas deve-se levar em conta que eles são dominados pela maioria mais atuante.

Além disso, lembre-se de que os jogadores sempre reclamam. Isso é positivo, mas não leve para o lado pessoal. As reclamações significam que eles se importam com o game e querem melhorá-lo. Se os seus jogadores subitamente ficarem em silêncio, então você tem um problema grave.

— *Kevin Saunders*
(Designer Chefe e Produtor da Obsidian Entertainment)

Comunidade On-line: Real ou Virtual?

O mundo on-line é extremamente real para muitos jogadores. No Capítulo 6, você aprendeu que alguns pagam dezenas ou centenas de dólares para adquirir itens ou dinheiro de um game. (Existe uma taxa de câmbio entre o *platinum*, a moeda do game *EverQuest*, e dólares norte-americanos.) Os jogadores até se encontram on-line, apaixonam-se e casam-se na vida real — algo que acontece com mais frequência do que você imagina. Os objetivos sociais dos jogadores podem variar substancialmente; alguns buscam parceiros de cibersexo, outros fazem contato com suas famílias (como as avós que jogam com os netos a milhares de quilômetros de distância).

Stephanie Spong Fala Sobre a Participação em Comunidades de Jogadores:::::

Stephanie Spong (escritora)

Stephanie é uma escritora e consultora independente residente no Novo México que está retornando aos games, à escrita e à pintura — atividades que adorava quando era criança — após uma vertiginosa carreira empresarial. Sua experiência inclui a direção da filial de Los Angeles da firma de design Razorfish; a prestação de serviços a grandes empresas nas áreas de estratégia de crescimento, estratégia de marketing e inovação como contratada da McKinsey and Monitor Company; a implementação de sistemas e programas de assistência ao cliente no Citibank; e o trabalho como analista financeira na Goldman, Sachs. É formada em Economia e Estudos Asiáticos com especialização secundária em Física e Japonês pela Brigham Young University, com mestrado pela Escola de Administração de Empresas de Harvard. Um de seus textos foi adquirido pela indústria cinematográfica. Atualmente divide seu trabalho como consultora de marketing e desenvolvimento de novos produtos com seus interesses criativos nas áreas de literatura, pintura e design de games. Adora viagens de aventura, motociclismo, dança de salão — e *Yohoho! Puzzle Pirates*.

A curiosidade sobre o gênero MMORPG, com seus mundos de estado persistente, me manteve imersa em *Yohoho! Puzzle Pirates* por semanas a fio, aumentando significativamente minha compreensão da atração que esses games exercem. No âmbito pessoal, já consegui trazer vários amigos e familiares para o game, o que o transformou em uma maneira casual de permanecer em contato com minhas sobrinhas e sobrinhos, irmãos e amigos distantes.

Minhas responsabilidades diárias no game incluem comandar missões de pilhagem, proteger o monarca da nossa bandeira, manter parte da nossa rede de abastecimento e treinar e desenvolver jovens piratas. No lado divertido, há leilões, compras de roupas e armas, combates contra monstros, duelos, torneios de bebida, desenho de uniformes para tripulações secretas... Participo da comunidade do game inventando missões absurdas que desafiam nossas habilidades e nossa capacidade de trabalhar em equipe, como atacar adversários imbatíveis ou explorar regiões distantes do mundo virtual raramente visitadas pelos novatos. Meu capitão se diverte com isso e me fornece os navios e recursos para executar essas missões, que mantêm os piratas ocupados e satisfeitos. Convenci nosso capitão a comprar uma pousada absurdamente cara em um leilão, o que proporcionou à tripulação um lugar para se encontrar on-line. O mundo é um lugar para ser ousado e aventureiro sem se preocupar com a morte real, desgraça real ou falência real. Mesmo assim, devo dizer que quando você comanda pela primeira vez um navio de guerra com 25 tripulantes reais que dependem de você para que a missão seja cumprida em segurança, sua adrenalina dispara! No lado social, tento incluir os novatos e as pessoas mais tímidas, exatamente como faço na vida real, para que todos se sintam aceitos.

O que motiva a continuar jogando o game é minha curiosidade sobre esse mundo complexo e surpreendente, repleto de pessoas reais com necessidades, metas e personalidades reais, bem como o prazer de interagir com essas pessoas em um mundo virtual. Quero entender o modo de jogar e os aspectos sociais desse gênero, o que inclui tanto os aspectos econômicos e as habilidades de solução de enigmas como o "quebra-cabeça social". Surpreendentemente, essa tem sido também uma jornada de autoconhecimento. Muitas vezes percebo que as situações que crio no game refletem exatamente situações da vida real.

"Prossumismo": O Jogador como Desenvolvedor

Em seu livro *A Terceira Onda*, o futurista Alvin Toffler cunhou o termo "prossumidor", uma combinação de produtor com consumidor. As funções dos jogadores (consumidores) e desenvolvedores (produtores) geralmente são distintas. Às vezes, porém, a linha que separa o jogador do desenvolvedor pode se tornar difusa. Os Capítulos 4, 5 e 7 discutiram como os jogadores podem participar do desenvolvimento da narrativa quando tomam certas decisões ao jogar o game; definem seus personagens, o que inclui até traços de personalidade; e constroem ambientes físicos e níveis baseados em um determinado game. Nesses casos, o jogador torna-se um prossumidor — uma combinação de jogador e desenvolvedor. Outros exemplos de prossumismo que ajudam a cultivar uma comunidade de jogadores são as modificações (*mods*), os sites de fãs, a arte dos fãs e a ficção dos fãs (*fan fic*).

Testador Beta: Uma Carreira na Comunidade?

O Capítulo 10 ressaltou a importância dos testadores beta no processo de desenvolvimento de um game. Muitos desses testadores são recrutados nas comunidades de jogadores on-line. Além de criarem um vínculo entre o jogador e o desenvolvedor, os testadores beta podem ser o primeiro passo em uma nova carreira. (Pelo menos um dos profissionais mais destacados do setor apresentados neste livro começou sua carreira como testador beta!)

Drew Davidson Fala Sobre o Poder das Comunidades de Jogadores:::::

Drew Davidson, Ph.D. (Diretor do Centro de Tecnologia de Entretenimento da Universidade Carnegie Mellon)

Drew Davidson é professor, produtor e usuário de mídias interativas. Com experiência prévia nos mundos acadêmico, industrial e profissional, Drew é interessado nas histórias contadas por meio de texto, quadrinhos, games e outras mídias. Foi professor titular de Arte e Design de Games e Design de Mídia Interativa no Instituto de Arte de Pittsburgh e fundou o Centro de Mídia Aplicada e Games de Simulação na Universidade da Pennsylvania em Indiana. Possui Ph.D. em Estudos de Comunicação pela Universidade do Texas em Austin. Foi Gerente de projeto sênior na divisão de Novas Mídias da Holt, Rinehart and Winston e gerente de projeto do departamento de Serviços de Aprendizagem na Sapient. Antes disso, produziu mídia interativa e games para a HumanCode. Atualmente, Drew participa do Sandbox Symposium (uma conferência sobre videogames da ACM SIGGRAPH) e é membro do Grupo de Interesse Especial em Educação da IGDA e do Comitê Diretor da ACTlab. É também Editor da recém-criada ECT Press; escreveu um livro sobre narrativas em diferentes mídias; além disso, está escrevendo outro sobre comunicação entre mídias.

No mundo da Web 2.0, mais do que nunca os jogadores podem se manifestar sobre o que desejam nos games que estão jogando. Isso oferece aos desenvolvedores oportunidades interessantes para decidir se ajustarão seus games em resposta às opiniões manifestas pelos jogadores em fóruns e outros meios. Evidentemente, quando um game já está sendo comercializado, esse processo não pode ocorrer em tempo real, mas como cada vez mais games estão sendo criados com um componente on-line, o aspecto de gestão da comunidade ganha uma dimensão adicional. Um game de realidade alternativa (ARG, *alternative reality game*) é um bom exemplo de gênero em que os desenvolvedores podem ajustar seu game quase instantaneamente com base na opinião dos jogadores. Na prática, isso apresenta aspectos positivos e negativos. Por um lado, pode ser útil para extrair dos jogadores um pouco mais de testes e feedback, permitindo que os desenvolvedores produzam um game melhor por meio de uma maior repetição após o lançamento. Por outro lado, não é aconselhável que a cauda balance o cachorro: o excesso de atenção ao volume substancial de feedback por parte dos jogadores pode afetar a qualidade geral de um game. Assim, acredito que o impacto explícito das opiniões dos jogadores só tende a crescer e que passaremos a ver mais games, como *Spore*, que incorporam conteúdos gerados pelos jogadores como parte integrante da experiência de jogo.

Nota da Autora: ARGs são narrativas interativas que utilizam o mundo real como plataforma, frequentemente envolvendo diferentes mídias e elementos de game, para contar uma história que pode ser afetada pelas ideias ou ações dos participantes. Esses games evoluem de acordo com as respostas dos jogadores e de personagens que, em vez de serem personagens não jogadores (NPCs), são controlados ativamente pelos designers do game.

Modificações

O valor de um game pode ser aumentado ao permitir que a comunidade de usuários modifique, expanda e personalize de qualquer outra maneira seu conteúdo (no que é conhecido como *modding*). Novas missões, modelos e cenários também podem aumentar a vida útil de um game. Para apoiar a comunidade de *modding*, pode-se oferecer aos jogadores a possibilidade de personalizar variáveis, scripts, animações, texturas, modelos, efeitos de áudio e níveis do game.

Modificações de *Neverwinter Nights* criadas pela afiliação Midreach.

Mark Precious Fala Sobre o Desenvolvimento de Modificações pelos Jogadores:::::

Mark Precious (Ilustrador e Escritor; ex-DM Chefe da Afiliação Midreach, uma modificação de *Neverwinter Nights*)

Mark Precious (cujo nome de jogador é "Fathom") foi DM (Mestre dos Calabouços) Chefe da afiliação Midreach de *Neverwinter Nights* de maio de 2003 a fevereiro de 2004. (Outros jogadores fundamentais para o desenvolvimento de Midreach foram Biocyde, Bonehead, Imago, Tarnaquin, Seancstew, Okiran, T'alia, Starfire, Schwebs, Yagyu Jubei, Hahnsoo e Dalt Wisney.) Mark, que nasceu em Los Angeles e joga RPGs há 24 anos, criou um universo de game chamado *The Golden Realm*, que inclui o planeta Sylgamar (onde Midreach está localizado) e vários outros mundos plenamente desenvolvidos. Atualmente está escrevendo um romance chamado *The Starflake*, um épico espacial de fantasia, combate e magia ambientado nessa região do universo. Ele afirma que desenha "mais ou menos profissionalmente" e pinta "muito mal".

Neverwinter Nights (NwN) é revolucionário porque inclui não apenas um conjunto de ferramentas semelhante aos editores de cenários de games anteriores, mas também um cliente DM (Mestre de Calabouços) que permite aos DMs executar suas próprias campanhas em tempo real com seus jogadores. Isso adiciona um novo nível aos games de RPG, colocando-os totalmente on-line. Portanto, no momento em que essa opção se tornou disponível, a única questão era determinar qual jogo de tabuleiro seria convertido para o mecanismo *NwN*. Optamos por um chamado Midreach. Em retrospecto, porém, talvez tivesse sido melhor criar um novo mundo a partir de zero para o mecanismo *NwN*, porque ele não representa com realismo a escala de um mundo em que um grupo de aventureiros estará operando.

Uma opção crucial para a equipe que desenvolve um módulo on-line é se ele estará disponível permanentemente como um mundo em estado persistente (PSW, *persistent-state world*) ou se será aberto para jogar apenas em momentos específicos, quando os DMs estiverem disponíveis. São dois animais completamente diferentes. O primeiro permite que o mundo do game ganhe vida própria e os jogadores formem uma comunidade on-line na qual podem ser encontrar, jogar e se sociabilizar, mas os DMs perdem totalmente o controle sobre esse mundo. O segundo é mais semelhante à versão de mesa dos RPGs, mas não tem a mesma energia dos mundos persistentes. Optamos pela criação de Midreach como um PSW porque achávamos que tínhamos DMs dedicados suficientes para cobrir boa parte das horas de jogo. Estávamos enganados. Na maioria das equipes, um desenvolvedor de modificações é encarregado das tarefas convencionais de um DM: criação do mundo, manutenção e preparação para a próxima vez em que a história avançará. Além disso, porém, ele também deve se comunicar constantemente com os outros DMs sobre o que estão fazendo com o mundo, ajudar muitos jogadores a desenvolverem seus personagens, conectar-se ao servidor para passar algum tempo como DM nos períodos intermediários entre eventos importantes e arbitrar divergências entre os jogadores e outros membros da equipe. Isso pode ser extremamente desgastante para o desenvolvedor principal e para a pessoa responsável por todas as atualizações do servidor.

Os games para clientes DM ainda estão em seus primórdios; ainda teremos interfaces alternativas de DM mais eficientes, gráficos aprimorados e caixas de ferramentas com mais opções. Ouvi dizer que, como a maioria das vendas é feita para jogadores individuais e não para jogadores on-line ou DMs, não há incentivo para que outras pessoas levem adiante o desenvolvimento do cliente DM. Olhando além dos números atuais, porém, vejo uma oportunidade de marketing para que alguém realmente inove e mude a direção dos games para computador. Felicito a BioWare por oferecer um mecanismo suficientemente aberto para comportar uma variedade crescente de modificações. Em ultima análise, a concorrência enfrentada pelo BioWare não é econômica, mas artística: a tentativa de manter suas expansões mais sofisticadas e atraentes que as modificações produzidas pela comunidade. Isso não é fácil.

As Modificações Que Originaram o Machinima

O movimento de *machinima* (descrito detalhadamente no Capítulo 4) foi, na prática, uma ramificação das modificações introduzidas por usuários. As comunidades de jogadores que criavam modificações para *Quake* e outros motores de games (como *Unreal* e *Half-Life*) começaram a introduzir minifilmes em suas modificações, inspirando pessoas como Hugh Hancock, fundador da Strange Company, a mesclar motores de games com o cinema.

Abrindo Mão do Controle: Gerenciamento de Comunidades de Jogadores On-line

O aspecto mais complexo do marketing de games on-line é o gerenciamento da comunidade de jogadores. As editoras e desenvolvedores de games sabem que as decisões de compra de um game, em regra, são altamente influenciadas pelas recomendações de amigos e pela divulgação boca-a-boca. As comunidades on-line de jogadores constituem um ponto focal para essas interações. Evidentemente, os editores e desenvolvedores querem influenciar essas comunidades e as comunicações individuais resultantes de modo a promover seus produtos. Entretanto, os jogadores são altamente resistentes às comunicações de marketing corporativas. Uma editora pode afirmar que usará uma comunidade on-line para gerar interesse em um game, mas na prática é extremamente difícil, senão impossível, convencer as pessoas a se importarem com um game. Se e quando a comunidade de jogadores começar a prestar atenção a um game específico, a editora e o desenvolvedor terão de estar extremamente atentos às suas necessidades. Os jogadores são informados, inteligentes e fanáticos. Se a comunicação do produto não for consistente, isso poderá afetar seu sucesso. Finalmente, quando os jogadores criam uma comunidade baseada em um determinado game, estão na verdade moldando essa marca. Os profissionais de marketing devem aceitar o fato de que não terão controle completo sobre a imagem e as comunicações relacionadas ao produto. Acredito que comunidades de jogadores não podem ser criadas deliberadamente. Em vez disso, o desenvolvedor e a editora podem estimular uma comunidade manifestando seu próprio entusiasmo com o produto e ouvindo de maneira atenta e respeitosa a comunidade de usuários. Uma editora ou desenvolvedor pode ajudar uma comunidade fornecendo ferramentas para que os jogadores interajam entre si e com o game. Isso pode variar desde fóruns simples até ferramentas de modificação ou meios que facilitem a troca de mapas. Acima de tudo, a editora ou o desenvolvedor podem ajudar as comunidades de jogadores on-line simplesmente participando dessas comunidades.

— Sara Borthwick (Consultora de Marketing e Gestão de Produtos de Mídia Digital)

Conteúdo Produzido Pelos Usuários

Watanabe Seisakusho/Himeya Soft

Ilustração de Kratos, de *God of War*, produzida por um fã.

No Japão, é comum comunidades de usuários dedicados aprimorem o mundo do game, expandindo ou ajustando a mecânica dos games mais populares. Às vezes, esses fãs até produzem *doujinshi* — livros e fanzines contendo histórias e ilustrações baseadas nos personagens de seus games favoritos. Geralmente, essas publicações têm baixa tiragem e são vendidas aos fãs em convenções, pelo correio ou em lojas especiais. Os fãs japoneses também já produziram games baseados em outros games populares que se tornaram *cult*. A série *Queen of Hearts* é um exemplo de game de luta produzido pelos fãs protagonizado por personagens do popular game *To Heart*.

Críticas: Os Jogadores Como Especialistas

As comunidades de games on-line, como *Just-RPG.com*, recrutam jogadores em seus fóruns de discussões para escrever críticas em seu site. Este é um trecho de uma crítica de *Dungeon Siege: Legends of Aranna* produzida pelo jogador-crítico Kevin O'Connor: "Para ajudar a gerenciar o vasto inventário, alguns recursos novos e convenientes foram adicionados, como a função de redistribuição de poções, que, com o pressionar de um botão, transfere poções de saúde para os combatentes e ambrosia para os feiticeiros — um recurso que realmente economiza tempo e cuja implementação deveria ser considerada por outros designers de RPGs". As oportunidades de criticar games podem proporcionar aos escritores e designers principiantes um certo grau de exposição e credibilidade.

As empresas desenvolvedoras de games ocidentais não apoiam de forma tão enfática esse tipo de material produzido pelos fãs, que tende a gerar um alto volume de marketing de boca-a--boca para um game. Nos Estados Unidos, existe uma infinidade de ilustrações e *fan-fics* (textos de ficção gerados pelos fãs) baseados no game *Final Fantasy*. Em razão do crescimento desse segmento do mercado, é muito provável que esse tipo de atividade dos fãs aumente substancialmente. A comunidade de jogadores extrai informações e opiniões sobre games mais de outros usuários do que dos canais tradicionais, como anúncios em revistas e na televisão. O cultivo desses fãs ajudaria a construir uma poderosa estratégia de marketing. Os estúdios de desenvolvimento obtêm publicidade gratuita com a atividade dos fãs, que são os "espalhadores" atuando como uma força de marketing para o game, endossando-o e estimulando outros integrantes do público-alvo a jogá-lo.

> Qualquer pessoa que mantenha olhos e ouvidos abertos pode ser informada sobre um novo game em um site ou revista, mas eu realmente presto atenção às avaliações escritas por pessoas que conheço e cujas preferências em games me são familiares.
>
> — *Robert Ferguson (estudante de Arte e Design de Games)*

Sites de Fãs

Estimular os jogadores a construírem seus próprios sites voltados para um determinado game pode aumentar substancialmente a sua visibilidade. Esse método vem sendo utilizado com sucesso por cineastas e músicos independentes para gerar expectativa sobre o lançamento de um produto. Em certos casos, os próprios produtores criam sites de fãs fictícios (ironicamente se passando por consumidores) para atrair a atenção do mercado. Um exemplo notório disso foi a criação, pelos diretores do filme *A Bruxa de Blair* e seus colegas, de uma série de sites de fãs que perpetuavam a lenda associada ao filme e conseguiram convencer muitas pessoas de que a lenda realmente existia. Como uma bola de neve, essa estratégia de marketing acabou gerando uma campanha de grande porte (envolvendo muitos sites de fãs reais) que atraiu enormes plateias para o filme em todo o país. Em geral, os sites de fãs contêm ilustrações, trechos de áudio e vídeo, descrições da história e dos personagens e até notícias recentes (às vezes, mais confiáveis que no próprio site oficial, cujas atualizações não são tão frequentes!)

Blizzard Entertainment, Inc.

Site produzido por fãs de *World of Warcraft.*

sobre um game, inclusive classificações, número de cópias vendidas, avaliações, versões e expansões. Os fãs podem também incluir um blog no site contendo suas opiniões e comentários diários sobre a experiência de jogar o game. Outros jogadores que visitam o site podem contribuir para o blog, acrescentando suas próprias experiências.

Com muito esforço e alguma sorte, a comunidade de jogadores continuará ativa por muitos anos após o lançamento do game original. O fornecimento de uma assistência eficaz a essa comunidade pode ser o fator mais significativo para o sucesso de um game em longo prazo. Como você pretende apoiar a comunidade de jogadores?

Tendo lido a Parte III, você provavelmente adquiriu uma ampla gama de conhecimentos sobre as funções e responsabilidades da equipe de desenvolvimento de um game; sobre os elementos da produção e a gestão do processo de desenvolvimento; e sobre as atividades de marketing e manutenção associadas à comunidade de jogadores. Anteriormente neste livro, você conheceu todas as áreas da criação de conteúdo de um game, bem como as opções disponíveis em termos de história, mercado de jogadores e desenvolvimento do game. Em sua opinião, para onde tudo isso está caminhando? A *Conclusão* apresenta algumas considerações sobre o futuro dos games.

: : : REVISÃO DO CAPÍTULO : : :

1. Quais são algumas estratégias de marketing eficazes empregadas pelas empresas de games junto às comunidades de jogadores? Cite algumas distinções entre as funções ligadas ao marketing, como promoção, publicidade, relações públicas e vendas.

2. De que maneira os jogadores são, na verdade, *prossumidores*? Quais são alguns exemplos desse fenômeno provenientes das comunidades de jogadores? Quais são algumas distinções entre as comunidades de jogadores criadas dentro e fora de um game?

3. Como a assistência ao usuário aumenta a credibilidade e a vida útil de um game?

4. Aplicando o que aprendeu anteriormente neste livro sobre aspectos geográficos, demográficos e psicográficos, crie o perfil de uma comunidade de jogadores para uma ideia original de game. Como seria o marketing direcionado para essa comunidade? Considere conceitos como marketing viral, marketing geracional, prossumismo e interatividade jogador-desenvolvedor.

5. Qual é a importância das modificações criadas por usuários e das comunidades de testadores beta para a relação jogador-desenvolvedor?

6. Localize comunidades de jogadores voltadas para um dos seus games favoritos e participe de alguns fóruns. Que tipos de temas são discutidos? Como os jogadores criam vínculos entre si? Os jogadores mantêm-se informados sobre as notícias relacionadas ao game fornecidas por meio de atividades de marketing?

7. Examine um dos seguintes sites relacionados a games e encontre três exemplos de interação entre desenvolvedores e jogadores: Gamasutra (*gamasutra.com*), IGN (*ign.com*), Blues News (*bluesnews.com*), GameSpy (*gamespy.com*) e GameSpot (*gamespot.com*). Como os jogadores fornecem feedback direto aos desenvolvedores? Como os desenvolvedores revelam informações "de bastidores" aos jogadores?

8. Crie um site de fã para seu game favorito e publique-o em um serviço de hospedagem de baixo custo (ou gratuito). Produza conteúdos relacionados ao game, como um conto, uma sequência de animação ou ilustrações de personagens. Divulgue o seu site on-line em fóruns de jogadores e convide outros jogadores a contribuírem fornecendo seus próprios conteúdos.

9. Procure uma comunidade de criadores de modificações para um dos seus games favoritos. Desenvolva uma modificação utilizando o editor incluído com o game e publique-a nesse site e em outros sites da comunidade.

10. Faça uma pesquisa sobre *machinima* em *www.machinima.org* e crie uma versão em estilo *machinima* da modificação que você desenvolveu. Considere a possibilidade de trabalhar fora do gênero do game e criar algo completamente novo (por exemplo, um documentário, uma matéria noticiosa ou um número cômico).

Conclusão

O Futuro:
para onde estamos indo?

Neste livro, você conheceu a história do setor de jogos eletrônicos, os aspectos significativos do conteúdo de games atraentes e como ocorrem na prática os ciclos de desenvolvimento de um game. Agora especularemos sobre o futuro do desenvolvimento de games. Essa conclusão enfoca minhas opiniões pessoais e as de outros profissionais do setor de games em uma tentativa de prever as tendências desse setor em expansão.

Que Tipos de Games Serão Jogados no Futuro?

Como o conteúdo dos games continuará a evoluir? O conteúdo continuará se expandindo para além das restrições de gênero? Os desenvolvedores correrão mais riscos com a história, os personagens e o modo de jogar? A convergência de conteúdo entre games e filmes pode ser observada na proliferação do movimento *machinima*, no maior uso de efeitos cinemáticos e cenas introdutórias cinematográficas, na criação de estúdios hollywoodianos para atrair a comunidade de profissionais da indústria cinematográfica, no uso de celebridades para dublar personagens e na ênfase no licenciamento do conteúdo de filmes existentes (como *Matrix*, *Star Wars*, *King Kong*, *O Senhor dos Anéis* e *James Bond*).

E o foco persistente no conteúdo violento? Haverá um acirramento da censura de games? Conforme o mercado se expande, jogar games poderá se tornar tão comum como ir ao cinema. Haverá muitos games violentos — assim como há muitos filmes violentos —, mas também uma grande quantidade de games inovadores e comercialmente bem-sucedidos com temática não violenta, como *The Sims*.

Como o áudio dos games evoluirá? Ele continuará a se tornar mais interativo, diferenciando-se das trilhas sonoras "cinematográficas" repetitivas? Ao mesmo tempo, os compositores obterão orçamentos mais elevados que lhes permitam contratar orquestras para gravar ao vivo a trilha sonora dos games?

E o uso de games como ferramentas de aprendizagem? O modelo financeiro dos MMOGs poderia ser transformado facilmente de um modelo B2C (*business-to-consumer*, da empresa para o consumidor) para um modelo B2B (*business-to-business*, de empresa para empresa) e ser adaptado para o setor de ensino a distância (ED). Além de proporcionar aos MMOGs fontes adicionais de receita e expansão do conteúdo atual, isso também ajudaria o setor de ED a crescer, permitindo que os alunos participassem de um game em vez de assistir a uma aula. As possibilidades de revolucionar a educação são ilimitadas.

Warren Spector (Presidente e Diretor de Criação da Junction Point Studios)

É aqui que devo dizer "Que venha o *holodeck*", certo? Na verdade, não acho que algo parecido possa acontecer em um futuro próximo. (De fato, nem sei se é uma boa ideia!) Parece inevitável prever que veremos atores virtuais melhores — de aparência e comportamento mais humano. Penso que haverá uma convergência crescente entre os games e outros tipos de mídia, com as linhas divisórias entre games, cinema e televisão misturando-se de maneiras que podemos apenas começar a imaginar.

Louis Castle (Cofundador da Westwood Studios; Vice-Presidente da Electronic Arts — Los Angeles)

O setor de games certamente continuará a crescer e se expandir, tornando-se uma forma de entretenimento alternativa aos filmes, à música e à literatura. (...) Prevejo que a tendência atual rumo à criação de produtos mais semelhantes a simulações, que dependem de mundos convincentes em que as expectativas razoáveis dos jogadores sejam satisfeitas, deverá ser mantida. Os produtos futuros dependerão mais do estilo artístico e do tema do que da tecnologia para transformar seus mundos em lugares convincentes nos quais uma história pode ser contada.

John Hight (Diretor de Produção Externo da Sony Computer Entertainment America)

Estamos desenvolvendo menos games e gastando mais em cada um que desenvolvemos. A evolução do hardware tornou possível a criação de mundos tão realistas e convincentes quanto os dos filmes. Dispomos também de uma quantidade crescente de artistas, engenheiros e designers muito talentosos para expandir as fronteiras criativas. Os games não são mais um nicho de entretenimento. Chegaram para ficar. Milhões de pessoas compram e jogam games regularmente. Acredito que haverá uma convergência entre games, internet e cinema no futuro próximo.

James Paul Gee (Professor de Estudos de Alfabetização da Universidade do Estado de Arizona)

O grande dilema para o futuro é o seguinte: os games se tornarão menos inteligentes e mais padronizados para atingir um público de massa com marcas bem conhecidas e continuações, em parte por causa da transformação das empresas em monopólios, ou, pelo contrário, surgirão games cada vez mais inteligentes, com níveis crescentes de inovação? Acredito que, se construirmos sólidos nichos de mercado para diferentes tipos de games e experiência de jogo, poderemos obter ambos os benefícios: lucratividade e inovação.

Edward Castronova, Ph.D. (Professor Adjunto de Telecomunicações da Universidade de Indiana)

O entretenimento interativo mediado pelo computador continuará a se mesclar com o cinema e com os brinquedos para gerar produtos de entretenimento em multimídia. *Yu-Gi-Oh* é um modelo provável para o futuro, com quadrinhos, cards,[1] mercadorias (por exemplo, mochilas) e games compartilhando o mesmo tema, talvez como parte de um único pacote de compra.

Grant Collier (Diretor-Presidente da Infinity Ward)

O futuro dos games será determinado pelo que vende mais hoje. Atualmente, os games com personagens humanos identificáveis (por exemplo, títulos de esportes, bem como *The Sims* e *Counter-Strike*) são muito populares. Todos esses games têm personagens que poderiam ser você ou eu. Sua popularidade inabalável fornece às editoras uma boa noção do que é comercializável. É possível encontrar semelhanças com outras formas de entretenimento, como os livros e os filmes. Conforme a tecnologia evolua, a representação de pessoas no setor de games se tornará mais realista. Apesar das possibilidades excitantes, isso também acarretará efeitos colaterais negativos. Quando houver games com alto nível de realismo, provavelmente haverá tentativas de aumentar a censura imposta aos games.

Ed Del Castillo (Presidente da Liquid Entertainment)

No mundo do entretenimento, o setor de games é o mais difícil de prever — em razão, basicamente, da evolução tecnológica constante. Conforme novas tecnologias são desenvolvidas, o setor é forçado a se reinventar. Consequentemente, tende a haver uma oscilação naquilo que os consumidores desejam. Acredito que é inquestionável que, em algum

---

[1] Também conhecidos como "trading card games": jogos que usam cartas colecionáveis. Possui uma certa similaridade com as figurinhas em quadrinhos no Brasil; porém, as cartas são usadas como um jogo (N.R.T.).

momento, o progresso tecnológico — ou, o que é ainda mais importante, a *percepção* desse progresso – perderá velocidade; quando isso acontecer, o conteúdo se tornará um elemento mais predominante na decisão de compra. Em outras palavras, chegaremos a um ponto em que os jogadores deixarão de perceber as diferenças de tecnologia e começarão a comprar games que tenham uma boa história ou um bom modo de jogar, deixando a aparência em segundo plano.

David Brin (Escritor, Cientista e Conferencista)

O realismo proporcionado pela tecnologia impulsionará os games mais populares rumo à realidade virtual. O caminho, porém, será longo. A imersão total não ocorrerá da noite para o dia. A cada ano, veremos games de esportes, de tiro e de velocidade ligeiramente mais vívidos que os do ano anterior — infelizmente, sem um traço de história ou originalidade. A única novidade interessante nessa área é o envolvimento das Forças Armadas norte-americanas. Certos games parecerão ser derivados diretamente dos softwares de realidade virtual usados por soldados, marinheiros, aviadores e membros das Forças Especiais, que usam esses cenários realistas para treinar o uso de equipamentos reais. Isso não inclui apenas simulações de combate, mas também situações problemáticas que podem exigir discernimento — por exemplo, decisões sobre usar ou não a força ou sobre a velocidade com que você pode atirar. Alguns desses games serão não apenas visualmente atraentes, mas também muito mais interessantes do que os games táticos convencionais.

Bill Brown (Compositor e Fundador da Soundelux Music Group)

Os games estão atingindo novos níveis de expressão emocional. Hoje em dia, o uso de narrativas mais cinematográficas está se tornando uma parte natural do processo. Essa parte da experiência oferecerá aos desenvolvedores um nível totalmente novo de expressão criativa. (...) A narração em áudio será uma mixagem criativa que irá mais fundo, concentrando-se mais na experiência subtextual e atingindo mais diretamente a alma da narrativa e do jogador.

Rob Cairns (Diretor da Third Element Associated Production Music)

Já ouvi o setor de áudio para games ser descrito como o "velho oeste". A razão para isso é que, com relação ao áudio, o setor ainda é muito jovem e repleto de oportunidades para pioneiros. O progresso tecnológico subitamente nos proporcionou uma incrível oportunidade de eliminar os bipes e ruídos eletrônicos (por mais que gostássemos deles) e substituí-los por música orquestral de altíssima qualidade e quantidades ilimitadas de música de última geração. A próxima etapa natural dessa evolução é que o setor de games se estabilize e comece a demarcar um território semelhante à da indústria cinematográfica de Hollywood, um setor já consolidado. Cada vez mais empresas de games estão se mudando para o sul da Califórnia, onde estarão mais próximas dessas entidades e recursos. Acredito que o áudio para games seguirá em uma direção semelhante à do cinema, em que uma mescla de recursos musicais é empregada nos filmes e nas atividades de marketing.

Aaron Marks (Compositor e Fundador da On Your Mark Music)

O áudio interativo é um conceito relativamente novo que vem sendo assimilado rapidamente. Que experiência de jogar pode ser mais fascinante do que aquela em que a música muda quando exploramos novos níveis, uma porta se abre e revela um inimigo em emboscada ou um bando de criaturas malignas nos ataca? Fazer a música mudar de acordo com a atmosfera que estamos vivendo é um elemento extraordinariamente eficaz que aprimora incrivelmente a experiência. O som *surround* também está se transformando em um padrão, uma tendência que certamente será mantida. Ser envolvido pelo som realmente reforça o realismo do que estamos vendo na tela. Além disso, esse tipo de trilha sonora pode fornecer indícios importantes ao jogador e criar um clima de expectativa. Saber que um inimigo está nos seguindo sorrateiramente é uma ótima experiência de jogo, e essa é a nossa tarefa dentro do setor de games.

Lennie Moore (Compositor)

Tenho presenciado um interesse crescente dos desenvolvedores e editores de games no uso de músicos ao vivo e no aumento da qualidade da produção. Assim como os longas-metragens de alto orçamento exigem compositores e músicos de alta qualidade, os desenvolvedores de games estão se tornando mais inovadores com o áudio e contratando os profissionais mais talentosos para criar produtos extraordinários. Em minha opinião, os games estão chegando à maturidade, expandindo os limites do gênero por meio de projetos de áudio inovadores e posicionando os compositores de música para games como um grupo realmente único de artistas.

Chance Thomas (Compositor e Fundador da HUGEsound)

Há vários anos, previ duas tendências que acabaram se confirmando. A primeira era o que eu chamei de "áudio desde o primeiro dia", em que um profissional de áudio se sentaria à mesa de criação de um game juntamente com o designer chefe, o programador chefe e o ilustrador chefe. Isso incorpora uma perspectiva sônica ao conceito de um game desde o primeiro momento, quando seus fundamentos criativos e técnicos são discutidos e refinados. É gratificante ver que esse procedimento vem sendo adotado quase unanimemente no setor. É um fator positivo.

A segunda tendência, que afirmei que seria enraizada permanentemente nos games, é a padronização da orquestra como paleta preferencial para a trilha sonora de títulos de ação e fantasia. Para minha grande satisfação, isso se tornou um padrão do setor ainda mais rapidamente do que eu esperava. A música orquestral é tão rica, tão dinâmica, tão colorida! A maioria dos principais títulos dramáticos atuais utiliza uma orquestra ao vivo para gravar a trilha sonora. Mesmo aqueles que não dispõem de recursos suficientes para gravar ao vivo estão contratando compositores cujos sons sampleados reproduzem esse tipo de som com a maior fidelidade possível.

Scott Snyder (Arquiteto de Áudio da Edge of Reality)

Neste ponto do desenvolvimento dos games, os eventos contextuais e a ação contextual ainda são implementados de maneira extremamente rudimentar. Eventos contextuais são aqueles que significam algo para outros eventos e para a ação, e ações contextuais são aquelas que afetam e têm ramificações na história e na experiência do jogador. Acredito que, no futuro, seu principal inimigo não será mais morto sempre da mesma forma; os monstros não ficarão parados esperando que você venha matá-los; os inimigos se esconderão de você e usarão estratégias para derrotá-lo; se suas ações forem compatíveis com as de um herói, você se tornará um herói; mas, se forem as de um vilão, você se tornará um vilão. Ambos os caminhos serão válidos e conduzirão ao sucesso no game. Penso que o futuro está no uso de eventos menos aleatórios e na criação de eventos mais contextuais, determinados pelos resultados das ações do jogador.

Ivo Gerscovich (Diretor de Marketing e Gestão Global da Marca Vivendi Universal Games)

Penso que o futuro do marketing de games será estimulante e também definirá a forma a ser adotada no marketing de outras tecnologias. Os games já vêm assumindo um papel de liderança em muitos outros campos tecnológicos — observe, por exemplo, o uso da tecnologia dos games pelas Forças Armadas em simulações de combate. A rápida evolução da tecnologia dos games — inclusive a expansão dos MMOGs baseados em assinatura (como *Star Wars Galaxies* e *Everquest*), os games sem fio e a eventual introdução dos games por demanda — impõe o desafio de trabalhar em estreita cooperação com os setores de pesquisa e desenvolvimento para determinar quais tipos de games uma empresa deve enfocar e lançar no mercado.

Quem Desenvolverá os Games do Futuro?

Como o setor de games será estruturado no futuro? Haverá alguma interconexão entre editoras, desenvolvedores terceirizados, fabricantes de hardware e licenciadores? O setor tenderá a consolidação ou o movimento dos games independentes continuará a crescer? Será possível que ambas as previsões de concretizem e essas duas áreas coexistam em paralelo?

Os desenvolvedores independentes prevalecerão?

Como fundadora de uma empresa que comercializa, licencia e distribui obras de profissionais independentes de vários setores artísticos e de entretenimento (desenvolvedores de games, músicos, cineastas, atores, artistas visuais e escritores) — e sendo também música e compositora independente —, tenho um interesse direto no futuro do movimento dos games independentes. Empresas como a GarageGames, que proporcionam aos desenvolvedores independentes a liberdade de criar, comercializar e distribuir seus games sem perder a propriedade ou o controle criativo, vêm fazendo uma diferença substancial na comunidade de games. Eventos e premiações como o Festival de Games Independentes fornecem reconhecimento às empresas desenvolvedoras, como a 21-6 Productions e a Three Rings. Além disso, a tendência de criação de novas empresas de desenvolvimento de games (frequentemente com a intenção de mantê--las sobre controle privado) está em ascensão.

Gordon Walton (Diretor de Estúdio Adjunto da BioWare Austin)

É inevitável que ocorra uma maior consolidação das editoras. As maiores crescerão, e as pequenas serão engolidas.

Jason Kay (Cofundador e Diretor de Operações da Flektor, Inc.)

O setor de games para console está muito mais alavancado do que no último ciclo. O custo de um game para console está na faixa de 25 milhões de dólares, o que torna praticamente impossível para a maioria dos desenvolvedores obter receitas adicionais além do pagamento inicial. Ao que parece, a oportunidade para empreendedores nos próximos anos estará nos games menores e casuais para o Xbox Live Arcade ou na construção de ferramentas de apoio para o ecossistema dos games maiores.

Drew Davidson, Ph.D. (Diretor do Centro de Tecnologia de Entretenimento da Universidade Carnegie Mellon)

No futuro, haverá um fluxo contínuo de lançamentos de títulos de última geração e grande vendagem pelas empresas maiores, enquanto os desenvolvedores menores explorarão novos territórios em outras categorias, utilizando métodos digitais de distribuição para entregar seus games aos usuários.

Chris Swain (Professor da Escola de Artes Cinemáticas da USC)

O setor de games está em uma posição semelhante à da indústria cinematográfica no início da década de 1980. Nessa época, os estúdios de cinema produziam uma grande quantidade de filmes baseados em fórmulas previsíveis e não estavam dispostos a correr riscos. (...) Os filmes independentes começaram a ganhar terreno, e empresas como a Miramax expandiram-se produzindo películas pouco convencionais e que acabaram obtendo grande sucesso. O setor de games hoje em dia lembra o cinema no começo da década de 1980. Os jogadores estão ansiosos por algo diferente. Felizmente, uma cena independente ainda incipiente está se desenvolvendo e começando a agitar o mercado. Ela não está se desenvolvendo com a mesma velocidade do cinema independente na década de 1980, entre outras razões, porque produzir games é mais difícil do que produzir filmes. Mesmo assim, ela está começando a se mexer, sob a liderança do Festival de Games Independentes, do Xbox Live Arcade e do movimento de games casuais on-line. O setor realmente começará a se agitar quando a cena independente gerar alguns campeões de vendas.

Justin Mette (Presidente da 21-6 Productions)

Acredito que o mercado de distribuição de games on-line é onde a maioria dos desenvolvedores independentes pode começar e obter uma boa renda. Quando você desenvolve um game entre quatro a seis meses, com uma pequena equipe remota, seus custos permanecem baixos e seu retorno sobre o investimento não precisa ser tão substancial quanto no setor de títulos comerciais para computadores ou consoles. Você não precisa mais se limitar ao desenvolvimento de games de quebra-cabeça para obter sucesso na distribuição de games on-line. (...) Além disso, no ano passado, ocorreu um aumento substancial dos jogadores equipados com Macs no mercado on-line. As receitas de nosso jogo *Orbz* dividiram-se quase igualmente entre usuários do Windows e do Mac em 2003. Este é um ótimo momento para ser um desenvolvedor independente; a internet permite-lhe encontrar pessoas incrivelmente talentosas e trabalhar com elas sem precisar manter um escritório; tecnologias como o Torque permitem o desenvolvimento de games por equipes pequenas e inexperientes; e o crescente mercado de distribuição de games on-line oferece a melhor oportunidade em anos para que os desenvolvedores de games transformem seus sonhos em realidade.

Greg Costikyan (Diretor-presidente da Manifesto Games)

Se os games se tornarem o que acredito que serão — a forma de arte popular mais importante do século XXI, como o cinema no século XX e o romance no século XIX —, precisaremos encontrar uma maneira (...) de inovar, com orçamentos menores, para encontrar novos estilos de games que sejam bem-sucedidos. Outros tipos de mídia fazem isso apoiando uma indústria separada, "independente", com canais de distribuição paralelos: a música independente por meio de pequenas lojas de discos, o cinema independente por meio de cinemas de arte e locais semelhantes. Para mim, a principal questão enfrentada, atualmente, é encontrar uma maneira de criar um setor de games independentes vibrante, que valorize a inovação e a irreverência e cujos valores de produção sejam inferiores aos das empresas tradicionais. Existem, porém, alguns indícios promissores: o mercado de games disponíveis por download está crescendo rapidamente (com receitas de aproximadamente 60 milhões de dólares nos Estados Unidos em 2003), como também o mercado de games para dispositivos portáteis (aproximadamente 80 milhões de dólares nos Estados Unidos em 2003). Além disso, tanto dentro do setor — por meio de eventos como o Festival de Games Independentes — como nos círculos acadêmicos, há um interesse crescente por games desenvolvidos fora do esquema convencional.

Graeme Bayless (Presidente da Kush Game uma divisão da 2K Sports)

Em minha opinião, nosso setor enfrenta vários desafios atualmente. Talvez o maior deles seja a necessidade de que as empresas permaneçam ágeis e flexíveis. Com os custos crescentes de desenvolvimento e um mercado em rápida mutação (particularmente, por causa da evolução contínua do espaço on-line), uma empresa deve ser capaz de mudar constantemente suas próprias práticas de desenvolvimento e avaliar suas próprias metodologias. Uma empresa que permaneça estática e fiel a uma abordagem única de desenvolvimento estará correndo graves riscos em um mercado em rápida evolução.

Como os Games Serão Desenvolvidos?

O desenvolvimento de games no futuro será menos baseado em convenções padronizadas e mais na imaginação?

Inovações no próprio processo de desenvolvimento de games — como novos processos, ferramentas e estruturas de equipe — poderão alterar a forma como os games são criados. Quais são as mudanças mais prováveis na arte, no design e na programação de games? Com o aumento da sofisticação da tecnologia gráfica, alguns artistas sentem-se pressionados a imitar o último game 3D bem-sucedido em termos de cor, estilo e textura. Porém, como um colega próximo do setor de games me disse certa vez: "Onde estão os Picassos da arte para games?". Técnicas como o *cel shading*[2] são uma inovação promissora e visualmente atraente em comparação com o mundo cinzento e, às vezes, impessoal de muitos games populares. Será que o foco se deslocará ainda mais para a replicação do ambiente humano e menos para a criação de mundos fantásticos imaginários? Os "atores sintéticos" tenderão a substituir atores reais à medida que o compartilhamento de tecnologias visuais entre as indústrias do cinema e dos games se intensifique? Os personagens não jogadores irão tornar-se mais "reais" com o aumento da sofisticação da inteligência artificial? A história e o modo de jogar se tornarão mais complexos e envolventes?

Tracy Fullerton (Professora Assistente da Escola de Artes Cinemáticas da USC e Diretora Adjunta do Laboratório de Inovação em Games da Electronic Arts)

O setor de games chegou a um ponto em que precisa conquistar novos mercados para continuar a crescer. Isso significa projetar para tipos diferentes de jogadores: aqueles que não fazem parte do público tradicional de games. O problema é que, embora o setor seja extremamente competente na manutenção de um fluxo contínuo de inovações tecnológicas e no cultivo da demanda dos consumidores por essas inovações, isso não acontece quando se trata de desenvolver ideias originais de experiências para os jogadores. Para atingir novos tipos de jogadores, será necessário inovar as experiências disponíveis ao jogador — algo tão inevitável quanto a necessidade de inovações tecnológicas para que o setor chegasse ao ponto em que se encontra atualmente. A meu ver, a melhor maneira de abordar esse problema é adotar, desde o início do processo de design, o mesmo esquema de testes rigorosos pelos

2 Processo de sintetização de imagens a partir de modelos 3D que busca dar um aspecto de desenho feito à mão ou de desenho vetorial (N.R.T.).

usuários que é empregado no desenvolvimento de outras formas de software e desenho industrial. Outra maneira importante de criar inovações na experiência do jogador é estimular a diversidade nas equipes de design de games.

Warren Spector (Presidente e Diretor de Criação da Junction Point Studios)

Veremos grandes progressos no campo das simulações (abrangendo processamento, propagação do som, física e interação entre objetos), tornando os elementos visuais e auditivos e a sensação gerada pelos games mais semelhantes aos do mundo real. Entretanto, minha esperança é que toda essa capacidade dos motores de games possa ser empregada para outras finalidades além do maior realismo. Acredito que também veremos artistas de games criando diferentes tipos de games não figurativos. Sinceramente, porém, é provável que haja lá fora algum garoto com uma ideia tão revolucionária que não consigo sequer imaginar o que seria — e esse é o futuro real dos games, algo completamente imprevisível e maravilhoso.

Mark Soderwall (Diretor de Arte Externa da LucasArts)

Ocorrerão inovações incríveis na iluminação dinâmica e nas técnicas de sombreamento, que criarão atmosferas e tons inigualáveis dentro do universo dos games. Acredito que os personagens da próxima geração dos games interagirão de maneira impecável (em tempo real) com todos os aspectos do seu ambiente por meio de física dinâmica, rotinas de colisão e cinemática inversa em tempo real: um recurso que permite que a mão de um personagem de fato toque na maçaneta de uma porta e a gire, em vez de simplesmente flutuar na frente dela.

Christopher Bretz (Diretor de Arte da Secret Level)

Nos últimos anos, ocorreu uma explosão na capacidade de processamento gráfico. Isso permite que os games tenham elementos visuais cada vez mais complexos, aproximando-se da representação de imagens que, anteriormente, só era encontrada nos filmes. Antes disso, o desafio era usar o que estava disponível para criar uma aproximação de um mundo real ou imaginário com uma quantidade limitada de polígonos e espaço de texturas. Era necessário usar as ferramentas eficazmente para criar uma simulação convincente. Suas habilidades como ilustrador eram vistas por esse prisma. Agora esses muros estão sendo demolidos. Nos novos sistemas, com milhões de polígonos por segundo e montanhas de memória, as antigas restrições deixam de ser um problema e a questão real para um artista passa a ser: "Como vou conseguir construir tudo isso dentro do prazo?" Um personagem de referência com um milhão de polígonos proporciona ao artista uma liberdade maravilhosa, mas e se você precisar de 50 desses em um game? Se os ambientes puderem ter dezenas de milhões de triângulos e centenas de sombreadores e propriedades únicas, sem mencionar configurações de iluminação realistas, quanto tempo será necessário para criar tudo isso? Muitos desses novos problemas enfrentados pelos ilustradores ainda não foram solucionados adequadamente. Além disso, o que faremos com todo esse poder?

Como artista visual, meu desafio continua a ser a criação de personagens convincentes e ambientes inspiradores associados a uma narrativa absorvente. O que está mudando é o grau de realismo que os games podem utilizar para lhe proporcionar essa visão (uma realidade que não é propriamente "realista"). A palavra da moda nos últimos anos foi "imersão" e acredito que continuará a sê-lo. Para o jogador, entrar em um mundo convincente — seja ele *Unreal*, *Mario* ou *Silent Hill* — ainda é a experiência de escape mais gratificante. Os games do futuro, por exemplo, terão personagens cujas reações, em vez de serem baseadas em scripts e animações simples, dependerão de estados emocionais e de comportamentos automatizados. Isso lhes permitirá expressar suas personalidades visualmente na forma idealizada pelo artista, eliminando as respostas mecânicas comuns nos games mais antigos. Serão verdadeiros atores digitais que poderão reagir e interagir com o mundo à sua volta. Tudo aquilo que os artistas anteriormente precisavam ocultar ou indicar de maneira indireta em seu trabalho agora poderá ser expresso com as novas tecnologias.

Marc Taro Holmes (Diretor de Arte da Ensemble Studios)

A tecnologia 3D em tempo real torna-se mais sofisticada a cada mês. É praticamente certo que nosso próximo game terá melhor aparência que o anterior — com mais polígonos, novos modelos de iluminação, efeitos físicos e sombreadores de materiais proporcionando mais realismo. Logo haverá pelos nos animais e cabelos nos personagens de games. Estamos nos aproximando gradualmente do realismo fotográfico. A tecnologia deu um grande salto em apenas cinco anos e, provavelmente, continuará evoluindo com rapidez ainda maior.
A oportunidade de criar games melhores e visualmente mais sofisticados gera uma tensão interessante nas equipes. Os requisitos mínimos tanto de habilidade artística como de capacitação técnica crescem a cada mês. As pessoas que não investem em suas habilidades são, literalmente, deixadas para trás. A necessidade de novos tipos de técnicos — por exemplo, artistas que sabem escrever scripts em MEL — está crescendo rapidamente, mas as habilidades tradicionais (senso de cores, anatomia, composição) também continuam a ser essenciais. Consequentemente, torna-se cada vez mais difícil montar uma equipe com as pessoas certas, e o orçamento necessário também não para de crescer. Isso levou a uma situação semelhante à que ocorreu na indústria cinematográfica em Hollywood: os games com grandes orçamentos têm de limitar seu espaço criativo ao mercado de massa. Você tem de saber se o seu conjunto potencial de usuários é suficientemente grande para justificar o investimento. Isso, por sua vez, gerou uma proliferação de títulos licenciados — games baseados em filmes e outras

propriedades intelectuais como *Harry Potter* ou *James Bond*, que têm uma base de fãs comprovada. Essa tendência deverá predominar no setor por alguns anos.

Entretanto, acredito que um fenômeno relacionado, semelhante ao advento do cinema independente, também deverá ocorrer. Assim como os fãs de filmes independentes não se importam com a ausência de efeitos especiais sofisticados ou atores caros, há uma categoria de consumidores sofisticados que procura algo de diferente em seus games. (Isso se torna particularmente evidente com a expansão do mercado de games para incluir uma maior proporção da população em geral — por exemplo, com o advento de mais plataformas acessíveis, como a internet ou games para dispositivos portáteis.) As equipes de usuários que produzem modificações em seus games favoritos, ou os pequenos desenvolvedores que não contam com o apoio financeiro de uma editora, podem não ser capazes de criar um grande sucesso de vendas, mas têm a vantagem de serem ágeis. Um estúdio com apenas dez pessoas pode criar um game para um nicho do mercado mantendo seus custos baixos. Isso é algo que os grandes estúdios não têm interesse em fazer, porque um monstro só pode ser alimentado com comidas de alto teor calórico. Um bom exemplo é *Britney's Dance Beat*. Aguardo ansiosamente o aparecimento de um movimento de games independentes que forneça uma injeção de criatividade — algo que force os games convencionais de alto orçamento a evoluírem e testarem novas ideias

John Comes (Designer Chefe da Gas Powered Games)

No futuro, gastaremos menos tempo com a tecnologia e mais tempo com os aspectos artísticos do game. (...) Acredito que chegaremos a um ponto em que o motor do game será algo equivalente às câmeras de cinema. Você não precisa reinventar a câmera sempre que faz um filme. Então, por que temos de reinventar o motor sempre que criamos um game?

Richard Wainess, Ph.D. (Pesquisador Educacional Sênior da Universidade da Califórnia em Los Angeles)

Meus interesses residem no aspecto cognitivo; ou seja, como nosso cérebro processa informações e como esses conhecimentos podem melhorar os videogames — tanto games que educam como games que são jogados apenas por diversão. O modo de jogar está invariavelmente sujeito às nossas limitações mentais, mas não há praticamente nenhum designer ou desenvolvedor de games que esteja ciente da natureza dessas limitações ou das descobertas que podem ser usadas como diretrizes para melhorar o modo de jogar do ponto de vista da mecânica, da interface ou dos sons de um game. *Especialização* é a aplicação de experiências anteriores à solução de problemas do mundo real. *Tecnologia* é a aplicação da ciência à solução de problemas do mundo real. Atualmente, o design de games é uma especialização, quando deveria ser uma mescla de tecnologia e especialização. Esse é o paradigma adotado atualmente na programação de videogames, em que a informática caminha lado a lado com a visão criativa. Ele não se tornará um modelo para o design enquanto aqueles que desenvolvem games com base na especialização não se conscientizarem, com total confiança, de que a ciência existente atualmente pode apoiar seus esforços em não para dificultá-los. Quando isso acontecer, boa parte do trabalho de adivinhação do desenvolvedor será substituída pela aplicação de sólidos princípios científicos.

David Perry (Diretor-presidente da GameConsultants.com)

Acredito que haverá investimentos e progressos substanciais nos seguintes campos:

- **Física** — Tudo começará a funcionar. Se você inserir uma lâmpada em um ventilador, ele quebrará o topo da lâmpada; se inserir um pedaço de madeira no ventilador, suas lâminas se quebrarão.
- **Partículas** — Perturbações ambientais mais precisas, inclusive as do fluxo de ar produzidas pelo seu corpo. Além disso, haverá destruições mais reias, o que significa que você poderá demolir um edifício tijolo por tijolo e ele cairá corretamente.
- **Iluminação** — Melhor autossombreamento, melhor iluminação ambiente e melhor reconhecimento das sombras, ou seja, os inimigos saberão o que elas são e como funcionam.
- **IA Tática** — Eles aprenderão como você joga. Terão memória real. Também perceberão seus pontos fortes e fracos. Se você disparar dez vezes e errar, eles mudarão de opinião sobre você, contanto que acreditem que você estava realmente mirando no alvo.
- **Reconhecimento da Fala** — Além de apenas um pequeno subconjunto de palavras "escolhidas".
- **Produção de Fala** — Eles formularão frases para responder.
- **Cognição da Fala** — Compreensão do que você disse. Foi "é divertido reconhecer a fala" ou "é divertido emudecer a sala"?
- **Diálogo Falado** — Eles o ouvirão, entenderão o que você quer dizer, e respondem.
- **Imersão** — Pessoas atingindo um estado mental de abandono à experiência. Para o jogador, o tempo para — como quando o filme termina e os espectadores se espantam que tenham transcorrido duas horas.
- **Narrativas Muito Melhores** — Você atingirá um nível mais elevado de conexão emocional com os personagens do game. Provavelmente, sentirá luto real quando eles morrerem definitivamente.

Jay Gawronek (Diretor Técnico da Rainbow Studios)

Geralmente o ciclo de desenvolvimento de um game segue aproximadamente o seguinte roteiro: os designers cuidam do trabalho duro inicial e, em seguida, os artistas começam a criar os materiais. Finalmente, os programadores, que esperavam pela arte e pelo design, conduzem o projeto até o final, geralmente trabalhando muitas horas para cumprir a tarefa no prazo. Com o processo correto e as ferramentas adequadas, não há nada que impeça que todos (artistas, designers, programadores) trabalhem de maneira mais consistente do princípio ao fim, tornando-se menos dependentes uns dos outros. Chegará um momento em que os períodos de trabalho diário intensivo serão a exceção, não a regra.

John Ahlquist (Fundador da Ahlquist Software)

Acredito que o processo de programação de games usará mais práticas de engenharia de software. Os motores e ferramentas de games cresceram e transformaram-se em projetos de software em grande escala, tornando ineficazes os métodos improvisados. Ao mesmo tempo, penso que continuará a ser um processo de desenvolvimento muito fluido e dinâmico. (...) Os processos de engenharia de software que aceleram a produção, como a criação rápida de protótipos e os testes automatizados, são muito úteis. Por outro lado, processos de design complexos não são tão proveitosos, porque nosso design tende a mudar constantemente à medida que o game evolui.

Frank Gilson (Produtor Sênior da Wizards of the Coast)

Os desenvolvedores querem ser donos de seus próprios motores de game. Eles querem que as editoras paguem pelos custos de desenvolvimento. Entretanto, cada novo motor de game é, de certa forma, uma reinvenção da roda. É tudo muito demorado e caro. Alguns poucos motores de games, até o momento basicamente do tipo usado em games de tiro em primeira pessoa, oferecem um processo permanente de desenvolvimento, manutenção e expansão (como *Unreal*, *Quake* etc.). Isso é mais eficiente em termos de tempo e dinheiro investidos no desenvolvimento. Além disso, hoje existem vários fornecedores de *middleware* para outros aspectos tecnológicos do software de um game (por exemplo, Gamespy para localização de jogadores compatíveis em modo multijogador ou Havok para a física do game). Essas tendências deverão ser mantidas no desenvolvimento futuro de games. (...) De fato, boa parte do desenvolvimento poderá consistir no licenciamento de tecnologias apropriadas existentes para juntar todas essas partes naquilo que realmente importa: uma excelente estrutura criativa.

Mark Terrano (Diretor de Design da Hidden Path Entertainment)

Embora as tecnologias que estão surgindo sejam absolutamente espantosas, acredito que finalmente começará a haver alguma estabilização nas ferramentas, no *middleware* e na tecnologia para que os desenvolvedores possam se concentrar mais no conteúdo. Estamos há vários anos avançando em uma escalada técnica íngreme e nossas ferramentas e ambientes de produção deverão ser substancialmente aprimorados para que possamos aproveitar ao máximo os conteúdos de áudio e de vídeo mais abundantes e com resolução muito mais alta. A disponibilidade de *middleware* de alta qualidade e de revendedores que trabalhem de maneira mais próxima (de modo que meu sistema de física seja compatível e até amigável com sua biblioteca de animação e com o sistema de sons dinâmicos de outro fornecedor) será essencial para o próximo degrau da escalada.

Como os Games Serão Jogados?

Continuaremos a jogar games em diferentes plataformas? A convergência do hardware tenderá a se intensificar? Empresas como Nintendo, Microsoft e Sony continuam a fabricar novas plataformas de games que tentam convergir com os sistemas de entretenimento domésticos e com o mundo on-line. Os games multijogador on-line aumentarão? Isso poderá levar esses games a transcender as fronteiras culturais, formando uma comunidade global de games? Com o aumento da diversificação dos conteúdos e a exploração de novos modelos financeiros e oportunidades de negócios pelos desenvolvedores de MMOGs (por exemplo, parcerias com o setor de aprendizado on-line a distância), os MMOGs poderão ultrapassar os games de console como a forma predominante de entretenimento interativo nos Estados Unidos? Ou a plataforma de console continuará em primeiro lugar — e os games se transformarão em centrais de entretenimento doméstico com impacto cinematográfico?

Brian Reynolds (Diretor-presidente da Big Huge Games)

Este ainda é um setor baseado na tecnologia. Entretanto, as mudanças de paradigma geralmente ocorrem não quando uma nova tecnologia é inventada ou introduzida, mas quando atinge um nível de aceitação suficiente para permitir sua utilização plena pelos desenvolvedores na criação de modos de jogar novos e inovadores. A velocidade de processamento não é mais o fator tecnológico primordial que costumava ser; hoje em dia, as oportunidades tecnológicas mais excitantes estão em outras áreas. Algumas novas tecnologias, como a internet em banda larga e as unidades de DVD, estão próximas do ponto em que permitirão novas mudanças de paradigma. Os desenvolvedores já vêm testando possibilidades nessas novas áreas, mas quando as tecnologias atingirem uma penetração suficiente no mercado para que games "somente para banda larga" ou "somente em DVD" possam ser comercializados, esse será o momento para procurar por algo realmente novo e inovador.

Don Daglow (Diretor-presidente da Stormfront Studios)

O console de videogame deverá se tornar um componente "rotineiro" do sistema de entretenimento doméstico, como o são atualmente a TV e o equipamento de som. Seu estilo e sua aparência geral deverão mudar para torná-lo compatível com os outros dispositivos de entretenimento na sala de estar. Como parte do processo, os aparelhos que usamos hoje para controlar a recepção de TV por cabo e satélite provavelmente serão combinados em um único dispositivo juntamente com os consoles de videogame. Quando isso acontecer, todo o conceito de "TV interativa" passará por uma revolução da noite para o dia.

Brian Fargo (Diretor-presidente da InXile Entertainment)

A tendência predominante nos games deverá ser a socialização da experiência por meio do modo multijogador. Embora não se trate de um conceito novo, estamos apenas começando a ver a proverbial ponta do iceberg. O setor de consoles vem recuperando terreno rapidamente com relação ao computador em termos de recursos multijogador e os designers de games estão apenas começando a flexionar seus músculos nessa área. Há um vasto território a ser explorado aqui, mas as pessoas interagem com outras, e a transformação dos videogames em uma experiência humana levará a experiência dos games a um novo patamar.

Mark Terrano (Diretor de Design da Hidden Path Entertainment)

Com os desenvolvedores de games realmente atingindo a maturidade em países como a Coreia do Sul e a China, penso que veremos games com diferentes influências culturais e estilos narrativos. (...) Os MMOGs desenvolvidos na Coreia do Sul e na China mudarão nossa maneira de encarar a interação social e as histórias coletivas.

Warren Spector (Presidente e Diretor de Criação da Junction Point Studios)

Está claro que os games on-line se tornarão cada vez mais importantes, tanto no formato multijogador como em termos de fornecimento de conteúdo e distribuição de games.

Richard "Lord British" Garriott (Diretor de Criação da NCsoft)

Os games on-line multijogador massivos (MMOGs) são, a meu ver, o segmento com maior potencial de crescimento, não apenas do ponto de vista da receita, mas também como um lugar para encontrar inovações interessantes e criativas. Os MMOGs estão em sua infância e estamos apenas começando a ver a variedade de estilos e gêneros de games que o espaço on-line nos oferecerá no futuro.

Daniel James (Fundador e Diretor-presidente da Three Rings)

Acredito que os games on-line multijogador massivos dominarão o setor de games e crescerão até se tornarem o principal meio de entretenimento no século XXI.

Jessica Mulligan (Produtora Executiva da Sunflowers GmbH)

A popularidade dos games monojogador nas décadas de 1980 e 1990 foi uma aberração que só ocorreu por causa da forma como a tecnologia de PCs e consoles de games se desenvolveu; historicamente, os jogos quase sempre foram projetados para serem jogados entre duas ou mais pessoas. Sejamos claros: não há adversário mais desafiador que o gerador de números aleatórios caoticamente inteligente conhecido como cérebro humano. Agora que a tecnologia está começando a se adequar à realidade e está pronta para permitir que isso aconteça, o futuro do desenvolvimento dos games indica que eles se tornarão cada vez mais conectados. Haverá mais pessoas jogando em mais dispositivos e em mais situações até que a linha que separa a vida real da "vida do game" torne-se totalmente difusa. Antigas e novas mídias serão combinadas para proporcionar experiências com as quais sequer sonhávamos dez anos atrás. As comunicações digitais, como os mundos on-line, o e-mail e a Web, serão combinadas a dispositivos analógicos como o rádio, a televisão, o fax, a música, os filmes, os livres, os jornais — até mesmo outdoors e folhetos publicitários — para criar não apenas um game, mas um *estilo de vida* que é um game. Podemos pressentir o início de tudo isso nas atividades de "caça ao tesouro" por GPS e em truques publicitários como o de *I Love Bees* (www.ilovebees.com). A partir desse ponto, tudo se tornará mais estranho... e muito mais interessante do que poderíamos esperar.

Carly Staehlin (Consultora de Design On-line da Carly Staehlin Design)

Estas são minhas opiniões sobre o futuro dos MMOGs:

- **Espaços Instanciados e Espaços Persistentes** — Os materiais de marketing de praticamente todos os MMOGs em desenvolvimento atualmente incluem alguma referência ao fornecimento de acesso a espaços instanciados, além dos espaços persistentes. A ideia dos desenvolvedores de games é mesclar o melhor dos games monojogador com o melhor dos MMOGs, permitindo que os jogadores tenham alguma capacidade de se afastar da multidão de jogadores indiferenciados para jogar com apenas alguns jogadores selecionados, sem interrupção, por um determinado período de tempo. Seja qual for o nome sofisticado utilizado pela empresa para fins de marketing, como algum tipo de "sistema" ou "tecnologia" que explique o conceito ao mercado, em última análise trata-se sempre da mesma coisa. Os MMOGs estão tentando fornecer a experiência que os jogadores parecem desejar, que é uma oportunidade maciça de encontrar outras pessoas e participar com elas da aventura, mas com direitos exclusivos sobre um local ou cenário, sem ter de transpor longas distâncias e gastar horas a fio até chegar ao lugar divertido ou esperar por outros 50 grupos de aventureiros à sua frente até chegar a sua vez.

- **On-line como uma Plataforma e não um Gênero** — A maioria dos MMOGs disponíveis no mercado são extremamente semelhantes. O legado dos MUDs (masmorras multiusuário) continua a dominar o projeto dos títulos de MMOG. Algumas empresas estão começando a experimentar variações na aparência e no modo de jogar dos MMOGs. Caso esses recursos e estilos de jogar não tradicionais tornem-se comercialmente viáveis, acredito que as empresas começarão a entender que "on-line", mais do que um gênero específico, é uma plataforma. A maioria dos gêneros já está tentando encontrar maneiras de oferecer um componente on-line ou multijogador. À medida que mais deles obtenham sucesso nessa área, a variedade dos games oferecidos on-line começará a parecer diferente das opções que estão sendo desenvolvidas atualmente.
- **Regionalização *versus* Globalização** — Alguns progressos têm sido obtidos na compreensão dos critérios específicos que determinam o sucesso de um game na Coreia, em comparação com a América do Norte. Uma consequência disso é que as empresas vêm considerando maneiras de aproveitar seus títulos existentes em outros territórios sem ter necessariamente que criar um game projetado desde o início para funcionar globalmente. Muitos outros setores já admitiram que seus produtos são difíceis de globalizar. Os automóveis são um excelente exemplo. Você pode encontrar exatamente o mesmo modelo fabricado sob diferentes nomes em diferentes territórios por causa das expectativas dos respectivos mercados. Certos mercados, mesmo dentro de um mesmo território, têm expectativas diferentes. A premissa de que a oferta de um aparelho de GPS como acessório em uma cidade como San Francisco ajudará as vendas é lógica, mas esperar que esse mesmo recurso possa ser vendido em uma cidade pequena é uma falácia — os motoristas não precisam de um dispositivo que lhes indique o caminho em cidades pequenas e certamente não estarão dispostos a pagar por isso. Os fabricantes de equipamentos eletrônicos operam da mesma maneira: você poderá encontrar muitos exemplos de produtos reformulados no mercado global, incluindo computadores, projetores,

telefones e outros. Não demorará muito até que os desenvolvedores de games on-line percebam que é muito mais racional adaptar seus produtos para determinados territórios usando desenvolvedores que residam nesses territórios.

- **Registros da Atividade dos Jogadores** — Há uma tendência crescente entre os desenvolvedores de MMOGs de tentar capturar dados reais sobre as atividades dos jogadores no game para adquirir mais informações sobre eles e comparar com mais precisão as informações sobre os interesses subjetivos da comunidade fora do game com dados objetivos.

Titus Levi, Ph.D. (Economista e Consultor de Mídia e Artes)

Os games on-line continuarão a crescer, passando de um nicho de mercado para um segmento a ser levado em consideração. Primeiro, algumas das inovações mais interessantes surgirão da colaboração dentro desses games. Segundo, acredito que esse progresso rumo à colaboração aponta para um novo tipo de interação e comunicação entre as pessoas, particularmente grupos (ou tribos) de pessoas que estabelecem contato por meio dos games. Os games continuarão a ser o fator primário de conexão entre as pessoas, mas outras, envolvendo preferências e estilos de vida, surgirão. Além disso, agora que muitas pessoas têm acesso de banda larga na América do Norte, esses grupos começarão a se aglutinar e interagir com mais frequência, em ambientes tanto on-line como off-line. Por enquanto, esses grupos continuam a atrair novos integrantes, mas a compreensão do processo pelo qual os recém-chegados integram-se a redes sociais consolidadas parece ser uma área promissora de investigação tanto para desenvolvedores de games como para acadêmicos.

David Brin (Escritor, Cientista e Conferencista)

O mundo dos MMOGs é vasto, intrincado e altamente exigente em termos de capital. Raras empresas de grande porte dispõem de recursos para investir na criação desses mundos, que impõem a necessidade de conquistar grandes números de assinantes/usuários compulsivos. O temor de perda do seu investimento torna essas empresas muito conservadoras e imitativas em termos de história e design do game. Os problemas de interação social nesses games — como a necessidade de lidar com a má-fé deliberada — seriam solucionados com mais eficácia se houvesse dezenas de mundos experimentais menores nos quais coisas novas pudessem ser testadas sob uma rica variedade de narrativas e cenários. Isso só acontecerá quando alguém perceber que há um mercado a ser explorado no fornecimento de *modelos* de games — "MUDs prontos para funcionar" — que permitam a grupos muito menores criar seus próprios mundos on-line. Quando isso acontecer, o processo de criação será simplificado e a variedade de produtos aumentará. Muitos problemas que afetam o mundo on-line serão solucionados por tentativa e erro.

Quem Jogará e Como Atingiremos Esse Público?

Estamos ingressando em uma fase nova e promissora do desenvolvimento de games, na qual o jogador típico não é mais um adolescente do sexo masculino, mas uma ampla variedade de jogadores — por exemplo, mulheres com mais de 35 anos de idade dominam o mercado de games on-line, uma forma comum de jogo local são as mães que se sentam ao computador com uma criança no colo e pessoas de todas as culturas competem mundialmente nos MMOGs. O mercado de games vem crescendo rapidamente. Um dos segmentos menos explorados desse mercado é o de jogadores com limitações visuais, auditivas, da fala, cognitivas ou físicas/motoras. Algumas medidas já estão sendo adotadas para atender essa comunidade de jogadores. No futuro, a maioria dos games deverá incorporar um alto grau de acessibilidade.

Pete Markiewicz, Ph.D. (Instrutor do Instituto de Arte da Califórnia, em Los Angeles)

Atualmente, o setor de games cria conteúdo e o comercializa com os olhos voltados para a Geração X. Embora seja uma boa maneira de alcançar o público predominante dos games, cuja faixa etária vai da segunda metade dos 20 anos à primeira metade dos 30 anos, é provável que essa estratégia perca eficácia nos próximos anos. Um dos principais fatores responsáveis por isso será a clara predominância de mulheres da Geração do Milênio. Em comparação com homens na mesma faixa etária, as mulheres do Milênio estão assumindo a liderança em escolaridade (nos cursos universitários básicos, 60% dos alunos eram mulheres em 2005) e vêm ocupando posições de liderança com velocidade ainda maior. É importante entender também que os membros da Geração do Milênio mantêm relações próximas com os pais. Como a maioria das compras de games são, na prática, decisões tomadas conjuntamente por pais e filhos, qualquer iniciativa de marketing que tente separar pais de filhos está condenada ao fracasso. Finalmente, os membros da Geração do Milênio estão acostumados desde o nascimento à mídia interativa. Enquanto as gerações do Baby Boom e X usavam a televisão não interativa para obter informações, os membros da Geração do Milênio confiam nas informações trocadas com seu grupo de contatos em sites de rede social, como Facebook e MySpace. O marketing dos games terá de encontrar maneiras de penetrar na comunicação lateral dos membros da geração do Milênio por meio da internet, dos telefones celulares e de outras mídias, isso, por sua vez, exigirá mudanças significativas na mentalidade voltada para o mercado de massa.

Rade Stojsavljevic (Produtor da Activision)

Existe uma geração de jogadores que cresceu com os videogames e continua a jogar enquanto envelhece. Esse fator será crucial para transformar os games em uma atividade mais aceitável socialmente. No presente momento, você provavelmente seria rotulado como *geek* ou *nerd* se seus amigos o convidassem para jantar ou ir ao cinema e você recusasse o convite para jogar a última versão do game *Zelda*. Isso vem mudando aos poucos e acredito que afetará os tipos de games que serão criados.

Patricia Pizer (Designer Chefe da 4orty 2wo Entertainment)

No nível mais elementar, acredito que haverá maior diversificação dos games. O mercado dos games casuais vem crescendo regularmente. Experiências de jogo breves, mas satisfatórias, estarão disponíveis em praticamente todas as plataformas. Conforme os games ultrapassem os filmes e até a música em volume de vendas, acredito que surgirão mais games equivalentes às revistas especializadas: títulos criados para satisfazer grupos relativamente pequenos de jogadores. Embora muitos desenvolvedores concentrem-se em títulos de grande vendagem, a oferta de produtos mais significativos para pequenas quantidades de jogadores oferece um tremendo potencial.

Brenda Laurel, Ph.D. (Professora Titular do Curso de Bacharelado em Design do California College of the Arts)

A definição de "jogar" possui um componente crucial: a premissa de que as ações do jogador não têm consequências sérias. O problema intrínseco dos games como parte de um currículo é que jogar pode, de fato, ter consequências sérias, afetando o desempenho escolar do participante. Outra dificuldade do uso de games em um ambiente escolar é nossa inclinação a jogar de maneira transgressiva. (Eric Zimmerman foi quem me alertou para essa questão.) Quando jogamos, geralmente gostamos de sentir que estamos infringindo as normas. Novamente, isso é um problema no contexto educacional, em que o respeito às regras tem alto valor. Existem estratégias que solucionam ambos os problemas. No primeiro caso, a aprendizagem informal ou extracurricular relacionada apenas obliquamente ao currículo formal pode distanciar um game das consequências "sérias" de perda de desempenho escolar. No caso da transgressão, devemos lembrar que praticamente tudo o que aprendemos — da ciência à educação cívica — resulta de algum comportamento profundamente transgressivo, como as afirmações escandalosas de Copérnico sobre o sistema solar ou as iniciativas ousadas adotadas por Jefferson para dar forma à democracia norte-americana. O espírito de transgressão — de mudança produtiva — é a essência do envolvimento, tanto nos games como na vida.

Sara Borthwick (Consultora de Marketing e Gestão de Produtos de Mídia Digital)

O setor de games continua a crescer. Atualmente, as receitas dos games são superiores às dos filmes e os games de primeira linha são comercializados como se fossem filmes de enorme sucesso, com campanhas de marketing de 12 a 24 meses, parcerias promocionais significativas, inserções de merchandising dentro dos games e campanhas publicitárias de vários milhões de dólares. Os 15 a 25 candidatos a campeões de vendas são promovidos com base nos seus visuais cinematográficos, narrativas envolventes e recursos imersivos. Tudo é feito de olho nos consumidores do mercado de massa. Em dois a sete anos, os consoles de games se transformarão em centrais de entretenimento, incorporando DVR (gravadores de vídeo digitais, como o TiVo), música digital e recursos de comunicação de voz via internet, além de recursos de reprodução de DVDs. Com a evolução dos consoles, eles se transformarão em eletrodomésticos de primeira necessidade nos lares norte-americanos médios. Os games estão saindo do porão. Quando isso acontecer, os games que atraem mulheres e adultos mais velhos se tornarão mais populares, embora os games de tiro, os games de simulações de esportes e games de ação rápida continuem a predominar.

Os departamentos de marketing das editoras de games também perceberam o valor dos fãs. Os desenvolvedores de games, particularmente games de tiro em primeira pessoa, já sabem há muito tempo que agradar a comunidade de fãs — ouvindo o que têm a dizer e fornecendo assistência — produz benefícios a longo prazo em termos de modificações que estendem a vida útil de um game, fidelização à marca, o que abrange a vida útil da série como um todo, e a geração de ideias novas e criativas para manter os games divertidos. As editoras vêm fazendo tentativas de influenciar os formadores de opinião do setor de games há vários anos por meio de iniciativas junto às comunidades e manutenção moderada de fóruns. Por fim, as editoras se concentrarão nas relações cruciais com os formadores de opinião e os fãs, contratando gerentes comunitários e incluindo recursos comunitários em seus games e campanhas de marketing.

Robert Florio (Ilustrador e Estudante de Arte e Design de Games do Art Institute Online)

Os games do futuro terão de ser projetados de forma a incorporar as necessidades de todo mundo. (...) O design de games deve explorar novas tecnologias, como a capacidade de usar movimentos mínimos, dispositivos de controle e controladores adicionais especificamente projetados para pessoas com funções limitadas (como aquelas com limitações motoras, visuais, auditivas ou cognitivas). Essas pessoas que, como eu, são "diferentes", querem jogar videogames, mas vêm sendo ignoradas pelo setor. Está na hora dos desenvolvedores começarem a explorar esse mercado sem encará-lo como algo completamente bizarro e anormal. (...) Indubitavelmente, há tecnologias sendo desenvolvidas todos os dias que facilitam a percepção da relevância, da importância e até do fator de excitação inerente a essa evolução da acessibilidade dos games. (...) Antes do meu acidente, jamais percebi esse tipo de necessidade. Eu não entendia como as pessoas sobreviviam com lesões graves e as encarava como párias. (...) Talvez eu possa ser considerado um visionário extremo; mas se você estivesse na minha posição e tivesse sobrevivido por muitos anos a uma lesão paralisante devastadora, especialmente a uma que tenha ocorrido em plena juventude, seria forçado a ver as coisas de maneira diferente. (...) O design de games acessíveis é algo maravilhoso.

O Futuro do Entretenimento?

As opiniões sobre o rumo futuro do setor são divergentes — e o tom da maioria dos desenvolvedores varia da excitação à preocupação —, mas todos concordam que é possível mudar drasticamente a forma como encaramos hoje o entretenimento. Os games tornar-se-ão a forma predominante de entretenimento nos próximos 5 a 10 anos? Como você participará dessa excitante revolução? Espero que essa discussão e os temas abordados neste livro tenham lhe mostrado o potencial ilimitado do desenvolvimento de games e tenham despertado seu interesse em contribuir para esse setor vasto e criativo. São fornecidas a seguir algumas referências valiosas que o ajudarão a aplicar o que aprendeu.

Recursos Adicionais

Há uma enorme variedade de informações sobre desenvolvimento de games e os temas relacionados discutidos neste livro. Forneço aqui uma pequena amostra dos livros, sites de notícias, organizações e eventos que você certamente deve explorar.

Notícias

Blues News — www.bluesnews.com

Computer Games Magazine — www.cgonline.com

Game Daily Newsletter — www.gamedaily.com

Game Developer Magazine — www.gdmag.com

Gamers Hell — www.gamershell.com

Game Music Revolution (GMR) — www.gmronline.com

Game Rankings — www.gamerankings.com

GamesIndustry.biz — www.gamesindustry.biz

GameSlice Weekly — www.gameslice.com

GameSpot — www.gamespot.com

GameSpy — www.gamespy.com

Game Industry News — www.gameindustry.com

GIGnews.com — www.gignews.com

Internet Gaming Network (IGN) — www.ign.com

Machinima.com — www.machinima.com

Music4Games.net — www.music4games.net

Next Generation — www.next-gen.biz

1UP — www.1up.com

PC Gamer — www.pcgamer.com

Star Tech Journal [o lado técnico do setor de fliperama] — www.startechjournal.com

UGO Networks (Underground Online) — www.ugo.com

Video Game Music Archive — www.vgmusic.com

Wired Magazine — www.wired.com

Listas e Comunidades

Apple Developer Connection — developer.apple.com

Betawatcher.com — www.betawatcher.com

Fat Babies.com [fofocas do setor de games] — www.fatbabies.com

Gamasutra — www.gamasutra.com

GameDev.net — www.gamedev.net

Game Development Search Engine — www.gdse.com

GameFAQs — www.gamefaqs.com

Game Music.com — www.gamemusic.com

Game Rankings — www.gamerankings.com

Games Tester — www.gamestester.com

GarageGames — www.garagegames.com

Moby Games — www.mobygames.com

Overclocked Remix — www.overclocked.org

PS3 — www.ps3.net

Wii-Play — www.wii-play.com

Xbox.com — www.xbox.com

3d4all — www.3d4all.org

3d1 — www.3d1.com.br

Programadores e Desenvolvedores de Jogos — www.programadoresdejogos.com

Unidev — www.unidev.com.br

Gamedev Brasil — www.gamedev.com.br

Organizações

Associação Brasileira das Desenvolvedoras de Jogos Eletrônicos (Abragames) — www.abragames.org

Academy of Interactive Arts & Sciences [Academia de Artes e Ciências Interativas] (AIAS) — www.interactive.org

Academy of Machinima Arts & Sciences [Academia de Artes e Ciências de Machinima] — www.machinima.org

Association of Computing Machinery [Associação de Máquinas de Computação] (ACM) — www.acm.org

Business Software Alliance [Aliança de Software Comercial] (BSA) — www.bsa.org

Digital Games Research Association [Associação de Pesquisa de Jogos Digitais] (DiGRA) — www.digra.org

Entertainment Software Association [Associação de Software de Entretenimento] (ESA) — www.theesa.com

Entertainment Software Ratings Board [Comitê de Classificação de Software de Entretenimento] (ESRB) — www.esrb.org

Game Audio Network Guild [Guilda de Rede de Áudio para Games] (GANG) — www.audiogang.org

International Computer Games Association [Associação Internacional de Games para Computador] (ICGA) — www.cs.unimaas.nl/icga

International Game Developers Association [Associação Internacional de Desenvolvedores de Games] (IGDA) — www.igda.org

SIGGRAPH [Grupo de Interesse Especial em Técnicas Gráficas e Interativas] — www.siggraph.org

Eventos

Consumer Electronics Show (CES)
Janeiro — Las Vegas, NV
www.cesweb.org

Game Developers Conference (GDC)
Março — San Jose, CA/San Francisco, CA (as cidades se alternam)
www.gdconf.com

Serious Games Summit (SGS)
Março (San Jose/San Francisco, CA; na GDC) e outubro (Washington, DC)
www.seriousgamessummit.com

D.I.C.E. Summit (AIAS)
Março — Las Vegas, NV
www.interactive.org/dice

SIGGRAPH (ACM)
Verão — Los Angeles, CA; San Diego, CA; Boston, MA (o local varia)
www.siggraph.org

Tokyo Game Show (TGS)
Outono — Japão
tgs.cesa.or.jp/english/

E3 Business & Media Summit
Julho — Santa Monica, CA
www.e3expo.com

Austin Game Developers Conference
Setembro — Austin, TX
www.gameconference.com

Indie Games Con (IGC)
Outubro — Eugene, OR
www.garagegames.com

E for All Expo
Outubro — Los Angeles, CA
www.eforallexpo.com

Livros e Artigos

Adams, E. (2003). *Break into the game industry*. McGraw-Hill Osborne Media.

Adams, E. e Rollings, A. (2006). *Fundamentals of game design*. Prentice Hall.

Ahearn, L. e Crooks II, C.E. (2002). *Awesome game creation: No programming required.* 2ª ed. Charles River Media.

Ahlquist, J.B. e Novak, J. (2007). *Game development essentials: Game artificial intelligence.* Delmar Cengage.

Aldrich, C. (2003). *Simulations and the future of learning.* Pfeiffer.

Aldrich, C. (2005). *Learning by doing.* Jossey-Bass.

Axelrod, R. (1985). *The evolution of cooperation.* Basic Books.

Bates, B. (2002). *Game design: The art & business of creating games.* Premier Press.

Bethke, E. (2003). *Game development and production.* Wordware.

Brandon, A. (2004). *Audio for games: Planning, process, and production.* New Riders.

Brin, D. (1998). *The transparent society.* Addison-Wesley.

Broderick, D. (2001). *The spike: How our lives are being transformed by rapidly advancing technologies.* Forge.

Brooks, D. (2001). *Bobos in paradise: The new upper class and how they got there.* Simon & Schuster.

Business Software Alliance. (Maio de 2005). "Second annual BSA and IDC global software piracy study." www.bsa.org/globalstudy

Campbell, J. (1972). *The hero with a thousand faces.* Princeton University Press.

Campbell, J. e Moyers, B. (1991). *The power of myth.* Anchor.

Castells, M. (2001). *The Internet galaxy: Reflections on the Internet, business, and society.* Oxford University Press.

Castronova, E. (2005). *Synthetic worlds: The business and culture of online games.* University of Chicago Press.

Chase, R.B., Aquilano, N.J. e Jacobs, R. (2001). *Operations management for competitive advantage.* 9ª ed. McGraw-Hill/Irwin.

Cheeseman, H.R. (2004). *Business law.* 5ª ed. Pearson Education, Inc.

Chiarella, T. (1998). *Writing dialogue.* Story Press.

Cooper, A., e Reimann, R. (2003). *About face 2.0: The essentials of interaction design.* Wiley.

Crawford, C. (2003). *Chris Crawford on game design.* New Riders.

Csikszentmihalyi, M. (1991). *Flow: The psychology of optimal experience.* Perennial.

DeMaria, R. e Wilson, J.L. (2003). *High score!: The illustrated history of electronic games.* McGraw-Hill.

Egri, L. (1946). *The art of dramatic writing: Its basis in the creative interpretation of human motives.* Simon and Schuster.

Evans, A. (2001). *This virtual life: Escapism and simulation in our media world.* Fusion Press.

Friedl, M. (2002). *Online game interactivity theory.* Charles River Media.

Fruin, N. e Harringan, P. (Eds.) (2004). *First person: New media as story, performance and game.* MIT Press.

Fullerton, T., Swain, C. e Hoffman, S. (2004). *Game design workshop: Designing, prototyping & playtesting games.* CMP Books.

Galitz, W.O. (2002). *The essential guide to user interface design: An introduction to GUI design principles and techniques.* 2ª ed. Wiley.

Gardner, J. (1991). *The art of fiction: Notes on craft for young writers.* Vintage Books.

Gee, J.P. (2003). *What video games have to teach us about learning and literacy.* Palgrave Macmillan.

Gershenfeld, A., Loparco, M. e Barajas, C. (2003). *Game plan: The insiders guide to breaking in and succeeding in the computer and video game business.* Griffin Trade Paperback.

Gibson, D., Aldrich, C. e Prensky, M. (Eds.) (2006). *Games and simulations in online learning.* IGI Global.

Gladwell, M. (2000). *The tipping point: How little things can make a big difference.* Nova York, NY: Little Brown & Company.

Gladwell, M. (2007). *Blink: The power of thinking without thinking.* Back Bay Books.

Gleick, J. (1987). *Chaos: Making a new science.* Viking.

Gleick, J. (1999). *Faster: The acceleration of just about everything.* Vintage Books.

Gleick, J. (2003). *What just happened: A chronicle from the information frontier.* Vintage.

Godin, S. (2003). *Purple cow: Transform your business by being remarkable.* Portfolio.

Godin, S. (2005). *The big moo: Stop trying to be perfect and start being remarkable.* Portfolio.

Goldratt, E.M. e Cox, J. (2004). *The goal: A process of ongoing improvement.* 3ª ed. North River Press.

Hamilton, E. (1940). *Mythology: Timeless tales of gods and heroes.* Mentor.

Heim, M. (1993). *The metaphysics of virtual reality.* Oxford University Press.

Hight, J. e Novak, J. (2007). *Game development essentials: Game project management.* Delmar Cengage.

Johnson, S. (1997). *Interface culture: How new technology transforms the way we create & communicate.* Basic Books.

Johnson, S. (2006). *Everything bad is good for you.* Riverhead.

Jung, C.G. (1969). *Man and his symbols.* Dell Publishing.

Kent, S.L. (2001). *The ultimate history of video games.* Prima.

King, S. (2000). *On writing.* Scribner.

Knoke, W. (1997). *Bold new world: The essential road map to the twenty-first century.* Kodansha International.

Koster, R. (2005). *Theory of fun for game design.* Paraglyph Press.

Krawczyk, M. e Novak, J. (2006). *Game development essentials: Game story & character development.* Delmar Cengage.

Kurzweil, R. (2000). *The age of spiritual machines: When computers exceed human intelligence.* Penguin.

Laramee, F.D. (Ed.) (2002). *Game design perspectives.* Charles River Media.

Laramee, F.D. (Ed.) (2005). *Secrets of the game business.* 3ª ed. Charles River Media.

Levy, P. (2001). *Cyberculture.* University of Minnesota Press.

Lewis, M. (2001). *Next: The future just happened.* W.W.Norton & Company.

Mackay, C. (1841). *Extraordinary popular delusions & the madness of crowds.* Three Rivers Press.

McConnell, S. (1996). *Rapid development.* Microsoft Press.

Mencher, M. (2002). *Get in the game: Careers in the game industry.* New Riders.

Michael, D. (2003). *The indie game development survival guide.* Charles River Media.

Montfort, N. (2003). *Twisty little passages: An approach to interactive fiction.* MIT Press.

Moravec, H. (2000). *Robot.* Oxford University Press.

Morris, D. e Hartas, L. (2003). *Game art: The graphic art of computer games.* Watson-Guptill Publications.

Mulligan, J. & Patrovsky, B. (2003). *Developing online games: An insider's guide.* New Riders.

Murray, J. (2001). *Hamlet on the holodeck: The future of narrative in cyberspace.* MIT Press.

Negroponte, N. (1996). *Being digital.* Vintage Books.

Nielsen, J. (1999). *Designing web usability: The practice of simplicity.* New Riders.

Novak, J. e Levy, L. (2007). *Play the game: The parents guide to video games.* Thomson Course Technology PTR.

Novak, J. (2003). "MMOGs as online distance learning applications." University of Southern California.

Oram, A. (Ed.) (2001). *Peer-to-peer.* O'Reilly & Associates.

Rheingold, H. (1991). *Virtual reality.* Touchstone.

Rheingold, H. (2000). *Tools for thought: The history and future of mind-expanding technology.* MIT Press.

Robbins, S.P. (2001). *Organizational behavior.* 9ª ed. Prentice-Hall, Inc.

Rogers, E.M. (1995). *Diffusion of innovations.* Free Press.

Rollings, A. e Adams, E. (2003). *Andrew Rollings & Ernest Adams on game design.* New Riders.

Rollings, A. e Morris, D. (2003). *Game architecture & design: A new edition.* New Riders.

Rouse, R. (2001) *Game design: Theory & practice.* 2ª ed). Wordware Publishing.

Salen, K. e Zimmerman, E. (2003). *Rules of play.* MIT Press.

Sanger, G.A. [vulgo "The Fat Man"]. (2003). *The Fat Man on game audio.* New Riders.

Saunders, K. e Novak, J. (2007). *Game development essentials: Game interface design.* Delmar Cengage.

Sellers, J. (2001). *Arcade fever.* Running Press.

Shaffer, D.W. (2006). *How computer games help children learn.* Palgrave Macmillan.

Standage, T. (1999). *The Victorian Internet.* Nova York: Berkley Publishing Group.

Strauss, W. e Howe, N. (1992). *Generations.* Perennial.

Strauss, W. e Howe, N. (1993). *13th gen: Abort, retry, ignore, fail?* Vintage Books.

Strauss, W. e Howe, N. (1998). *The fourth turning.* Broadway Books.

Strauss, W. e Howe, N. (2000). *Millennials rising: The next great generation.* Vintage Books.

Strauss, W., Howe, N. e Markiewicz, P. (2006). *Millennials & the pop culture.* LifeCourse Associates.

Tufte, E.R. (1983). *The visual display of quantitative information.* Graphics Press.

Tufte, E.R. (1990). *Envisioning information.* Graphics Press.

Tufte, E.R. (1997). *Visual explanations.* Graphics Press.

Tufte, E.R. (2006). *Beautiful evidence.* Graphics Press.

Turkle, S. (1997). *Life on the screen: Identity in the age of the Internet.* Touchstone.

Van Duyne, D.K. et al. (2003). *The design of sites.* Addison-Wesley.

Vogler, C. (1998). *The writer's journey: Mythic structure for writers.* 2ª ed. Michael Wiese Productions.

Williams, J.D. (1954). *The compleat strategyst: Being a primer on the theory of the games of strategy.* McGraw-Hill.

Welch, J. e Welch, S. (2005). *Winning.* HarperCollins Publishers.

Wolf, J.P. e Perron, B. (Eds.). (2003). *Video game theory reader.* Routledge.

Wysocki, R.K. (2006). *Effective project management.* 4ª ed. John Wiley & Sons.

Índice Remissivo

D

E

F

L

M

N

O

P

T

U

V

W

X

Y

Z

Este livro foi impresso na
LIS GRÁFICA E EDITORA LTDA.
Rua Felício Antônio Alves, 370 – Bonsucesso
CEP 07175-450 – Guarulhos – SP
Fone: (11) 3382-0777 – Fax: (11) 3382-0778
lisgrafica@lisgrafica.com.br – www.lisgrafica.com.br